Eric Zayer

Verspätete Projektabbrüche in F&E

GABLER EDITION WISSENSCHAFT

Schriften des Center for Controlling & Management (CCM), Band 25

Herausgegeben von
Universitätsprofessor Dr. Dr. h.c. Jürgen Weber
WHU – Otto Beisheim School of Management, Vallendar

Die Schriftenreihe präsentiert Ergebnisse betriebswirtschaftlicher Forschung im Bereich Controlling und Führung. Sie basiert auf einer akteursorientierten Sicht des Controlling, in der die Rationalitätssicherung der Führung einen für die Theorie und Praxis zentralen Stellenwert einnimmt.

Eric Zayer

Verspätete Projektabbrüche in F&E

Eine verhaltensorientierte Analyse

Mit einem Geleitwort von Prof. Dr. Dr. h.c. Jürgen Weber

Deutscher Universitäts-Verlag

Bibliografische Information Der Deutschen Nationalbibliothek
Die Deutsche Nationalbibliothek verzeichnet diese Publikation in der Deutschen Nationalbibliografie; detaillierte bibliografische Daten sind im Internet über <http://dnb.d-nb.de> abrufbar.

Dissertation WHU – Otto Beisheim School of Management Vallendar, 2006

1. Auflage März 2007

Lektorat: Brigitte Siegel / Stefanie Loyal

Der Deutsche Universitäts-Verlag ist ein Unternehmen von Springer Science+Business Media.
www.duv.de

Umschlaggestaltung: Regine Zimmer, Dipl.-Designerin, Frankfurt/Main
Gedruckt auf säurefreiem und chlorfrei gebleichtem Papier
Printed in Germany

ISBN 978-3-8350-0728-4

Oh heilige Oranna,
hilf uns in Not und Schmerz!

Aus dem Lied der Heiligen Oranna, Schutzpatronin im Landkreis Saarlouis

Geleitwort

Die vorliegende Dissertation widmet sich einem Thema, das der ökonomischen Beschäftigung mit der Forschung und Entwicklung bzw. dem Innovationsmanagement zuzuordnen ist. Betrachtet wird ein empirisch häufig auftretendes Rationalitätsdefizit: Fehlschlagende Projekte werden trotz sich ankündigenden Misserfolgs weiter geführt und nur verspätet abgebrochen. Die betrachtete Problemstellung ist reizvoll und schwierig zugleich, lässt es doch der besondere Charakter von F&E-Projekten lediglich zu, die Frage nach dem optimalen Abbruchzeitpunkt mit (hoher) Unsicherheit zu beantworten.

Zayer führt zunächst knapp in die „spezifische F&E-Welt" ein und stellt verschiedene Methoden zur Fundierung der Abbruchsentscheidung vor. Auf Grund der vorhandenen instrumentellen Unterstützung ist kein Grund zu erkennen, warum es zu verspäteten Projektabbrüchen kommen sollte. Dass fehlschlagende Projekte in der Praxis dennoch häufig verspätet abgebrochen werden, zeigt Zayer, indem er sukzessiv verschiedene empirische Belege vorlegt. Die klassische ökonomische Theorie liefert keine brauchbaren Anhaltspunkte zur Erklärung dieses Phänomens, denn die Annahme vollkommen rationaler Entscheider schließt irrational verspätete Projektabbrüche per se aus. Daher greift *Zayer* auf psychologische Literatur zurück, die sich zumeist unter dem Oberbegriff der „Escalation of Commitment" mit der Thematik beschäftigt. Die Uneinheitlichkeit und Fragmentierung der Literatur überrascht ebenso wie das Fehlen einer integrativen Betrachtung der vielfältigen herausgearbeiteten Einflussgrößen.

Um die bestehende Fragmentierung zu verringern, leitet *Zayer* ein Modell her, in das sich die verschiedenen psychologischen Erklärungsansätze einordnen lassen. Gemäß *Lindenbergs* Methode der abnehmenden Abstraktion wird die klassische Entscheidungstheorie um einige psychologische Brückenannahmen erweitert. Der Rückgriff auf Erkenntnisse der Nachbardisziplinen ist häufig mit der Gefahr mangelnder Kenntnis des fremden Gebiets verbunden – insbesondere Gutenberg hat auf die Gefahr hingewiesen, dabei als Ökonom zu dilettieren. Dieser Gefahr kann man (nur) durch ein methodologisch rigoroses Vorgehen begegnen. Hierfür wurde am Lehrstuhl einige Vorarbeit geleistet, z.B. in der Habilitationsschrift von *Hirsch* oder der Dissertation von *Heine*. In dieser Tradition steht auch die vorliegende Arbeit. Die Berücksichtigung nicht-ökonomischer Effekte wird hier also nicht mit einer Unschärfe oder gar Offenheit des Vorgehens erkauft, stattdessen werden diese Effekte durch ein methodisch geleitetes Vorgehen für die ökonomische Analyse nutzbar gemacht. *Zayer* leistet damit angesichts des fragmentarischen Ausgangsstandes der einschlägigen Literatur einen wichtigen Erkenntnisfortschritt.

Darauf folgend identifiziert, analysiert und beurteilt Zayer die Einflussfaktoren der psychologischen Erklärungsansätze. Dabei legt er besonderen Fokus auf Experimente, die zur Analyse von verhaltenswissenschaftlichen Effekten eine herausgehobene Bedeutung besitzen. Die Einordnung der empirischen Ergebnisse erfolgt mit hoher argumentativer Sorgfalt. Sein Vorgehen hat den Charakter einer Meta-Studie, die bisher in der einschlägigen Literatur fehlt.

Auf Basis des konsistenten Modells erfolgt dann im nächsten Schritt die Ableitung von Maßnahmen gegen die Eskalationstendenz. Dazu wird zunächst mit dem Controller ein Träger solcher rationalitätssichernder Maßnahmen identifiziert. Anschließend leitet Zayer auf Basis bestehender experimenteller Belege mehrere konkrete, pragmatisch umsetzbare Maßnahmen ab. Für das Controlling wird damit weit über die bisherigen Arbeiten hinaus eine konkrete Aufgabenstellung im F&E-Bereich deutlich, die insbesondere durch die Einnahme der Rationalitätssicherungsperspektive produktiv bearbeitet werden kann.

Insgesamt gelingt es *Zayer*, aufbauend auf einem methodologisch sehr anspruchsvollen Ansatz, die breit in der einschlägigen Literatur vorzufindenden Aussagen zu ordnen. Die damit gewonnene Klarheit ist im zweiten Schritt die Basis, konkrete Gegenmaßnahmen für die Eskalationstendenz zu selektieren und zuzuordnen. Auch dies bedeutet einen erheblichen Forschungsfortschritt. *Zayer* erarbeitet ein eindrucksvolles Beispiel, wie man kontrolliert und ohne der Gefahr des Dilettantismus zu unterliegen, psychologische und verhaltenswissenschaftliche Erkenntnis in eine ökonomische Modellierung einbringen kann und so klassisch-ökonomisch nicht erklärbare Phänomene einer Erklärung zuzuführen. Durch die nähere Diskussion der Trägerschaft von Gegenmaßnahmen durch Controller leistet er auch einen wichtigen Erkenntnisbeitrag für die Controllingforschung. Damit ist der Arbeit ein möglichst großer Leserkreis zu wünschen, dies sowohl im Controlling als auch im Feld des Innovationsmanagements.

Prof. Dr. Dr. h.c. Jürgen Weber

Vorwort

Quer durch alle Sagen, Mythologien und Religionen unterscheiden sich Menschen von Göttern durch ihre Fehlbarkeit und Unzulänglichkeit. Von Achilles bis Siegfried scheitern menschliche Vorhaben auf Grund von Hochmut, Opportunismus oder mangelnden Fähigkeiten der handelnden Akteure. Umso erstaunlicher, dass in der betriebswirtschaftlichen Forschung zumeist immer noch von einem vollkommen rationalen, unfehlbaren Entscheider ausgegangen wird. Mit dieser Sichtweise lassen sich jedoch einige, in der unternehmerischen Praxis wichtige Phänomene nicht hinreichend erklären. Ein solches Problem stellt das systematisch verspätete Abbrechen von fehlschlagenden Projekten dar, das besonders im Umfeld von Forschungs- und Entwicklung häufig auftritt und dort zu hohen Effektivitäts- und Effizienzverlusten führt. Daher wird zunächst durch Rückgriff auf klassisch ökonomische Grundlagen ein konsistentes Modell entwickelt, mit dessen Hilfe sich psychologische Ursachen für verspätete Abbrüche einordnen und strukturieren lassen. Im zweiten Schritt werden Maßnahmen gegen das verspätete Abbrechen abgleitet. Dabei kann gezeigt werden, dass Controller in ihrer Rolle als Rationalitätssicherer mit Hilfe einfacher Methoden und Instrumente einen wertvollen Beitrag zum rechtzeitigen Abbruch fehlschlagender Projekte leisten können.

Während der Erstellung der Dissertation wurde nur allzu oft deutlich, dass auch der Autor nicht vor den zuvor angesprochenen menschlichen Fehlbarkeiten und Unzulänglichkeiten gefeit ist. Zu seinem Glück gab es etliche Akteure, die mitgeholfen haben, dass diese Dissertation nicht selbst zu einem fehlschlagenden, abbrechenswürdigen Projekt wurde.

An erster Stelle gilt mein Dank meinem akademischen Lehrer und Doktorvater Prof. Dr. Dr. h.c. Jürgen Weber. Er wurde durch seine Offenheit und wissenschaftliche Neugier nicht nur wichtigstes akademisches Vorbild, sondern hat mich auch menschlich stark geprägt. Weiterhin danke ich meinem Zweitkorrektor Prof. Dr. Holger Ernst, der bereits während meines Studiums mein Interesse auf den Bereich der Forschung und Entwicklung gelenkt hat und durch wertvolle Hinweise zur erfolgreichen Erstellung dieser Arbeit beigetragen hat.

Besonderen Dank schulde ich Mascha Sorg, die meine Arbeit über weite Strecken begleitet und nicht nur durch mehrfaches Korrekturlesen positiven Einfluss auf die Arbeit und mein Leben genommen hat. Ohne sie wäre die Erstellung in der jetzigen Form nicht denkbar und die Zeit nicht so unvergesslich gewesen.

Äußerst wertvollen akademischen und privaten Rückhalt fand ich darüber hinaus auch bei Bernhard Hirsch, Nikolai Doerdrechter und Roman Müller, die mir wiederholt durch Ihren konstruktiv-kritischen Input eine wichtige Stütze waren. Sie haben, weit über das Akademische hinaus, maßgeblich zum Gelingen der Arbeit beigetragen. Ihnen sei herzlich gedankt.

Während der Erstellung meiner Dissertation und meines Studiums hatte ich zudem das Glück, Teil einer großartigen Institution, der WHU, sein zu können. Ich habe mich dort sehr wohl gefühlt und das dort herrschende Klima hat mich immer stimuliert. Besonders hervorheben möchte ich den Lehrstuhl für Controlling, an dem ich viele schöne Momente verleben durfte – dafür verantwortlich waren besonders (neben den zuvor genannten Lehrstuhlmitgliedern) Jan Deepen, Bernd-Oliver Heine, Jennifer Kunz, Marc Lesch, Marius Lissautzki, Michael Löbig, Alexandra Matthes, Matthias Meyer, Anne Paefgen, Guido Pieroth, Frauke Sill, Dennis Spillecke, Oliver Strangfeld, Andreas Trautwein, Carl-Marcus Wallenburg und Sonja Willach. Da ein Lehrstuhl nichts wäre ohne seine Seele, dem Sekretariatsteam, möchte ich auch Beata Kobylarz-Winn, Fotini Noutsia, Ursula Opper und Sonja Schmitt ganz herzlich für Ihren großen Beitrag zum Funktionieren des Lehrstuhls und der guten Laune danken.

Besonderen Dank schulde ich auch Prof. Dr. David Platt, der es mir ermöglicht hat, meine Dissertation als Teil des PhD-Programms der McCombs School of Business der University of Texas in Austin fertigzustellen. Ihm und allen Longhorns am Accounting Department und in CIBER rufe ich ein lautes „Hook'em Horns!“ zu.

Abschließend stehe ich vor der wohl schwierigsten Aufgabe, die ich im Rahmen dieser Dissertation zu lösen habe: meinen Eltern zu danken. Wie dankt man denjenigen, die mich über alle Maßen (vielleicht mangels Alternativen?) immer geliebt, immer ertragen, immer motiviert und immer an mich geglaubt haben? Ihnen und meiner ganzen Familie schulde ich weit über diese Arbeit hinaus alles und danke Ihnen von ganzem Herzen. Ihnen und Klaus sei diese Arbeit gewidmet.

Eric Zayer

Inhaltsübersicht

Inhaltsverzeichnis

Abbildungsverzeichnis

Tabellenverzeichnis

1 Einleitung

1.1 Problemstellung und Relevanz der Arbeit

Die hohe Komplexität und die unvermeidbare Unsicherheit bei der Durchführung von Projekten in der Forschung und Entwicklung (F&E) führen unweigerlich zu hohen Fehlerraten. Statistisch betrachtet ist daher zu erwarten, dass ein großer Teil der gestarteten F&E-Projekte nicht zum Erfolg führen wird.[1] Deshalb wird in der Programmplanung der F&E zunächst eine größere Anzahl von Projekten gestartet, um dann im Laufe der Entwicklung die erfolgversprechenden Projekte zu identifizieren und nur diese fortzuführen.[2] Eine effiziente Umsetzung dieser Strategie setzt damit zwingend voraus, dass fehlschlagende Projekte möglichst schnell erkannt und tatsächlich abgebrochen werden.[3]

Die Entscheidung zum Abbruch eines F&E-Projekts, in das häufig etliche Mannjahre Arbeit und Herzblut investiert wurden, wird daher nicht nur als eine der wichtigsten,[4] sondern auch als eine der schwierigsten Entscheidungen angesehen,[5] der sich die Führung eines F&E-Bereichs stellen muss – nicht umsonst wird sie auch als „*Lackmusprobe guter F&E-Steuerung*“[6] bezeichnet. Vor dem Hintergrund steigender globaler Konkurrenz,[7] kürzer werdender Produktlebenszyklen,[8] sowohl absolut als auch relativ steigender F&E-Ausgaben[9] und wachsendem Effizienzdruck in Unternehmen und F&E-Abteilungen[10] ist zu erwarten, dass die ohnehin hohe Bedeutung von Abbruchsentscheidungen bei F&E-Projekten in Zukunft noch weiter zunehmen wird.[11]

Der hohen praktischen Bedeutung der Abbruchsentscheidung zum Trotz ist jedoch festzustellen, dass das Thema der Projektabbrüche in der betriebswirtschaftlichen Literatur wesentlich seltener adressiert wird als z. B. Fragen der Projektauswahl oder der Projektsteuerung.[12] Darüber hinaus legen empirische Studien nahe, dass in der betrieblichen Praxis eine große Zahl von fehlschlagenden Projekten systematisch zu spät[13] oder

[1] Vgl. Myers/Sweezy (1978); Mansfield/Rapoport et al. (1971); Holzman (1972); Balachandra (1989).
[2] Vgl. Hubner (1996), S. 89 ff.
[3] Vgl. Hubner (1996), S. 81 ff. und Lange (1993), S. 100 und die dort angegebene Literatur.
[4] Vgl. Albers/Brockhoff et al. (2001), S. 176.
[5] Vgl. Balachandra/Brockhoff et al. (1996), S. 246.
[6] Vgl. Albers/Brockhoff et al. (2001), S. 176.
[7] Vgl. Porter (1986).
[8] Vgl. Perillieux (1991), S. 26.
[9] Vgl. Brockhoff (1999), S. 82.
[10] Vgl. Rappaport (1986) und Weber/Bramseman et al. (2002).
[11] Vgl. Lange (1993), S. 11.
[12] Vgl. Balachandra (1994), S. 449.
[13] Vgl. Lange (1993), S. 147 ff. und Meredith (1988), S. 31.

gar nicht abgebrochen wird.[14] Entscheidern in der F&E wird zuweilen sogar "*die Neigung, einmal begonnene Entwicklungsvorhaben bis zum mitunter bitteren Ende fortzusetzen*"[15] nachgesagt. Vorhandene Instrumente des Projektmanagements reichen offenbar nicht aus, um den rechtzeitigen Abbruch von Projekten und damit eine effiziente Verwendung knapper Ressourcen in der F&E sicherzustellen.[16]

Während sich in der klassischen betriebswirtschaftlichen Literatur kein Ansatz finden lässt, der dieses Phänomen zufriedenstellend erklärt, wird es in der psychologischen Literatur unter dem Begriff der „*Escalation of Commitment*"[17] seit längerem untersucht. Der Begriff beschreibt die Tendenz verantwortlicher Entscheider, fehlschlagende Projekte länger weiterzuführen, als es auf der Grundlage einer rationalen Beurteilung zu vertreten wäre. Zur Erklärung des Phänomens werden unter dem Oberbegriff der Escalation of Commitment verschiedene psychologische Effekte diskutiert.[18] Bei genauer Betrachtung wird jedoch deutlich, dass weder eine schlüssige Integration, noch eine zusammenfassende Darstellung der verschiedenen psychologischen Erklärungsansätze angeboten wird und bisher kein tief greifendes Verständnis für die Ursachen des Phänomens entwickelt werden konnte.

Unabhängig vom Fehlen einer umfassenden Erklärung der Ursachen der Eskalationstendenz wird in der psychologischen Eskalationsliteratur häufig auf die Bedeutung wirkungsvoller Maßnahmen zur Verhinderung verspäteter Projektabbrüche hingewiesen.[19] Mit der Identifikation von Maßnahmen, die das Auftreten der Escalation of Commitment tatsächlich verringern könnten, haben sich jedoch bisher nur wenige Autoren beschäftigt.[20] Dementsprechend existiert kein umfassender Katalog von Maßnahmen, mit deren Hilfe das Auftreten eskalatorischen Verhaltens verlässlich verhindert werden könnte.

Um Abbruchsentscheidungen in der betrieblichen F&E-Praxis verbessern zu können, fehlen zum einen umfassende Kenntnisse der Ursachen der Eskalationstendenz und zum anderen ein Katalog von Maßnahmen, mit denen sich die Tendenz zu verspäteten Projektabbrüchen verlässlich verhindern ließe.

---

14 Vgl. Schmidt/Calantone (2002), S.104.
15 Ziegler (1982), S. 820.
16 Vgl. Lange (1993), S. 7 f.
17 Vgl. Staw (1976).
18 Vgl. Bazerman (1986), S. 75 ff. und Staw/Ross (1987a).
19 Vgl. Boulding/Morgan et al. (1997), S. 164.
20 Vgl. Cheng/Schulz et al. (2003), S. 64.

1.2 Zielsetzung der Arbeit

Die oben skizzierte Problemstellung verspäteter Abbrüche in der F&E stellt den Ausgangspunkt der vorliegenden Arbeit dar. Hauptziel ist es, wirksame Maßnahmen gegen dieses Phänomen zu entwickeln.

Zur Ableitung der Gegenmaßnahmen ist zunächst eine hinreichende Kenntnis der Ursachen der Eskalationstendenz notwendig. In der Literatur werden zwar einige psychologische Effekte beschrieben, die mit dem Auftreten der Eskalationstendenz in Verbindung gebracht werden – ein tief greifendes Verständnis über Ursachen und Wirkungszusammenhänge fehlt allerdings. Daher soll zunächst ein Modell aufgestellt werden, mit dessen Hilfe das Auftreten der systematischen Tendenz zu verspäteten Projektabbrüchen umfassend erklärt werden kann. Somit ergibt sich die erste Forschungsfrage:

Forschungsfrage 1:
„Mit welchem Modell kann das Auftreten der Eskalationstendenz umfassend erklärt werden?"

Im nächsten Schritt müssen das Modell konkretisiert und diejenigen Faktoren identifiziert werden, die die Wirkung der zugrunde liegenden psychologischen Mechanismen beeinflussen. Daraus ergibt sich die zweite Forschungsfrage:

Forschungsfrage 2:
„Welche Faktoren beeinflussen und moderieren die Wirkung der jeweiligen psychologischen Effekte in dem aufgestellten Modell?"

Die Beantwortung dieser beiden Forschungsfragen schafft die notwendige Basis für die Ableitung adäquater Maßnahmen gegen das Auftreten der Eskalationstendenz. Als dritte forschungsleitende Frage ergibt sich somit:

Forschungsfrage 3:
„Welche pragmatischen Maßnahmen gegen die Eskalationstendenz lassen sich auf der Basis der ermittelten Eskalationsursachen identifizieren?"

1.3 Aufbau der Arbeit

Um die Ziele der Arbeit zu erreichen, sollen in Kapitel 2 zunächst die Grundlagen der Analyse dargelegt werden (zum Aufbau der Arbeit vgl. Abbildung 1). Kapitel 2.1 gibt einen kurzen Überblick über Aufbau- und Ablaufstrukturen eines F&E-Projekts. Dabei werden die F&E-spezifischen Besonderheiten dargestellt und die hohe Bedeutung der Abbruchsentscheidung in der F&E herausgearbeitet. In Kapitel 2.2 wird aufgezeigt, mit welchen Bewertungsmethoden rationale Projektabbruchsentscheidungen unterstützt werden können. In Kapitel 2.3 werden dann zunächst empirische Belege für das Auftreten einer systematischen Tendenz zu verspäteten Projektabbrüchen aufgezeigt, bevor ein kurzer Überblick über die fragmentierte Eskalationsliteratur gegeben wird. In Kapitel 2.4 werden dann die bestehenden Forschungsdefizite identifiziert und ein wirkungsvolles Vorgehen zur Behebung der Defizite vorgeschlagen.

Das dritte Kapitel bildet die Grundlage für die Ableitung eines Erklärungsmodells zur Entstehung der Eskalationstendenz. Dazu werden zunächst in Kapitel 3.1 die Grundlagen ökonomischer Modellbildung dargelegt, bevor in Kapitel 3.2 die klassische Entscheidungstheorie gezielt so erweitert wird, dass die relevanten psychologischen Effekte in eine logische Struktur gebracht werden können. Dieses Vorgehen erlaubt dann die Ableitung eines Modells in Kapitel 3.3, mit dessen Hilfe sich das Auftreten der Eskalationstendenz umfassend erklären lässt.

Im vierten Kapitel steht die Identifikation der jeweiligen Einflussfaktoren der einzelnen psychologischen Effekte im Vordergrund. In den Kapiteln 4.1 bis 4.3 wird herausgearbeitet, welche Faktoren das Auftreten der verschiedenen Effekte verursachen oder beeinflussen. Kapitel 4.4 zieht ein kritisches Fazit.

Nachdem damit identifiziert wurde, welche Faktoren das Auftreten der psychologischen Effekte bestimmen, erfolgt in Kapitel 5 die Ableitung gezielter Maßnahmen gegen die systematische Tendenz zu verspäteten Projektabbrüchen. Um eine gut begründbare Ableitung von leicht umsetzbaren und umfassenden Maßnahmen zu gewährleisten, werden in Kapitel 5.1 zunächst mögliche Träger solcher Maßnahmen diskutiert, bevor in den Kapiteln 5.2 bis 5.4 für die in Kapitel 4 identifizierten Effekte Gegenmaßnahmen identifiziert und in Kapitel 5.4 zusammengefasst werden.

In Kapitel 6 erfolgt die kritische Würdigung der Arbeit. Dazu werden zunächst in Kapitel 6.1 die zentralen Ergebnisse der vorliegenden Arbeit zusammengefasst und in Kapitel 6.2 mögliche Implikationen für Wissenschaft und Praxis aufgezeigt. Aus einer kritischen Würdigung der Arbeit in Kapitel 6.3 wird dann abschließend in Kapitel 6.4 der weitere Forschungsbedarf dargestellt.

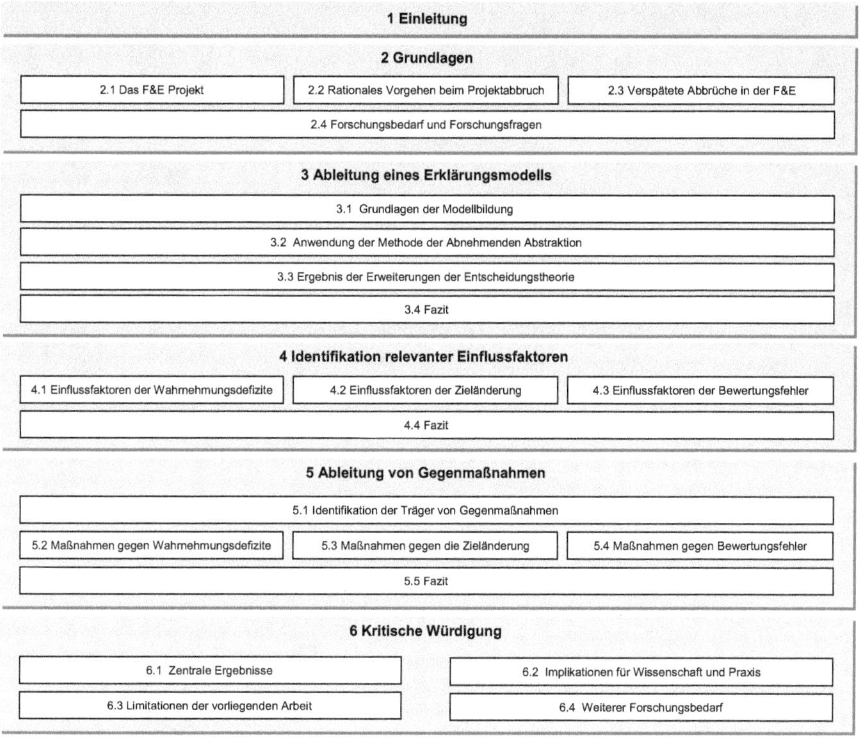

Abbildung 1: Aufbau der Arbeit

2 Grundlagen

2.1 Das F&E-Projekt

Zunächst sollen die Begriffe der F&E und des F&E-Projekts definiert werden, wodurch gleichzeitig eine Eingrenzung des Forschungsfelds erfolgt (Kapitel 2.1.1). Danach werden der organisatorische Aufbau der F&E-Abteilung und die Einbettung eines typischen F&E-Projekts (Kapitel 2.1.2) sowie dessen Ablauf (Kapitel 2.1.3) dargelegt. Dadurch soll zum einen ein Verständnis für die spezifischen Situationsbedingungen, denen Abbruchsentscheidungen bei F&E-Projekten unterliegen, geschaffen werden, zum anderen soll die Relevanz der Abbruchsentscheidung deutlich gemacht werden.

2.1.1 Eingrenzung des Forschungsfelds

F&E ist eine Funktion im Unternehmen, mit dem Ziel, neues technologisches Wissen zu generieren, das zur Erstellung neuer Produkte und Prozesse genutzt werden kann.[21] Das Ergebnis der F&E-Tätigkeit ist im Erfolgsfall eine Erfindung (Invention), also eine „*technische Lösung, die sich durch Neuheit und gewerbliche Anwendbarkeit auszeichnet*“[22] und durch Schutzrechte geschützt werden kann.[23] Der Begriff der Erfindung umfasst sowohl materielle Produkte als auch immaterielle Dienstleistungen oder patentierbare Geschäftsmodelle.

Die Leistungserstellung in der F&E erfolgt weitestgehend in Form von Projekten. Ein Projekt sei definiert als „*ein Vorhaben, das im Wesentlichen durch die Einmaligkeit der Bedingungen in ihrer Gesamtheit gekennzeichnet ist, wie z. B. Zielvorgaben, zeitliche, finanzielle, personelle oder andere Begrenzungen, Abgrenzungen gegenüber anderen Vorhaben und die projektspezifische Organisation*“.[24]

Zur Spezifizierung des Untersuchungsobjekts sollen mit der Einteilung in Phasen und nach dem Ort der Leistungserstellung zwei weitere Abgrenzungen vorgenommen werden, da unter dem Begriff der F&E ein großes Spektrum verschiedener Tätigkeiten gefasst werden kann.

---

[21] Vgl. Brockhoff (1999), S. 23.

[22] Eilhauer (1993), S. 5.

[23] Vgl. Brockhoff (1999), S. 95. Der Begriff der F&E wird gängigerweise von dem Begriff der Innovation abgegrenzt, da dieser häufig im selben Kontext verwendet wird. Der Begriff der Innovation bezeichnet eine erfolgreich am Markt durchgesetzte Erfindung (vgl. Hauschildt (2004) und Gerpott (1999), S. 39 ff.), der Innovationsprozess einen umfassenden Prozess, der neben der technologischen Entwicklung in F&E auch noch die Marktdurchsetzung und damit auch die funktionalen Bereiche der Produktion und des Marketing umfasst (vgl. Brockhoff (1999), S.20).

[24] Vgl. Hauschildt (2004), S. 84. Für eine ähnliche Definition siehe auch Madauss (1990), S. 490 f.

Einteilung nach Phasen

Die erste Abgrenzung betrifft die Einteilung nach den Phasen der F&E-Tätigkeit. Eine übliche Unterteilung dazu liefert das Frascati Handbuch der OECD, das F&E-Tätigkeiten je nach Zielsetzung und Entfernung von der Nutzung des Wissens im Markt in die Phasen Grundlagenforschung, angewandte Forschung und Entwicklung einteilt:[25] Unter dem Begriff der ***Grundlagenforschung*** werden alle Tätigkeiten zusammengefasst, die eine Wissensgenerierung anstreben, ohne dass das Wissen eine direkte praktische Anwendbarkeit haben muss. Dagegen wird die Gewinnung wissenschaftlicher oder technischer Erkenntnisse für eine spätere spezifische praktische Anwendung mit dem Begriff der ***angewandten Forschung*** umschrieben. Der Begriff ***Entwicklung*** bezeichnet die Nutzung dieser Erkenntnisse, um zu neuen oder verbesserten Produkten bzw. Prozessen zu gelangen.

Die Projekte der einzelnen Phasen liegen dabei auf einem Kontinuum von sehr hoher Unsicherheit und sehr geringer Planbarkeit bis hin zu geringerer Unsicherheit und höherer Planbarkeit (vgl. Abbildung 2). Die Unsicherheit ergibt sich zum einen aus der Neuartigkeit und Singularität der Anstrengungen in der F&E, zum anderen aus den langen Planungshorizonten und der schwer zu beherrschenden Komplexität in der Projektabwicklung.[26]

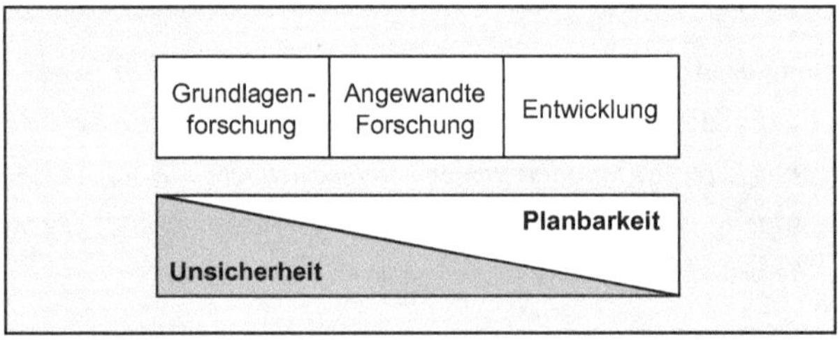

Abbildung 2: Schematische Phaseneinteilung der F&E

Quelle: in Anlehnung an Brockhoff (1989a), S. 254.

Diese Einteilung ist in der F&E-Literatur und -Praxis weitgehend etabliert,[27] obwohl die Zuordnung einzelner Projekte zu einer der drei Phasen in der Forschungspraxis nicht

[25] Vgl. für diese und die folgenden Ausführungen OECD (2002).

[26] Vgl. Chiesa (2001), S. 68 f.

[27] Vgl. Stockbauer (1989), S. 33 und die dort angegebene Literatur. Nur vereinzelt werden branchenspezifische oder detailliertere Einteilungen verwendet, die dann jedoch meist an ähnlichen Einteilungsproblemen kranken (vgl. Stockbauer (1989), S. 196 oder Brockhoff (1999), S. 51.

immer trennscharf möglich ist.[28] Wichtiger als die exakte Zuordnung zu einer Phase sind jedoch im Rahmen dieser Arbeit die Implikationen unterschiedlich hoher Ungewissheit und Planbarkeit für die Projektsteuerung. Während Projekte im Bereich der Grundlagenforschung eher ungerichtet und mit hohen Unsicherheiten behaftet sind, nimmt die Unsicherheit ab, je näher die marktliche Nutzung rückt. Die Position auf dem Kontinuum hat direkte Auswirkungen auf die Instrumente und Methoden, die zur Planung, Bewertung und Steuerung der Projekte zur Verfügung stehen. So können für Entwicklungsprojekte auf Grund der geringeren Unsicherheit meist detaillierte Zielvorgaben und Ausführungspläne erstellt werden, während sich Anstrengungen im Bereich der Grundlagenforschung meist einer direkten Steuerung und Bewertung entziehen.[29]

Im Fokus dieser Arbeit stehen daher in erster Linie Projekte der angewandten Forschung und Entwicklung, so dass eine gewisse Steuerbarkeit und Bewertbarkeit angenommen werden kann. Diese Einschränkung erscheint auch aus Sicht der betrieblichen Praxis sinnvoll. Privatwirtschaftliche Unternehmen haben häufig nur sehr begrenzte Anreize, in Grundlagenforschung zu investieren, da sich Erkenntnisse dort nicht direkt wirtschaftlich nutzen lassen, und fokussieren sich daher eher auf Projekte im Bereich der angewandten Forschung und Entwicklung.[30]

Einteilung nach dem Ort der Leistungserstellung

Die zweite Eingrenzung soll im Hinblick auf den Ort der Leistungserstellung vorgenommen werden (vgl. Abbildung 3).[31] Während bei ***interner F&E*** die Leistungserstellung vollständig innerhalb des eigenen Unternehmens erfolgt, finden im Fall der ***externen F&E*** alle Tätigkeiten ausnahmslos außerhalb des Unternehmens statt (z. B. in Form von Auftragsforschung). Von diesen beiden Formen wird die Mischform der ***kooperativen F&E*** abgegrenzt, bei der zwar einzelne Schritte der Forschung und Entwicklungsarbeit im eigenen Unternehmen vollzogen werden, andere Arbeitspakete jedoch von externen Partnern übernommen werden.

---

[28] Vgl. Brockhoff (1999), S. 25 ff. oder Müller (1966), S. 33.

[29] Vgl. Schmelzer (1992), S. 162.

[30] Vgl. Brockhoff (1999), S. 56. Als Ausnahmen seien Großunternehmen genannt, die teilweise über eigene Grundlagenforschung verfügen, wie z. B. DaimlerChrysler, Bayer oder Siemens. Grundlagenforschung wird dagegen hauptsächlich von anderen Trägern wie Hochschulen oder speziellen Forschungseinrichtungen wie den Max-Planck-Instituten durchgeführt.

[31] Vgl. Gerpott (1999), S. 37.

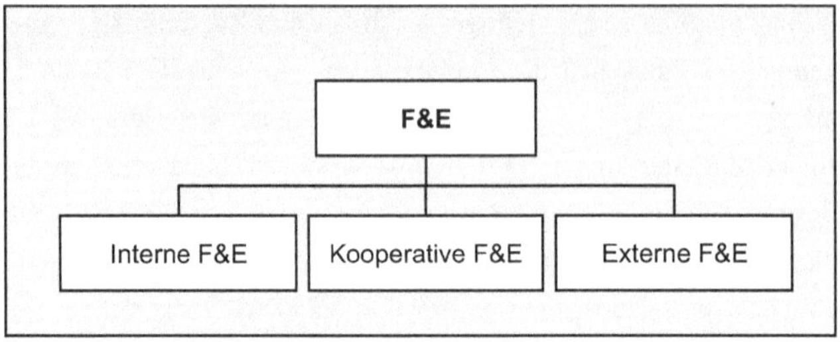

Abbildung 3: Abgrenzung des F&E-Begriffs nach dem Ort der Leistungserstellung
Quelle: in Anlehnung an Gerpott (1999), S. 37.

Diese Unterscheidung ist von Bedeutung für diese Arbeit, weil sich Einfluss- und Steuerungsmöglichkeiten bei internen Projekten maßgeblich von denjenigen externer oder kooperativer Projekte unterscheiden. So stehen z. B. bei extern oder kooperativ durchgeführten Projekten meistens weniger steuerungsrelevante Informationen zur Verfügung als bei internen Projekten. Des Weiteren erschweren die räumliche Trennung und das Fehlen von Sanktionsmechanismen die Einflussnahme. Zudem ergeben sich bei Formen der externen und kooperativen Forschung Probleme der Anreizgestaltung zwischen den Partnern, die bei der internen Forschung nicht auftreten. Zur Komplexitätsreduktion fokussiert sich die vorliegende Arbeit daher auf interne F&E-Projekte. Für externe und kooperative F&E-Projekte sind die Aussagen den jeweiligen Gegebenheiten situativ anzupassen.[32]

Zusammenfassend lässt sich festhalten, dass der Fokus der Arbeit auf internen Projekten der angewandten Forschung und Entwicklung liegt, die einerseits zwar eine hohe Unsicherheit aufweisen, andererseits jedoch eine gewisse Planbarkeit und Bewertung erlauben. Das F&E-Projekt soll als erfolgreich beendet gelten, wenn die technologische Entwicklung mit der Erreichung aller Ziele abgeschlossen ist und die Phasen der Produktions- und Markteinführung beginnen.

---

32 Vgl. Gerpott (1999), S. 227 ff.

2.1.2 Organisation eines F&E-Projekts

Nachdem das Untersuchungsobjekt konkretisiert wurde, soll das F&E-Projekt in den organisationalen Rahmen der Unternehmung eingeordnet werden. Zunächst wird dazu die Eingliederung der F&E-Abteilung in den Gesamtunternehmenskontext kurz diskutiert, bevor die innere Aufbaustruktur der F&E-Abteilung und der F&E-Projekte dargestellt wird. Dies ist notwendig, um die Einbettung der F&E-Projekte in das Gesamtunternehmen und die Rolle des Projektleiters bei Abbruchsentscheidungen einordnen zu können.

Eingliederung der F&E-Abteilung in das Gesamtunternehmen

Bei der Eingliederung der F&E-Abteilung in das Gesamtunternehmen lassen sich drei Möglichkeiten unterschieden.[33] Im Fall der ***zentralen Eingliederung*** existiert im Unternehmen eine zentrale F&E-Abteilung, die die komplette Forschungs- und Entwicklungsarbeit verrichtet. Zentrale F&E-Abteilungen sind entweder in Form einer Stabseinheit direkt dem Vorstandsbereich unterstellt oder stehen als eigene funktionale Einheit neben funktionalen Abteilungen wie Einkauf, Produktion und Marketing. Bei der ***dezentralen Eingliederung*** der F&E-Abteilung finden sich dagegen mehrere spezialisierte F&E-Abteilungen im Unternehmen, die verschiedenen übergeordneten Einheiten angeschlossen sind. Diese Organisationsform kommt vor allem in divisional gegliederten Konzernen mit heterogener Leistungserstellung zum Einsatz, wo die Bedürfnisse der einzelnen Divisionen an die F&E-Leistung sehr unterschiedlich sind. Daneben ist in größeren Konzernen auch die Mischform einer ***zentral-dezentralen Eingliederung*** möglich, meist in Form einer zentralen Forschungsabteilung mit spezialisierten, dezentralen Entwicklungsabteilungen in verschiedenen Konzerneinheiten. Alle Formen bieten spezifische Vor- und Nachteile, die je nach Unternehmensgröße und Struktur des Unternehmens, Heterogenität des Angebots, Bedeutung der F&E im Unternehmen und der gegebenen Marktdynamik unterschiedlich stark zum Tragen kommen.[34] Die Art der Eingliederung der F&E in das Gesamtunternehmen ist für diese Arbeit insofern von Bedeutung, als dass sie die innere Aufbauorganisation der F&E-Abteilung und damit die Organisationsform des F&E-Projekts beeinflusst, wie die folgenden Ausführungen zeigen.

---

33 Vgl. Bürgel/Haller et al. (1996), S. 152 ff. für diese und die folgenden Aussagen.

34 Vgl. Bürgel/Haller et al. (1996), S. 158 f. So ist z. B. bei hoher Marktdynamik die Nähe zum Kunden sehr wichtig für die F&E-Abteilung. Dies spricht für die Einrichtung dezentraler F&E-Einheiten, die eine stärkere Kundennähe ermöglichen. Liegt der Fokus dagegen eher auf technologischen Neuerungen, kann eine Konzentrierung der F&E-Tätigkeiten in einer zentralen F&E-Abteilung sinnvoll sein.

Innere Aufbauorganisation der F&E-Abteilung

Größere F&E-Abteilungen weisen meistens eine weitergehende Innengliederung auf. Dabei lassen sich drei verschiedene Grundformen der inneren Aufbauorganisation identifizieren:[35]

Bei der ***Spezialisierung nach F&E-Phasen*** wird die Abteilung entlang der in der Definition genannten Phasen oder einer daran angelehnten Struktur in Einheiten eingeteilt, die sich auf die Durchführung der Grundlagenforschung, der angewandten Forschung oder der Entwicklung[36] spezialisieren. Diese Einteilung bietet sich an, wenn eine Vielzahl von Projekten aus unterschiedlichen Phasen durchgeführt wird und sich diese stark in ihren Anforderungen unterscheiden. Bei der ***Spezialisierung nach naturwissenschaftlich-technischen Disziplinen*** wird die F&E-Abteilung nach Fachdisziplinen unterteilt. Dazu werden eng miteinander verknüpfte naturwissenschaftlich-technische Disziplinen zu eigenen Untereinheiten zusammengefasst, wie z. B. chemische F&E und elektrotechnische F&E. Dies bietet sich vor allem dann an, wenn das Unternehmen in der Entwicklung auf unterschiedliche, wenig miteinander verknüpfte naturwissenschaftliche Disziplinen zurückgreifen muss. Bei der ***Spezialisierung nach Produkten*** wird der F&E-Bereich nach der Struktur des Produktprogramms gegliedert. Dies ist vor allem dann sinnvoll, wenn die Produkte sehr heterogen und viele produktnahe Entwicklungen gefordert sind. Diese Struktur findet sich vor allem bei Unternehmen, die sich stark nach Kundenbedürfnissen ausrichten müssen, wie z. B. Konsumgüterhersteller.

In der betrieblichen Praxis dominieren meist Mischformen der oben genannten Gliederungsansätze.[37] So werden z. B. F&E-Abteilungen in Großunternehmen häufig zunächst nach F&E-Phasen in Forschung und Entwicklung getrennt. Diese werden dann wiederum nach naturwissenschaftlich-technischen Disziplinen (z. B. in der Forschung, da dort ein besonders hoher Grad an Spezialwissen erforderlich ist) oder Produkten eingeteilt (z. B. in der Entwicklung, da dort eine größere Marktnähe gefragt ist). Diese Einheiten werden in der F&E auch häufig als „Linienfunktionen" bezeichnet. Die Mitarbeiter der

---

[35] Vgl. Kern/Schröder (1977), S. 320 ff. Kern beschreibt den sehr seltenen Fall, dass die F&E-Abteilung nicht weiter organisatorisch untergliedert ist und die Leistungserstellung in einer reinen Projektorganisation erfolgt. Bei dieser Form der Gliederung gibt es keine zeitlich feste Struktur der F&E-Abteilung – der Aufbau wandelt sich entsprechend den spezifischen Bedürfnissen der Projekte. Die Mitarbeiter sind jeweils nur temporär einem Projektleiter unterstellt und werden nach Beendigung eines Projekts umgehend neuen Projekten zugeordnet. Diese Form der reinen Projektorganisation auf Abteilungsebene soll hier jedoch nicht weiter betrachtet werden, da in der Forschungspraxis meist eine weitere Unterteilung der F&E erfolgt.

[36] Bei großen Entwicklungseinheiten kann z. B. auch eine weitere phasenabhängige Einteilung in Vorentwicklung und Serienentwicklung vorgenommen werden.

[37] Vgl. Bürgel/Haller et al. (1996), S. 168 f.

F&E sind im Regelfall hoch spezialisierte technologische Fachkräfte, die einer bestimmten Linienfunktion zugeordnet sind.[38]

Projektorganisation

Unabhängig von der internen Struktur der F&E-Abteilung findet die Leistungserstellung meist in Projekten statt, bei denen mehrere Mitarbeiter für eine gewisse Zeit mit der Bearbeitung einer (mehr oder weniger) genau definierten Aufgabe betraut werden. Dabei besteht das Projektteam neben den Fachkräften der F&E auch aus Mitarbeitern anderer betrieblicher Funktionen, um wichtige Schnittstellen zwischen Entwicklung und Produktion oder Marketing besser handhaben zu können.[39] Darüber hinaus wird dem Projektteam häufig ein Controller zugeordnet, der als „ökonomisches Gewissen" das Projekt begleitet und dem Projektleiter bei wichtigen ökonomischen Fragen zur Verfügung steht (vgl. dazu die Ausführungen in Kapitel 5.1).[40] Bei der Zuordnung der Mitarbeiter auf die Projekte lassen sich drei Formen der Projektorganisation unterscheiden:[41]

Die gängigste Form der Projektorganisation ist die ***Matrix-Projekt-Organisation***[42] Sie zeichnet sich dadurch aus, dass die fachlichen und disziplinarischen Weisungsrechte der Mitarbeiter zwischen dem Projektleiter und dem Vorgesetzten in der Linienstelle aufgeteilt werden. Man spricht daher auch von einem „*Zwei- oder Mehrliniensystem*"[43]. Die Projektmitarbeiter werden für eine gewisse Zeit (zumindest teilweise) von den Linien-

---

[38] Zwei Gruppen wird in der Literatur eine besondere Rolle bei der Planung und Durchführung von Projekten zugesprochen: Promotoren und Schlüsselerfindern. ***Promotoren*** fördern durch ihre Tätigkeit die Planung und Durchführung der Projekte und unterstützen diese insbesondere dann, wenn im Projektverlauf Hürden auftreten (vgl. Witte (1973)). Fachpromotoren haben meist hohes projektspezifisches Fachwissen und leisten beim Auftreten technischer Hürden im Projekt Hilfestellungen. Machtpromotoren verfügen dagegen über hierarchische oder informelle Macht im Unternehmen und unterstützen das Projekt durch Ressourcenzuteilung, wenn es zu Budgetproblemen kommt. Prozesspromotoren übernehmen die Rolle eines „Schnittstellenmanagers" zwischen den technisch-naturwissenschaftlich orientierten Fachkräften der F&E und den eher ökonomisch orientierten Managern. Entscheidend für den Erfolg des Projekts ist meist das Zusammenspiel zwischen den Promotoren. ***Schlüsselerfinder*** zeichnen sich durch eine überproportional hohe Dichte von Patentanmeldungen aus (vgl. Vitt (1998) oder Ernst (1996), S. 133 ff.). Sie sind die produktivsten Mitarbeiter der F&E-Abteilung und genießen daher meist besonderes Vertrauen und Kompetenzen. Dies kann zwei für die Abbruchsentscheidung relevante Folgen haben. Zum einen können Schlüsselerfinder die ihnen eingeräumten Freiräume bewusst ausnutzen, um Projekte trotz schlechter Aussichten durchzuschleppen. Zum anderen ist vorstellbar, dass sich gerade bei erfolgsverwöhnten Schlüsselerfindern eine Überzeugung der eigenen Unfehlbarkeit einstellt, die die Schlüsselerfinder glauben lässt, sie seien in der Lage, alle ihre Projekte erfolgreich zu vollenden.

[39] Vgl. Brockhoff (1989b) oder Gaiser (1993).

[40] Vgl. Riedl (1990), S. 15 f.

[41] Vgl. Kern/Schröder (1977), S. 355 ff.

[42] Vgl. Bürgel/Haller et al. (1996), S. 181.

[43] Bürgel/Haller et al. (1996), S. 180.

aufgaben freigestellt um sich Projektaufgaben zu widmen, bleiben aber disziplinarisch in ihrer Linienfunktion integriert. Diese Art der Projektorganisation eignet sich besonders für interdisziplinäre Projekte, da dadurch die Nutzung von Spezialisierungsvorteilen der Linienfunktionen mit den Vorteilen der Projektarbeit (wie z. B. Fokussierung auf einen Themenkomplex) verbunden wird.[44] Der Projektleiter übernimmt bei dieser Form der Projektorganisation meist keine Linienfunktion, trägt dafür aber volle fachliche Verantwortung für die zielgerichtete Durchführung der ihm zugewiesenen Projekte[45] und entscheidet über alle wesentlichen Fragen der Projektsteuerung wie z. B. über Abbruch oder Fortführung des Projekts.[46]

Bei einer ***reinen Projekt-Organisation*** wird das Projekt in einer gesonderten, spezifisch dafür zusammengestellten Einheit durchgeführt. Die Projektmitarbeiter werden dazu aus ihrer Linienfunktion gelöst und arbeiten nur an diesem Projekt. Der Projektleiter verfügt in diesem Fall sowohl über disziplinarische als auch fachliche Weisungsrechte für die Mitarbeiter und trägt die Verantwortung für den Projekterfolg. Die reine Projekt-Organisation findet auf Grund des hohen organisatorischen Aufwands hauptsächlich bei größeren Projekten Anwendung, bei denen sich die Projektaufgaben eindeutig von denen der Linienstellen unterscheiden lassen.

Eher unüblich in der industriellen F&E ist die ***Einfluss-Projektorganisation*** (auch: Stabs-Projektorganisation), die sich nur für kleinere, zeitlich und fachlich sehr beschränkte F&E-Projekte anbietet.[47] Bei dieser Form bleiben die Projektmitarbeiter organisatorisch in ihren Linienfunktionen verankert und widmen nur einen kleinen Teil ihrer Zeit dem jeweiligen Projekt. Der Projektleiter besetzt eine Art Stabsstelle und hat nur informations- und Beratungsbefugnisse gegenüber den Projektmitarbeitern, jedoch keine Entscheidungs- oder Weisungsbefugnis.

In dieser Arbeit wird daher von einer Matrix- oder einer reinen Projektorganisation ausgegangen, da dies dem üblichen Projekttypus entspricht. In beiden Fällen kommt dem Projektleiter auf Grund seiner fachlichen (und im Fall der reinen Projektorganisation auch disziplinarischen) Führungsverantwortung eine entscheidende

---

[44] Empirische Untersuchungen belegen den hohen Erfolgsbeitrag von Teams, denen nicht nur spezialisierte F&E-Mitarbeiter angehören, sondern auch Mitarbeiter aus anderen betrieblichen Funktionen, wie z. B. dem Marketing oder der Produktion (vgl. Atuahene-Gima/Evangelista (2000)).

[45] Vgl. Bürgel/Haller et al. (1996), S. 183. Die Kompetenz-Ausstattung des Projektleiters kann im Einzelfall unterschiedlich sein.

[46] Vgl. Saad/Roussel et al. (1991), S. 155 ff.

[47] Vgl. Bürgel/Haller et al. (1996), S. 178.

Rolle bei der Abbruchsentscheidung zu.[48] Damit ist der F&E-Projektleiter und sein Vorgehen bei der Abbruchsentscheidung ein wichtiges Untersuchungsobjekt der vorliegenden Arbeit.[49]

2.1.3 Ablaufstruktur eines F&E-Projekts

Nachdem die Begriffe der F&E und des F&E-Projekts definiert und die notwendigen Aspekte der Projektorganisation beschrieben wurden, soll nun die Ablaufstruktur eines typischen F&E-Projekts erläutert werden, um ein einheitliches Verständnis für die Vorgänge bei der Abbruchsentscheidung zu schaffen.

Wie aufgezeigt wurde, ist das einzelne F&E-Projekt in der Regel in eine F&E-Abteilung eingebettet. Um das Ziel der Generierung technisch nutzbaren Wissens in dem jeweiligen Projekt zu erreichen, sind etliche Führungshandlungen auf den verschiedenen Ebenen der F&E-Abteilung nötig. Eine idealtypische Beschreibung der Abfolge liefert LANDER: *„the decision making process starts with input derived from corporate strategy [...], next these [...] objectives must be translated into process and product assignments that are meaningful to R&D. This is followed by implementing an R&D program through specific project [...] decisions, finally to keep the process on track, the best companies consistently monitor and control projects."*[50]

Zum besseren Verständnis sollen die verschiedenen Aufgaben in mehrere aufeinander aufbauende Ebenen strukturiert werden. Dazu soll auf die in der F&E-Literatur übliche Dreiteilung in Strategische Ebene, Bereichsebene und Projektebene zurückgegriffen werden (vgl. Abbildung 4).[51] Die Betrachtung beschränkt sich dabei hauptsächlich auf abbruchsrelevante Aspekte. Daher wird der Fokus auf der Projektebene

---

48 Einfluss-Projektorganisationen sollen auf Grund der untergeordneten Stellung des Projektleiters für die weitere Betrachtung ausgeschlossen werden.

49 Von den Interaktionen zwischen dem Projektleiter und den Projektmitarbeitern soll aus Gründen der Komplexitätsreduktion abstrahiert werden. Für eine Übersicht möglicher diesbezüglicher Effekte siehe Keil/Robey (1999).

50 Lander/Matheson (1995), S. 85.

51 Vgl. dazu z. B. Kern/Schröder (1977); Stockbauer (1989); Saad/Roussel et al. (1991) oder Horváth (1998), S. 844. Beim Vergleich der Einteilungen fällt auf, dass die Autoren leicht von einander abweichende Einteilungen der Ebenen verwenden. Während alle Autoren mit der Strategie-Ebene beginnen, unterscheiden sie sich in der Bezeichnung und Zuteilung der Aufgaben zu den beiden untersten Ebenen. Jedoch sind die Unterschiede eher gering, für den Fokus dieser Arbeit von marginaler Relevanz und sollen daher nicht weiter betrachtet werden. BROCKHOFF verwendet zwar abweichend von den anderen Autoren vier Ebenen, jedoch teilt er die eigentliche Leistungserstellung der F&E ebenfalls in drei Ebenen (vgl. Brockhoff (1999), S. 93 ff.). Der Unterschied besteht hauptsächlich darin, dass Brockhoff in einer vorgeschalteten Ebene allgemeine Überlegungen zur generellen Durchführbarkeit von F&E zusammenfasst. Deshalb wird hier die Einteilung in drei Ebenen verwendet.

liegen, während die beiden übergeordneten Ebenen nur beschrieben werden, soweit sie für die Abbruchsentscheidung von Relevanz sind.

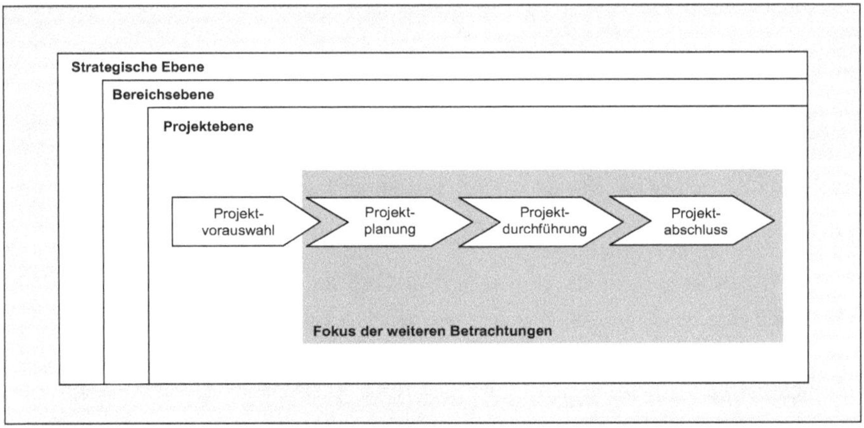

Abbildung 4: Schematische Einteilung des F&E-Bereichs in drei Ebenen

Quelle: in Anlehnung an Lange (1993), S. 13.

2.1.3.1 Aufgaben auf der strategischen Ebene

Das einzelne F&E-Projekt kann bei der Entscheidung über Fortführung oder Abbruch nicht isoliert von dem Unternehmenskontext betrachtet werden, da die Projektdurchführung keinen Selbstzweck verfolgt, sondern letztendlich der Erreichung der Unternehmensziele, d. h. der Steigerung des Unternehmenswerts, dienen muss. Die Zielfestlegung des einzelnen F&E-Projekts beginnt daher mit der strategischen Ebene, auf der eine mit den Unternehmenszielen konsistente Strategie für den F&E-Bereich festgelegt wird.[52] Dabei wird zum einen inhaltlich festgelegt, welche Technologien in Zukunft zu verfolgen sind und welche Ziele damit erreicht werden sollen (also z. B. wann welche Produkte lanciert werden sollen, oder ob eine Kosten- oder Innovationsführer-Strategie gewählt werden soll).[53] Des Weiteren werden auch die verschiedenen Technologien untereinander priorisiert, um die weitere Operationalisierung zu erleichtern.

Bei der Ableitung der F&E-Strategie aus der Gesamtstrategie des Unternehmens[54] wird im Allgemeinen auf eine mehr oder weniger formal durchgeführte *strategische*

---

[52] Vgl. Chiesa (2001).

[53] Vgl. Porter (1980).

[54] Vgl. Chiesa (2001), S. 19. Die Beziehung zwischen F&E- und Gesamtstrategie ist jedoch nicht einseitig, sondern durch Interaktion geprägt – die technologischen Möglichkeiten und Entwicklungspfade sind ein

Analyse zurückgegriffen. Durch die umfassende Berücksichtigung unternehmensinterner und unternehmensexterner Aspekte soll die rationale Bildung von Erwartungen über die Zukunft und damit die Entwicklung einer zielführenden F&E-Strategie gefördert werden Dazu werden im Allgemeinen drei Bereiche analysiert: [55]

- Zum einen werden mit Hilfe der ***Unternehmensanalyse*** spezifische Stärken und Schwächen des Unternehmens identifiziert und die Bedeutung der F&E für das Unternehmen aus den strategischen Markt- und Umsatzzielen der Gesamtstrategie abgeleitet. Die Unternehmensanalyse verdeutlicht somit den Bedarf und die Möglichkeiten des Unternehmens, F&E-Tätigkeiten durchzuführen.
- Zum zweiten wird der ***Markt*** einer Analyse unterzogen, bei der z. B. die Attraktivität der Nachfragemärkte, Kundenbedürfnisse und das Verhalten der Wettbewerber im Mittelpunkt stehen, wodurch die Absatzchancen aufgezeigt werden sollen.
- Zum dritten wird eine ***Technologieanalyse*** durchgeführt, die den Stand und die Entwicklungspotentiale verschiedener Technologien untersucht. Im Mittelpunkt stehen hier Potentiale und Grenzen einer weiteren Entwicklung sowie zu erwartende technologische Diskontinuitäten.

Die F&E-Strategie schränkt also die Handlungsoptionen der folgenden, hierarchisch niedriger liegenden Bereichs- und Projektebene ein. Sie gibt die strategische Richtung, d. h. die zu erreichenden Entwicklungsziele und grobe Rahmenvorgaben für die zu entwickelnden Projekte vor,[56] der alle Projekte folgen müssen. Durch die Einschränkung der Handlungsoptionen ist die strategische Ebene somit auch bei Abbruchsentscheidungen relevant.[57]

2.1.3.2 Aufgaben auf der Bereichsebene

Aus der allgemeinen F&E-Strategie werden das zu verfolgende F&E-Programm, d. h. das Portfolio der Gesamtheit der einzelnen Projekte, und das dafür zur Verfügung stehende Budget festgelegt.[58]

---

wichtiger Input bei der Festlegung der Gesamtstrategie (vgl. Schmelzer (1992), S. 66 f.). Zum Planungsbegriff siehe auch Kreikebaum (1981) oder Mintzberg/Quinn et al. (1995).

[55] Vgl. Bürgel/Haller et al. (1996), S. 73 ff.

[56] Vgl. Hubner (1996),. S.107 ff.

[57] Vgl. Hubner (1996), S. 107 und S. 288.

[58] Vgl. Bürgel/Haller et al. (1996), S. 102 ff.

F&E-Programmplanung

Die Operationalisierung der F&E-Strategie erfolgt auf der Bereichsebene in erster Linie durch die Auswahl und Zusammenstellung des F&E-Programms, das die Gesamtheit aller F&E-Projekte umfasst. Die Programmsteuerung beschränkt sich jedoch meist auf die Vorgabe der durchzuführenden Projekte und die Vorgabe grober Zielwerte für diese Projekte. Auf der Bereichsebene findet im Allgemeinen keine Detailsteuerung der einzelnen Projekte statt, da auf Grund des stark verteilten und spezialisierten Wissens in der F&E nur das Projektteam bzw. der Projektleiter selbst über ausreichende Informationen verfügt, um das Projekt korrekt bewerten und steuern zu können.

Bei der Planung des F&E-Programms muss dem sehr hohen Komplexitätsgrad und den hohen Unsicherheiten Rechnung getragen werden.[59] Die Unsicherheit drückt sich z. B. in den begrenzten Möglichkeiten der Erfolgsabschätzung zu Beginn eines Projekts aus.[60] Konsequenz dieser Eigenschaften sind hohe Fehlerraten, die je nach Branche und Art der F&E-Tätigkeit variieren und über 80% aller gestarteten F&E-Projekte betragen können.[61]

Im Allgemeinen bieten sich drei Strategien an, um auf Unsicherheit in der Planung zu reagieren:[62]

- Aufschub von Entscheidungen
- Vorsorge im Sinne von Diversifikation und Reservehaltung
- Nachträgliche Planänderungen und Abbrüche

Im Fall der F&E sind jedoch nicht alle drei Strategien gleich sinnvoll. So ist der Aufschub von Entscheidungen nur dann empfehlenswert, wenn anzunehmen ist, dass sich während der Wartezeit der Informationsstand verbessert und dadurch die Unsicherheit abnimmt, was im (von latenter Unsicherheit gekennzeichneten) F&E-Umfeld jedoch nur selten und wenn, dann in begrenztem Umfang der Fall sein dürfte. Da zudem die Zeit einer der kritischsten Erfolgsparameter in der F&E ist und eine verspätete Markt-

---

59 Vgl. Ernst/Soll (2002).

60 Vgl. Thoma (1989b), S. 168. Gerade beim Aufsetzen neuer Projekte ist die Unsicherheit sehr hoch, da meist erst im Projektverlauf die technologischen Hürden sichtbar werden (vgl. Balachandra (1989)).

61 Vgl. Balachandra (1989) S. 2. Holzman (1972), S. 85 spricht von Fehlerraten von 50% bis 80%; Mansfield/Rapoport et al. (1971), S. 41 ff. berichtet von Fehlerraten von 88%. Die Höhe der Fehlerrate hängt neben der betrachteten Phase (z. B. Forschungs- oder Entwicklungsphase) auch von der in den Studien verwendeten Projektdefinition ab. Wird eine sehr weite Projektdefintion verwendet, bei der auch noch Ideengenerierungsphasen eingeschlossen sind, werden die erhobenen Fehlerraten wesentlich höher ausfallen, als wenn eine enge Definition des Projektbegriffs genutzt wird, die sehr frühe Phasen ausblendet.

62 Vgl. Hubner (1996), S. 81 ff. für die folgenden Ausführungen.

einführung große Einbußen mit sich bringen kann, erscheint ein Aufschub von Entscheidungen in der F&E generell nicht ratsam.[63]

In der F&E werden daher im Allgemeinen die zweite und dritte Strategie kombiniert angewendet, indem mehr Projekte begonnen werden, als während ihrer gesamten Dauer finanzierbar oder nötig wären, um die strategische Lücke zu füllen (Diversifikation und Reservehaltung). Im weiteren Verlauf der Projekte werden diese sorgfältig beobachtet und die Projekte, bei denen sich die positiven Erwartungen nicht zu erfüllen scheinen, im Sinne der nachträglichen Planänderung schnellstmöglich abgebrochen (vgl. Abbildung 5). „*Der Abbruch als besondere Form der Plananpassung wird in diesem Licht zu einem Instrument rationaler F&E-Planung zur Anpassung der Unternehmung an ungewisse Entwicklungen. Der Abbruch von F&E-Projekten ist damit keineswegs mit Fehlplanung bei der Projektauswahl oder einer mangelhaften Projektsteuerung gleichzusetzen*“[64] – vielmehr ist die Arbeitsweise auf gut funktionierende Diversifikation und schnelle Abbruchsentscheidungen angelegt. Daher kommt der Abbruchsentscheidung in der F&E eine hohe Bedeutung zu.

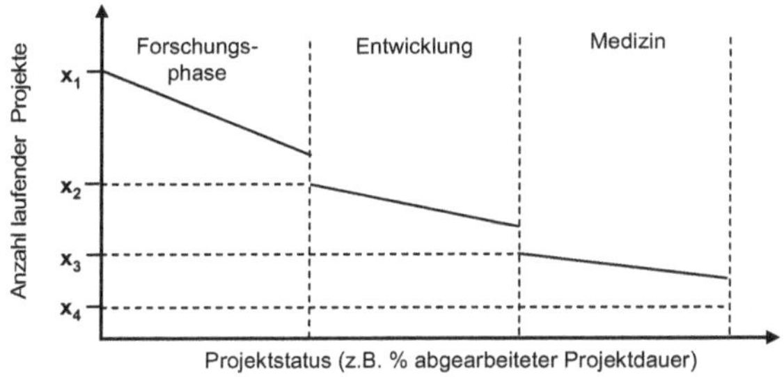

Abbildung 5: Schematischer Verlauf der Anzahl entwickelter Projekte in der Pharma-Industrie

Quelle: Eigene Darstellung, in Anlehnung an Booz Allen Hamilton (1982), S. 14.

Die hohe wirtschaftliche Bedeutung rechtzeitiger Abbrüche wird durch die empirisch vielfach bestätigte Tatsache verstärkt, dass die Aufwendungen im Projektverlauf typischerweise stark ansteigen. Während zu Beginn der Entwicklung die Aufwendungen meist überschaubar sind, steigt die Höhe der Aufwendungen gegen Ende der Entwicklung, wenn z. B. teure Markt- und Produktionstests vorgenommen werden (vgl. Abbildung 6).

---

[63] Der Aufschub von Entwicklungsarbeiten in der F&E ist im Allgemeinen nur bei der konsequenten Verfolgung einer reinen Fast-Follower-Strategie (auch: Second Mover-Strategie) sinnvoll (vgl. Hoppe (2000); Hoppe (2001) oder Reinganum (1985)).

[64] Hubner (1996), S. 82.

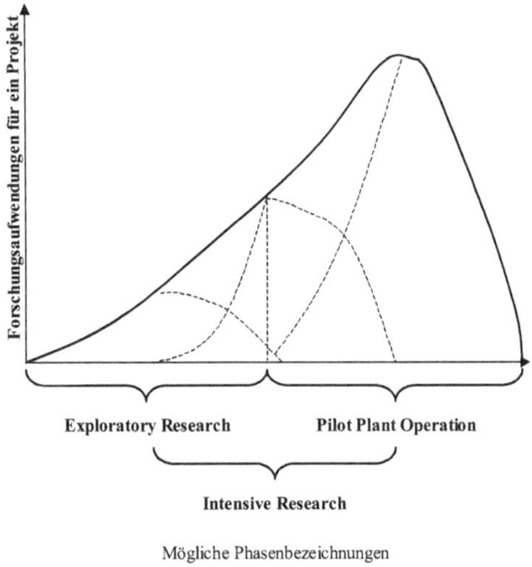

Abbildung 6: Prototypischer Verlauf der Entwicklungskosten während der Projektentwicklung
Quelle: Brockhoff (1989a), S. 211.

Daraus folgt, dass es im Hinblick auf die Effizienz der F&E besonders wichtig ist, fehlschlagende Projekte möglichst früh zu erkennen und abzubrechen:[65] *„[... it is] important to terminate projects before they lead to a major loss in investment“*[66]. In der F&E-Literatur wird daher der Ausführung korrekter Projektabbrüche eine herausragende Stellung im Rahmen der Projektsteuerung zugeschrieben.[67]

[65] Vgl. Lange (1993), S. 100 und die dort angegebene Literatur.
[66] Urban/Hauser (1993), S. 61.
[67] Vgl. Albers/Brockhoff et al. (2001), S. 176.

Budgetplanung

Der Top-Down-Budgetierung kommt bei der Umsetzung der F&E-Strategie auf der Bereichsebene eine große Bedeutung zu.[68] Durch die Zuteilung von Budgets an die Projekte wird die Leistungserstellung dort überhaupt erst ermöglicht.[69]

Aus der Budgetplanung ergeben sich Budgetrestriktionen für die F&E-Projekte. Da im F&E-Bereich nur begrenzte Mittel zur Verfügung stehen, müssen diese zur Durchführung möglichst gewinnbringender Projekte eingesetzt werden. Daraus folgt, dass verspätete Abbrüche fehlschlagender Projekte knappe Ressourcen verbrauchen, die dadurch nicht für die Entwicklung neuer Projekte zur Verfügung stehen. Somit führen verspätete Projektabbrüche auch zum verspäteten Beginn neuer Projekte.

2.1.3.3 Aufgaben auf der Projektebene

Auf der Projektebene findet die Ausplanung und Durchführung des einzelnen Projekts statt. Dabei wird auch der Kontrolle und Steuerung der Projektdurchführung eine hohe Bedeutung für die Sicherstellung einer plankonformen Umsetzung zugesprochen.[70]

Da der Fokus der vorliegenden Arbeit weitgehend auf der Ebene des einzelnen Projekts liegt, ist ein adäquates Verständnis für die Eigenschaften und Abläufe des F&E-Projekts notwendig. Daher soll – wie in der F&E-Literatur üblich – der Planungs- und Kontrollzyklus vom Projektstart bis zum Projektende nachvollzogen werden.

---

[68] Vgl. Brockhoff (1999), S. 247.

[69] Anhand empirischer Daten zeigt BROCKHOFF, dass die Gewinnmaximierung bei der Budgetierung des F&E-Bereichs in der Vergangenheit häufig eine eher untergeordnete Rolle gespielt hat (vgl. Brockhoff (1999), S. 261). Zur Optimierung des F&E-Budgets schlägt er zwei verschiedene Ansätze vor (vgl. Brockhoff (1999), S. 266 für die folgenden Aussagen). Beim ***analytischen Ansatz*** wird eine Produktionsfunktion der F&E zu Grunde gelegt, mit deren Hilfe mittels des Lagrange-Ansatzes das optimale Budget bestimmt werden kann. Dieses Verfahren setzt jedoch voraus, dass die Produktionsfunktion der F&E bekannt ist oder leicht geschätzt werden kann, was jedoch in der Forschungspraxis nicht uneingeschränkt möglich ist. In der Praxis werden daher häufiger ***heuristische Ansätze*** verwendet. Mit Hilfe stochastischer Simulationsmodelle wird dabei die Effizienz verschiedener Budgetierungsregeln (z. B. „Budgetierung proportional zum Umsatz“) überprüft und die am besten geeignete Regel angewandt.

[70] Vgl. Keil/Rai et al. (2003).

Ideenphase

Zu Beginn eines F&E-Projekts steht die ***Ideenphase***, in der aus einer zunächst meist vagen Idee ein strategiekonformes Projekt entwickelt wird.[71] Zur Auswahl geeigneter Projektideen schlägt STOCKBAUER ein sequentielles Auswahlverfahren vor, bei dem in mehreren Schritten[72] die Menge der Ideen trichterförmig so lange verringert wird, bis eine bearbeitbare Menge aussichtsreicher Projektideen vorliegt, die dann in Projekte transformiert werden.[73]

Projektplanung

Auf die Ideenfindung folgt die ***Projektplanung***. Dabei werden in Abhängigkeit vom Typ des Projekts (Grundlagenforschung, angewandte Forschung oder Entwicklung) und der damit einhergehenden Unsicherheit und Planbarkeit unterschiedliche Aspekte in den Vordergrund gestellt. Während in der Forschung eher vage, meist rein technologische Ziele gesetzt werden, deren Erreichung über lose, flexible Pläne koordiniert wird, ist bei den wesentlich konkreter planbaren Entwicklungsprojekten meist eine straffere Steuerung möglich. Zudem können bei Entwicklungsprojekten meist ökonomische Zielgrößen verwendet werden. Da in der betrieblichen Praxis überwiegend Projekte der angewandten Forschung und Entwicklung durchgeführt werden, konzentrieren sich die folgenden Ausführungen auf diese Projekttypen. Im Rahmen der Projektplanung müssen verschiedene, aufeinander aufbauende Schritte durchlaufen werden (vgl. Abbildung 7).[74]

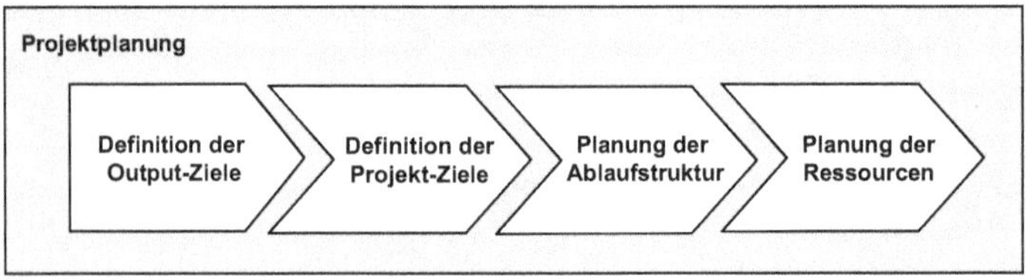

Abbildung 7: Schematischer Ablauf der Projektplanung

- Zunächst müssen die ***Outputziele*** definiert werden, d. h. es muss eine möglichst klare und aussagekräftige Spezifikation des angestrebten Produktes vorgenommen werden. Dabei fließen Aspekte wie Kundenbedürfnisse, Wettbewerberreaktionen

---

[71] Vgl. Stockbauer (1989), S. 200 ff. Die Idee zu einem Projekt kann entweder auf eine Anregung von Kundenseite her an das Unternehmen zurückgehen (market-pull) oder sie ergibt sich aus einer neuen technologischen Entwicklung (technology push). Zur weiteren Ausarbeitung und Konkretisierung der Ideen stehen verschiedene intuitiv-kreative und systematisch-analytische Methoden zur Verfügung.

[72] Stockbauer schlägt dazu explizit die Schritte der qualitativen Grobbewertung, der qualitativen Feinbewertung und der quantitativen Bewertung vor.

[73] Vgl. Stockbauer (1989), S. 209 ff.

[74] Vgl. Bürgel/Haller et al. (1996), S. 116 ff. für die einzelnen Schritte.

und technologische Möglichkeiten in die Zielplanung ein. Dies lässt sich z. B. durch den Einsatz von Methoden wie dem Quality Function Deployment und seiner Umsetzung im House of Quality erreichen.[75]

- Aus den Outputzielen werden im nächsten Schritt die ***Projektziele***, also die zu erreichenden Leistungs-, Qualitäts-, Zeit- und Kostenziele des Entwicklungsprojekts abgeleitet. Dazu können z. B. Methoden wie Netzwerkpläne[76] (Zeit) und Target Costing[77] (Kosten) eingesetzt werden. Die Planung dieser Projektzielgrößen ist für die später durchzuführenden mitlaufenden Kontrollen sehr wichtig, da negative Abweichungen nur im Vergleich mit den zuvor geplanten Zielgrößen erkannt werden können.[78]
- Darauf folgend werden durch die ***Planung der Ablaufstruktur*** des Projekts die einzelnen, abzuarbeitenden Leistungspakete mit ihren jeweiligen Beginn- und Fertigstellungsdaten definiert und zueinander in Bezug gebracht. Dazu eignet sich die Verwendung eines so genannten *Meilenstein-Prozess* (engl.: *Stage-Gate-Process*).[79] Er unterteilt die Entwicklung in mehrere Phasen (Stages), in denen bestimmte Probleme zu lösen und Aufgaben zu erfüllen sind. Auf jede der Phasen folgt jeweils ein Meilenstein (Gate), an dem der Projektfortschritt überprüft wird. Je nach Länge und Art des Projekts bietet es sich an, mehrere „Zwischenmeilensteine" einzuplanen (vgl. Abbildung 8).
- Auf der Basis der Ablaufstruktur des Projekts erfolgt im nächsten Schritt eine ***Planung der Ressourcen***, bei der festgelegt wird, welche Ressourcen (z. B. Mannjahre der Entwickler, Laborzeit, Material oder Finanzmittel) dem Projekt zu welchem Zeitpunkt zur Verfügung zu stellen sind.[80] Zusätzlich wird in diesem Schritt der Projektleiter ernannt und in Abhängigkeit vom Umfang und der Bedeutung des Projekts ein interdisziplinäres Projektteam zusammengestellt. Ausgehend von den geplanten Ressourcenbedarfen wird der Budgetbedarf Bottom-Up errechnet und in Budgetverhandlungen mit den Top-Down festgelegten Budgets (vgl. Kapitel 2.1.3.2) abgeglichen.

---

[75] Vgl. Hauser/Clausing (1988).

[76] Vgl. Bürgel/Haller et al. (1996), S. 133 ff.

[77] Vgl. Seidenschwarz (1993).

[78] Vgl. Keil/Rai et al. (2003), S. 252. Wie im Folgenden dargestellt wird, kann die Beurteilung der realisierten Werte mit hohen Schwierigkeiten behaftet sein.

[79] Vgl. Cooper/Edgett et al. (2002a) und Cooper/Edgett et al. (2002b) für diese und die folgenden Ausführungen.

[80] Vgl. Bürgel/Haller et al. (1996), S. 127 ff. für diese und die folgenden Ausführungen.

Projektdurchführung

Die Begleitung der Projekte während der Projektdurchführung ist die Hauptaufgabe des Projektleiters. Er weist die Bearbeitung der zuvor geplanten Leistungspakete durch die Mitglieder des Projektteams (oder die spezialisierten Fachabteilungen) an, arbeitet an der Lösung von Problemen und bekommt Feedback über den Fortschritt des Projekts.

Eine besondere Bedeutung kommt dabei dem bereits erwähnten Meilenstein-Prozess zu. Der Projektleiter erhält an den Meilensteinen hauptsächlich vergangenheitsbezogenes Feedback[81] und muss auf der Basis dieser Informationen über den weiteren Fortgang oder den Abbruch des Projekts entscheiden.[82] Dazu wird in der Literatur vorgeschlagen, jeweils ein ausführliches Projekt-Review durchzuführen.[83]

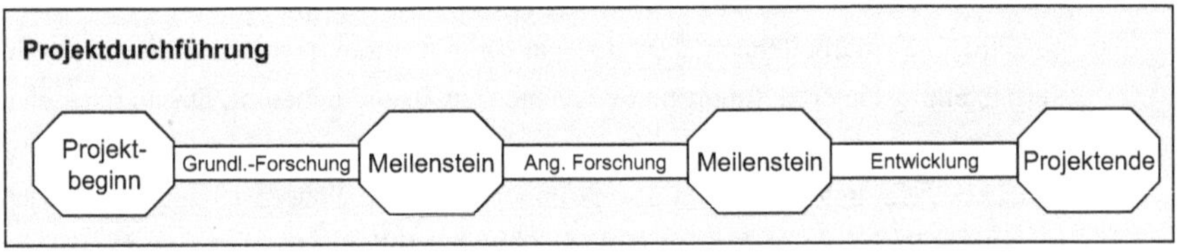

Abbildung 8: Schematische Darstellung eines Meilensteinprozesses

Quelle: In Anlehnung an Cooper/Edgett et al. (2002a), S. 27.

Als wichtige Einflussgrößen auf die Entscheidung werden im Allgemeinen die Entwicklungsdauer, die verursachten Kosten und der technologische Fortschritt

---

81 Vgl. Leatherwood/Conlon (1988), S. 209.

82 Neben den im Meilensteinprozess vorgesehenen planmäßigen Meilensteinreviews können im Fall unerwarteter Ereignisse und Störungen im Projektablauf außerplanmäßige Reviews notwendig werden. Beispiele für positive Ereignisse sind z. B. das verfrühte Erreichen der Projektziele oder „Zufallserfindungen" (auch: Serendipitätserfindungen), d. h. die unerwartete Entdeckung wirtschaftlich nutzbarer Faktorkombinationen (vgl. Brockhoff (1999), S. 35). Andererseits können auch negative Störungen auftreten, z. B. durch unvorhergesehene technologische Schwierigkeiten, negative Veränderungen des regulatorischen Umfelds, Verschlechterung der Nachfrage auf Grund wechselnder Käuferbedürfnisse oder Wettbewerberaktionen. Ein bedeutendes Merkmal guter Projektsteuerung ist die Flexibilität, mit der auf solche unerwarteten Störungen reagiert wird. Bei mangelnder Flexibilität kann es zu Ausweichverhalten der Mitarbeiter kommen. Dieses kann sich z. B. darin äußern, dass Mitarbeiter die F&E-Projekte inoffiziell weiterführen. Diese Projekte werden als „U-Boot-Projekte" bezeichnet (vgl. Augsdorfer (1996)). Bei der Durchführung eines U-Boot-Projekts zweigen Projektleiter ohne offizielle Genehmigung Ressourcen von genehmigten Projekten ab und nutzen diese zur Weiterentwicklung ihrer U-Boot-Projekte. Damit entziehen sich diese Projekte nicht nur jeglicher offizieller Bewertung, sondern es wird darüber hinaus auch die Aussagekraft der Berichte über die offiziellen Projekte geschwächt, da dort Ressourcen ausgewiesen werden, die nicht für diese Projekte verwendet wurden.

83 Vgl. Holzman (1972), S. 81.

angesehen,[84] wobei in der F&E-Literatur insbesondere der Entwicklungsdauer eine besonders hohe Bedeutung zugesprochen wird.[85] Ein Verfehlen der geplanten Zielgrößen weist meist auf ein Problem bei der Durchführung hin. In einer solchen Situation muss in jedem Fall eine Neubewertung des Projekts durchgeführt werden, um zu eruieren, ob die Fortführung noch sinnvoll ist oder ein Abbruch ratsam erscheint.[86]

Auf Grund der hohen fachlichen Spezialisierung in der F&E und des stark verteilten Wissens hat der Projektleiter bei der Abbruchsentscheidung im Allgemeinen große Entscheidungsfreiräume, da die Informationsgrundlage seiner Entscheidung für Dritte weder gut einsehbar noch interpretierbar ist.[87] Deshalb ist es gerade bei Entscheidungen in der F&E wichtig, das Verhalten des Projektleiters zu untersuchen und mögliche Defizite aufzudecken, die eine effiziente Zielerreichung der F&E verhindern können.

Projektnachkalkulation

Ist das Projekt abgeschlossen, wird in der Literatur vorgeschlagen, eine abschließende Nachkalkulation anzustellen, in der das Projekt an Hand der realisierten Kosten und Erlöse bewertet wird.[88] Diese Nachkalkulation auf der Basis von Ist-Daten kann dazu verwendet werden, systematische Planungsfehler zu identifizieren und zukünftige Planungen zu verbessern.

2.1.4 Fazit

Aus dem definitorischen Teil folgt, dass sich die vorliegende Arbeit auf interne Projekte der angewandten Forschung und Entwicklung fokussiert. Diese Projekte zeichnen sich durch eine ***gewisse Steuerbarkeit bei hoher verbleibender Komplexität und Unsicherheit*** aus und werden daher oft als *„[..] series of starts and stops, of desperate frustrations and back-trackings, of logical steps intermixed with blind shots“*[89] beschrieben.

In der Planung wird auf die hohe Unsicherheit reagiert, indem – ausgehend von der F&E-Strategie – eine Vielzahl von Projekten mit dem Ziel gestartet wird, möglichst schnell erfolgversprechende von fehlschlagenden Projekten zu trennen und nur die erfolgversprechenden Projekte weiterzuführen. Daraus ergibt sich ***die hohe Bedeutung***

---

[84] Vgl. Uhlmann (1978), S. 115. Für eine empirische Überprüfung der Kontrollgrößen siehe z. B. Brockhoff (1990b), S. 31 ff.

[85] Vgl. Commes/Lienert (1983), S. 352.

[86] Dazu ist das Projekt sowohl einzeln als auch im Bezug auf die Gesamtheit aller F&E-Projekte zu bewerten. Methoden der rationalen Bewertung werden in Kapitel 2.3 vorgestellt.

[87] Vgl. Hauschildt (2004), S. 37 f.

[88] Vgl. Riedl (1990), S. 119 f.

[89] Vgl. Jewkes/Sawers et al. (1962), S. 80.

von Abbruchsentscheidungen in der F&E. Dieser hohen Bedeutung wird durch Verwendung eines Meilenstein-Prozesses Rechnung getragen, der zwischen den einzelnen Entwicklungsphasen vorab festgelegte Entscheidungspunkte vorsieht.

Diese Arbeit geht von der in der betrieblichen Praxis gängigen Form der Projekt-Matrix-Organisation aus, bei der ein Projektleiter, der die volle Verantwortung für das Projekt trägt, ein Projektteam führt, das interdisziplinär mit Mitarbeitern aus verschiedenen betrieblichen und F&E-Linienfunktionen besetzt ist. Der Projektleiter trägt die Verantwortung für die Leistungserbringung und ist dadurch ***voll für die Durchführung einer guten Abbruchsentscheidung verantwortlich.*** Dabei ist die Entscheidung auf Grund des stark verteilten technologischen Expertenwissens inhaltlich für Außenstehende kaum nachvollzieh- oder überprüfbar. Daraus ergeben sich ***große Entscheidungsfreiräume*** für den Projektleiter, dem im Allgemeinen der beste Überblick über die relevanten Aspekte des Projekts zugesprochen wird.

Vier Charakteristika kennzeichnen also die Abbruchsentscheidung:

- hohe F&E-inhärente Unsicherheit,
- hohe Bedeutung der Abbruchsentscheidung,
- hohe Verantwortung des Projektleiters,
- große Entscheidungsfreiräume des Projektleiters.

Um rationale, d. h. rechtzeitige und inhaltlich gerechtfertigte Abbruchsentscheidungen sicherzustellen, steht dem Projektleiter eine Reihe verschiedener Methoden zur Verfügung. Diese werden in Kapitel 2.2 vorgestellt.

2.2 Rationales Vorgehen beim Abbruch eines F&E-Projekts

In Kapitel 2.1 wurde die Aufbau- und Ablaufstruktur von F&E-Projekten vorgestellt und insbesondere die hohe Bedeutung korrekter und rechtzeitiger Projektabbrüche betont. Daher soll in diesem Abschnitt diskutiert werden, welche Methoden dem Projektleiter helfen können, die abzubrechenden Projekte korrekt zu identifizieren und somit rationale, rechtzeitige Abbruchsentscheidungen sicherzustellen.

Zunächst sind dazu die Begriffe „Projektabbruch" und „rationaler Abbruch" zu definieren (vgl. Kapitel 2.3.1). Danach werden verschiedene Bewertungsmethoden vorgestellt, mit denen sich rationale Abbruchsentscheidungen fundieren lassen (vgl. Kapitel 2.3.2). Im Anschluss daran werden dann die wesentlichen Ergebnisse in einem Fazit festgehalten (vgl. Kapitel 2.3.3).

2.2.1 Definitionen

Projektabbruch

In der F&E-Literatur hat sich die Abbruchsdefinition von DEAN etabliert,[90] wonach ein Abbruch[91] *„the decision by the firm to discontinue work on a project prior to its intended completion or before the goals of the project have been realized"*[92] darstellt.[93] Die

---

[90] Vgl. Kern/Schröder (1977), S. 268 und Brockhoff (1999), S. 407 f.

[91] Während der deutsche Begriff „Abbruch" immer eine Beendigung vor dem planmäßigen Ende ausdrückt, kann der äquivalente englische Begriff „termination" auch für die planmäßige Beendigung von Projekten verwendet werden (vgl. Meredith/Mantel (1985), S. 408). So wird z. B. die erfolgreiche Umsetzung eines Projekts als eigenständige Einheit oder im Mutterunternehmen als „*termination by inclusion*" bzw. „*termination by integration*" bezeichnet. Im Englischen muss der Abbruchsbegriff deshalb immer durch Zusätze wie „*early*" oder „*premature*" ergänzt werden (vgl. Lange (1993), S. 15 und die dort angegebene Literatur).

[92] Dean (1968), S. 118.

[93] Neben dieser grundlegenden Definition gibt es etliche Spezifizierungen des Abbruchsbegriffs. Als erstes wird in der Literatur eine Unterscheidung zwischen einem ***isolierten Projektabbruch***, also der Entscheidung über ein einzelnes Projekt und einer ***Programmentscheidung***, also einer Entscheidung über den gleichzeitigen Abbruch mehrerer Projekte getroffen (vgl. Hubner (1996), S. 101). Als zweite Spezifizierung wird eine Unterscheidung nach dem Ausmaß des Abbruchs in ***Gesamt***- und ***Teilabbruch*** vorgeschlagen, wobei beim Teilabbruch einzelne Module des Projekts weiter betrieben werden. Die dritte Spezifizierung bezieht sich auf die Gültigkeitsdauer der Entscheidung und unterteilt Abbrüche in ***endgültige*** und ***temporäre Abbrüche*** (vgl. Hubner (1996), S. 84 f.). Eine weitere wichtige Spezifizierung betrifft auch die Unterscheidung zwischen ***offiziellen*** und ***inoffiziellen Abbrüchen*** (vgl. Lange (1993), S. 81). Bei inoffiziellen Abbrüchen scheuen sich Entscheider zwar vor einer offiziellen Beendigung des Projekts, kürzen jedoch die dem Projekt zugestandenen Ressourcen soweit, dass de facto kein Fortschritt mehr zu erwarten ist, oder nehmen eine Umdefinition der ursprünglichen Projektziele vor, so dass ein Großteil der geplanten Ressourcen nicht mehr zur Verfolgung der ursprünglich geplanten Ziele zur Verfügung steht (vgl. Hubner (1996), S. 83 f. und Tadisina (1986), S. 97). In dieser Arbeit sollen aus Gründen der Komplexitätsreduktion primär offizielle, isolierte, endgültige Gesamtabbrüche betrachtet werden.

Abbruchsentscheidung wird dabei als Folge eines ökonomischen Kalküls angesehen: „*the company considers that further work on the project is not justified.*"[94] Da auch spätere Definitionen nicht wesentlich von DEANs Definition abweichen, soll diese in der vorliegenden Arbeit angewandt werden.[95]

Rationalitätsmaßstab

Dem Begriff der Rationalität wird in der ökonomischen Theorie und der betriebswirtschaftlichen Diskussion eine zentrale Bedeutung zugeschrieben.[96] Daher soll zunächst definiert werden, was unter einem „rationalen Abbruch" zu verstehen ist.

Als Rationalitätsmaßstab wird in ökonomischen Arbeiten im Allgemeinen die Zweck-Mittel-Rationalität verwendet.[97] Nach ihrer Maßgabe gilt eine Handlung dann als rational, wenn ein bestimmter Zweck mit möglichst geringen Mitteln erreicht wird.[98] Dieser Anspruch wird auch als „*substantielle Rationalität*" bezeichnet, da die Bemessung der Rationalität am Ergebnis (d. h. an der „Substanz") festgemacht wird.[99] Die Beurteilung der substantiellen Zweck-Mittel-Rationalität stellt sich im Kontext der F&E jedoch als schwierig dar, wenn die ideale Zweck-Mittel-Relation nicht mehr (quasi-) objektiv zu bestimmen ist. Da für „*Innovationsprozesse [...] Wissensdefizite hinsichtlich des zu erzielenden Ergebnis geradezu definitionsbestimmend*"[100] sind, kann die substantielle Rationalität nicht (als alleiniger) Maßstab für rationales Verhalten in der F&E angewendet werden. Stattdessen muss eine differenziertere Betrachtung der Rationalität vorgenommen werden. Hier bietet sich eine Einteilung in drei voneinander abgrenzbare Rationalitätsebenen an, die zwischen den Ebenen der Input-, Prozess- und Ergebnisrationalität unterscheidet. Der Zusammenhang der drei Ebenen soll anhand eines Beispiels zur Investitionsbewertung dargestellt werden:[101]

---

94 Dean (1968), S. 118.

95 Vgl. Hubner (1996), S. 83.

96 Vgl. Wöhe/Döring (2002), S. 1.

97 Vgl. Bamberg/Coenenberg (1992), S. 3.

98 Vgl. Gutenberg (1967), S. 30.

99 Der Rationalitätskonzeption von Weber und Schäffer folgend (vgl. Weber/Schäffer (1999)) soll eine Handlung auch dann als rational gelten, wenn sie nur einer quasi-objektiven Rationalität genügt, d. h., wenn sie den Ansprüchen der herrschenden Meinung von Fachleuten entspricht. Diese Sichtweise der quasi-objektiven Rationalität gilt auch im Bereich der Projektabbrüche in der F&E als Standard. So definiert z. B. Keil, dass ein Projekt rationalerweise dann abgebrochen werden muss, „*when continuation, as judged through the eyes of an uninvolved, trained professional is unwarranted*" (Keil/Rai et al. (2003), S. 252).

100 Vgl. Weber (2004), S. 53.

101 Vgl. Weber (2004), S. 55 f.

Auf der Ebene der ***Inputrationalität*** ist die Eignung aller Einsatzfaktoren zu überprüfen. Für das Beispiel der Investitionsbewertung heißt das, dass sowohl die Eignung des verwendeten Bewertungsmodells, der verwendeten Einflussgrößen und des Entscheiders zu überprüfen sind.[102] Auf der Ebene der ***Prozessrationalität*** gilt es dann sicherzustellen, dass der Entscheidungsprozess den formalen Ansprüchen an eine rationale Entscheidung gerecht wird. Dazu ist z. B. zu überprüfen, ob die zur Verfügung stehenden Einflussgrößen im Bewertungsmodell korrekt verwendet wurden und ob keine Ablauffehler bei der Durchführung der Bewertung geschehen sind. Die ***Ergebnisrationalität*** als höchste Ebene stellt die inhaltliche Überprüfung der Ergebnisse in den Vordergrund, d. h. es wird untersucht, ob der angestrebte Zweck tatsächlich mit möglichst geringem Mitteleinsatz erreicht wurde.

Die Inputrationalität ist eine notwendige, aber keine hinreichende Voraussetzung für Prozessrationalität, genau wie diese wiederum eine notwendige, aber keine hinreichende Voraussetzung für die Ergebnisrationalität darstellt. Die prozessrationale Durchführung einer Entscheidung kann also nicht garantieren, dass im Einzelfall ein rationales Ergebnis erzielt wird (z. B., wenn durch unvorhersehbare Ereignisse die Erzielung des gewünschten Ergebnisses verfehlt wird), führt aber langfristig zu optimalen Ergebnissen.[103]

Die Einhaltung der verschiedenen Rationalitätsmaßstäbe stellt unterschiedliche Anforderungen an den Entscheider. Während für eine ex-ante Beurteilung der Input- und Prozessrationalität hauptsächlich methodisches Wissen notwendig ist, wird für eine exante Beurteilung der Ergebnisrationalität in der F&E neben umfassendem Wissen über technisch-naturwissenschaftliche Zusammenhänge vor allem auch Wissen über zukünftige Zustände der Märkte notwendig. Da solches Wissen in der Realität nicht vorliegt, stellt die Ergebnisrationalität in der F&E keinen geeigneten Rationalitätsmaßstab zur Beurteilung der Handlungen der Projektverantwortlichen dar. Stattdessen muss zur Beurteilung der Rationalität der Entscheidungen auf die Ebenen der Prozess- und Inputrationalität zurückgegriffen werden. Ein Abbruch gilt demnach in dieser Arbeit als rational, wenn er den Kriterien der Input- und Prozessrationalität genügt. Im Folgenden wird beschrieben, wie solch ein rationaler Prozess gestaltet sein sollte.

---

[102] Hierzu sind Fragen zu stellen wie z. B. „Sind die Anwendungsbedingungen des eingesetzten Modells erfüllt?“, „Sind die Daten verfügbar?“ oder „Sind andere Bewertungsmodelle besser geeignet?“ „Ist der Entscheidungsträger mit der Funktionsweise des Bewertungsmodells vertraut?“, „Hat der Entscheider die notwendige Sachkenntnis?“ (vgl. Weber (2004), S. 56).

[103] Ein Beispiel für eine praktische Anwendung dieser Ideen stellt das System des „Perfect Failure“ bei dem US-amerikanischen Unternehmen „Heinz“ dar, das Fehlschläge in der Entwicklung, die nicht auf schlechte Entscheidungen zurückgehen, explizit belohnt (vgl. Peters/Waterman (1982), S. 69).

Der ökonomische Entscheidungsprozess

Als grundlegender Rahmen für die Betrachtung der Abbruchsproblematik wird in der Literatur meist explizit auf die Entscheidungstheorie verwiesen.[104] Sie ist *„eine formale, interdisziplinäre Theorie über die rationale Entscheidung eines Individuums [...]; ein Aussagensystem über die Wahl einer Alternative, wenn mehrere Vorgehensweisen möglich sind*“,[105] deren Verwendung in der deutschen Betriebswirtschaftslehre etabliert ist.[106] Aus entscheidungsorientierter Sicht rückt die Entscheidung in den Mittelpunkt des betriebswirtschaftlichen Interesses – unternehmerisches Handeln wird als Serie von Entscheidungen verstanden.[107] Die Entscheidung wird dabei als *„(mehr oder weniger) bewusste Auswahl einer von mehreren möglichen Handlungsalternativen“*[108] verstanden. In dieser Definition klingt bereits an, dass unter dem Begriff verschiedene Entscheidungssituationen zusammengefasst werden,[109] die sich nach dem Ausmaß an Reflexion und Bewusstsein in vier verschiedene Entscheidungssituationen unterscheiden lassen.[110] So werden unter den ***unbewussten Entscheidungen*** (auch: programmierte Entscheidungen) sowohl Routine-Entscheidungen als auch stereotype Entscheidungen gefasst. Während Routine-Entscheidungen ohne kognitiven Aufwand rein auf der Basis von Erfahrung getroffen werden, verläuft bei stereotypen Entscheidungen die Bewertung rein nach einem intuitiven Schema. Unter ***bewussten Entscheidungen*** werden demgegenüber sowohl reflektierte als auch konstruktive Entscheidungen verstanden. Bei reflektierten Entscheidungen findet ein bewusstes Abwägen zwischen den verschiedenen Alternativen statt, während konstruktive Entscheidungen zum Einsatz kommen, wenn die Ziele und/oder die Alternativen unklar sind.

Da bei Projektentscheidungen in der F&E hauptsächlich singuläre und neuartige Fragestellungen auftreten und zudem angenommen wird, dass die Entscheider motiviert sind, gute Entscheidungen zu treffen, sollen sich die folgenden Ausführungen auf bewusste Entscheidungen konzentrieren.[111]

[104] Vgl. Hubner (1996), S. 48.

[105] Staehle (1991), S. 124.

[106] Vgl. Heinen (1982).

[107] Vgl. Heinen (1982); Bateman/Zeithaml (1989), S. 59 oder Staehle (1991), S. 124.

[108] Laux (2004), S. 1.

[109] So bietet z. B. Katona eine Unterteilung in „gewohnheitsmäßige Entscheidungen“ und „echte Entscheidungen“ an (vgl. Katona (1964), S. 53).

[110] Vgl. Svenson (1990).

[111] Dabei soll nicht impliziert werden, dass langjährige Projektleiter nicht ihre Erfahrungen aus zurückliegenden Projekten einsetzen – relevant für die Betrachtung ist ausschließlich, dass die Projektleiter einen bewussten, gut strukturierten Entscheidungsprozess durchlaufen.

Zur Strukturierung bewusster Entscheidungen wird im Allgemeinen eine prozessuale Darstellung der Entscheidung genutzt, d. h. es wird angenommen, dass Individuen bei bewussten Entscheidungen[112] einen Entscheidungsprozess durchlaufen, der die Schritte Problemwahrnehmung, Festlegung des Zielsystems, Alternativensuche, Bewertung der Alternativen und Auswahl einer Alternative umfasst (vgl. Abbildung 9).[113]

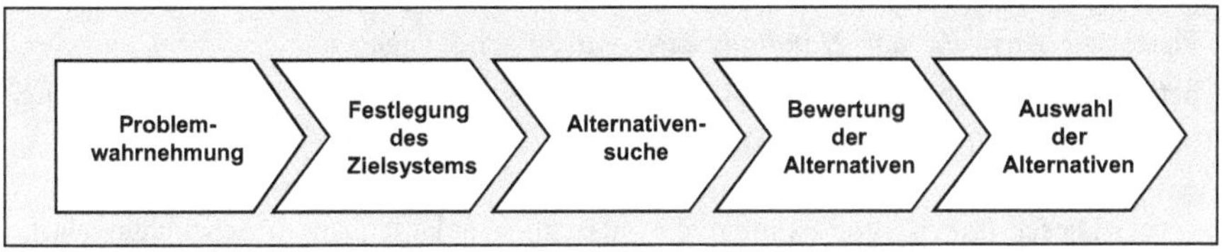

Abbildung 9: Schematische Darstellung eines sequentiellen Entscheidungsprozesses
Quelle: In Anlehnung an Laux (2004).

Der erste Schritt umfasst die ***Problemwahrnehmung*** des Entscheiders, d. h. seine Wahrnehmung und Definition der Umfeldgrößen. Der zweite Schritt bezieht sich auf die ***Festlegung des Zielsystems*** des Entscheiders.[114] In der betriebswirtschaftlichen Diskussion wird im Allgemeinen angenommen, dass privatwirtschaftliche Unternehmen dem Erwerbsprinzip, d. h. der Einkommenserzielung durch betriebliches Handeln, folgen.[115] Seit einiger Zeit wird dieses Verhalten auch als Streben nach Wertmaximierung bezeichnet.[116] In den präskriptiven Arbeiten zur rationalen Abbruchsentscheidung wird meistens implizit vorausgesetzt, dass der Entscheider dieses Ziel verfolgt. Im dritten Schritt identifiziert der Entscheider mögliche ***Handlungsalternativen*** und schätzt deren technologische Wirkungskonsequenzen ab. In der Abbruchsliteratur wird dabei meistens vorgeschlagen, den Entscheidungsraum auf die beiden Handlungsalternativen „Abbruch" oder „Fortführung" zu begrenzen,[117] da die Betrachtung aller grundsätzlich möglichen Alternativen im Sinne eines Totalmodells, das auch die Durchführung von Alternativprojekten umfasst, theoretisch zu umfangreich wäre und sich in der Praxis bisher nicht

---

[112] Bei den programmierten Entscheidungen können einzelne Schritte ausfallen, z. B findet keine Alternativensuche und -bewertung statt, da der Entscheider die Alternative habituell oder stereotyp abrufen kann (vgl. Jost (2000), S. 118).

[113] Vgl. z. B. Jost (2000), S. 112 ff. oder Laux (2004). Staehle führt an, dass solche prozessuale Darstellungen seit den 1930er Jahren in der Betriebswirtschaftslehre eingeführt sind (vgl. Staehle (1999), S. 520).

[114] Zum Teil wird in der Literatur zwischen den Begriffen Zweck (als angestrebte Wirkung) und Ziel (als operationalisierter Zweck) unterschieden. Für die vorliegende Arbeit ist jedoch eine solch feine Trennung nicht notwendig (vgl. Hubner (1996), S. 52 f.).

[115] Gutenberg (1983), S. 507.

[116] Vgl. Rappaport (1986).

[117] Vgl. Hubner (1996), S. 95 f.

bewährt hat. Diesem Vorschlag soll auch in dieser Arbeit gefolgt werden. Der vierte Schritt des Entscheidungsprozesses bezieht sich auf die ***Bewertung der Alternativen***. Das geschieht, indem den Handlungsalternativen zielrelevante Konsequenzen zugeordnet und bewertet werden.[118] Dieser Schritt steht meist im Fokus der Arbeiten der Abbruchsentscheidung, bei denen (bevorzugt ökonomische) Bewertungsaspekte diskutiert werden. Einen Überblick über diese Literatur gibt Kapitel 2.3.2. Die sich anschließende fünfte Phase der ***Auswahl der Handlungsalternativen*** wird dagegen meist nicht eingehend betrachtet, da (wiederum implizit) angenommen wird, dass der Entscheider die Alternative mit dem höchsten Wert wählen wird.

Dieser Prozess approximiert die tatsächlich ablaufenden Entscheidungsschritte. Dabei muss jedoch darauf hingewiesen werden, dass die einzelnen Prozessschritte nicht notwendigerweise immer in der dargestellten Form durchlaufen werden und auch Interdependenzen zwischen den Prozessschritten auftreten können.[119] Die Darstellung soll nicht den tatsächlich ablaufenden Prozess exakt abbilden, sondern soll vielmehr als wichtige Strukturierungshilfe verstanden und trotz seiner Beschränkungen in dieser Arbeit verwendet werden.[120]

2.2.2 Bewertungsmethoden zum rationalen Projektabbruch

Während die Bewertbarkeit von F&E-Projekten auf Grund der hohen Unsicherheit lange Zeit grundsätzlich in Frage gestellt wurde, bietet die F&E-Literatur heute eine große Anzahl verschiedener Bewertungsverfahren an, die beim Abbruch von F&E-Projekten zum Einsatz kommen können.[121] Dennoch wird die F&E immer noch als „[..] *eine der am schwierigsten zu analysierenden und abzuschätzenden Funktionen innerhalb eines Unternehmens* [..]“[122] betrachtet.

Zur Unterstützung der Abbruchsentscheidung lassen sich zwei verschiedene Klassen von Methoden unterscheiden: Auf der einen Seite stehen spezifische Bewertungsverfahren, die speziell zur Unterstützung der Abbruchsentscheidung entwickelt

---

118 Dieser Schritt steht meist im Fokus der Arbeiten zum Projektabbruch, die davon ausgegehen, dass die hohe Komplexität und die hohe Unsicherheit die korrekte Bewertung der Handlungsalternativen stark erschweren und der Entscheider die Hilfestellung der Bewertungsmethoden benötigt, um zu einer guten Bewertung zu gelangen.

119 Vgl. Laux (2004), S. 12 f.

120 Einen ähnlichen Prozess zur Strukturierung der Eskalationssituation nutzt auch Montealegre/Keil (2000), S. 438. Er teilt den Prozess in die Phasen „Problem Recognition“, „Re-examination of Prior Course of Action“, „Search for Alternative Course of Action“ und „Implementing an Exit Strategy“ ein.

121 Vgl. Thoma (1989b), S. 13.

122 Vgl. Merten/Ryu (1988), S. 46.

wurden und meist auf die Identifikation einzelner abbruchsrelevanter Faktoren abzielen (vgl. Kapitel 2.2.2.1). Demgegenüber stehen allgemeine Bewertungsverfahren, die auf die Ermittlung und allgemeine Bewertung zielrelevanter Konsequenzen ausgerichtet sind (vgl. Kapitel 2.2.2.2).[123] Die allgemeinen Bewertungsverfahren werden zwar hauptsächlich im Zusammenhang mit der Projektauswahl diskutiert, können aber auch bei der Projektabbruchsentscheidung zum Einsatz kommen.[124]

2.2.2.1 Spezifische Bewertungsmethoden zum Projektabbruch

Die spezifischen Bewertungsmethoden zum Projektabbruch haben nicht das Ziel, den möglichen Wertbeitrag des Projekts zu bestimmen, sondern zielen rein darauf ab, einen möglichst exakten Hinweis auf Abbruch oder Fortführung zu geben. Auf Grund der großen Schwierigkeiten, die finanziellen Folgen der Projektdurchführung verlässlich abzuschätzen, verwenden diese spezifischen Modelle daher hauptsächlich nichtfinanzielle Hilfsgrößen (so genannte Proxies) wie z. B. technische Aspekte.

Zunächst sollen deskriptive Analysen vorgestellt werden, die sich rein auf die Darstellung der in der Praxis verwendeten Abbruchskriterien beschränken. Sie stellen eine wichtige Basis für die Ableitung präskriptiver Abbruchsmodelle dar, die darauf folgend beschrieben werden sollen.

Deskriptive Arbeiten

Die beiden ersten Arbeiten,[125] die sich mit der deskriptiven Darstellung der Abbruchskriterien befassen, beruhen auf subjektiven Erfahrungsberichten: ROBERTS identifiziert (1) das Auftreten erheblicher technischer Risiken, (2) die Entdeckung alternativer Lösungsansätze, (3) den Wandel in der strategischen Ausrichtung des Unternehmens und (4) negative Veränderungen des Absatzmarktes als die vier Faktoren, bei deren Auftreten ein Abbruch ratsam wird.[126] BUELL stellt statt einer Liste relevanter Faktoren einen Fragenkatalog mit 21 verschiedenen Fragen auf, die sowohl strategische als auch technologische und wirtschaftliche Aspekte abdecken und deren Beantwortung dem Entscheider die Notwendigkeit eines Abbruchs verdeutlichen soll.[127] Die negative Beantwortung einer oder mehrerer Fragen deutet nach Ansicht BUELLs darauf hin, dass das Projekt näher auf

---

[123] Vgl. Kern/Schröder (1977), S. 168.
[124] Vgl. z. B. Thoma (1989b) oder Hubner (1996).
[125] Vgl. Lange (1993), der in einer umfassenden Literaturrecherche diese Arbeiten als erste Studien identifiziert.
[126] Vgl. Roberts (1955). Roberts berichtet aus seiner persönlichen Erfahrung als Leiter der Entwicklungsabteilung eines Ölkonzerns.
[127] Vgl. Buell (1967).

die Notwendigkeit eines Abbruchs untersucht werden müsste – wie, wird jedoch nicht detailliert beschrieben.

In den folgenden Jahren erschienen Arbeiten, deren Darstellungen auf umfangreicheren empirischen Untersuchungen beruhen. Exemplarisch soll hier die erste dieser Studien von DEAN näher beschrieben werden.[128] In den befragten 40 Unternehmen identifiziert er 131 verschiedene Kriterien, die er zu zehn Abbruchskriterien verdichtet und in vier Faktorklassen einteilt (vgl. Tabelle 1).[129] Auffallend ist, dass keines der untersuchten Unternehmen alle zehn Kriterien heranzieht – meist werden dazu nur jeweils vier der zehn Entscheidungskriterien selektiv betrachtet.

Faktorklasse	Abbruchskriterium	Anz.
Technische Faktoren	• Geringe Wahrscheinlichkeit der Erreichung technischer Ziele • Technische Probleme können nicht gelöst werden • Projekte mit höherer Priorität benötigen F&E-Kapazitäten	34 11 10
Wirtschaftliche Faktoren	• Geringe erwartete Profitabilität • Zu hohe Kosten	23 18
Marktliche Faktoren	• Geringes Marktpotential • Änderung in den Wettbewerbsfaktoren	16 10
Andere Faktoren	• Zu lange Zeitspanne bis zur wirtschaftlichen Nutzung • Negative Auswirkungen auf andere Projekte • Patentschwierigkeiten	6 3 1

Tabelle 1: Abbruchsfaktoren nach DEAN

Quelle: Dean (1968), S. 121.

DEANs Studie wird jedoch, ähnlich wie die nachfolgenden deskriptiven Studien von MANSFIELD, MYERS und PFEIFFER[130] auf Grund ihrer fragwürdigen Redundanzfreiheit und mangels einer Untersuchung der Interdependenzen der Abbruchskriterien untereinander wiederholt kritisiert.[131] Zudem lassen sich die verschiedenen Studien auf Grund der unterschiedlichen Erhebungszeiträume und der höchstwahrscheinlich unterschiedlichen Komprimierungsmethoden inhaltlich nur sehr schwer vergleichen. Einen weiteren Kritikpunkt stellt die geringe Eignung deskriptiver Listen zur Ableitung idealer Abbruchskriterien dar. Festzustellen ist lediglich, dass die aufgeführten Studien eine große Vielfalt vorgeschlagener Abbruchskriterien identifizieren, wobei sich die im

[128] Vgl. Dean (1968), S. 119 ff.
[129] Dieses Vorgehen ist typisch für die folgenden deskriptiven Arbeiten. Häufig bleibt unklar, wie die Komprimierung stattgefunden hat.
[130] Vgl. Mansfield/Rapoport et al. (1971); Myers/Sweezy (1978) und Pfeiffer/Weiß et al. (1990).
[131] Vgl. Lange (1993), S. 28.

einzelnen Unternehmen jeweils verwendeten Abbruchskriterien zum Teil stark unterscheiden. Zur Ableitung idealer Abbruchskriterien wurden daher im Rahmen präskriptiver Arbeiten andere Methoden angewandt.

Präskriptive Arbeiten

Präskriptive Arbeiten zum Projektabbruch haben nicht die Darstellung der bisher genutzten Abbruchskriterien zum Ziel, sondern die empirische Ableitung und Gewichtung idealer Abbruchskriterien. Dazu wird im Allgemeinen versucht, mit Hilfe statistischer Verfahren (wie z. B. Regressions- oder Diskriminanzanalysen[132]) die Einflussfaktoren zu identifizieren, die den Unterschied zwischen fehlschlagenden und erfolgreichen F&E-Projekten ausmachen. Dazu werden im Regelfall umfangreiche Listen möglicher Kriterien erstellt[133] und deren Auftreten bei einer großen Zahl erfolgreicher und fehlschlagender Projekte überprüft.

Die erste großzahlige empirische Arbeit zur Ableitung optimaler Abbruchskriterien wurde 1984 von BALACHANDRA veröffentlicht.[134] Ausgehend von 66 potentiellen Kriterien (die hauptsächlich den zuvor genannten deskriptiven Arbeiten entnommen wurden) werden mit Hilfe statistischer Analysen 13 Kriterien identifiziert, die zwischen erfolgreichen und scheiternden Projekten unterscheiden.[135]

In einer späteren Studie kann TADISINA jedoch aufzeigen, dass eine nach Branchen differenzierte Betrachtung bei der Ableitung optimaler Abbruchskriterien notwendig ist, da viele der 17 von ihm als relevant identifizierten Kriterien, nur in einer bestimmten Branche signifikant zwischen erfolgreichen und erfolglosen Projekten unterscheiden (vgl. Tabelle 2).[136] Auf Grund der hohen Relevanz der Differenzierung nach Branchen sollen

---

[132] Vgl. Lange (1993), S. 96 ff. und die dort angegebene Literatur.

[133] Bei der Erstellung der Kriterienlisten greifen die Autoren entweder auf vorhandene deskriptive Arbeiten zurück (wie z. B. auf die Arbeit von Balachandra/Raelin (1980)), führen qualitative Vorstudien wie z. B. Experteninterviews durch oder leiten die Kriterien aus eigenen theoretischen Überlegungen ab (wie z. B. Lange (1993)).

[134] Vgl. Balachandra (1984). Die Untersuchung basiert auf einem Sample von 114 Projekten aus 40 nordamerikanischen Unternehmen.

[135] Anzahl der Projekte, Anzahl der erwarteten Nutzungsmöglichkeiten, Druck auf den Projektleiter, Phase im Projektlebenszyklus, Profitabilität des Unternehmens, interner Wettbewerb, Unterstützung des Top-Managements, Motivation des Entwicklungsteams, das Auftreten von Zufallsereignissen, erwartete Wahrscheinlichkeit eines wirtschaftlichen Erfolgs, Existenz eines Promotors und die Anzahl der Probleme bei der technischen Entwicklung.

[136] Vgl. Tadisina (1986). Die Untersuchung basiert auf einem Sample von Baker/Green et al. (1986), das aus 211 Projekten aus 21 Unternehmen aus vier verschiedenen Branchen besteht und welches über einen Zeitraum von neun Jahren erstellt wurde. LANGE schätzt, dass auf Grund von weiteren Einschränkungen jedoch nur Daten von ca. 104 bis 168 Produktentwicklungsprojekten genutzt werden (vgl. Lange (1993), S. 30).

im Folgenden diejenigen Studien nicht mehr ausführlich dargestellt werden, die keine differenzierte Betrachtung vornehmen.[137]

Dimension	Faktor	Alle	FS	AC	IC	FN
Projekt-unsicherheit	Grad der Zieldefinition	0,23	0,36			0,23
	Erfahrung				0,24	
	Komplexität					
	Implikationen für Kunden					0,14
	Wahrsch. der Erreichung der Projektziele					
	Übereinstimmung mit Geschäftstätigkeit					-0,13
	Häufigkeit von Zielerreichungen	0,11				
Druck bei Start	Druck von höheren Managementebenen			0,17		
	Druck durch Überwachung				0,10	
	Druck von Projektleitern		0,21	0,15	-0,09	0,11
	Druck zur Verwendung der Ergebnisse					
	Druck externer Abnehmer				-0,11	
	Allgemeiner Druck			-0,28	-0,10	
Wirkung	Erwartete Wirkung auf gesamte Unternehmung		0,43		-0,12	
Wissen-schafts- und Technologie-gebiet	Stand des Wissens in der „Scientific Community"	-0,18		0,16		0,16
	Eigener Wissensstand					
	Kosten von F&E in diesem Gebiet	0,15		0,13	0,08	
	Fortschritt	-0,16				
	Zugang zu Know-how in diesem Gebiet					
	Verfügbarkeit von Ressourcen					
Projekt-absicht	Sicherung von Know-how durch Patente	-0,17			-0,09	-0,10
	Sicherung durch Investitionen				-0,07	
	„Trade Secret Laws"		0,11			-0,15
Correctly classified		65,0	73,8	71,4	85,9	89,3
FS: Flachstahl; AC: Agrarchemie; IC: Industriechemie; FN: Fertignahrung						

Tabelle 2: Abbruchsfaktoren nach TADISINA

Quelle: TADISINA (1986), S. 103, Übersetzung nach Hubner (1996), S. 42.

Vor dem Hintergrund der hohen Relevanz einer differenzierten Betrachtung unterscheidet LANGE in seiner Ableitung der idealen Abbruchskriterien nicht nur wie TADISINA in verschiedene Branchen, sondern zudem in verschiedene Phasen der F&E. Dazu teilt er die Projekte in drei Phasen (Projektbeginn, -mitte und -ende) ein und identifiziert in jeder Phase einzeln die realen und idealen Abbruchskriterien (vgl. Tabelle 3).[138] Aus einer Liste von 35 potentiellen Abbruchskriterien kann er insgesamt 17 signifikante ideale Abbruchskriterien identifizieren, wobei in den ersten beiden Phasen zehn und in der

---

[137] Vgl. für solche Studien z. B. Cooper/Kleinschmidt (1990) oder Jiancheng/Quan et al. (2002).

[138] Vgl. Lange (1993). Basis der Untersuchung von LANGE ist die Erhebung der Merkmale von 156 Projekten (davon 73 erfolgreiche, 39 nicht-erfolgreiche und 44 abgebrochene Projekte) aus 80 deutschen Industrieunternehmen aus vier verschiedenen Branchen, die er mit Hilfe einer Diskriminanzanalyse untersucht. Die Bedeutung der Phase für die Bewertungskriterien konnte zuvor in Studien von Pinto/Slevin und Meredith gezeigt werden (vgl. Pinto/Slevin (1989), S. 33 und Meredith (1988), S. 32 ff.).

letzten Phase 13 verschiedene Kriterien zwischen erfolgreichen bzw. erfolglosen Projekten differenzieren. In Analogie zu TADISINA unterscheiden sich auch in dieser Studie die phasenabhängigen Kriterien zwischen den Branchen sehr stark.[139] Die identifizierten Kriterien unterscheiden mit hoher Genauigkeit zwischen erfolgreichen und erfolglosen Projekten. LANGE weist jedoch explizit darauf hin, dass die hohe Güte der Einteilung nur durch die starke Differenzierung in Branchen und Phasen möglich sei.

---

[139] Vgl. Lange (1993), S.120 ff. Neben der Notwendigkeit einer Differenzierung nach Branchen verweist LANGE zudem auf die Möglichkeit einer Differenzierung nach der Unsicherheit der Projekte (vgl. Lange (1993), S. 124 ff.). Zudem nimmt er an, dass sich die idealen Abbruchskriterien eines Unternehmens auch im Zeitverlauf dynamisch verändern können, da aus einer Veränderung der Unternehmensumwelt u. U. auch veränderte Abbruchskriterien resultieren (vgl. Lange (1993), S. 172).

Faktor	Projektphase											
	Projektbeginn				Projektmitte				Projektende			
	C/P	E/E	M	F	C/P	E/E	M	F	C/P	E/E	M	F
Strategie:												
Strategische Übereinstimmung mit Unternehmenszielen							29,7		20,3	11,3	24,5	26,4
Projektinterdependenzen							11,4		14,6			
Markt:												
Wachstumsphase des Marktlebenszyklus	10,3	34,4		15,0	16,1	63,2	13,3	25,3				19,0
Marktunsicherheit									20,0	17,4	16,0	
Dringlichkeit der Projektdurchführung	17,6								17,5			14,6
Kundenintegration					17,7	17,8	13,2	10,7		17,4	8,7	
Technologie:												
Technologiepotential	27,0		15,3	18,4								
Technologische Leistungsentwicklung	23,0	24,7		14,6		19,0			11,8	12,7		
Technologische Wissensbasis												
Technologievorsprung	22,1		17,0	19,2	8,8			27,6			11,3	25,1
Technologische Synergien			30,1									
Verfügbare Spezialisten			17,1		12,8							
Management:												
Top-Management-Unterstützung										8,9	12,8	
Unterqualifikation des Projektleiters				32,8					25,8			
Engagement des Projektleiters		27,3	20,5		23,5		17,3	13,2		9,2	4,4	
Zeitabweichungen							15,1	23,2		15,3		14,9
Umwelt:												
Unerwartete Ereignisse		13,6			21,1					7,8	22,3	
Summe	100	100	100	100	100	100	100	100	100	100	100	100
Anteil korrekt klassifizierter Projekte	78,6	90,6	90,0	95,2	92,9	90,7	96,7	100	96,4	96,9	100	95,2
C/P: Chemisch/Pharmazeutische Industrie; E/E: Elektronik/Elektrotechnik; M: Maschinenbau; F: Fahrzeugbau												

Tabelle 3: Abbruchsfaktoren nach LANGE, differenziert nach Projektphase und Branche
Quelle: Lange (1993), S. 121.

Um zu überprüfen, wie stark die Kontextabhängigkeit der idealen Abbruchskriterien in Bezug auf die äußere Umwelt des Unternehmens ist, führt BROCKHOFF eine international vergleichende Studie durch, in der er ideale Abbruchskriterien für Unternehmen aus den USA, Großbritannien und Deutschland identifiziert.[120] Diese Studie zeigt, dass sich die Abbruchskriterien in einigen Dimensionen zwischen den Ländern unterscheiden, was auf eine hohe Kontextabhängigkeit (z. B. von kulturellen oder organisatorischen Faktoren) schließen lässt.[121]

No.	Factor	USA	Germany	Great Britain
1	Probability of technical success		0,18	
2	Deviations in time schedules	0,25	-0,15	
3	Deviations cost schedules	-0,32		
4	Time of anticipated competition	-0,38	0,68	0,98
5	Chance event	-0,33	-0,32	
6	Complexity of the technology	-0,42		-0,58
7	Pressure on project leader	0,26		
8	Existence of a project champion	-0,27	0,23	0,30
9	Change in probability of technical success	0,36		0,48
10	Change in the number of end uses	0,70	0,15	
11	Change in the support by top management	-0,30	0,68	0,75
12	Change in the support by R&D management	0,28	-0,17	-0,28
13	Change in the commitment of project leader	-0,25		
14	Change in the availability of experts	0,26	-0,17	-0,68
15	Stage of product life cycle	0,25	0,22	
16	Adaptability of project leader		0,24	0,33
Percent correctly classified		71,9	82,1	100,0

Tabelle 4: Abbruchsfaktoren nach BROCKHOFF, differenziert nach drei Ländern

Quelle: Brockhoff (1994), S. 249.

BALACHANDRA/BROCKHOFF vermuten, dass das Ausmaß der Unterschiedlichkeit der idealen Abbruchskriterien von der Höhe der Unterschiede der Umweltfaktoren abhängig ist.[122] Diese Hypothese überprüft BALACHANDRA, indem er zusätzlich zu den drei Ländern USA, Deutschland und Großbritannien noch Japan untersucht.[123] Für jedes der untersuchten Projekte werden 40 Faktoren erfasst, von denen 16 zwischen erfolglosen und erfolgreichen Projekten diskriminieren (vgl. Tabelle 5).[124] Die Güte der

[120] Vgl. Brockhoff (1994), S. 247. Er greift dazu auf die Datensätze von Balachandra (1989) für die USA und Lange (1993) für Deutschland zurück und erhebt die Daten Großbritanniens.

[121] Vgl. Brockhoff (1994), S. 253. Inhaltlich erweitert BROCKHOFF die Diskussion vor allem durch den Vorschlag mehr Augemerk auf die Veränderung der Kriterienwerte zwischen den Entscheidungspunkten als auf die absoluten Werte der Variablen zu legen.

[122] Vgl. Balachandra/Brockhoff (1995), S. 36.

[123] Vgl. Balachandra (1996). In die Analyse einfließen konnten 326 Projekte, davon 112 aus Deutschland, 114 aus den USA, 57 aus Japan und 43 aus Großbritannien.

[124] Vgl. Balachandra (1996), S. 93.

identifizierten Abbruchskriterien ist dabei sehr hoch: Je nach Land können zwischen 85% und 96% der Projekte richtig klassifiziert werden.[125]

No.	Factor	Country			
		United States	Germany	Japan	United Kingdom
1	Probability of technical success		0,18	0,97	
2	Deviations in time schedules	0,25	-0,15		
3	Deviations in cost schedules	-0,32			
4	Time of anticipated competition	-0,38	0,68	-0,59	0,98
5	Chance event	-0,33	-0,32	-1,28	
6	Complexity of the technology	-0,42		-1,61	-0,58
7	Pressure on project leader	0,26		-0,97	
8	Existence of a project champion	-0,27	0,23	1,20	0,30
9	Change in probability of techn. success	0,36		0,74	0,48
10	Change in number of end uses	0,70	0,15	-0,48	
11	Change in support by top management	-0,30	0,68		0,75
12	Change in support by R&D management	0,28	-0,17		-0,28
13	Change in commitment of project leader	-0,25		1,19	
14	Change in availability of experts	0,26	-0,17	-0,33	-0,68
15	Stage of product life cycle	0,25	0,22		
16	Adaptability of project leader		0,24	4,19	0,33
Number of discriminating factors		14	11	11	8
Correctly classified		71,9	82,1	88,9	95,2

Tabelle 5: Abbruchsfaktoren nach BALACHANDRA/BROCKHOFF, differenziert nach 4 Ländern

Quelle:Balachandra/Brockhoff et al. (1996), S. 92.

Der Vergleich der idealen Abbruchskriterien zwischen den Ländern zeigt zwar, dass einige der Faktoren in allen vier Ländern diskriminierend wirken, jedoch ergeben sich große Unterschiede, z. B. hinsichtlich der Anzahl diskriminierender Kriterien. Darüber hinaus stellt auch BALACHANDRA große Unterschiede zwischen den unterschiedlichen Branchen fest. Er empfiehlt daher, für jedes einzelne Unternehmen eine eigene Diskriminanzanalyse durchzuführen, um die jeweils relevanten idealen Abbruchskriterien zu identifizieren.[126]

Fazit der spezifischen Bewertungsmethoden

Die hier aufgeführten Arbeiten zu spezifischen Abbruchsmodellen zeigen, dass sich mit Hilfe von statistischen Analysen ideale Abbruchskriterien entwickeln lassen, die mit hoher Güte zwischen erfolgreichen und erfolglosen Projekten unterscheiden können. Es zeigt sich jedoch auch, dass die idealen Abbruchskriterien stark situationsabhängig sind

[125] Vgl. Balachandra (1996), S. 95.

[126] Vgl. Balachandra (1996), S. 95. Diese Empfehlung beruht jedoch auf drei Voraussetzungen: Zum einen muss das Unternehmen über eine genügend große Datenmenge erfolgreicher und gescheiterter Projekte verfügen, zum zweiten muss das Projekt in den Grundzügen mit den bisher durchgeführten Projekten vergleichbar sein und drittens darf sich die Umwelt des Unternehmens in der Zwischenzeit nicht maßgeblich verändert haben.

und von den Eigenschaften des Projekts, wie z. B. der Projektphase, und der spezifischen Projektumwelt, wie z. B. der Branche und dem Landeskontext, abhängen können.[127] Damit ist es in der Praxis kaum möglich, bestehende Kataloge idealer Abbruchskriterien ungeprüft zu übernehmen, es sei denn, diese wurden spezifisch für ein vergleichbares Unternehmen in einer vergleichbaren Situation entwickelt.[128]

Daraus kann gefolgert werden, dass das Ableiten idealer Abbruchsregeln dann sinnvoll ist, wenn andere Bewertungsverfahren noch nicht anwendbar sind[129] und eine situationsspezifische Ableitung erfolgen kann. Von einer unreflektierten Verallgemeinerung der bisher identifizierten Regeln ist jedoch abzuraten.[130]

2.2.2.2 Allgemeine Bewertungsverfahren

Den spezifischen Bewertungsverfahren gegenüber stehen allgemeine Bewertungsverfahren, die nicht rein auf die Auswahl zwischen Abbruch und Fortführung, sondern auf die Ermittlung des Wertbeitrags des Projekts abzielen.[131] Die allgemeinen Bewertungsverfahren werden zwar hauptsächlich im Zusammenhang mit der Projektauswahl diskutiert, können aber auch bei der Projektabbruchsentscheidung zum Einsatz kommen.[132]

Um die verschiedenen allgemeinen Bewertungsverfahren zu strukturieren, werden diese meist zunächst nach der Anzahl der betrachteten Zieldimensionen in ***eindimensionale Verfahren***, die nur die Erfüllung einer Zielgröße bewerten, und ***mehrdimensionale Verfahren*** eingeteilt, die von mehreren nebeneinander stehenden Zielgrößen ausgehen.[133] Während eindimensionale Verfahren meistens quantitativ sind, lassen sich die mehrdimensionalen Verfahren in semi-quantitative und qualitative Bewertungsverfahren einteilen (vgl. Abbildung 10).

---

[127] Vgl. Brockhoff (1994), S. 245.

[128] Des Weiteren ist es fast unmöglich, Faktoren aus verschiedenen Studien zusammenzufassen, da diese jeweils sehr unterschiedliche Operationalisierungen vorgenommen haben (vgl. für eine Kritik der Studien Lange (1993), S. 29 ff.). Lange verweist z. B darauf, dass nicht alle Studien vergleichbare Definitionen für fehlgeschlagene Projekte angewandt haben und die Ergebnisse durch die unterschiedliche Auswahl und Formulierung der zur Wahl gestellten diskriminierenden Faktoren stark beeinflusst wurden.

[129] Vgl. Brockhoff (1994), S. 245.

[130] Vgl. Hubner (1996), S. 48.

[131] Vgl. Kern/Schröder (1977), S. 168.

[132] Vgl. Hubner (1996). Zu den Unterschieden zwischen den Entscheidungen vgl. Balachandra/Brockhoff et al. (1996), S. 246.

[133] Vgl. Thoma (1989b), S. 27.

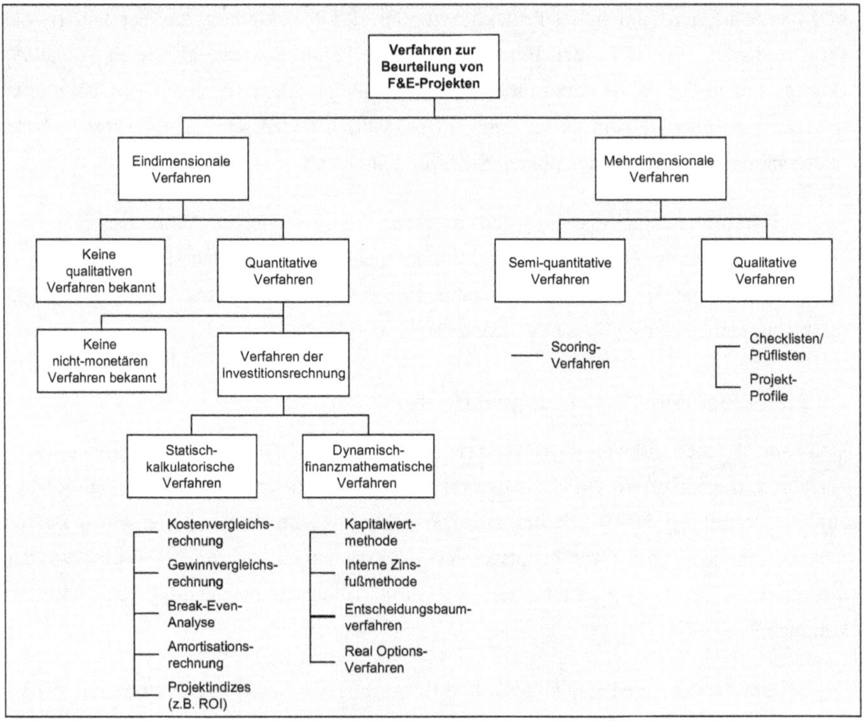

Abbildung 10: Verfahren zur Beurteilung von F&E-Projekten

Quelle: in Anlehnung an Thoma (1989b), S. 29.

Eindimensionale Verfahren

Prinzipiell bieten sich eindimensionale Verfahren in besonderer Weise zur Bewertung von F&E-Projekten im Rahmen von Abbruchsentscheidungen an, da allgemein anerkannt ist, dass Unternehmen das Ziel der maximalen Einkommenserzielung bzw. Wertmaximierung verfolgen.[134] Daraus folgt, dass F&E-Projekte nach ihrer Generierung (langfristiger) finanzieller Werte eingestuft und demzufolge analog zu anderen Investitionsprojekten behandelt werden müssen:[135] *„Das finanzielle Ergebnis [liefert] letztlich die Antwort auf die Frage, ob die Innovation erfolgreich war“.*[136]

---

[134] Vgl. Gutenberg (1983), S. 471 und Rappaport (1986).

[135] Vgl. Hubner (1996), S. 154 oder Littkemann (1997), S. 32.

[136] Hauschildt (1991), S. 452.

Diese Bewertungsmethoden der Investitionsrechnung sind den Partialmodellen zuzuordnen.[137] Partialmodelle beschränken die Bewertung auf die direkt durch das Projekt verursachten Zahlungsströme. Je nachdem, ob die Verfahren zwischen den Zeitpunkten der Zahlungsströme differenzieren, lassen sich statisch-kalkulatorische von dynamischen Bewertungsverfahren unterscheiden.[138]

Bei der Verwendung ***statisch-kalkulatorischer Verfahren*** wird keine Korrektur des Zeitwerts der Ein- und Auszahlungen vorgenommen.[139] Unter diese Kategorie fallen z. B. Kosten- oder Gewinnvergleichsrechnungen, Break-Even- oder ROI-Analysen oder einfache Amortisationsrechnungen. Während diese in der Praxis zum Teil noch wegen der Einfachheit ihrer Kalkulation und ihres hohen Bekanntheitsgrades genutzt werden[140], dürfen diese Verfahren theoretisch nur dann zur Anwendung kommen, wenn Ein- und Auszahlungen zeitlich dicht beieinander liegen. Je weiter entfernt Ein- und Auszahlungen sind, desto wichtiger wird die Betrachtung des genauen Zeitpunktes.[141] Da gerade bei F&E-Projekten Ein- und Auszahlungszeitpunkte häufig weit auseinander liegen, ist es bei der Bewertung dort besonders wichtig, den Zeitwert des Geldes zu berücksichtigen. Statisch-kalkulatorische Verfahren sind somit per se als ungeeignet zu bezeichnen und sollen nicht weiter betrachtet werden.

Die Klasse der ***dynamischen Verfahren*** zeichnet sich dagegen dadurch aus, dass die Zahlungszeitpunkte explizit in die Kalkulation einbezogen werden.[142] Das wohl etablierteste und bekannteste dynamische Verfahren stellt die Berechnung des Netto-Kapitalwerts (engl.: Net-Present-Value oder NPV) dar.[143]

---

137 Vgl. Hubner (1996), S. 156.

138 Vgl. Thoma (1989b).

139 Vgl. Weston/Copeland (1992), S. 190 ff.

140 Vgl. Drury/Tayles (1997).

141 Vgl. Brealey/Myers (1991), S. 73 ff.

142 Vgl. Weston/Copeland (1992), S. 309 ff.

143 Vgl. Wehrle-Streif (1989), S. 65; Pritsch/Weber (2004) für allgemeine sowie Kern/Schröder (1977), S. 173; Hubner (1996), S. 162 und Brockhoff (1999), S. 349 für spezifische Aussagen zum F&E-Kontext. Da die Kapitalwertmethode einige Vorteile bei der Bewertung von F&E-Projekten gegenüber der Methode des internen Zinsfußes (engl.: Internal Rate of Return, IRR) mit sich bringt (vgl. Hubner (1996), S. 193), sollen sich die folgenden Ausführungen auf die Kapitalwertmethode beschränken.

Kapitalwertverfahren

Der Kapitalwert des Projekts wird berechnet, indem die eindeutig dem Projekt zuzuordnenden Zahlungsströme mit dem risikoadjustierten Zinsfuß diskontiert und addiert werden. Der Barwert beziffert den Wertbeitrag des Projekts.[144]

Grundsätzlich sind zwei Anwendungsweisen zu unterscheiden:[145] Bei der Ex-Post-Bewertung von Projekten werden *alle* dem Projekt zuzuordnenden Zahlungen bewertet. Im Gegensatz dazu darf bei Abbruchsentscheidungen nur eine Marginalbetrachtung durchgeführt werden, d. h. es dürfen *nur die zukünftigen* Zahlungsströme betrachtet werden, nicht jedoch bisher investierte, nicht wiedergewinnbare Zahlungen (so genannte Sunk Costs, vgl. dazu Kapitel 2.4). Die Entscheidungsregel des Kapitalwerts ist dabei gemäß den klassischen Annahmen einfach: Das Projekt sollte dann abgebrochen werden, wenn der Kapitalwert des Abbruchs höher ist als der Kapitalwert der Fortführung des Projekts.[146]

Trotz der weiten Verbreitung der Kapitalwertmethode zeigen sich bei näherer Betrachtung einige Problemfelder bei der Anwendung zur Bewertung von F&E-Projekten. So bereitet insbesondere das Schätzen der Kapitalflüsse Schwierigkeiten. Zum einen ist der Kapitalbedarf auf Grund der hohen Unsicherheit über den Verlauf der F&E-Tätigkeiten schwer zu beziffern, zum anderen unterliegen auch die Höhe und die Zeitpunkte der Einzahlungen hohen Unsicherheiten, da sowohl Markt- als auch wirtschaftlicher Erfolg unsicher sind.[147] Um diesen Problemen entgegenzutreten, werden mehrere Erweiterungen der „einfachen Kapitalwertmethode" vorgeschlagen, die eine stärkere Abbildung der Unsicherheit erlauben. So wird z. B. die Verwendung mehrerer Szenarien (klassischerweise „best-", „normal-" und „worst-case Szenarien") für Ein- und Auszahlungen empfohlen, so dass die Bandbreite der möglichen Ergebnisse errechnet

---

[144] Vgl. Franke/Hax (1995), S. 81 f. In den Kapitalwert fließen E_t, die erwarteten Einzahlungen zu den Zeitpunkten t, A_t, die erwarteten Auszahlungen zu den Zeitpunkten t und P, der risikoadjustierte Zinsfuß ein. Formal lässt sich der Kapitalwert darstellen als: $NPV = \sum_{t=0}^{T} (E_t - A_t) \cdot \frac{1}{(1+p)^t}$

[145] Vgl. Conlon/Leatherwood (1989), S. 51.

[146] Vgl. Meredith (1988), S. 31. Soll das Projekt nicht auf Stand-Alone-Basis, sondern auch im Rahmen des restlichen F&E-Programms bewertet werden, so müssen Methoden der mathematischen Programmierung verwendet werden (vgl. dazu Nahmias (1997), S. 805 ff.). Auf diese Problematik soll hier jedoch nicht näher eingegangen werden, da in der Abbruchsdefinition das Problem auf isolierte Projektabbrüche festgelegt wurde.

[147] Auch im Fall eines Projektabbruchs sind die Kapitalflüsse ungewiss. Hubner unterscheidet zwischen „einseitigen Projekten", die beim Abbruch keinen Restwert aufweisen, und „zweiseitigen Projekten", bei denen im Falle eines Abbruchs noch ein Restwert realisiert werden kann, z. B. weil das bis dahin generierte Wissen oder mit dem Projekt zusammenhängende Anlagen veräußert werden können. (vgl. Hubner (1996), S. 159 oder auch Holzman (1972), S. 88).

werden kann. Durch das Ansetzen von Eintrittswahrscheinlichkeiten der einzelnen Szenarien kann dann in einem zweiten Schritt der „erwartete Kapitalwert“ als gewichteter Mittelwert der Szenarien berechnet werden.

Eine differenziertere Möglichkeit, die Unsicherheiten der Ein- und Auszahlungsströme zu integrieren, bieten z. B. Risiko-Analysen, bei denen stochastische Verteilungen der Einflussfaktoren der Zahlungsströme bestimmt werden.[148] Mit Hilfe einer Monte Carlo-Simulation[149] kann dann die Verteilungsfunktion des Kapitalwerts relativ exakt bestimmt werden.[150]

Ein weiteres Problem entsteht bei der Festlegung des korrekten risikoadjustierten Zinssatzes. An dieser Stelle sei auf die entsprechende Diskussion der verschiedenen Möglichkeiten in der klassischen Finanzliteratur verwiesen.[151] Zudem lässt sich in der Praxis feststellen, dass häufig sehr hohe Zinssätze verwendet werden, um das große Risiko der F&E abzubilden, was zum Teil zu beinahe „prohibitiv hohen“ Zinssätzen führen kann.[152]

Entscheidungsbaumverfahren

Ein schwer zu behebender Nachteil des Kapitalwertverfahrens ist, dass die Einflussmöglichkeiten des Projektleiters während des Projektverlaufs konsequent vernachlässigt werden, da der Verlauf des Projekts als gegeben angenommen wird. Diese Annahme wird jedoch als unrealistisch kritisiert, da F&E-Projekte als „*[...]sequences of decisions taken at milestones [...]*“[153] charakterisiert werden können. In der Realität hat das F&E-Management große Möglichkeiten, auf Ereignisse und neue Informationen zu reagieren und den Lauf der Projekte auf verschiedene Art und Weise zu beeinflussen. Um eine

---

148 Vgl. Kern/Schröder (1977), S. 192.

149 Vgl. Nahmias (1997), S. 498.

150 Hierbei kann kritisch angemerkt werden, dass die Schwierigkeiten bei der Schätzung der Kapitalflüsse quasi nur verlagert werden, da nach wie vor die funktionalen Zusammenhänge zwischen Treiber und Zahlungsströmen sowie die einzelnen Verteilungsparameter der Treiber geschätzt werden müssen.

151 Vgl. Franke/Hax (1995), S. 340 ff. und Hachmeister (2006).

152 Vgl. Drury/Tayles (1997), S. 90.

153 Vgl. Brockhoff (2000), S. 207.

Abbildung dieser Handlungsflexibilität bemühen sich Entscheidungsbaumverfahren,[154] denen daher eine bessere Eignung für den Einsatz in der F&E attestiert wird.[155]

Ein Entscheidungsbaum lässt sich grundsätzlich als Graph beschreiben, in dem die drei Elemente Zustände, Ereignisse und Handlungsmöglichkeiten miteinander verknüpft werden. Ereignisse sind die unsicheren Vorgänge, die die Umwelt verändern und nicht von dem Entscheidenden kontrolliert werden können. Hierzu können lediglich subjektive Eintrittswahrscheinlichkeiten angegeben werden. Ereignisse und Handlungsoptionen werden durch Kanten, Zustände durch Knoten dargestellt. Dabei können pro Knoten beliebig viele Entscheidungsäste ansetzen. Der Erwartungswert der Alternative ergibt sich dann aus der Rückwärtsrechnung der Einzahlungen (auch „rollback") mit Hilfe der Kapitalwertmethode. In der ersten Periode wird die Handlungsalternative mit dem höchsten Erwartungswert ausgewählt, in der Folgeperiode die je nach eingetretenem Umweltzustand optimale Handlungsalternative.

Schwierigkeiten bei der Bewertung mit Entscheidungsbaumverfahren kann die Festlegung der subjektiven Eintrittswahrscheinlichkeiten bereiten.[156] Um diese Schwierigkeit zu umgehen, müssen marktorientierte Bewertungsverfahren wie z. B. die Real-Optionsverfahren angewendet werden.

Real-Optionsverfahren

Real-Optionsverfahren haben in den letzten Jahren einige Aufmerksamkeit erhalten.[157] Sie stellen eine Übertragung von Optionsbewertungsverfahren aus dem Bereich der Kapitalmarktforschung auf die Projektbewertung dar.[158] Sie bieten z. B. den Vorteil, dass keine Eintrittswahrscheinlichkeiten oder vergleichbare Parameter geschätzt werden müssen, weil sich diese (zumindest theoretisch) aus Größen des Kapitalmarkts herleiten lassen.[159] Da in der klassischen F&E-Literatur häufig der Optionscharakter von F&E-

---

[154] Hubner verweist neben dem Entscheidungsbaumverfahren auch auf die Entwicklung analytisch komplizierter Modelle, die auf Verfahren der dynamischen Optimierung und der mathematischen Stopptheorie aufbauen (vgl. dazu z. B. Henke (1972) oder Roberts/Weitzman (1981)), die jedoch auf Grund ihrer komplizierten Herangehensweise nicht für einen Einsatz in der Praxis tauglich sind (vgl. Hubner (1996), S. 195) und daher im Folgenden nicht weiter betrachtet werden sollen.

[155] Vgl. Kern/Schröder (1977), S. 193 ff. und Hax (1974), S. 83 ff.

[156] Vgl. Fichman/Keil et al. (2005), S. 87 ff. Daneben müssen in Analogie zum Kapitalwertverfahren die Kapitalflüsse sowie der risikoadjustierte Zinsfuß bestimmt werden, wodurch die beim Kapitalwertverfahren aufgeführten Probleme gleichermaßen auf die Entscheidungsbaummodelle zutreffen.

[157] Vgl. z. B. Copeland/Tufano (2004); Hommel (2001) oder Pritsch/Weber (2004).

[158] Vgl. Spinnler/Huchzermeier (2004) oder Hull (2000).

[159] Vgl. Copeland/Tufano (2004), der darauf hinweist, dass sich dies bei der praktischen Anwendung jedoch ebenfalls schwierig gestalten kann.

Projekten explizit betont wird,[160] empfiehlt sich der Einsatz von Real-Optionsverfahren dort besonders.[161] Als Beispiel einer Handlungsoption des Projektleiters ist z. B. die Möglichkeit zu nennen, den inhaltlichen Fokus des Projekts zu verändern oder das Projekt abzubrechen.[162] Es gibt verschiedene Verfahren, mit denen sich Real-Optionen bewerten lassen.[163] Auf Grund der relativ einfachen Vorgehensweise werden im Allgemeinen Binomial-Modelle als besonders geeignet vorgeschlagen.[164]

Fazit der eindimensionalen Verfahren

KERN/SCHRÖDER empfehlen, die eindimensionalen Verfahren anhand von drei Kriterien zu bewerten: (1) ihrer Fähigkeit, das Zielsystem hinreichend abbilden zu können, (2) ihrer Fähigkeit, die Unsicherheit gut abbilden und bewerten zu können, sowie (3) der Verfügbarkeit der erforderlichen Daten zur Bewertung des Projekts.[165]

1. Da das Ziel der F&E per Definition die Steigerung des Unternehmenswerts ist und dieser eindimensional in Geldeinheiten ausgedrückt werden kann, sind die eindimensionalen Verfahren zumindest theoretisch als geeignet zu betrachten.
2. Die vorgestellten Verfahren unterscheiden sich in ihrer Fähigkeit, Unsicherheit abbilden und bewerten zu können. Während Unsicherheit bei einfachen Kapitalwertverfahren nur durch eine Anpassung der Diskontrate abgebildet werden kann, erlauben die beschriebenen Erweiterungen der Kapitalwertmethode eine bessere Abbildung der Unsicherheit. Weiterhin ist festzustellen, dass sich mit Hilfe von Entscheidungsbaum- und Real-Optionsverfahren sehr gute Möglichkeiten bieten, Unsicherheiten abzubilden.
3. Problematischer stellt sich jedoch die Situation bzgl. der Datenanforderungen dar. Dies beginnt mit Problemen bei der Definition, welche Zahlungsströme direkt dem Projekt zuzurechnen sind,[166] und setzt sich in Schwierigkeiten fort, die Höhe

---

[160] Vgl. Copeland/Koller et al. (2002), S. 345 ff.

[161] Vgl. Mitchell/Hamilton (1988); Hubner (1996), S. 237 ff. oder Chen/Ho et al. (2003).

[162] Vgl. z. B. Fichman/Keil et al. (2005), S. 80.

[163] Vgl. Trigeorgis (1995), S. 57.

[164] Vgl. Spinnler/Huchzermeier (2004), Copeland/Tufano (2004). Es können sich jedoch selbst bei der Anwendung dieses vermeintlich einfachen Verfahrens Probleme ergeben. Fichman/Keil et al. verweisen z. B. auf das Problemfeld, dass Manager einige der sich ihnen bietenden Optionen systematisch nicht nutzen (vgl. Fichman/Keil et al. (2005), S. 80). Es wird im Allgemeinen aber angenommen, dass die Fehler, die bei einer Anwendung von Real-Optionen entstehen können, kleiner sind als der Fehler, die Flexibilität des Managements bei Bewertungen nicht zu berücksichtigen (vgl. Koch (1999), S. 78).

[165] Vgl. Kern/Schröder (1977), S. 185.

[166] Interdependenzen zwischen Projekten können die eindeutige Bestimmung der direkt ausgelösten Zahlungsströme zum Teil jedoch erheblich behindern. Bei F&E-Projekten sind solche Interdependenzen sowohl auf der Seite der ausfließenden Zahlungsströme möglich, z. B. zwei Projekte die sich eine

der Zahlungsströme zuverlässig zu schätzen. Von den Schätzproblemen zeugen zahlreiche Studien und Metastudien zu Planungsfehlern bei F&E-Projekten.[167] Gerade bei weit in die Zukunft reichenden F&E-Projekten wird das korrekte Abschätzen als sehr schwierig bis unmöglich bezeichnet.[168]

Aus dieser Bewertung folgt, dass die eindimensionalen Bewertungsmethoden auch bei Vorliegen von Unsicherheit gut dazu geeignet sind, das Zielsystem eines optimal motivierten Entscheiders abzubilden und seine Handlungsalternativen zu ordnen. Sie stellen daher per se die beste Möglichkeit zur Bewertung der Projekte dar. Jedoch sind sie auf Grund ihrer hohen Datenanforderungen nur dann anwendbar, wenn sich die finanziellen Implikationen des Projekts zumindest grob abschätzen lassen. Dabei ist die Schätzung von Zahlungsströmen umso schwieriger, je weiter entfernt das Projekt von seiner marktlichen Nutzung ist und je unsicherer die technologischen Entwicklungsbedarfe sind. Diese Verfahren sind damit hauptsächlich für Abbruchsentscheidungen in der Phase der Entwicklung zu empfehlen, während sie für Abbruchsentscheidungen bei Forschungsprojekten eher ungeeignet sind: „*[...] research is not liable to an analysis of financially measured returns*“[169].

Zur Bewertung von Projekten, bei denen die finanziellen Zahlungsströme nur schwer abgeschätzt werden können, bietet sich die Verwendung mehrdimensionaler Bewertungsverfahren an, die Projekte anhand der Erreichung hierarchisch untergeordneter Ziele bewerten. Hierzu werden dann leichter erfassbare technologische, ökonomische oder sonstige Ziel- und Nebenzielgrößen (auch: „*Sachziele*“[170]) verwendet.[171]

Mehrdimensionale Bewertungsverfahren

Bei den mehrdimensionalen Verfahren kann, wie oben ausgeführt, zwischen qualitativen und semi-quantitativen Verfahren unterschieden werden (vgl. Abbildung 10).[172] Beide

---

Pilottest-Anlage teilen, als auch auf der Seite der einfließenden Zahlungsströme, z. B. wenn eine Innovation gemeinsam mit aus anderen Projekten resultierenden Innovationen in einem oder mehreren Produkten verwendet wird oder eine ganze Produktlinie vom Innovationscharakter profitiert. Ist keine direkte Folge von finanziell messbaren Marktleistungen ohne Interdependenzen gegeben, sind die dem Projekt zuzuordnenden marginalen Zahlungsströme abzuschätzen.

[167] Vgl. Linder (2004) und die dort angegebene Literatur.

[168] Vgl. Brockhoff (2000), S. 4, der z. B. Forschungsprojekte von der Bewertbarkeit mit eindimensionalen Verfahren explizit ausschließt.

[169] Brockhoff (2000), S. 4.

[170] Hubner (1996), S. 263.

[171] Vgl. Hauschildt (1991), S. 467.

[172] Vgl. Thoma (1989a), S. 167. Manche Autoren unterscheiden darüber hinaus noch eine Einteilung in ***multi-objektive*** und ***multi-attributive Verfahren***. Während bei multi-objektiven Verfahren angenommen

Verfahren ermöglichen eine Bewertung des Projekts, indem (meist mehrere) „Indikator- bzw. „Surrogat-Variablen“ bewertet werden, die zwar nicht das Ziel selbst darstellen, deren Erreichung aber mit der Erreichung des eigentlichen Zieles korreliert.[173]

Die ***qualitativen Verfahren*** beschränken sich im Allgemeinen auf die Erfassung und übersichtliche Darstellung zielrelevanter Eigenschaften der Projekte.[174] Sie verzichten dafür auf die Zusammenfassung der Ergebnisse oder die Berechnung eines einzelnen Punktwerts, d. h. auf die Amalgamation der verschiedenen Einzelwerte. Diese Verfahren bieten sich vor allem dann an, wenn hauptsächlich die Erreichung von Mindestniveaus der Zielkriterien sichergestellt werden soll,[175] erlauben aber nicht immer die Erstellung einer einfachen Präferenzordnung. Typische Vertreter der qualitativen Verfahren sind z. B. Checklisten oder Projekt-Profile.

Die ***semi-quantitativen Verfahren*** bieten demgegenüber den Vorteil, dass aus den einzelnen Bewertungen ein eindeutiger Wert abgeleitet wird und somit eine eindeutige Empfehlung über den Abbruch gegeben werden kann.[176] Im Kontext der Bewertung von F&E-Projekten wird daher häufig die Anwendung des semi-quantitativen Verfahrens des Scoring-Modells (auch: „Nutzwertanalyse“) empfohlen,[177] weshalb es hier eingehender behandelt werden soll.

Um einen Nutzenwert mit Hilfe eines Scoring-Modells feststellen zu können, müssen zunächst (1) die relevanten Zieldimensionen bestimmt werden, (2) Messvorschriften für die einzelnen Grade der Zielerreichung festgelegt werden sowie (3) Amalgamationsvorschriften ermittelt werden, wozu meistens zunächst (4) Gewichtungsfaktoren zwischen den Zieldimensionen bestimmt werden müssen.[178]

---

wird, dass der Entscheider mehrere nebeneinander stehende quantifizierbare Ziele hat, wird bei den multi-attributiven Verfahren angenommen, dass der Entscheider nur ein einziges Ziel hat, das durch eine Reihe von hierarchisch untergeordneten Zielen operationalisiert werden kann (vgl. Hwang/Masud (1979) und Hwang/Yoon (1981)). Da in dieser Arbeit wie oben aufgeführt, angenommen wird, dass der Entscheider das Oberziel der Gewinnmaximierung verfolgt und nur Probleme hat, dieses Oberziel zu beziffern, sollen im Folgenden nur multi-attributive Verfahren besprochen werden.

173 Vgl. Balachandra/Brockhoff et al. (1996), S. 246.

174 Vgl. Kern/Schröder (1977), S. 219.

175 Vgl. Hubner (1996), S. 271.

176 Vgl. Kern/Schröder (1977), S. 199 f. oder Zangemeister (1976), S. 45.

177 Vgl. Kern/Schröder (1977), S. 199.

178 Vgl. Kern/Schröder (1977), S. 200.

1. Zur Bestimmung der Zieldimension sind grundsätzlich drei Verfahren denkbar:[179]
   - die Übernahme von Kriterienkatalogen aus der Literatur, wie z. B. aus den spezifischen Arbeiten zum Projektabbruch (vgl. Kapitel 2.2.2.1), wobei riskiert wird, dass Besonderheiten des Unternehmens oder der jeweiligen Situation nicht genügend beachtet werden.
   - die kreative, expertengestützte Formulierung auf der Basis von Erfahrungswerten, wozu sich insbesondere Gruppendiskussionen anbieten, oder
   - die strukturanalytische Ableitung von Kriterien, bei der aus den Unternehmenszielen in einer fortschreitenden Konkretisierung die zu erreichenden Zielkriterien abgeleitet werden.

   Die Zielkriterien sollten dabei möglichst umfassend, gut messbar, überschneidungsfrei (damit alle Ziele genau einmal und nicht etwa mehrfach bewertet werden) und zudem unabhängig in ihrer Nutzenstiftung sein, wenn additive Verfahren der Amalgamation verwendet werden sollen.[180]

2. Bei der Bestimmung von Messvorschriften, die auch als Operationalisierung bezeichnet wird, müssen erstens geeignete Skalen (Nominal-, Ordinal- und Kardinalskalen) festgelegt werden. Zweitens sind Intervalle für die Merkmalsausprägungen festzulegen und den Intervallen Skalenwerte zuzuordnen. Für die meisten Zielgrößen bieten sich laut der empirischen Analyse von MOORE/BAKER sieben bis neun Intervallklassen an.[181] Der Skalenwert entspricht dann dem ungewichteten Teilnutzenwert.

3. Sofern die verschiedenen Zielkriterien eine unterschiedliche Bedeutung für den Entscheider haben und diese noch nicht durch die Zuordnung unterschiedlich hoher Skalenwerte ausgedrückt wurde, sind in diesem Schritt die einzelnen Zielkriterien ihrer Bedeutung nach zu gewichten.[182]

4. Im letzten Schritt gilt es, eine Amalgamationsvorschrift festzulegen, mit deren Hilfe sich der „Gesamt-" oder „Punktwert" des Projekts berechnen lässt. Bei der additiven Amalgamation werden die gewichteten Teilnutzenwerte addiert, wohingegen sich bei der multiplikativen Amalgamation der Gesamtwert durch Multiplikation der mit den Gewichtungsfaktoren potenzierten Teilnutzenwerte ergibt.

---

[179] Vgl. Hubner (1996), S. 266.
[180] Vgl. Moore/Baker (1969), S. 93.
[181] Vgl. Moore/Baker (1969).
[182] Vgl. Kern/Schröder (1977), S. 208 f. zu verschiedenen analytischen Verfahren zur Festlegung der Gewichtungsfaktoren.

KERN/SCHRÖDER weisen auf mögliche Probleme bei der praktischen Anwendung des Scoring-Models hin, insbesondere im Hinblick auf die Bildung eines konsistenten, überschneidungsfreien Zielsystems oder bei der Festlegung geeigneter Mess- und Amalgamationsvorschriften.[183] Positiv bewerten sie dagegen den Aspekt, dass Nutzwertanalysen den Entscheider zwingen, einen ansonsten potentiell intransparenten Bewertungsvorgang transparent zu machen, indem die einzelnen zu bewertenden Dimensionen und die Gewichtung der Dimensionen untereinander offen gelegt werden. Zudem erlaubt die geringere Datenanforderung eine Nutzung von Nutzwertanalysen zu einem Zeitpunkt, an dem noch keine ausreichende Datenbasis für eine Bewertung mit Verfahren der Investitionsbewertung möglich wäre.[184]

Fazit der mehrdimensionalen Bewertungsverfahren

Aus den Ausführungen folgt, dass Scoring-Modelle gut geeignet sind, um Abbruchsentscheidungen bei geringer Datenverfügbarkeit zu begründen, da sie den Rückgriff auf Sachziele als Proxies für nicht-verfügbare finanzielle Größen erlauben. Auf Grund der großen Spielräume und der oben genannten Schwierigkeiten bieten sich die mehrdimensionalen Verfahren besonders dann an, wenn die Anwendung anderer Verfahren nicht möglich ist.

2.2.3 Fazit

Die bisherigen Ausführungen zu Bewertungsmodellen für die Abbruchsentscheidung zeigen, dass eine Vielzahl von möglichen Bewertungsmodellen zur Unterstützung der Abbruchsentscheidung in der Literatur diskutiert und in der Praxis angewendet wird. Daraus kann geschlossen werden, dass dem Projektleiter und dem Controller ein gutes Instrumentarium zur Verfügung steht, um die Abbruchsentscheidung rational zu fundieren.

Im Bereich der spezifischen Abbruchsmodelle sind sowohl Kataloge deskriptiv erhobener als auch präskriptiver Abbruchskriterien vorgestellt worden. Auch wenn diese noch nicht den Status allgemein gültiger und nutzbarer Abbruchskriterienkataloge aufweisen, leisten sie wertvolle Unterstützung zu Zeitpunkten, an denen die Datenversorgung für eine Bewertung mit den anderen Verfahren noch nicht ausreicht.

---

183 Vgl. Kern/Schröder (1977), S. 217 ff. für diese Aussagen und die folgenden Nachteile.

184 Die Datenanforderungen sind insofern geringer, als dass eine Bewertung auch dann stattfinden kann, wenn in einer oder mehreren der zu betrachtenden Dimensionen keine geeigneten Daten zur Verfügung stehen.

Im Bereich der allgemeinen Bewertungsverfahren wurden verschiedene Verfahren vorgestellt, die je nach Dimensionalität des Zielsystems und der verfügbaren Informationen angewendet werden können, um die prozessuale Rationalität der Abbruchsentscheidung zu sichern. Dabei zeigte sich, dass Verfahren der Investitionsbewertung, insbesondere Erweiterungen des Kapitalwertverfahrens bzw. Real-Optionen, sehr gut zur Bewertung von F&E-Projekten geeignet sind. Auf Grund der hohen Datenanforderungen sind diese Verfahren jedoch nur für Projekte anwendbar, bei denen sich bereits finanzielle Zahlungsströme abschätzen lassen. Projekte aus der Phase der Grundlagenforschung oder der angewandten Forschung müssen daher meistens durch einen Rückgriff auf mehrdimensionale semi-quantitative Verfahren wie Scoring-Modelle oder qualitative Verfahren wie Projektprofile bewertet werden.

THOMA schließt daraus, dass auf Grund der schlechten Informationslage zu Beginn des Projekts zunächst eher qualitative Verfahren in Betracht kommen, bevor dann im weiteren Verlauf des Projekts bei sich bessernder Informationslage semi-quantitative und quantitative Verfahren eingesetzt werden können (vgl. Abbildung 11).[185]

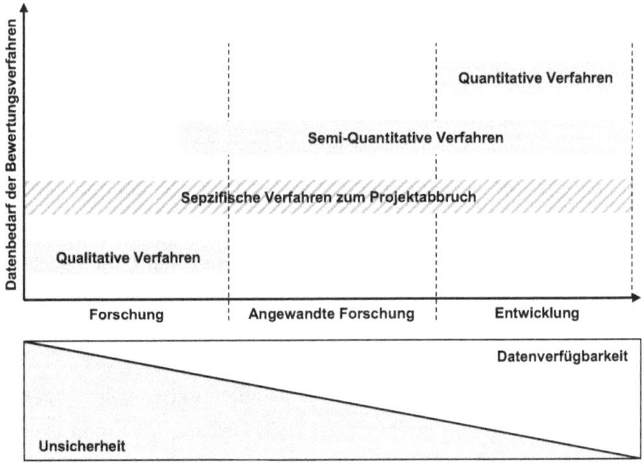

Abbildung 11: Eignung der Bewertungsverfahren im Zeitverlauf

Quelle: In Anlehnung an Thoma (1989a), S. 168.

[185] Vgl. Thoma (1989a) und Thoma (1989b). Die Eignung der verschiedenen Verfahren hängt zudem auch vom jeweiligen Bewertungszeitpunkt und der damit einhergehenden Datenbasis, Unsicherheit und Dynamik der Projektziele, dem angestrebten Grad an Genauigkeit sowie dem zu erwartenden Aufwand ab (vgl. Schmelzer (1992), S. 115).

Als Fazit lässt sich also festhalten, dass trotz der hohen Komplexität und Unsicherheit von F&E-Projekten Bewertungsmethoden existieren, die eine Wahrung der Prozessrationalität bei der Abbruchsentscheidung von F&E-Projekten grundsätzlich erlauben. Da diese Verfahren zudem als etabliert gelten und in der betrieblichen Praxis auch nachweislich zum Einsatz kommen,[186] gibt es bei den gegebenen Annahmen zum rationalen Entscheider keinen offensichtlichen Grund, warum es zu einer systematischen Verzerrung der Projektabbruchsentscheidung kommen sollte. Im nächsten Abschnitt sollen jedoch einige Beispiele für das Auftreten solcher systematischen Verzerrungen bei der Abbruchsentscheidung aufgeführt und verschiedene Ansätze vorgestellt werden, mit deren Hilfe das Auftreten dieser Verzerrung erklärt werden kann.

[186] Vgl. Cabral-Cardoso/Payne (1996) oder Drury/Tayles (1997).

2.3 Verspätete Abbrüche in der F&E

In Kapitel 2.2 wurden verschiedene Methoden aufgezeigt, mit denen sich (prozess-) rationale Abbruchsentscheidungen unterstützen lassen. Da den einzelnen Methoden durchweg hohe Bekanntheits- und Nutzungsgrade attestiert werden, wäre anzunehmen, dass Projekt-Abbruchsentscheidungen den Ansprüchen der Prozessrationalität genügen und daher im Durchschnitt richtige Entscheidungen getroffen werden.[187] Wie in Kapitel 2.3.1 jedoch gezeigt werden soll, wirft eine detaillierte Betrachtung realer Abbruchsentscheidungen von F&E-Projekten berechtigte Zweifel an der Annahme rationaler Projektabbrüche auf – empirische Befunde legen das Auftreten systematisch verspäteter Projektabbrüche nahe. Unter dem Oberbegriff der „Escalation of Commitment" sollen daher in Kapitel 2.4.2 verschiedene Begründungen für das Auftreten dieses Phänomens diskutiert werden.

2.3.1 Systematische Tendenz zu verspäteten Projektabbrüchen

Wie in Kapitel 2.2 dargestellt wurde, sollte der verantwortliche Projektleiter ein F&E-Projekt dann abbrechen, wenn der erwartete Nutzen eines Abbruchs für das Unternehmen höher ist als der Nutzen der Fortführung.[188] Zur Bewertung des Nutzens stehen ihm die beschriebenen rationalen Bewertungsmethoden zur Verfügung. Die Literatur, die sich mit F&E-Projekten bzw. Projektabbruchsentscheidungen auseinandersetzt, liefert jedoch zahlreiche Belege für eine systematische Tendenz zu verspäteten Projektabbrüchen, die sich mit der Annahme rationaler Entscheider nicht in Einklang bringen lassen. *„A growing body of [...] research [...] indicates that decision makers have a tendency to continue uneconomic projects [...].*"[189]

Ein Projekt soll im Folgenden dann als „verspätet abgebrochen" gelten, wenn es über den Zeitpunkt hinaus fortgeführt wird, an dem die in Kapitel 2.2 beschriebenen Bewertungsmethoden einen Abbruch empfehlen.[190] Von einer systematischen Tendenz zu verspäteten Projektabbrüchen soll im Folgenden gesprochen werden, wenn Entscheider die fehlschlagenden Projekte im Regelfall später abbrechen, als rationale Bewertungsmodelle dies empfehlen.[191] Zunächst sollen verschiedene Belege für die

---

[187] In diesem Fall sollten die Abweichungen normalverteilt sein.

[188] Vgl. Meredith (1988), S. 31.

[189] Cheng/Schulz et al. (2003), S. 64.

[190] Genauer: wenn Scoring-Modelle die Abbruchsoption als vorteilhaft beschreiben oder die Abbruchsoption bei einer Kapitalwert- oder Real-Options-Bewertung einen höheren Wert als die Fortführungsoption erzielt.

[191] In diesem Fall sind die Abweichungen nicht normalverteilt, sondern weisen eine schiefe Verteilung auf, da Projekte tendenziell eher zu spät als zu früh abgebrochen werden.

systematische Tendenz zu verspäteten Projektabbrüchen in der F&E aufgeführt werden.[192]

Subjektive Erfahrungsberichte in der F&E-Literatur

In der F&E-Literatur lassen sich an verschiedenen Stellen Aussagen von Praktikern finden, die auf der Basis ihrer eigenen, subjektiven F&E-Projekterfahrung eine systematische Tendenz zu verspäteten Projektabbrüchen feststellen. Der Abbruch eines Projekts wird in der betrieblichen Praxis häufig als Eingeständnis eines Fehlers angesehen und geht meistens mit der unangenehmen Aufgabe einher, Projektteams ihrer Aufgabe zu entheben und sie aufzulösen.[193] So führt z. B. BUELL an, dass Projekte systematisch verspätet abgebrochen werden, denn *„[...] terminating a research project is one of the most agonizing decisions that confront R&D administrators"*[194]. Ebenso schließt AHRENDT aus seiner persönlichen Erfahrung als Entwicklungsleiter, *„dass es den Unternehmen schwer fällt, erfolglose Projekte in angemessener Zeit zu erkennen, und dass es ihnen noch schwerer gelingt, erfolglose Projekte rechtzeitig zu beenden"*[195]. Eine ähnliche Feststellung trifft auch ZIEGLER nach seinen Erfahrungen als Entwicklungsdirektor der Siemens AG: *„Die Neigung, einmal begonnene Entwicklungsvorhaben bis zum mitunter bitteren Ende fortzusetzen ist – weil menschlich verständlich – größer als sie sein sollte."*[196]

Dass diese subjektiven Feststellungen keine isolierten Meinungen einzelner Entwickler darstellen, kann durch zwei größere empirische Studien belegt werden. So zeigt eine Befragung der verantwortlichen Entscheider aus 116 forschungsintensiven Unternehmen im Jahr 1965, dass diese 80% der letztlich abgebrochenen Entwicklungsvorhaben als verspätet abgebrochen klassifizieren.[197] Die Ergebnisse dieser Studie werden gestützt durch eine neuere Studie von BROCKHOFF, in der Entwickler den *„Hang zur unkontrollierten Weiterentwicklung"*[198] als wichtigen Grund für Effektivitätsdefizite in der F&E identifizieren.[199]

---

[192] Vgl. für eine zusammenfassende Darstellung Lange (1993), S. 63 f.
[193] Vgl. Balachandra/Brockhoff et al. (1996), S. 246.
[194] Buell (1967), S. 277.
[195] Ahrendt (1971), S. 21.
[196] Ziegler (1982), S. 820.
[197] Vgl. Seiler (1965), S. 183.
[198] Brockhoff (1991), S. 63.
[199] Aus dieser Perspektive können z. B. auch die Ergebnisse einer kürzlich durchgeführten Umfrage unter Controllern als im weitesten Sinne bestätigend interpretiert werden. Diese geben an, dass einer der Bereiche mit dem größten Verbesserungsbedarf die laufende Projektbegleitung ist (vgl. CCM (2006),

Daneben existiert eine Vielzahl anekdotischer Berichte über einzelne Projekte, bei denen unabhängige Dritte aus einer Analyse der Projektsituation zu verschiedenen Zeitpunkten schließen, dass bereits frühzeitig keine ökonomischen Gründe für eine Weiterführung des jeweiligen Projekts gab, es aber dennoch nicht abgebrochen wurde.[200]

All diese Indizien zusammengenommen legen die Vermutung nahe, dass in der Realität eine systematische Tendenz zu verspäteten Projektabbrüchen auftreten kann. Um weitere Belege zu identifizieren, bietet sich eine genauere Analyse abgebrochener Projekte an.

Objektive Analysen von Projektabbrüchen

Bei einer Analyse durchgeführter Projektabbrüche können verschieden starke Belege für eine systematische Tendenz zu verspäteten Projektabbrüchen identifiziert werden.

In einer häufig zitierten empirischen Studie zeigen MANSFIELD/RAPOPORT ET AL., dass 57% aller begonnenen Projekte technologisch erfolgreich zu Ende entwickelt werden können – jedoch nur die Hälfte der technologisch erfolgreich entwickelten Produkte dann am Markt lanciert wird.[201] Die Autoren diskutieren nicht, wie es zu diesem erstaunlichen Ergebnis kommt. Nimmt man jedoch an, dass ein Unternehmen mit Gewinnerzielungsabsicht fertig entwickelte und wirtschaftlich aussichtsreiche Produkte auch auf dem Markt einführt, liegt die Vermutung nahe, dass diese zwar technologisch marktreif waren, ihnen jedoch kein Gewinnpotential zugeschrieben wurde. Im Hinblick auf die oben genannten Quellen kann dieses Ergebnis als Folge eines verspäteten bzw. nicht stattgefundenen Abbruchs gedeutet werden und somit als schwacher Beleg für das Auftreten einer systematischen Tendenz zu verspäteten Projektabbrüchen gelten.[202] Nach dieser Interpretation wäre es bereits während der technischen Entwicklung möglich gewesen, das Projekt abzubrechen – stattdessen wurde jedoch die technische Entwicklung abgeschlossen und lediglich auf die Markteinführung „verzichtet". Diese Interpretation kann durch die Ergebnisse anderer Studien gestützt werden. So schließen z. B.

S. 13). Diese Aussage ist zwar nicht in erster Linie auf Abbrüche bezogen, gibt aber dennoch ein erstes Indiz zur wahrgenommenen Qualität der Projektbegleitung und -steuerung.

200 Vgl. Statman/Caldwell (1987), S. 7 f., der z. B. auf Berichte über die Entwicklung des 8,5 Zoll-Diskettenlaufwerks der Shugart Corporation verweist, bei der der lange vorhersehbare Abbruch immer weiter aufgeschoben wurde. Ähnliche Berichte finden sich bei Boulding/Morgan et al. (1997) über die Entwicklung des Ford Edsel und des Personalcomputers NeXT. Letzterer war bereits bei der Einführung technisch unterlegen, wurde dennoch am Markt eingeführt und verursachte allein in den fünf Jahren seiner Vermarktung einen Verlust von $200 Mio. Weitere Beispiele finden sich bei Keil/Mixon et al. (1995).

201 Vgl. Mansfield/Rapoport et al. (1971), S. 57.

202 Vgl. Lange (1993), S. 62 für eine ähnliche Argumentation.

SCHMIDT/CALANTONE aus einer Betrachtung der Fehler- und Abbruchsraten: „*Managers make these tough decisions [Abbruchsentscheidungen, EZ], but in the light of the still high failure rates, it seems, that they do not terminate enough projects.*“[203]

Ein ähnliches Bild ergibt sich bei der Durchsicht von Studien, die eine detaillierte Analyse der abgebrochenen Projekte vornehmen. Darin wird übereinstimmend dargestellt, dass erfolglose Projekte im Durchschnitt mehr Zeit und Ressourcen in Anspruch genommen haben als erfolgreiche Projekte.[204] Um dieses Phänomen zu erklären befragt SOUDER die verantwortlichen Projektleiter. In den Interviews geben die Entscheider im Einklang zu den oben genannten Studien an, dass zwar Informationen vorlagen, die einen früheren Abbruch der Projekte gerechtfertigt hätten, die Projekte aber dennoch nicht abgebrochen wurden.[205]

Einen starken Beleg für die Hypothese systematisch verspäteter Abbrüche kann Lange erbringen.[206] Mit Hilfe einer diskriminanzanalytischen Untersuchung ermittelt er zunächst ideale Abbruchskriterien (vgl. Kapitel 2.2). Er zeigt in einem zweiten Analyseschritt, in dem er reale mit idealen Abbruchskriterien vergleicht, dass die Projekte, die während der Entwicklungsarbeiten abgebrochen wurden, zu 90% mit Hilfe der von ihm identifizierten idealen Abbruchskriterien schon früher als Fehlschlag hätten erkannt und abgebrochen werden können.[207] „*Abbruchsentscheidungen von F&E-Projekten kennzeichnet folglich eine sachliche, aber keine zeitliche Korrektheit.*“[208]

Folgen verspäteter Abbrüche

Verspätete Abbrüche von F&E-Projekten können zu bedeutsamen ***Effizienz-*** und ***Effektivitätsverlusten*** in der F&E führen.[209]

Die ***Effizienz des F&E-Bereichs*** sinkt notwendigerweise durch das verspätete Abbrechen eines Projekts, da knappe Ressourcen (wie Entwicklerzeit, Materialen, etc.)

---

[203] Schmidt/Calantone (2002), S. 104.

[204] Vgl. Gerstenfeld (1976), S. 120 und Lange (1993), S. 82. Zu einem ähnlichen Ergebnis kommen Myers/Sweezy (1978), S. 42 f., die feststellen, dass Projekte typischerweise in sehr späten Entwicklungsphasen abgebrochen werden.

[205] Vgl. Souder (1987), S. 64.

[206] Der Beleg von Lange ist insbesondere daher als stark zu bewerten, weil er im Gegensatz zu den Studien, die sich auf subjektive Einschätzungen berufen, ausschließen kann, dass die Ergebnisse von dem so genannten Hindsight-Bias beeinflusst sind (vgl. Fischhoff (1982)). Der Hindsight-Bias beschreibt das Phänomen, dass Ereignisse im Nachhinein wahrscheinlicher erscheinen als im Voraus.

[207] Vgl. Lange (1993), S. 147 ff.

[208] Lange (1993), S. 150.

[209] Vgl. Lange (1993), S. 9 ff. Er basiert diese Aussagen auf Überlegungen zur Grenzproduktivität der F&E von Brockhoff (1972) und Brockhoff (1990a).

für Projekte verwendet werden, bei denen keine Aussicht mehr auf eine Gewinnerzielung besteht.[210] Das Problem wird durch die im Projektverlauf typischerweise ansteigenden Kosten der Entwicklung weiter verstärkt. Zum anderen sinkt die ***Effektivität des F&E-Bereichs***, da durch die verspäteten Projektabbrüche knappe Ressourcen für die Fortführung fehlschlagender Projekte ausgegeben werden und demzufolge nicht für die Durchführung neuer, Erfolg versprechender Projekte zur Verfügung stehen. Verspätete Projektabbrüche führen damit auch zum verspäteten Start neuer Projekte. Dies resultiert jedoch in verlorenen erfolgreichen Innovationen oder verspäteten Markteinführungen erfolgreicher Produkte, wodurch den Unternehmen u. U. bedeutsame Opportunitätskosten entstehen können.[211] Insbesondere in einem Umfeld kürzer werdender Produktlebenszyklen[212] und steigender Kundenanforderungen können (durch verspätete Projektabbrüche verursachte) verzögerte Innovationen zu beträchtlichen Opportunitätskosten führen.

Bisher wurde noch kein Versuch unternommen, den durch verspätete Abbrüche verursachten wirtschaftlichen Schaden, d. h. die Summe der verschwendeten Ressourcen und der Opportunitätskosten, direkt zu quantifizieren. Die Aussagen in der relevanten Literatur beschränken sich im Allgemeinen auf eine qualitative Abschätzung wie z. B.: *„Quick recognition of a project failure vs. a lingering project death can have significantly different financial implications."*[213]

Ein Anhaltspunkt für die Höhe des Schadens lässt sich jedoch aus der Kapitalmarktsicht ableiten. In einer ökonometrischen Untersuchung börsennotierter Unternehmen analysieren STATMAN/SEPE die Reaktion des Aktienmarkts auf Adhoc-Meldungen über Abbrüche von groß angelegter F&E-Projekte.[214] Sie können zeigen, dass Investoren im Durchschnitt positiv auf die Ankündigung von Projektabbrüchen reagieren, d. h. der Aktienkurs des betreffenden Unternehmens steigt nach Veröffentlichung der Adhoc-Meldung. Aus diesem Muster ziehen STATMAN/SEPE zwei Schlussfolgerungen: Zum einen soll das Ansteigen des Aktienkurses belegen, dass die Investoren den Abbruch der Projekte grundsätzlich positiv bewertet haben. Zum anderen zeigt ihrer Meinung nach der plötzliche Anstieg nach der Adhoc-Meldung, dass der Projektabbruch für den Markt unerwartet kam, d. h. die Investoren mit einer Fortführung gerechnet haben, obwohl sie

---

210 Vgl. Booz Allen Hamilton (1982), S. 12 ff. und Lange (1993), S. 9 f.

211 Vgl. Mansfield/Wagner (1975), S. 182 f. Vgl. auch Commes/Lienert (1983) für eine Darstellung der Schäden durch verzögerte Entwicklungen.

212 Vgl. Perillieux (1991).

213 Boulding/Morgan et al. (1997), S. 164.

214 Vgl. Statman/Sepe (1989).

selbst ihr kritisch gegenüberstanden.[215] Diese beiden Schlussfolgerungen interpretieren STATMAN/SEPE als Indiz, dass die Investoren von einer systematischen Tendenz zu verspäteten Abbrüchen ausgehen. Ist dies der Fall, könnte aus der Höhe der positiven Veränderung der Marktkapitalisierung nach Veröffentlichung der Adhoc-Meldung auf die Höhe des Schadens geschlossen werden, den Investoren durch einen verspäteten Projektabbruch befürchtet haben.

Die bisherigen Ausführungen verdeutlichen, dass in der F&E höchstwahrscheinlich eine systematische Tendenz zu verspäteten Projektabbrüchen besteht, wodurch knappe Ressourcen verschwendet und Opportunitätskosten in Kauf genommen werden. Bevor jedoch Gegenmaßnahmen entwickelt werden können, muss zunächst eruiert werden, warum Projektleiter die Tendenz zu systematisch verspäteten Projektabbrüchen aufweisen. Erste Indizien für mögliche Ursachen können aus der Analyse einiger Fallstudien zu verspäteten Abbrüchen abgeleitet werden.

Fallstudien verspäteter Abbrüche

In mehreren Fallstudien werden fehlgeschlagene oder abgebrochene Projekte detaillierter betrachtet, um zu identifizieren, ob sie früher hätten abgebrochen werden können und welche Faktoren einen rechtzeitigen Abbruch verhindert haben. Dazu wird im Allgemeinen durch direkte Befragung der Personen, die an der Durchführung des Projekts beteiligt waren, und durch die Analyse der damals zur Verfügung stehenden Informationen versucht, die Entscheidungsprozesse nachvollziehbar zu machen.[216]

Eine der ersten Fallstudien dieser Art wurde von ROSS/STAW veröffentlicht, die die Entscheidungsprozesse bei der Entwicklung eines Messekonzepts für die Weltausstellung 1986 in British Columbia (Kanada) analysieren.[217] Während in den

---

215 Diese Schlussfolgerung setzt voraus, dass die Investoren zum einen über die Durchführung der jeweiligen F&E-Projekte informiert waren und zum anderen Zugang zu genügend Informationen hatten, um die
Werthaftigkeit dieser Projekte zu beurteilen. Während dies bei einigen wenigen Großprojekten (z. B. Entwicklung Transrapid) noch denkbar scheint, ist diese Annahme bei kleineren F&E-Projekten evtl. schwerer haltbar. Die Argumentationskette von Statman/Sepe wurde jedoch in der Literatur bisher nicht kritisiert.

216 Da nicht ausgeschlossen werden kann, dass Entscheidern im Moment der Abbruchsentscheidung private Informationen zur Verfügung standen, ist es sehr schwierig, auf eine Verletzung der Prozessrationalität (dem hier angestrebten Erfolgsmaß) zu schließen. Daher muss im Nachhinein ein möglichst umfassendes Bild der zur Verfügung stehenden Information gezeichnet werden. Es wäre ansonsten z. B. denkbar, dass in den Entscheidungssituationen jeweils Informationen und Erwartungen vorlagen, die eine weitere Verfolgung des Projekts sinnvoll erscheinen ließen. Die Fallstudien müssen daher alle zum Zeitpunkt der Entscheidung zur Verfügung stehenden Informationen möglichst genau rekonstruieren.

217 Vgl. Ross/Staw (1986) für die folgenden Ausführungen. Entwicklungsprojekte öffentlicher Träger eignen sich besonders gut für Fallstudienuntersuchungen, da meistens ein großer Teil der Information in

ersten Planungsrunden im Jahre 1976 ein Gesamtbudget von 78 Millionen kanadischer Dollar und ein maximaler Zuschuss des Bundesstaates British Columbia von 6 Millionen kanadischer Dollar festgelegt wurde, war das Planbudget neun Jahre später auf über 1,5 Milliarden kanadische Dollar und der erwartete finanzielle Verlust auf über 300 Millionen kanadischer Dollar angewachsen. Darüber hinaus haben Projektmitarbeiter zahlreiche operative und logistische Probleme (wie z. B. mangelnde Hotelkapazitäten für die erwartete Besucheranzahl) vorhergesehen. Obwohl mehrere der an der Entwicklung beteiligten Personen auf Grund dieser Aspekte einen Abbruch für notwendig hielten, konnten sich die für das Projekt verantwortlichen Entscheider nicht zu einem Abbruch durchringen. ROSS/STAW identifizieren verschiedene Ursachen für das Ausbleiben des Abbruchs, wie z. B. das optimistische Überschätzen der zu erwartenden Besucherzahl. Zudem wird den Entscheidern attestiert, das Projekt entgegen jedem ökonomischen Kalkül nicht abgebrochen zu haben, rein aus dem Motiv heraus, in der Öffentlichkeit ihr „Gesicht wahren zu wollen".

In einer weiteren Fallstudie von 1993 diskutieren ROSS/STAW den verspäteten Abbruch eines Projekts zu Planung und Bau eines Atomkraftwerks auf Long Island, an dem der Betreiber trotz ständig steigender Kosten (von ursprünglich geplanten US$75 Millionen bis zu US$5 Milliarden) und wachsenden Widerstands aus der Bevölkerung über 23 Jahre lang festhielt.[218] Die historische Analyse der Geschehnisse zeigt, dass während des Projektverlaufs immer wieder etliche nicht-ökonomische Variablen wie z. B. der Wunsch der Entscheider ihr „Gesicht zu wahren", oder die (bewusste oder unbewusste) systematische Verzerrung von negativen Informationen verhinderten, dass aus den zur Verfügung stehenden Informationen die richtigen Konsequenzen gezogen wurden.[219] ROSS/STAW stellen daher abschließend fest, dass – ähnlich wie bei der in der ersten Fallstudie – vor allem psychologische und soziale Faktoren zu dem verspäteten Abbruch des Entwicklungsprojekts geführt haben.

Zu ähnlichen Ergebnissen gelangt KEIL, der die Entwicklung eines IT-Programms zur Unterstützung des Vertriebs in den 1980er Jahren analysiert.[220] Die Betrachtung des Projektfeedbacks macht deutlich, dass ein Scheitern bereits nach wenigen Jahren deutlich abzusehen war. Dennoch wurde das Projekt über elf Jahre lang ohne objektive Gründe weitergeführt, die eine weitere Entwicklung ökonomisch vorteilhaft erscheinen ließen. In

---

öffentlichen Sitzungen und Rechenschaftsberichten offen gelegt wird und damit das Nachzeichnen der Information vereinfacht wird.

[218] Vgl. Ross/Staw (1993). Der Bau des Atomkraftwerks wurde erst nach 23 Jahren durch eine politische Entscheidung der lokalen Behörden gestoppt.

[219] Vgl. Ross/Staw (1993), S. 716 f.

[220] Vgl. Keil (1995).

der Analyse der Faktoren, die einen rechtzeitigen Abbruch verhindert haben, identifiziert KEIL vor allem psychologische Ursachen des verspäteten Abbruchs, insbesondere das Negieren negativer Informationen, die emotionale Bindung der Entscheider an das Projekt, das Bedürfnis der Entscheider das Gesicht zu wahren sowie das Berufen der Entscheider auf Erfolge bei der Durchführung früherer Projekte („guter Track-Record“).[221]

Mehrere nachfolgende Fallstudien, die ein breites Spektrum verschiedener Entwicklungsprojekte[222] analysieren, wie z. B. die Entwicklung eines Handelssystems für die Londoner Börse,[223] die Entwicklung eines ERP-Systems in einem Konzern,[224] die Entwicklung einer Datenbank für das California Department of Motor Vehicles, die Entwicklung eines Buchungssystems für die Greyhound Inc.,[225] oder eines Baggage-Handling-Systems des Flughafens in Denver,[226] kommen bei der Untersuchung der Abbruchsentscheidungen stets zu vergleichbaren Ergebnissen. Dies spricht für die Robustheit des beobachteten Phänomens.

Fazit

Die oben angeführten Indizien legen nahe, dass eine systematische Tendenz zu verspäteten Projektabbrüchen existiert, die auf Grund verschiedener psychologischer Mechanismen auftritt. SCHMIDT/CALANTONE konstatieren zusammenfassend: *„Economic factors generally provide the impetus for developing a product, but other factors may emerge that make it difficult to terminate the project“*.[227] Die vorliegende Arbeit soll sich ***ausschließlich auf systematische***[228]***, nicht-ökonomische Faktoren für verspätete Abbrüche*** konzentrieren[229] – alle ökonomischen Gründe, die aus Sicht des Unternehmens

---

[221] Vgl. Keil (1995), S. 431 ff.

[222] Zahlreiche Fallstudien aus anderen Bereichen verdeutlichen, dass verspätete Projektabbrüche stabile Verhaltensmuster sind, die auch unabhängig vom F&E-Kontext auftreten können. Vgl. z. B. die Ausführungen bei Teger (1980), S. 99 ff. oder Berichte über verspätete Abbrüche in Belangen des alltäglichen Lebens bei Hall (1982); Pott (1992) oder Nutt (2002).

[223] Vgl. Drummond (1996).

[224] Vgl. Newman/Sabherwal (1996).

[225] Vgl. Keil/Mann (1997).

[226] Vgl. Montealegre/Keil (2000).

[227] Schmidt/Calantone (2002), S. 102.

[228] Durch die Einschränkung auf systematische Entscheidungsverzerrungen werden Erklärungsansätze, die sich auf temporär begrenzte Effekte (wie z. B. Stimmungen, Erkrankungen, Müdigkeit oder sogar Nahrungsaufnahme (vgl. dazu Riesenhuber (2006)) oder dauerhafte, aber nur individuell auftretende Persönlichkeitseigenschaften beziehen, ausgeklammert, da sich solche Effekte nicht dazu eignen, allgemeine Aussagen zu treffen. Diese Einschränkung ist in der Eskalationsliteratur üblich (vgl. Staw/Ross (1987a)).

[229] Zum Teil wird versucht, das Auftreten verspäteter Projektabbrüche auf der Basis einer Prinzipal-Agenten-theoretischen Argumentation zu erklären (vgl. Jost (2001) für einen Überblick über die

für eine Fortführung des Projekts sprechen, müssen in der rationalen Bewertung berücksichtigt werden. Ein Beispiel für einen solchen ökonomisch rationalen Grund für die Fortführung eines Projekts kann z. B. der Optionswert des verzögerten Abbruchs sein.[230] Solche Faktoren sollten jedoch mit Hilfe der in Kapitel 2.2 beschriebenen Bewertungsverfahren erfasst und bewertet werden.[231] Um neue Erkenntnisse zu gewinnen, ist es unverzichtbar, den Fokus auf solche Ursachen zu legen, die sich nicht mit rational-ökonomischen Überlegungen erklären lassen.[232] *„When a decision maker has invested in a course of action and the project starts to go poorly, the decision maker can respond in various ways. In some cases, additional expenditures may be rationally justified. [...] However, and of more [...] interest, decision makers often respond in ways*

Annahmen der PA-Theorie und Camerer/Weber (1999) oder Schaub (1997)für den Versuch der Anwendung der PA-Theorie auf verspätete Projektabbrüche). Dabei wird im Allgemeinen angenommen, dass sich der Projektleiter als Agent opportunistisch gegenüber dem Unternehmen bzw. den Gesellschaftern des Unternehmens als Prinzipal verhält, das zu seinen Gunsten asymmetrisch verteilte Wissen ausnutzt und Projekte weiterführt, um seine eigenen Ziele zu verfolgen. Die grundlegenden Annahmen dahinter sind erstens, dass der Projektleiter ein divergierendes Zielsystem besitzt, das der Fortführung des Projekts.
einen hohen Wert zuordnet, und zweitens bereit ist, seine eigenen Ziele zu Lasten des Prinzipals zu verfolgen. Während diese Erklärung auf den ersten Blick plausibel erscheint, ist ihre Bedeutung in der Praxis anzuzweifeln, da sich die Tendenz zu verspäteten Projektabbrüchen auch in Situationen zeigt, in denen keine Prinzipal-Agenten-Situation vorliegt (vgl. z. B. die Studien zum Sunk Cost-Effekt von Arkes/Blumer (1985)). Weiterhin konnte experimentell belegt werden, dass Informationsasymmetrien keine Auswirkung auf die Eskalationstendenz haben (vgl. Schulz/Cheng (2002)). Einen direkten empirischen Beleg für die geringe Bedeutung dieses Erklärungsansatzes können McCarthy/Schoorman et al. mit ihrer quantitativen Feldstudie liefern (vgl. McCarthy/Schoorman et al. (1993)). Die Autoren untersuchen darin das Verhalten von eigentümergeführten Unternehmen und können eine deutliche Tendenz zu verspäteten Projektabbrüchen (in ihrer Studie operationalisiert durch weitere Investitionen in Bereiche mit unterdurchschnittlicher Performance) bei eigentümergeführten Unternehmen feststellen, in denen der Gründer selbst noch aktiv am Management beteiligt ist. Diese Studie belegt, dass auch ohne das Auftreten von Prinzipal-Agenten-Situationen eine Tendenz zu verspäteten Projektabbrüchen beobachtbar ist

230 Vgl. z. B. Hubner (1996), S. 104.

231 In der F&E-Literatur wird zum Teil kritisch angemerkt, dass Entscheider nur eine mangelhafte Kenntnis über die Verfahren zu rationalen Abbruchsentscheidungen besitzen: *„Nobody seemed to be certain when and how to stop a research project“* (Olin (1973), S. 133) oder die Ergebnisse der angewandten Bewertungsmethoden von den Entscheidern nicht akzeptiert werden (vgl. Gerpott (1999), S. 184 f.). Dem stehen jedoch die Ergebnisse zur weiten Verbreitung der rationalen Bewertungsverfahren (vgl. z. B. Wehrle-Streif (1989), S. 65) sowie Berichte über hohe Akzeptanz der Entscheider für gut fundierte und nachweislich vorteilhafte Methoden (vgl. Sharpe/Keelin (1998)) gegenüber, so dass von dieser Ursache abstrahiert werden soll.

232 Die Verwendung psychologischer und verhaltenswissenschaftlicher Ansätze wird seit Beginn der 1950er Jahre in der Ökonomik vorgeschlagen (vgl. Staehle (1991), S.133). Nicht zuletzt durch die Arbeiten von Simon (vgl. z. B. Simon (1955) oder Simon (1964)) finden diese Ideen seit den 1960er Jahren weitere Verbreitung (vgl. Staehle (1991), S.123). Auch in der spezifischen Controlling-Forschung wird seit einiger Zeit eine stärkere Einbeziehung verhaltensorientierter Aspekte gefordert (vgl. Gaulhofer (1989) oder Bamber (1993)). Heute kann die verhaltensorientierte Forschung im Bereich der betriebswirtschaftlichen Forschung als etabliert gelten (vgl. Camerer/Loewenstein (2004)).

that appear inappropriate. Inappropriate responses can include unwarranted increased investment, [..., or] persistence in the project beyond the point when a rational analysis would recommend exit [...]."[233] Solche Fälle irrational verspäteter Projektabbrüche werden in der Literatur unter dem Begriff „Escalation of Commitment" untersucht. Daher soll in der Folge ein kurzer Überblick über die Eskalationsliteratur gegeben werden.

2.3.2 Überblick über die Eskalations-Literatur

Nachdem im vorherigen Abschnitt eine systematische Tendenz zu verspäteten Projektabbrüchen festgestellt wurde, soll der Versuch unternommen werden, die in der Eskalationsliteratur aufgeführten Ursachen für das Auftreten dieses Phänomens zu identifizieren.

Die Eskalationsliteratur bietet ein sehr uneinheitliches, fragmentiertes Bild. Zum einen ist festzustellen, dass es unter dem Oberbegriff der Escalation of Commitment eine Vielzahl von verschiedenen Studien gibt, die sich mit dem Auftreten der Tendenz zu verspäteten Projektabbrüchen beschäftigt. Dabei wird das Auftreten der Eskalationstendenz in den verschiedenen Arbeiten mit sehr unterschiedlichen psychologischen Effekten erklärt, die von (zum Teil nur implizit getroffenen) unterschiedlichen Annahmen über den Entscheider ausgehen. Es fehlen Arbeiten, die konsequent das Ziel verfolgen, einen Überblick oder eine zusammenfassende Darstellung über die untersuchten Effekte und Faktoren zu liefern – insbesondere fehlen Arbeiten, in denen ein grundlegendes Modell zur Erklärung der Eskalationstendenz erarbeitet wird. Auf Grund der starken Fragmentierung der Literatur bereitet schon die Aufstellung einer umfassenden Liste von Eskalationsstudien Schwierigkeiten. Im Folgenden wird daher der Versuch unternommen, die wichtigsten Aspekte der Eskalationsliteratur überblicksartig darzustellen.

2.3.2.1 Definition Escalation of Commitment

Der Begriff „***Escalation of Commitment***" (deutsch: Bindungseskalation) wurde von KIESLER/SAKAMURA in die Literatur eingeführt,[234] hat jedoch im Verlauf der Zeit eine starke Wandlung durchlaufen und wird heute in der Literatur gängigerweise als Oberbegriff für die beobachtbare Tendenz zu ökonomisch-irrationalen, systematisch verspäteten Projektabbrüchen verwendet.[235]

---

[233] Vgl. McNamara/Moon et al. (2002), S. 443.

[234] Vgl. Kiesler/Sakamura (1966).

[235] Vgl. Moser/Wolff et al. (2003), S. 243 f. Vgl. dazu auch die beiden folgenden Zitate: „*However, a growing body of behavioral research in both accounting and psychology, indicates that decision makers*

KIESLER/SAKAMURA definieren „Escalation of Commitment“ als die Verstärkung eines Verhaltens nach einem Angriff von Dritten auf das Verhalten.[236] STAW überträgt den Begriff 1976 auf den Kontext der F&E-Projekte und definiert Escalation of Commitment als das Ansteigen der in ein Projekt investierten Ressourcen bei negativem Projektfeedback.[237] Im Laufe der Zeit wurde das Begriffsverständnis erweitert und auch der Effekt des *„remain commited to a losing course of action“* [238] unter dem Begriff der Escalation of Commitment gefasst. Heute wird der Begriff üblicherweise in seiner weitesten Fassung als Oberbegriff für die beobachtbare Tendenz zu irrational verspäteten Projektabbrüchen verwendet.[239] Diesem weiten Verständnis folgt diese Arbeit, die jedoch definitionsgemäß nur irrationale Ursachen verspäteter Projektabbrüche untersucht. Sofern rationale Gründe für eine Fortführung eines Projekts vorliegen, kann nicht von einem verspäteten Projektabbruch gesprochen werden. Diese Begrenzung auf irrational verspätete Abbrüche wird in der Literatur zwar häufiger gefordert,[240] jedoch finden sich in der Eskalationsliteratur etliche Beispiele für Diskussionen rationaler Beweggründe für das Fortführen von Projekten.[241]

---

have a tendency to continue uneconomic projects, despite information about poor past performance and the availability of more profitable future alternative opportunities for invested funds – the escalation of commitment phenomenon." (Cheng/Schulz et al. (2003), S. 64). Oder: *„More formally, escalating commitment has been defined as continued commitment in the face of negative information about prior resource allocations coupled with uncertainty surrounding the goal attainment.*" (Keil/Mixon et al. (1995), S. 80).

236 Kiesler/Sakamura definieren Commitment als *„the pledging or binding of the individual to behavioral acts“* (Kiesler/Sakamura (1966)), d. h. als Bindung eines Entscheiders an die Durchführung einer Handlung. Das Commitment wird dabei als kontinuierliche Variable angesehen, die verschiedene Bindungsstärken aufweisen kann (vgl. Kiesler (1971), S. 30). Kiesler zeigt später, dass Individuen, die einen „Angriff“, wie z. B. negatives Feedback, erleben, diese Bindung noch weiter verstärken. *„Under conditions of high commitment, subjects were not only more resistant to attack on their attitudes, but they actually became more extreme, particularly behaviorally, than they were before the attack"* (Kiesler (1971), S. 85). Kiesler/Sakamura identifizieren fünf Faktoren, die ihrer Meinung nach die Eskalationstendenz beeinflussen: *„(a) the number of acts performed by the subject, (b) the importance of acts for the subject, (c) the explicitness of the act, for example how public [...] the act was, (d) the degree of irrevocability, (e) degree of volition perceived by the subject in performing the act*“ (Kiesler/Sakamura (1966), S. 350).

237 Vgl. Staw (1976), S. 30 ff.

238 Staw/Barsade et al. (1997), S. 130.

239 Vgl. z. B. Staw/Ross (1987a) oder Schmidt/Calantone (2002), S. 104. Die fortschreitende Abkehr von den Ursprüngen des Begriffs der Escalation of Commitment zeigt sich z. B. auch bei Fox, der nur noch von „Escalation“ spricht (vgl. Fox/Hoffman (2002)). Solche „Entfremdungen“ von Begriffen sind in der Wissenschaft nicht unüblich, sondern treten häufig in Folge einer mangelhaften Kenntnis der grundlegenden Quellen und des darin vertretenen Begriffsverständnisses auf (vgl. Bamber/Christensen et al. (2000)).

240 Vgl. Moser/Wolff et al. (2003), S. 257.

241 Vgl. z. B. Brockner/Rubin (1985); Staw/Ross (1987) oder Pott (1992).

Wie bereits eingangs dargelegt, zeigt die Eskalationsliteratur bei näherer Betrachtung ein sehr fragmentiertes Bild. Durch umfangreiche Recherchen lassen sich zwar zahlreiche empirische Studien im Feld der Eskalationsliteratur identifizieren, jedoch ergibt sich auf den ersten Blick kein einheitliches, allen Studien zu Grunde liegendes Forschungsparadigma. Während einige Studien bei der Identifikation möglicher Einflussfaktoren explorativ vorgehen und den Einfluss einzelner Faktoren abprüfen,[242] werden in anderen Arbeiten zunächst Theorien für das Aufkommen der Eskalationstendenz vorgestellt und dann untersucht.[243] Dabei greifen die dargestellten Theorien zur Erklärung des Auftretens der Eskalationstendenz zum Teil auf sehr unterschiedliche psychologische Effekte zurück (vgl. Kapitel 2.3.2.2). Da diese Effekte meist einander ausschließende Annahmen über den Entscheider treffen, werden die verschiedenen Theorien und Effekte in der Eskalationsliteratur häufig als miteinander in Konflikt stehend beschrieben.[244] Des Weiteren sind die Studien in der Verwendung der Begriffe nicht einheitlich. So werden z. B. neue Operationalisierungen eines bereits bekannten Faktors von einem anderen Autor als neue Faktoren deklariert oder gar als Beleg für das Auftreten anderer psychologischer Effekte verwendet. Allein das Ordnen der existierenden Studien und deren Resultate stellt schon eine Herausforderung dar.

Um dem Ziel dieser Arbeit, d. h. der Ableitung eines umfassenden Katalogs an Maßnahmen zur verlässlichen Reduktion der Eskalationstendenz, näher zu kommen, ist es jedoch notwendig, zunächst ein tiefgreifendes Verständnis für die Ursachen der Eskalationstendenz zu schaffen. Um den derzeitigen Stand der Forschung aufzuzeigen, sollen daher im Folgenden die Effekte jeweils kurz beschrieben werden, die prominent in der Eskalationsliteratur diskutiert werden (vgl. Kapitel 2.3.2.1). Im zweiten Schritt sollen dann diejenigen Effekte ausgewählt werden, die (a) einen relevanten Erklärungsbeitrag zum Auftreten des Phänomens in der F&E liefern können und (b) deren Wirksamkeit empirisch belegt werden kann (vgl. Kapitel 2.3.2.2).

2.3.2.2 Überblick über die eskalationsauslösenden Effekte

Im Folgenden sollen die maßgeblichen psychologischen Effekte beschrieben werden, die in Verbindung mit dem Auftreten von verspäteten Projektabbrüchen diskutiert werden. Da bisher in der Literatur kein Ansatz unternommen wurde, diese in eine logische

---

242 Vgl. dazu z. B. Teger (1980); Conlon/Wolf (1980) oder Rubin/Brockner et al. (1980). Meistens lässt sich die Wirkung dieser einzelnen Faktoren bei genauer Betrachtung mit einem der im Folgenden beschriebenen Effekte erklären (vgl. dazu Kapitel 4).

243 Vgl. dazu z. B. Staw (1976); Arkes/Blumer (1985) oder Davis/Bobko (1986).

244 Vgl. Whyte (1986); Brockner (1992); Keil/Mixon et al. (1995), S. 68 f.; Staw/Barsade et al. (1997), S. 131 f. oder Hantula/Denicolis Bragger (1999), S. 425.

Struktur zu bringen, werden sie zunächst in chronologischer Reihenfolge ihres Auftretens in der Literatur vorgestellt werden.

Der Effekt der Self-Justification

In seiner grundlegenden Arbeit aus dem Jahr 1976[245] erklärt STAW das Auftreten verspäteter Projektabbrüche mit dem psychologischen Effekt der *„**Self-Justification**“*.[246] STAW trifft dazu die Annahme, dass Entscheider ein positives Selbstbild haben, das sie um jeden Preis schützen möchten.[247] Zudem wird unter Rückgriff auf FESTINGERS Dissonanztheorie[248] angenommen, dass Entscheider das Feedback über das fehlschlagende Projekt als „dissonant“ zu ihrer positiven Selbsteinstellung empfinden.[249] Das Bedürfnis, diese Dissonanz zu verringern, führt zu einem „*motivational change*“[250], der den Entscheider dazu bringt, von seinem ursprünglichen Ziel, der Steigerung des Unternehmenswerts, abzuweichen und die Entscheidung zu treffen, die sein Selbstbild am besten schützt. STAW sagt voraus, dass Entscheider in einer solchen Situation das Projekt fortführen, um – im Sinne einer rückwärtsgerichteten Logik („*retrospective rationality*“)[251] – sich selbst und Dritten zu suggerieren, dass ihre bisherigen Investitionen in das Projekt gerechtfertigt waren.

Der Effekt der Wahrnehmungsdefizite

Aus dem Vergleich mehrerer experimenteller Testreihen schließt TEGER 1980, dass Entscheider auch auf Grund von ***Wahrnehmungsdefiziten*** zu verspäteten Abbrüchen fehlschlagender Projekte neigen, da sie das Fehlschlagen des Projekts nicht immer korrekt wahrnehmen können.[252] Im Folgenden wurden in mehreren Studien verschiedene Einflussfaktoren auf die Wahrnehmung und deren Wirkung auf die Eskalationstendenz untersucht.[253] Dabei wurde deutlich, dass Wahrnehmungsdefizite sowohl durch die ***Wahrnehmungsschwelle*** des Entscheiders als auch auf Grund von ***selektiver Wahrnehmung*** entstehen können.[254]

---

245 Vgl. Staw (1976).
246 Aronson (1994), S. 185.
247 Vgl. Aronson (1994), S. 185 ff.
248 Vgl. Festinger (1957).
249 Vgl. Festinger (1957).
250 Vgl. Teger (1980), S. 15.
251 Vgl. Staw (1981), S. 582.
252 Vgl. Teger (1980), S. 49.
253 Diese These wurde von Brockner aufgenommen, der in mehreren Experimenten die Situationswahrnehmung von Subjekten manipulierte und dabei signifikante Auswirkungen auf das Abbruchsverhalten feststellen konnte (Vgl. Brockner/Rubin et al. (1981), S. 74 ff., dort insbesondere Experiment zwei und Brockner/Rubin et al. (1982))
254 Vgl. Luckett/Eggleton (1991).

Der Reflection Effekt

Bazerman erklärt das Auftreten der Tendenz verspäteter Projektabbrüche mit dem „***Reflection-Effect***“ (auch: „*Framing-Effect*“[255]).[256] BAZERMAN bezieht sich in seinen Ausführungen spezifisch auf die von KAHNEMAN/TVERSKY entwickelte „Prospect Theory“, die zwischen zwei Definitionen einer Entscheidungssituation unterscheidet: der Definition der Situation als Entscheidung über mögliche Gewinne oder als Entscheidung über mögliche Verluste.[257] Die Definition der Situation hat dabei einen großen Einfluss auf die Risikopräferenz. Während Entscheider bei Entscheidungen über Gewinne im Regelfall risikoscheu agieren, zeigen sie bei Entscheidungen über mögliche Verluste eine Präferenz für Risiko.[258] BAZERMAN stellt die Hypothese auf, dass Individuen bei der Abbruchsentscheidung die Abbruchsalternative als sichere Realisation des Verlusts, die risikobehaftete Fortführung des Projekts jedoch als Chance auf einen möglichen Gewinn interpretieren.[259] Risikosuchendes Verhalten ist im Fall der Abbruchsentscheidung seiner Meinung nach gleichzusetzen mit der Weiterführung des Projekts in der Hoffnung, die

---

[255] Vgl. Kahneman/Tversky (1979), S. 268 und Tversky/Kahneman (1981).

[256] Vgl. Bazerman (1983). Der Begriff des Reflection-Effects wurde von Kahneman/Tversky geprägt (vgl. Kahneman/Tversky (1979), S. 268) und in der Eskalationsliteratur häufig gleichbedeutend mit dem Begriff des „Framing-Effect“ verwendet (vgl. Bowman (1982a); Bowman (1982b) und Bazerman (1984)).

[257] Die „*Prospect Theory*“ ist eine von Kahneman/Tversky entwickelte, deskriptive Entscheidungstheorie (vgl. Kahneman/Tversky (1979), S. 268). Sie teilt die Bewertung in zwei voneinander losgelöste Phasen (Editing- und Evaluationsphase) ein und trifft Annahmen über den Verlauf der Nutzenfunktion.

(1) In der ***Editing-Phase*** werden die zur Auswahl stehenden Handlungsalternativen organisiert und neu formuliert, um die folgende Auswahl zu erleichtern. Dabei stehen dem Entscheider mehrere verschiedene Operationen (Coding, Combination, Segregation, Cancellation, Simplification) zur Verfügung. Von besonderer Bedeutung ist der Schritt des Coding, bei dem die (realisierten oder erwarteten) absoluten Ergebnisse ins Verhältnis zu einem neutralen Referenzpunkt gesetzt werden. Als Referenzpunkt kann z. B. die derzeitige Situation oder aber eine Erwartung dienen. In der Folge werden Ergebnisse dann nicht mehr als absolute Werte, sondern als Gewinn oder Verlust relativ zu dem Referenzpunkt betrachtet. Je nach seinem individuellen Referenzpunkt wird der Entscheider ein Ergebnis also entweder als Gewinn oder Verlust betrachten.

(2) In der darauf ***Evaluations-Phase*** muss der Entscheider die Alternative mit dem höchsten Nutzen auswählen. Der Nutzen hängt dabei vom subjektiven Wert der Alternative ab, der sich aus der Wertfunktion und einem Wahrscheinlichkeitsgewichtungsfaktor ergibt. Von besonderer Bedeutung für die Erklärung der verspäteten Abbrüche ist die Form der Wertfunktion, die durch einen nicht-monotonen Verlauf gekennzeichnet ist. Während sie im Verlustbereich einen konvexen Verlauf aufweist, beschreibt sie im Gewinnbereich einen konkaven Verlauf. Aus der Form der Wertfunktion ergibt sich, dass Entscheider Risiko suchendes Verhalten an den Tag legen, wenn sie eine Situation als Entscheidung über einen drohenden Verlust definieren, und risikoscheues Verhalten, wenn sie die Situation als Entscheidung über einen potentiellen Gewinn definieren.

[258] Wie eine Entscheidungssituation definiert wird, hängt dabei u. a. von ihrer Formulierung ab (vgl. Tversky/Kahneman (1981)). Kahneman/Tversky stellen zudem fest, dass es in den meisten Fällen keine „Frame-neutrale“ Formulierung des Feedbacks geben kann (vgl. Kahneman/Tversky (2000)).

[259] Vgl. Bazerman (1983) für die folgenden Aussagen. Ähnlich dazu argumentiert z. B. auch Whyte (1986).

kleine Chance auf einen Gewinn noch zu nutzen, statt einen sicheren Verlust beim Abbruch zu realisieren.[260]

Der Vorbild-Effekt

1984 wird unter dem Begriff des ***„Modelling"*** ein weiterer Effekt in die Literatur eingeführt, der das Auftreten der Tendenz zu verspäteten Projektabbrüchen erklären soll.[261] Dabei wird die Hypothese aufgestellt, dass Entscheider zu verspäteten Projektabbrüchen neigen, weil andere Individuen Projekte verspätet abbrechen und Entscheider diese Individuen als Vorbild (engl.: *„Models"*) für ihr eigenes Verhalten annehmen. Die Bedeutung von Vorbildern für das menschliche Verhalten ist nicht nur populärwissenschaftlich anerkannt, sondern kann auch theoretisch durch FESTINGERS „Social Comparison Theory" fundiert werden.[262] Diese Theorie beruht auf der Annahme, dass Individuen bei Vorliegen von Unsicherheit aktiv nach Vorbildern suchen, deren Verhalten sie folgen können, um ihre eigene Unsicherheit zu reduzieren.[263] Dabei steigt die Bedeutung von Vorbilden, je unsicherer die Entscheidungssituation ist, da es Entscheidern zunehmend schwerer fällt, ex-ante das optimale Verhalten zu bestimmen.[264] Da die Unsicherheit bei Projektabbruchssituationen meist sehr hoch ist, erscheint die Annahme, dass Entscheider in solchen Situationen nach Vorbildern suchen und sich deren Verhalten anpassen, zunächst plausibel.

---

260 Vgl. Bowman (1982a) und Bazerman (1984). Eng verwandt damit ist das Phänomen der „Loss Aversion", das beschreibt, dass Entscheider generell eine Aversion dagegen hegen, Projekte mit einem Verlust zu beenden (vgl. Tversky/Kahneman (1991)). Ähnlich ist auch der Effekt der „Regret Aversion" zu sehen, der die Abneigung von Menschen beschreibt, Entscheidungen zu treffen, die sie im Nachhinein evtl. bedauern müssen. (vgl. z. B. Loomes (1988, Loomes/Sugden (1982)). Diese Phänomene werden z. B. von Shefrin/Statman genutzt, um den am Kapitalmarkt beobachtbaren Dispositionseffekt zu erklären. Demnach halten Anleger verlustbringende Aktien zu lange und verkaufen gewinnbringende Aktien zu früh, da sie nicht gewillt sind, die Aktien mit Verlust zu verkaufen (vgl. Shefrin/Statman (1985) und Chui (2001)).

261 Vgl. Brockner/Nathanson et al. (1984).

262 Vgl. Festinger (1954). Eine alternative Begründung für das Auftreten von Vorbild-Effekten geben Brockner/Rubin, die deren Wirkung mit der Verfügbarkeitsheuristik erklären. Sie argumentieren, dass die Erfahrung mit dem Vorbild meist sehr frisch ist und so ältere Erfahrungswerte überlagert. (vgl. Brockner/Rubin (1985), S. 76 ff.) Da die Begründung für das Auftreten des Effekts jedoch keine weitere Bedeutung hat, soll auf eine weitere Diskussion dieses alternativen Ansatzes verzichtet werden.

263 Wie dieser Einfluss gerichtet ist, hängt von den Eigenschaften des Vorbilds sowie der Bewertung der Handlung durch das Vorbild selbst ab (vgl. Rubin/Brockner et al. (1980) und Brockner/Nathanson et al. (1984)).

264 Vgl. Gerard/Rabbie (1961).

Der Sunk Cost-Effekt

1985 diskutieren ARKES/BLUMER mit dem „***Sunk Cost-Effect***“[265] einen weiteren psychologischen Mechanismus, der für das Auftreten der Eskalationstendenz verantwortlich gemacht werden kann. Sunk Costs bezeichnen dabei Ressourcen, *„that have already been irrevocably committed and that cannot be recovered*”.[266] „*Sunk Costs sind [...] entscheidungsirrelevante Kosten*“,[267] haben also per definitionem keinen Einfluss auf zukünftige Zustände und dürfen daher gemäß den Vorschriften ökonomisch-rationalen Entscheidens auch nicht in das Entscheidungskalkül zur Abbruchsentscheidung einbezogen werden.[268] Bei der Beobachtung realen Entscheidungsverhaltens wird jedoch deutlich, dass Sunk Costs – entgegen den präskriptiven Empfehlungen – sehr wohl einen Einfluss auf Entscheidungen haben können. So stellte z. B. THALER fest, dass Individuen Dingen dann einen höheren Wert beimessen, je höher die mit diesen Dingen verbundenen Sunk Costs sind. Diesen Effekt bezeichnet er als „***Sunk Cost-Effect***“.[269] ARKES/BLUMER übertragen diese Erkenntnis auf den Fall verspäteter Projektabbrüche und erwarten *„a greater tendency to continue an endeavour once an investment in money, effort or time has been made”.*[270] Sie erklären das Auftreten der Eskalationstendenz mit dem Wunsch der Subjekte, „nicht verschwenderisch“ zu sein.[271] Damit implizieren sie, dass sich Entscheider bei der Bewertung von Handlungsalternativen an den Sunk Costs orientieren, nicht aber an einem rationalen, durch eine marginale Zukunftsbetrachtung errechneten Wert – je mehr Ressourcen bereits in ein Projekt investiert wurden, desto wertvoller erscheint den Individuen demnach dieses Projekt. Da keine zukunftsgerichtete Bewertung stattfindet, haben die negativen Zukunftsaussichten eines fehlschlagenden Projekts keinen Einfluss auf die Bewertung. Zum anderen erscheinen alle Projekte, in die bereits Ressourcen geflossen sind, grundsätzlich wertvoll – und qualifizieren sich somit für eine weitere Finanzierung.

---

265 Arkes/Blumer (1985). Manche Autoren verwenden den Begriff „Sunk Cost-Effekt“ auch synonym zum Begriff der Escalation of Commitment (vgl. z. B. Moser/Wolff et al. (2003), S. 244). In dieser Arbeit soll jedoch der Begriff der Escalation of Commitment als Oberbegriff für das irrationale Weiterführen von Projekten verwendet werden, wohingegen der Sunk Cost-Effekt einen separaten Effekt darstellt.

266 Wang/Yang (2001), S. 179. Für eine detaillierte Herleitung und Definition vgl. Schaub (1997), S. 7 ff.

267 Hummel/Männel (1986), S. 117.

268 Vgl. z. B. Kosiol (1979), S. 24; Schweitzer/Küpper (1995), S. 416 oder Riebel (1985), S. 427.

269 Vgl. Thaler (1991), S. 11 ff.

270 Arkes/Blumer (1985), S. 124.

271 Vgl. Arkes/Blumer (1985), S. 125.

Der Effekt des Optimismus

Mit dem ***Optimismus*** schlägt SCHWENK 1986 einen weiteren Erklärungsansatz für verspätete Projektabbrüche vor.[272] Dieser besagt, dass Entscheider bei der Bewertung der Handlungsoptionen zu einer systematisch positiv verzerrten Bewertung gelangen, da sie unter gewissen Umständen systematisch dazu neigen, die Eintrittswahrscheinlichkeit positiver Ereignisse zu über- und die Eintrittswahrscheinlichkeit negativer Ereignisse zu unterschätzen.[273] Dieser Effekt ließ sich in einer Reihe von Studien bestätigen.[274] Die Auswirkungen des Optimismus wurden in verschiedenen Kontexten untersucht und haben sich dort als äußerst robust erwiesen.[275] Insbesondere im Bereich der Behavioral Finance ist die Annahme optimistischer Entscheider heute gängig.[276] Optimismus als Ursache verspäteter Projektabbrüche wurde in etlichen nachfolgenden Studien der Eskalationsliteratur aufgenommen. So beziehen z. B. STAW/ROSS verschiedene den Optimismus auslösende Faktoren explizit in ihr Modell zur Erklärung eskalatorischen Verhaltens mit ein[277] und auch POTT nennt explizit die positive Verzerrung von Schätzungen durch übermäßig optimistische Projektleiter als potentiellen Auslöser verspäteter Projektabbrüche.[278]

2.3.2.3 Auswahl der relevanten Effekte

Im vorherigen Kapitel wurden sieben Effekte aufgeführt, die in der Eskalationsliteratur in Verbindung mit verspäteten Projektabbrüchen diskutiert werden. Bevor jedoch ein kritisches Fazit gezogen werden kann, sollen die Effekte zunächst danach beurteilt werden, ob sie einen relevanten Erklärungsbeitrag zum Entstehen der Eskalationstendenz liefern können und ob sich eine Wirkung der Effekte auf die Eskalationstendenz empirisch belegen lässt.

---

[272] Vgl. Schwenk (1986), S. 302 ff. und Roll (1986). Der Begriff des Optimismus soll in dieser Arbeit von dem Begriff der Overconfidence getrennt betrachtet werden (vgl. dazu Kapitel 4.3.2).

[273] Vgl. Weinstein (1980), der den Effekt für das Auftreten von Krankheiten untersucht, oder Svenson (1981), der in einer Umfrage aufzeigt, dass sich die meisten Autofahrer für „überdurchschnittlich gut" halten.

[274] Vgl. Weinstein (1987); Harris/Middleson (1994) oder Weinstein (1996), S. 2.

[275] Vgl. Baker/Ruback et al. (2004) für eine Übersicht über die Verwendung der Verzerrung in der Literatur. Baker betont insbesondere die Robustheit des Effekts. Weitere Beispiele für die Anwendung finden sich z. B. bei Bazerman (1983) mit Übertragung auf Verhandlungen; bei de Meza/Southey (1996) mit einer Verwendung im Bereich der Entrepreneurial Finance; bei Camerer/Weber (1999) mit einer Übertragung auf Markteintrittsstudien oder bei Heaton (2002), der die Auswirkungen auf Finanzierungsentscheidungen untersucht.

[276] Vgl. Heaton (2002), S. 33.

[277] Vgl. Staw/Ross (1987a), S. 49 f.

[278] Vgl. Pott (1992), S. 188.

Eine detaillierte Übersicht der Studien zeigt, dass sich für die Effekte der Self-Justification, der Wahrnehmungsschwellen, der selektiven Wahrnehmung, des Sunk Cost-Effekts und des Optimismus jeweils eine Anzahl verschiedener empirischer Belege finden lässt. Diese sollen hier nicht im Detail aufgeführt werden – stattdessen sei hier auf die Ausführungen zu den einzelnen Effekten und den dazugehörigen Studien in Kapitel 4 verwiesen. Zudem finden sich nirgendwo in der Literatur überzeugende Argumente, die den Erklärungswert der Effekte in Zweifel ziehen. Daher sollen diese fünf Effekte in der vorliegenden Arbeit zur Erklärung des Auftretens der Eskalationstendenz herangezogen werden. Wie die folgenden Ausführungen zeigen, treten bei der eingehenden Betrachtung des Reflection- und des Vorbild-Effekts allerdings einige Probleme zu Tage.

Ausschluss des Reflection-Effekts

Zwar finden sich einige Autoren, die dem Reflection-Effekt einen gewissen Erklärungswert für das Auftreten der Eskalationstendenz zuschreiben.[279] Wie die folgenden Ausführungen jedoch zeigen, kann nicht nur die logische Verknüpfung des Effekts mit dem Auftreten verspäteter Projektabbrüche in Frage gestellt werden, sondern es gibt auch kaum verlässliche empirische Belege für den Reflection-Effekt.

NORTHCRAFT/NEALE kritisieren die Logik des Effekts und zeigen, dass es nur zu dem vorhergesagten Effekt kommt, wenn die Individuen fälschlicherweise die Opportunitätskosten in der Entscheidungssituation missachten.[280] Werden die Opportunitätskosten berücksichtigt, kann die Abbruchsoption nicht mehr rein als sicherer Verlust der bisher investierten Ressourcen gedeutet werden. Stattdessen müsste sie bei korrekter Berücksichtigung der Opportunitätskosten gleichzeitig als Chance auf eine profitable Verwendung der freiwerdenden Ressourcen verstanden werden. Demzufolge verändert sich auch die Option der Fortführung des Projekts von der reinen Chance auf zukünftige Gewinne hin zu „Projekt weiterführen – und die Chance auf weitere Verluste eingehen bei gleichzeitigem sicherem Verlust der Opportunitätserlöse“. Werden die Alternativen jedoch so formuliert, kann der Reflection-Effekt keine Vorhersagen mehr über das Verhalten in der Entscheidungssituation treffen.[281]

---

279 Vgl. z. B. Bowman (1982a); Bazerman (1983); Bazerman/Giuliano et al. (1984); Bazerman (1984) oder Whyte (1986).

280 Vgl. Northcraft/Neale (1986).

281 Um diese Hypothese zu überprüfen, lassen Northcraft/Neale die Subjekte über den Fortgang eines Immobilien-Projekts entscheiden. Dabei bekommen alle Subjekte Feedback in einem negativen Frame, jedoch variiert die Explizitheit der möglichen Opportunitätskosten zwischen zwei Gruppen. Während Subjekte in der Gruppe geringer Explizitheit nur allgemein über die Möglichkeit alternativer Projekte und die Durchschnittsrendite solcher Projekte informiert werden, schlagen die Autoren den Subjekten in der Gruppe hoher expliziter Opportuntitätskosten konkrete Alternativ-Projekte vor. Die Ergebnisse

Eine Durchsicht der experimentellen Überprüfungen des Erklärungsansatzes zeigt dementsprechend auch kaum verlässliche empirische Belege für die Wirkung des Reflection-Effekts. Die erste empirische Überprüfung der Vorhersagen des Erklärungsansatzes führen DAVIS/BOBKO 1986 durch.[282] Die Autoren lassen ihre Subjekte eine Fallstudie bearbeiten, in der sie die Verantwortung und den Feedback-Frame durch unterschiedliche Formulierungen variieren. Gemäß der Logik des Erklärungsansatzes müsste bei den Subjekten unabhängig von der Verantwortung ein eskalationsfördernder Effekt des negativen Feedback-Frames feststellbar sein. Es gelingt jedoch nicht, einen unabhängigen Haupteffekt der Frame-Manipulation zu zeigen. Lediglich ein Interaktionseffekt zwischen Frame und Verantwortung kann aufgezeigt werden, wobei der Feedback-Frame bei Entscheidern mit hoher Verantwortung zu starker Eskalation führt. Dieses Ergebnis lässt sich zwar bereits mit dem Erklärungsansatz der Self-Justification hinreichend erklären (vgl. Kapitel 4.3.2), nicht jedoch mit dem Reflection-Effekt.

Zwar können RUTLEDGE/HARREL 1993 einen signifikanten Haupteffekt der Formulierung des Feedbacks und damit die Wirkung des Reflection-Effekts in einem Experiment nachweisen,[283] jedoch wird die Aussagekraft dieses Experiments in späteren Arbeiten eingeschränkt. So argumentieren SCHOORMAN/MAYER ET AL., dass der Reflection-Effekt nur dann auftritt, wenn dem Subjekt sehr wenig Informationen zur Verfügung stehen. Sie glauben, dass Subjekte bei größeren Informationsmengen dazu neigen, das Problem aus verschiedenen Blickwinkeln zu sehen und dadurch zu „entframen".[284] Nach dieser Logik konnten RUTLEDGE/HARREL also nur deshalb einen Effekt nachweisen, weil sie einen Experimentaufbau verwendet haben, in dem den Entscheidern (unrealistisch) wenig Information zur Verfügung stand.[285]

---

zeigen, dass explizite Opportunitätskosten wie erwartet auf allen drei Messgrößen zu einer abnehmenden Tendenz zur Fortführung des Projekts führen. So empfanden die Subjekte mit hohen expliziten Opportunitätskosten (1) die Fortführung des Projekts als deutlich negativer, (2) brachen deutlich häufiger
ab und (3) waren sich zudem sicherer über ihre Entscheidung. Northcraft/Neale deuten dieses Ergebnis als Beleg ihrer Hypothese, dass der Reflection-Effekt nur dann auftritt, wenn die Entscheider die Opportunitätskosten missachten – in den Fällen, in denen die Opportunitätskosten dem Entscheider jedoch deutlich gemacht werden, ist nicht von einer Wirkung des Framing auszugehen.

282 Vgl. Davis/Bobko (1986).

283 Vgl. Rutledge/Harrell (1993). In einer Adaption eines Experiments von Arkes/Blumer (vgl. Arkes/Blumer (1985)) wird neben der Verantwortung der Subjekte der Frame des Feedbacks manipuliert, indem das Feedback bei einer Gruppe von Subjekten die zukünftigen Einsparmöglichkeiten hervorhebt und das Feedback der anderen Gruppe die bisher investierten Sunk Costs betont.

284 Vgl. Bazerman/Giuliano et al. (1984) für eine ähnliche Argumentation zum „Entframen".

285 Im Gegensatz dazu standen den Subjekten in dem (realitätsnahen) Experiment von Davis/Bobko relativ umfangreiche Informationen zur Verfügung.

SCHOORMAN/MAYER ET AL. konzipieren daher ein Experiment, in dem neben dem Frame des Feedbacks auch die Menge der zur Verfügung stehenden Information verändert wird. Dabei werden einer Gruppe kaum Informationen über die möglichen Alternativen geliefert, während der zweiten Gruppe einige ökonomische Informationen (wie z. B. Erfolgsaussichten oder bisher investierte Ressourcen) zur Verfügung gestellt werden. Eine dritte Gruppe bekommt darüber hinaus sehr umfangreiche Hintergrundinformationen über das Projekt. Mit diesem Experiment können sie zeigen, dass der Framing Effekt am stärksten in der Gruppe mit der geringsten Informationsmenge auftritt und abnimmt, je mehr Information zur Verfügung steht.

Da der Reflection-Effekt demnach nur unter den (äußerst restriktiven und realitätsfernen) Annahmen einer sehr geringen Informationsmenge und gleichzeitiger Vernachlässigung der Opportunitätskosten die Eskalationstendenz vorhersagen kann, soll dieser Erklärungsansatz in der Arbeit nicht weiter betrachtet werden.

Ausschluss des Vorbild-Effekts

Der beschriebene Effekt von Vorbildern wirkt auf den ersten Blick plausibel und es lassen sich in der Literatur auch einige empirische Belege für die signifikante Wirkung von Vorbildern finden.[286] Um jedoch aus diesen Überlegungen einen Erklärungsansatz für systematisch verspätete Projektabbrüche abzuleiten, müsste vorausgesetzt werden können, dass den Entscheidern bei der Abbruchsentscheidung immer nur eskalierende Vorbilder zur Verfügung stehen. Würden die Vorbilder hingegen abbrechen, müsste auf der Basis dieser Theorie geschlossen werden, dass die Subjekte ebenfalls abbrechen werden. Keiner der Autoren, die Vorbild-Effekte als Eskalationsursache benennen, liefert jedoch eine schlüssige Erklärung, weshalb Entscheidern in der Realität systematisch nur eskalierende Vorbilder zur Verfügung stehen sollten.[287] Als Erklärungsansatz sind Vorbild-Effekte daher ungeeignet und sollen demzufolge von einer weitergehenden Betrachtung ausge-

---

286 Vgl. z. B. Brockner/Nathanson et al. (1984).

287 Eng verbunden mit dem Vorbild-Effekt ist der von STAW in die Eskalationsliteratur eingebrachte Effekt der „sozialen Konsistenznorm“. Soziale Normen geben an, welches Verhalten als sozial erwünscht gilt. STAW konnte zeigen, dass Entscheider, die in ihren Entscheidungen erfolglos, aber konsistent waren, besser wahrgenommen wurden als erfolglose Entscheider, die (zumindest) versucht haben, auf neue Informationen zu reagieren, und daher ein inkonsistentes Verhalten an den Tag legten (vgl. Staw/Ross (1980)). Daraus schließt er auf die Existenz einer Konsistenznorm, die Entscheider dazu bringt, einmal begonnene Projekte so lange wie möglich fortzuführen, um konsistentes Verhalten an den Tag zu legen. Zwei Gründe sprechen jedoch gegen eine Verwendung: Zum einen ist bisher unklar, ob diese Norm universell gültig oder nur auf einige wenige Entscheidergruppen beschränkt ist (vgl. dazu Tetlock (1985), S. 307), zum anderen, was die Stärke und Ausprägung der Norm in der Gruppe bestimmt. Des Weiteren konnte sie in einer späteren Replikation nicht nachgewiesen werden (vgl. Knight (1984)). Daher soll sie ebenso wie der Vorbild-Effekt von einer weiteren Betrachtung in der vorliegenden Arbeit ausgeschlossen werden.

schlossen werden. Damit bietet sich der Effekt von Vorbildern nicht zur weiteren Verwendung in dieser Arbeit an. Die folgende Tabelle fasst die getroffene Auswahl noch einmal zusammen (vgl. Tabelle 6):

Ansatz	Self-Justification	Wahrn.-defizite	Reflection-Effekt	Vorbild-Effekt	Sunk Cost-Effekt	Optimismus
Erklärungsgehalt	●	●	○	●	●	●
Empirische Belege	●	●	○	○	●	●
Verwendung	Ja	Ja	Nein	Nein	Ja	Ja

Tabelle 6: Identifikation der im weiteren Verlauf anzuwendenden Effekte

2.3.3 Fazit

Die Ausführungen des ersten Abschnitts haben verdeutlicht, dass es trotz der anerkanntermaßen hohen Bedeutung und der mittlerweile guten wissenschaftlichen Durchdringung der Thematik der Projektabbrüche nach wie vor zu systematisch verspäteten Projektabbrüchen in der betrieblichen Praxis kommen kann.

Eine Durchsicht der Literatur zeigt, dass mehrere unterschiedliche Effekte als Ursache für das Auftreten der Eskalationstendenz vorgeschlagen werden. Davon sind die Effekte der Self-Justification, der Wahrnehmungsschwellen, der selektiven Wahrnehmung, der Sunk Costs und des Optimismus empirisch wiederholt belegt und bieten zudem einen relevanten Erklärungsbeitrag für das Auftreten des Phänomens in der F&E. Dagegen mussten auf Grund mangelnder Erklärungsgüte und empirischer Belege sowohl der Reflection-Effekt wie auch der Effekt von Vorbildern von der weiteren Betrachtung ausgeschlossen werden.

Die verbleibenden fünf Effekte gehen zur Erklärung des Auftretens verspäteter Projektabbrüche jedoch nicht nur von sehr unterschiedlichen psychologischen Mechanismen aus, sondern beruhen zudem auf verschiedenen, einander ausschließenden Annahmen über die Eigenschaften des Entscheiders. So setzt der Effekt der Self-Justification z. B. voraus, dass die Entscheider (1) das Scheitern des Projekts wahrnehmen, (2) in der Lage sind, ihre Handlungsalternativen korrekt zu bewerten, und (3) bereit sind, ihren Entscheidungsfreiraum opportunistisch zur Erreichung ihrer eigenen Ziele auszunutzen. Die erste Annahme steht dabei jedoch im direkten Widerspruch zu dem beschriebenen Effekt der Wahrnehmungsdefizite, der explizit vorhersagt, dass der Entscheider das Scheitern des Projekts nicht wahrnimmt. Daneben wurden mit dem Sunk Cost-Effekt und dem Optimismus zwei Effekte beschrieben, die explizit vorhersagen, dass Entscheider *nicht* in der Lage sind, ihre Handlungsalternativen korrekt zu bewerten.

Ähnliche Widersprüche ergeben sich bei einer Verwendung des Sunk Cost-Effekts zur Erklärung der Tendenz zu verspäteten Abbrüchen. Er beruht auf der (impliziten) Annahme, dass die Entscheider das Feedback über das fehlschlagende Projekt und die aufgelaufenen Sunk Costs korrekt wahrnehmen. Zudem wird angenommen, dass sie eine rationale Entscheidung treffen wollen, jedoch keine rationale Bewertungsmethode nutzen, sondern sich bei der Bewertung stark an der Höhe der Sunk Costs orientieren und dadurch zu einer systematisch positiv verzerrten Bewertung gelangen. Diese Annahmen stehen damit jedoch im Widerspruch zu dem Effekt der Wahrnehmungsdefizite, der explizit vorhersagt, dass die Entscheider das Feedback nicht korrekt wahrnehmen können. Zudem stehen die Annahmen des Sunk Cost-Effekts im Widerspruch zu dem Erklärungsansatz der Self-Justification, der explizit davon ausgeht, dass die Entscheider Alternativen nur nach dem Potential zur Wahrung ihres Gesichts auswählen.

Auch bei der Verwendung des Effekts des Optimismus werden konfligierende Annahmen deutlich. Dort wird angenommen, dass der Entscheider das Ziel hat, eine Entscheidung im Sinne des Unternehmens zu treffen, und dazu eine rationale Bewertungsmethode anwendet, dabei jedoch durch seine optimistisch verzerrten Annahmen zu einer positiv verzerrten Bewertung gelangt. Damit steht der Erklärungsansatz im Widerspruch zu dem Erklärungsansatz der Self-Justification und zu dem Erklärungsansatz des Sunk Cost-Effekts, der davon ausgeht, dass die Entscheider keine rationale Bewertung ausführen.

Deshalb werden die hier beschriebenen Effekte in der Literatur häufig als isoliert nebeneinander stehende, voneinander losgelöste[288] oder gar als widersprüchliche und konfligierende[289] Ansätze dargestellt. Dementsprechend findet sich eine Vielzahl an Studien, die die Wirksamkeit eines Erklärungsansatzes zu Lasten eines anderen Erklärungsansatzes belegen soll. Es fehlt jedoch eine Arbeit, die ein konsistentes Verständnis für die Ursachen des Auftretens der Eskalationstendenz liefern könnte. Dadurch ist eine Ableitung von Gegenmaßnahmen auf dem derzeitigen Stand der Literatur nicht möglich.

---

[288] Vgl. Brockner (1992) und Conlon/Leatherwood (1989).

[289] Vgl. Whyte (1986); Brockner (1992); Keil/Mixon et al. (1995), S .68 f.; Staw/Barsade et al. (1997), S. 131 f. oder Hantula/Denicolis Bragger (1999), S. 425.

2.4 Forschungsbedarf und Forschungsfragen

2.4.1 Ableitung des Forschungsbedarfs

In Kapitel 2.1 wurde die hohe Bedeutung inhaltlich gerechtfertigter und rechtzeitiger Abbruchsentscheidungen für die Projektsteuerung in der F&E herausgearbeitet. In Kapitel 2.2 wurde dann gezeigt, mit welchen Bewertungsverfahren sich diese Abbruchsentscheidungen unterstützen lassen, um ein rationales Vorgehen zu gewährleisten. Die in Kapitel 2.3 aufgezeigten Indizien legen die Schlussfolgerung nahe, dass es in Unternehmen in der Realität zu verspäteten Projektabbrüchen kommen kann, wodurch Effizienz und Effektivität der F&E-Abteilung sinken. Der Ableitung von Maßnahmen gegen diese systematische Tendenz kommt somit eine hohe Bedeutung zu.

Die Ableitung von Maßnahmen gegen das Phänomen der Escalation of Commitment setzt jedoch voraus, dass bekannt ist, auf Grund welcher Ursachen die Entscheider eskalieren und welche Faktoren das Auftreten der Eskalationstendenz begünstigen. Ein solch umfassendes Verständnis für die Ursachen der Eskalation hat sich jedoch in der Literatur noch nicht herausgebildet. Solange nicht klar ist, warum Projektleiter fehlschlagende Projekte verspätet abbrechen, kann keine Aussage über mögliche Gegenmaßnahmen getroffen werden, denn „*[...] the different theories imply different means by which the phenomenon can be avoided.*“[290]

Um das Ziel der Arbeit zu erreichen, müssen demnach die folgenden Forschungsdefizite behoben werden:

Forschungsdefizit 1: Mangelndes Verständnis der Ursachen der Eskalation
Aus den Darstellungen in Kapitel 2.3.2 wird deutlich, dass der derzeitige Stand der Eskalationsliteratur als fragmentiert zu bezeichnen ist: Die einzelnen identifizierten Effekte werden als weitgehend isoliert oder miteinander im Erklärungskonflikt stehend angesehen.[291] Darüber hinaus existiert eine Vielzahl experimenteller Studien, die den Einfluss einzelner Einflussfaktoren wie z. B. den Grad der übernommenen Verantwortung oder die Höhe der Sunk Costs auf die Eskalation untersuchen – ohne dabei einen um-

---

[290] Whyte (1986), S. 318.

[291] Dies ist insbesondere deshalb zu kritisieren, da anzunehmen ist, dass in der F&E potentiell mehrere Ursachen für das Auftreten der Eskalationstendenz wirksam sein könnten: „*Die Bedeutung der Kombination aus ‚Können' und ‚Wollen' tritt insbesondere in Situationen hervor, die aufgrund hoher Komplexität und/oder Dynamik durch starke Unsicherheit gekennzeichnet sind, d. h., in denen Fähigkeitsbegrenzungen auftreten können und gleichzeitig Raum für Opportunismus verbleibt.*“ (Heine/Hirsch et al. (2005), S. 19). Dort wird später auch explizit auf Projektabbruchsentscheidungen in der F&E als Beispiel für eine solche Situation hingewiesen.

fassenden theoretischen Rahmen aufzuweisen. Daneben wird eine Reihe von psychologischen Effekten zur Erklärung des Auftretens der Eskalationstendenz vorgeschlagen – *„almost to the point that any mechanism to predict social behavior in general [...] has become a viable candidate for explaining behavior in escalation situations“*[292].

Dennoch hat sich kein umfassendes Verständnis für die Ursachen der Eskalation eingestellt: Es gibt zum einen kaum Arbeiten, die einen Überblick über den Stand der Literatur zu geben.[293] Zum anderen fehlen Arbeiten, in denen ein konsistentes Modell entwickelt wird, in dem die verschiedenen Effekte integriert werden.[294]

Während das Nebeneinander verschiedener Theorien in der verhaltensorientierten Forschung zwar nicht per se unüblich ist (*„[..., in behavioral research,] it is frequently possible to come up with alternative explanations for empirical results“*[295]), erschwert die mangelnde Kenntnis über die Zusammenhänge zwischen den Effekten und das Fehlen eines umfassenden Modells zur Erklärung des Auftretens der Eskalationstendenz die Ableitung von Gegenmaßnahmen.[296]

Forschungsdefizit 2: Fehlen eines konsistenten Katalogs von Gegenmaßnahmen

Da die einzelnen Effekte auf sehr unterschiedliche psychologische Mechanismen zur Erklärung des Verhaltens zurückgreifen, ergeben sich je nach Effekt unterschiedliche Gegenmaßnahmen.[297] Da bisher jedoch kein umfassendes Verständnis der tatsächlichen Ursachen der Eskalationstendenz existiert, fehlt auch ein umfassender Katalog von Gegenmaßnahmen, mit dem das Auftreten der Eskalationstendenz verlässlich verringert werden könnte. Dieses Defizit ist zum einen aus theoretischer Sicht zu bemängeln. Zum anderen ist es unerlässlich, einen solchen Katalog zu erstellen, wenn umsetzbare Handlungsempfehlungen für die Praxis gegeben werden sollen.

---

292 Staw/Ross (1987a), S. 42.

293 Mitte der 1980er Jahre haben Brockner/Rubin (1985) und Bazerman (1986) jeweils eine kurze Übersicht geliefert, jedoch beschränken sich die Autoren auf eine oberflächliche Darstellung und Ordnung der verschiedenen Effekte.

294 Ausnahmen stellen die Arbeiten von Staw (1981) und Staw/Ross (1987a) dar. Staw versucht nicht, die verschiedenen Erklärungsansätze zu integrieren, sondern ordnet verschiedene Einflussfaktoren in ein Prozessmodell ein. Später teilen Staw/Ross (1987a) die verschiedenen möglichen Ursachen in die vier Gruppen (projektbezogene, psychologische, soziale und strukturelle Ursachen) ein. Allerdings versuchen sie nicht explizit, andere bestehende Erklärungsansätze zu integrieren, sondern führen die Ursachen auf, die sie in mehreren empirischen Studien induktiv identifiziert haben. Dabei nehmen sie auch rationale Gründe für die Projektfortführung mit auf – dies widerspricht jedoch der Definition der Eskalation als irrationale Projektfortführung.

295 Aronson (1968), S. 10.

296 Vgl. Staw/Ross (1987a), S. 64 f.

297 Vgl. Whyte (1986), S. 318.

2.4.2 Forschungsfragen

Um die identifizierten Forschungsdefizite zu beheben und dem Ziel der Arbeit – der Ableitung eines umfassenden Maßnahmenkatalogs gegen die Eskalationstendenz – näher zu kommen, müssen daher im Verlauf der Arbeit die folgenden drei Forschungsfragen beantwortet werden:

Für ein tief greifendes Verständnis über die Ursachen der Eskalation muss ein Modell aufgestellt werden, das die bisher in der Literatur als relevant identifizierten Ursachen integriert und zueinander in Verbindung setzt.

Forschungsfrage 1:
„Mit welchem Modell kann das Auftreten der Eskalationstendenz umfassend erklärt werden?"

Im nächsten Schritt müssen diejenigen Faktoren identifiziert werden, die das Auftreten der einzelnen in dem aufgestellten Modell integrierten psychologischen Effekte beeinflussen. Erst die Kenntnis der Einfluss- und moderierenden Faktoren erlaubt Aussagen darüber, unter welchen Bedingungen ein bestimmter Effekt das Auftreten der Eskalationstendenz auslösen wird.

Forschungsfrage 2:
„Welche Faktoren beeinflussen und moderieren die Wirkung der jeweiligen psychologischen Effekte in dem aufgestellten Modell?"

Nachdem durch die Beantwortung der ersten beiden Forschungsfragen das erste Forschungsdefizit adressiert wurde, muss zur Behebung des zweiten Forschungsdefizits ein umfassender Katalog von Gegenmaßnahmen erarbeitet werden, mit deren Hilfe das Auftreten der Eskalationstendenz verlässlich verringert werden kann. Die Ableitung der Gegenmaßnahmen setzt dabei direkt an den zuvor identifizierten eskalationsauslösenden Faktoren an. Dadurch soll die Wirkung der einzelnen Effekte möglichst direkt verhindert werden.

Forschungsfrage 3:
„Welche pragmatischen Maßnahmen gegen die Eskalationstendenz lassen sich auf der Basis der ermittelten Eskalationsursachen identifizieren?"

2.4.3 Vorgehen zur Beantwortung der Forschungsfragen

Um die einzelnen Forschungsfragen zu beantworten, wird das folgende Vorgehen gewählt:

Zunächst wird im dritten Kapitel auf Basis einer theoretischen ökonomischen Betrachtung eine Struktur erarbeitet, in die die einzelnen psychologischen Effekte eingeordnet werden können. Durch eine zielgerichtete Erweiterung der klassischen Entscheidungstheorie werden die einzelnen Effekte in eine logische, sequentielle Reihenfolge gebracht. Damit kann zunächst gezeigt werden, dass die einzelnen Effekte nicht einander ausschließend sind, sondern lediglich unterschiedliche mögliche Ursachen der Eskalationstendenz beschreiben. Im nächsten Schritt wird gezeigt, dass durch die sequentielle Strukturierung die beschriebenen Widersprüche zwischen den Ansätzen verhindert werden können. Dies erlaubt dann im nächsten Schritt die Aufstellung eines Modells, mit dessen Hilfe das Auftreten der Eskalationstendenz umfassend erklärt werden kann (Beantwortung der Forschungsfrage 1).

Anschließend werden im vierten Kapitel diejenigen Faktoren identifiziert, die das Wirken der im Modell verwendeten Effekte beeinflussen. Die Kenntnis dieser Faktoren ist notwendig, um festzustellen, unter welchen Bedingungen ein bestimmter Effekt für das Auftreten der Eskalationstendenz verantwortlich gemacht werden kann. Zur Beantwortung der zweiten Forschungsfrage werden daher für jeden der im Modell verwendeten Effekte alle bekannten Studien zu möglichen Einflussfaktoren aufgearbeitet werden und die relevanten Faktoren identifiziert.

Abschließend wird im fünften Kapitel – ausgehend von den identifizierten Ursachen – ein Katalog von Gegenmaßnahmen abgeleitet, mit denen die systematische Tendenz zu verspäteten Projektabbrüchen verringert werden kann (Beantwortung der Forschungsfrage 3). Dazu wird zunächst der Controller als geeigneter Träger der Gegenmaßnahmen identifiziert und ausgehend von dessen Leistungsportfolio werden pragmatisch umsetzbare Gegenmaßnahmen abgeleitet.

3 Ableitung eines Erklärungsmodells

Ziel dieses dritten Kapitels ist die Beantwortung der ersten Forschungsfrage, d. h., es soll ein Modell erarbeitet werden, mit dessen Hilfe das Auftreten der Eskalationstendenz umfassend erklärt werden kann. Zum ersten Mal in der Literatur sollen die verschiedenen Effekte in eine logische Struktur gebracht und so die Widersprüche zwischen den Effekten verringert werden. Dazu wird auf die Methode der abnehmenden Abstraktion zurückgegriffen, die spezifisch dazu entwickelt wurde, psychologische Effekte für die ökonomische Analyse nutzbar zu machen. Durch dieses strukturierte Vorgehen soll auch der Kritik des unstrukturierten Verwendens einzelner Anomalien und des mechanischen Abprüfens verschiedener Variablen entgegengetreten werden.[298]

In Kapitel 3.1 sollen zunächst die zur Ableitung des Modells notwendigen Grundlagen ökonomischer Modellbildung dargelegt werden. Im Anschluss daran wird in Kapitel 3.2 die Methode der abnehmenden Abstraktion angewendet. In Kapitel 3.3 werden dann die Ergebnisse der Analyse und das herausgearbeitete Modell dargestellt. Kapitel 3.4 hält die wesentlichen Ergebnisse in einem Fazit fest.

3.1 Grundlagen der Modellbildung

3.1.1 Methodische Grundlagen der ökonomischen Modellbildung[299]

Ökonomische Modelle zielen darauf ab, Aussagen über ein soziales System zu tätigen. Analytisches Primat der Ökonomen ist damit die Makro-Ebene, also die Ebene des sozialen Systems. Auf das Individuum selbst wird nur zur Fundierung der Phänomene der Makro-Ebene zurückgegriffen. Man spricht dabei von Mikrofundierung[300] – das Interesse der Ökonomen am Individuum ist dabei rein methodologisch. Abbildung 12 stellt das Verhältnis von Makro-Ebene und Mikro-Fundierung grafisch dar.

---

[298] Vgl. Staw/Ross (1987a), S. 42.

[299] Der Autor möchte der „Forschungsgruppe Akteursmodell" des Lehrstuhls für Controlling und Telekommunikation von Prof. Dr. Jürgen Weber an der Wissenschaftlichen Hochschule für Unternehmensführung in Vallendar für die zahlreichen Anregungen danken, die mit dazu beigetragen hat, dass dieses Kapitel in der vorliegenden Struktur erstellt werden konnte.

[300] Vgl. Zintl (1989), S. 56. Der Ansatz der „Mikrofundierung" ist strikt von der „Mikrotheorie" zu unterscheiden. Während bei der Mikrotheorie sowohl der theoretische (Explanans) als auch der analytische Schwerpunkt (Explanandum) auf der Ebene des Individuums (Mikro-Ebene) liegt, befindet sich der analytische Schwerpunkt bei der Mikrofundierung auf der aggregierten Makro-Ebene.

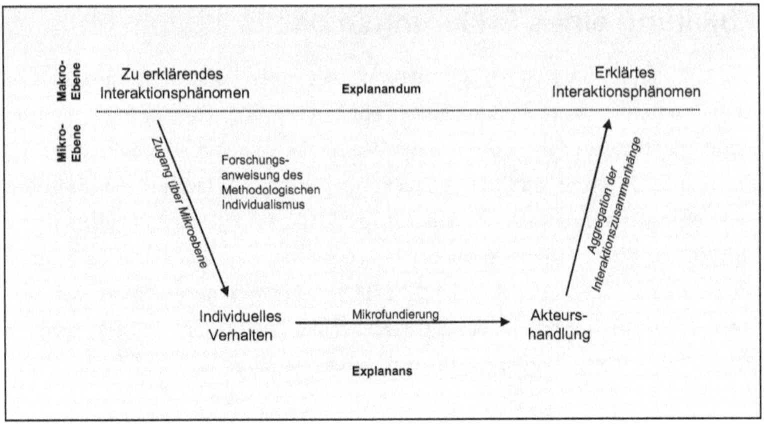

Abbildung 12: Coleman'sche Badewanne

Quelle: in Anlehnung an Gerecke (1998), S. 151.

Eine wichtige Anforderung an ökonomische Modelle ist die Maßgabe der ***modelltheoretischen Sparsamkeit*** oder der ***Frugalität***, d. h. das Bestreben, *„die Erklärung einer Vielzahl von Phänomenen mit Hilfe weniger Prinzipien*"[301] leisten zu können. Diese Arbeitsanweisung wird z. T. auch als *„Occam's Razor*"[302] bezeichnet.

Die genannte Forderung wirkt sich auch direkt auf die über das Individuum zu treffenden Annahmen aus. Diese sollen in erster Linie (wie oben ausgeführt) Aussagen im Aggregatniveau, d. h. auf der Makro-Ebene, erlauben. Dabei sind die Annahmen umso geeigneter, je weniger Informationen sie über das einzelne Individuum erfordern und je stereotyper die Aussagen gehalten sind.[303] Theorien, die nicht spezifisch auf Individuen

---

301 Lindenberg (1991), S. 31.

302 Dieses Prinzip wird auch *„Prinzip der Parsimonität und Einfachheit*" genannt und geht zurück auf den Mönch William von Occam (1280-1349). Dieser hat von der Wissenschaft gefordert, Erklärungsmodelle so einfach und effizient wie möglich zu halten: *„Pluralitas non est ponenda sine neccesitate*" (vgl. *http://skepdic.com/occam.html*, Abruf am 02.02.2006; *http://www.utm.edu/research/iep/o/ockham.htm*, Abruf am 02.02.2006).

303 Aus der geforderten modelltheoretischen Sparsamkeit ergibt sich die Anforderung, die Analyse nur auf „allgemeine Aspekte" und „Hauptaspekte" zu beschränken. „Allgemeine Aspekte" sind einer Vielzahl von Phänomenen gemein, „Hauptaspekte" sind für die Analyse unabdinglich (vgl. Lindenberg (1990), S. 735 ff.). Von den „allgemeinen" Aspekten grenzt Lindenberg „besondere Aspekte" ab, die nicht einer Vielzahl, sondern nur einer kleinen Teilgruppe der betrachteten Individuen gemein sind, wie z. B. bestimmte Persönlichkeitseigenschaften. Von den Hauptaspekten grenzt Lindenberg die Nebenaspekte ab, die zwar nicht unabdinglich sind, jedoch die Qualität der Problemlösung u. U. erhöhen können. Durch diese Beschränkung kann die „analytische Schärfe" bzw. die „analytische Kraft" des Modells erhöht werden, d. h. die Klarheit, mit der die Aussagen getroffen werden können. Resultat einer solch

eingehen, bezeichnet Lindenberg als „Individuell 2"-Theorien. Im Gegensatz hierzu stehen „Individuell 1"-Theorien, die spezifische Aussagen über einzelne Individuen erlauben sollen und demnach sehr viel mehr Informationen über das spezifische Individuum benötigen.[304] Typische Vertreter solcher „Individuell 1"- Theorien sind z. B. psychologische Theorien, ein typischer Vertreter einer „Individuell 2"-Theorie ist z. B. die ökonomische Theorie.

Bei „Individuell 2"-Theorien werden deshalb immer abstrakte Annahmen über Individuen verwendet. In der klassischen Ökonomik wird dazu im Allgemeinen der Homo Oeconomicus zu Grunde gelegt, so dass vollständig rationales und zielgerichtetes Handeln der Individuen vorausgesetzt werden kann.[305] Gemäß dem ökonomischen Ansatz wird dieses Handeln als „Zweck-Mittel-rational" angenommen, d. h., das Individuum versucht, bestimmte Zwecke[306] mit möglichst geringen Mitteln zu erreichen. Ein gutes ökonomisches Modell erreicht also mit Hilfe weniger abstrakter und allgemeiner Annahmen über das Individuum eine hohe Aussagekraft.

An eine Grenze stößt ein solch sparsames Modell jedoch dann, wenn ein wichtiger beobachtbarer Effekt damit nicht mehr erklärt werden kann. In einem solchen Fall liegt die Vermutung nahe, dass einer oder mehrere relevante Hauptaspekte bei der Modellierung der Annahmen des Individuums fälschlicherweise nicht berücksichtigt wurden.[307] In diesem Fall muss eine theoriegeleitete Erweiterung des ursprünglichen Modells erfolgen, um die fehlenden Hauptaspekte zu integrieren. Diese Aspekte können z. B. aus anderen Forschungsgebieten entliehen werden. Zwar besteht bei der Erweiterung des Modells grundsätzlich das Risiko, analytische Schärfe zu Gunsten einer höheren deskriptiven Exaktheit zu verlieren.[308] Jedoch ist die theoriegeleitete Erweiterung des Modells dem Treffen von Adhoc-Aussagen, die außerhalb des Theorieraums stehen und somit nicht bewertbar sind, vorzuziehen.[309]

---

frugalen Modellbildung sind sogenannte Typ 1-Modelle. Andere Typen von Modellen genügen nicht den Anforderungen der *Erklärungseffizienz* und sind daher abzulehnen (vgl. Lindenberg (1991), S. 36).

304 Eine „Mikrotheorie" bezeichnet Lindenberg als „Individuell 1-Theorie". Als „Individuell 2-Theorien" werden alle Theorien bezeichnet, die das Prinzip der Mikrofundierung verfolgen. Die Unterscheidung zwischen Mikrotheorie und Mikrofundierung ist insofern von Relevanz, da *„[d]ie Ansprüche, die an die Mikrofundierung einer Makrotheorie zu stellen sind, sind anders und vor allem geringer als die Ansprüche, die man an eine für sich allein betrachtete Mikrotheorie stellen muss.*" (Zintl (1989), S. 57).

305 Vgl. Lindenberg (1991), S. 55.

306 Der „Inhalt des Zweckes" wird dabei meist nicht betrachtet. Stattdessen erfolgt eher eine Konzentration auf Instrumentalzwecke (vgl. dazu Hubner (1996), S. 53 f.).

307 Vgl. Lindenberg (1991), S. 40 f.

308 Vgl. Lindenberg (1992), S. 3 f.

309 Vgl. Lindenberg (1990), S. 740.

Bei der Erweiterung des Modells muss unbedingt sichergestellt werden, dass die in die Modellbildung integrierten Aspekte nicht im Widerspruch zu den theoretischen Grundlagen der im Modell bereits verwendeten Annahmen stehen. Dabei ist also auch auf die Anschlussfähigkeit der zu integrierenden Aspekte zu achten. Empfehlenswert ist daher die Anwendung einer Systematik zur methodologisch gesicherten, schrittweisen Anpassung frugaler Modelle an die Realität.[310] Dazu bietet sich insbesondere die Methode der abnehmenden Abstraktion nach Lindenberg an, die im Folgenden kurz eingeführt werden soll.[311]

3.1.2 Methode der abnehmenden Abstraktion

LINDENBERG gibt eine klare methodische Struktur für die Anwendung der Methode der abnehmenden Abstraktion vor. Die Grundelemente dieser Methode sind eine Kerntheorie und (potentiell mehrere) Brückenannahmen (vgl. Abbildung 13).

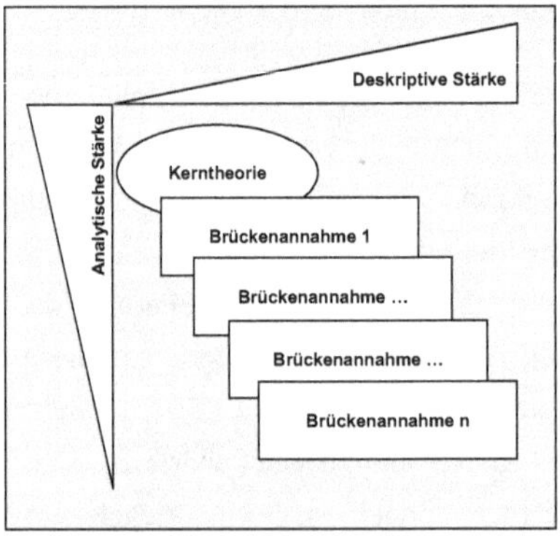

Abbildung 13: Methode der abnehmenden Abstraktion

Quelle: in Anlehnung an Heine/Hirsch et al. (2005), S. 22.

Ziel der Methode ist es, die frugale Kerntheorie durch die Bildung von mehreren spezifischen, zueinander anschlussfähigen Brückenannahmen so lange zu erweitern, bis der beobachtbare Effekt zufriedenstellend erklärt werden kann. *„abnehmende Abstraktion ist gleichbedeutend mit Problematisierung zu dem Zweck, die Theorie realistischer zu*

310 Vgl. Lindenberg (1991), S. 47.

311 Vgl. für eine eingehendere Zusammenstellung von Argumenten und Diskussionen Heine/Hirsch et al. (2005), S. 11. Neben der Methode der abnehmenden Abstraktion werden dort mit dem Paralleldiskurs und dem Sequenzverfahren zwei weitere Strategien interdisziplinärer Forschung diskutiert. Diese werden jedoch als weniger geeignet eingestuft und sollen daher im Folgenden nicht weiter diskutiert werden.

machen."[312] LINDENBERG gibt das folgende Ablaufschema für die Anwendung der Methode vor[313]:

1. Festlegung der Kerntheorie
   Es sollte eine möglichst „schlanke" Kerntheorie ausgewählt werden, die sehr wenige, möglichst abstrakte Annahmen über das Individuum trifft.
2. Festlegung der Brückenannahmen
   a. Es sind nur genau die Brückenannahmen zu treffen, ohne die eine Analyse der gegebenen Problemstellung nicht möglich wäre.
   b. Aus der Vielzahl möglicher Brückenannahmen sollten diejenigen ausgewählt werden, die die Unsicherheit über weitere Brückenannahmen reduzieren.
   c. LINDENBERG unterscheidet zwischen strukturellen Brückenannahmen, die sich auf die Situationseigenschaften beziehen, und kognitiven Brückenannahmen, die sich auf die Eigenschaften des handelnden Individuums beziehen. Dabei sind diese in ihrer Reihenfolge so zu treffen, dass zunächst strukturelle und dann kognitive Brückenannahmen in die Modellbildung einbezogen werden.

Mit dieser Methode kann die Einfachheit und Allgemeingültigkeit eines klassisch-ökonomischen Modells weitgehend gewahrt bleiben, wobei gleichzeitig die problemspezifische Ausdeutung des einfachen Modells durch Brückenannahmen ermöglicht wird. Daher soll diese Methode als Systematik verwendet werden, die eine transparente und nachvollziehbare Integration verhaltenswissenschaftlicher Aspekte in die ökonomische Analyse erlaubt.[314]

---

[312] Lindenberg (1991), S. 49.

[313] Vgl. Lindenberg (1991), S. 67 f. LINDENBERG empfiehlt die Beachtung von sechs Grundsätzen bei der Nutzung der Methode der abnehmenden Abstraktion: (1) Das Modell sollte so einfach wie möglich und nur so komplex wie nötig gestaltet werden. (2) Brückenannahmen sollten so getroffen werden, dass die weitere Unsicherheit minimal ist, das heißt, es sollte mit möglichst einfachen Brückenannahmen (wie z. B. den Akteursrestriktionen) begonnen werden. (3) Zunächst sollten strukturelle Annahmen getroffen werden, bevor die kognitiven Restriktionen des Individuums betrachtet werden. (4) Der Problematisierungsgrad sollte nur so lange erhöht werden, bis der Zusatzaufwand die Zunahme an Realität nicht mehr rechtfertigt. (5) Das resultierende Modell sollte möglichst einfach sein. (6) Bei der Bildung der Brückenannahmen sollte nach Möglichkeit Wissen aus anderen wissenschaftlichen Disziplinen genutzt werden.

[314] In der Art der Verwendung der Systematik orientiert sich diese Arbeit weitgehend an der Verwendung im dritten Akteursmodellpapier (vgl. Heine/Hirsch et al. (2005)).

3.2 Anwendung der Methode der abnehmenden Abstraktion

In diesem Kapitel soll mit Hilfe der Systematik der Methode der abnehmenden Abstraktion eine Kerntheorie festgelegt und durch Brückenannahmen zielgerichtet so erweitert werden, dass die psychologischen Effekte in einen konsistenten Rahmen integriert werden können.

3.2.1 Theorie rationalen Entscheidens als Kerntheorie

Die spezifische Bedeutung des Entscheidungsbegriffs für den Bereich der Projektabbrüche wird bereits in der grundlegenden Definition von DEAN deutlich (vgl. Kapitel 2.2.1).[315] Darüber hinaus wird die Entscheidungstheorie explizit bei der Analyse von Projektabbrüchen als konzeptioneller Rahmen vorgeschlagen (vgl. Kapitel 2.2.2) und bietet sich damit zur Nutzung als Kerntheorie besonders an.

Bei genauer Betrachtung der bisherigen Literatur wird jedoch deutlich, dass die Entscheidungstheorie in den Arbeiten zu Projektabbrüchen stets nur als sehr grober Rahmen verwendet und häufig (z. B. wie in Kapitel 2.2 dargestellt) nur zur Einführung der Bewertungsinstrumente herangezogen wird – keine der vorliegenden Arbeiten folgt jedoch dem Vorschlag HEINENS, den Entscheidungsprozess als Grundlage der Analyse zu verwenden.[316] Zur Integration der verschiedenen psychologischen Erklärungsansätze reicht eine oberflächliche Auseinandersetzung mit der Entscheidungstheorie jedoch nicht aus.[317] In der vorliegenden Arbeit soll daher angenommen werden, dass der Entscheider einen sequentiellen Entscheidungsprozess durchläuft (vgl. Kapitel 2.2) und die Entscheidung Schritt für Schritt entlang des in Abbildung 14 dargestellten Entscheidungsprozesses untersucht werden.

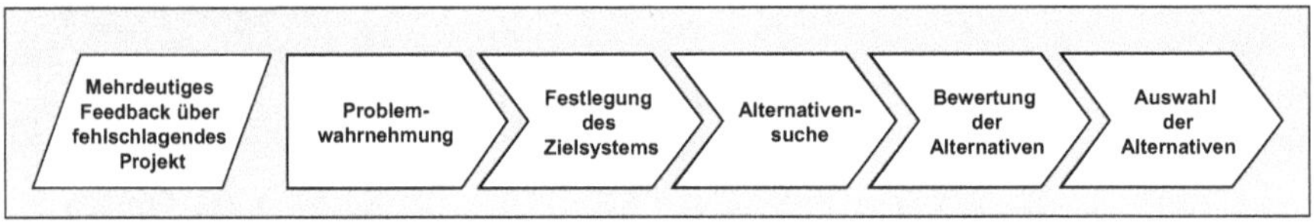

Abbildung 14: Schematische Darstellung eines sequentiellen Entscheidungsprozesses

Quelle: in Anlehnung an Laux (2004), S. 8 und Jost (2000), S. 113.

---

[315] Vgl. Dean (1968) S. 118.

[316] Vgl. Heinen (1982), S. 22 und Heinen (1976), S. 205 f.

[317] Vgl. Hubner (1996), S. 57 ff.

Neben der Annahme über den Ablauf des Entscheidungsprozesses werden in der Entscheidungstheorie auch Annahmen über das Individuum getroffen. Dabei wird in der klassischen Entscheidungstheorie im Allgemeinen das Analysekonstrukt[318] des Homo Oeconomicus verwendet. Dieser verhält sich strikt nach dem *„Rationalprinzip"* (auch: Ökonomisches Prinzip oder Wirtschaftlichkeitsprinzip)[319] und alloziert seine knappen Ressourcen so auf die verschiedenen Handlungsalternativen, dass sein Nutzen maximiert wird.[320] Dieses Analysekonstrukt stellt im Allgemeinen eine für die Modellbildung nützliche Vereinfachung und Verallgemeinerung dar und genügt damit den oben beschriebenen Anforderungen der Frugalität der „Individuell 2"-Theorien, erhebt aber keinen Anspruch auf universelle deskriptive Genauigkeit.

STAEHLE führt sieben Annahmen auf, die dem Konstrukt des Homo Oeconomicus zu Grunde liegen, die in der folgenden Tabelle zusammenfassend dargestellt werden:[321]

	Klassische Annahme
1	Das Entscheidungsproblem ist bekannt und klar formuliert.
2	Die Ziele sind bekannt, klar und eindeutig formuliert.[322]
3	Alle möglichen Alternativen sind bekannt und werden erwogen.
4	Alle möglichen Konsequenzen der Alternativen sind bekannt und werden erwogen.
5	Der Wert der einzelnen Konsequenzen ist bekannt
6	Alle Berechnungen zur nutzenmaximalen Entscheidung sind durchführbar.[323]
7	Der Entscheider handelt als Einzelperson, unbeeinflusst von Werten und Gruppennormen.

Tabelle 7: Annahmen des vollkommen rationalen Entscheiders
Quelle: in Anlehnung an Staehle (1999), S. 519.

---

318 Das Analysekonstrukt sollte nicht einem „idealisierten Menschenbild" gleichgesetzt werden – es stellt lediglich einen Versuch dar, menschliches Handeln im ökonomischen Kontext in Form eines Modells erklärbar zu machen (vgl. Homann/Suchanek (2000), S. 415 und Meyer/Heine (2005), S. 11).

319 Vgl. Schneider (1995), S. 5.

320 Vgl. Kirsch (1988), S. 2.

321 Vgl. Staehle (1999), S. 519.

322 Zur weiteren Vereinfachung soll zunächst davon ausgegangen werden, dass der Entscheider direkt am Erfolg des Unternehmens partizipiert und somit zunächst von Zielkonflikten abstrahiert werden kann. Das Ziel des Entscheiders ist es demnach, den Wert des Unternehmens zu steigern. Diese Annahme erscheint sinnvoll, da mehrere empirische Arbeiten belegen, dass Eskalation in der Realität nicht nur durch Zieldivergenzen hervorgerufen wird, sondern z. B. auch Unternehmer durch eskalatorisches Verhalten gegen ihre eigenen Interessen verstoßen (vgl. McCarthy/Schoorman et al. (1993)). Daher soll der große und sehr gut erforschte Bereich der Prinzipal-Agenten-Problematik ausgeschlossen werden.

323 Neben der Zielfunktion der Maximierung gibt es auch noch drei weitere Zielfunktionen (Fixierung, Satisfizierung und Minimierung), von denen jedoch abstrahiert werden soll, da in der Ökonomik im Allgemeinen von einem maximierenden Entscheider ausgegangen wird.

Die klassische Entscheidungstheorie bietet mit dem Entscheidungsprozess einen starken Strukturrahmen und genügt der von LINDENBERG postulierten Forderung nach Frugalität.

Wie in Kapitel 2.3 gezeigt, kann jedoch mit diesem klassischen Modell das Auftreten des Phänomens verspäteter Projektabbrüche nicht erklärt werden. Dort wurden verschiedene psychologische Effekte aufgeführt, die das Auftreten des Phänomens gut erklären. Diese Effekte sind jedoch nicht mit den oben aufgeführten Annahmen über den vollkommen rationalen Entscheider kompatibel. Daher sollen die Annahmen des Modells im Folgenden mit Hilfe der Methode der abnehmenden Abstraktion erweitert werden, um die psychologischen Effekte integrieren zu können und so den Erklärungsgehalt des Modells für die spezifische Fragestellung verspäteter Projektabbrüche zu steigern.[324]

3.2.2 Festlegung der Brückenannahmen

Gemäß den Vorgaben LINDENBERGs (vgl. Kapitel 3.1.2) soll zunächst eine strukturelle Brückenannahme getroffen werden, bevor die weiteren notwendigen Brückenannahmen zu den Eigenschaften des Individuums festgelegt werden. Bei der Auswahl der möglichen Brückenannahmen zu den Eigenschaften des Individuums schlägt LINDENBERG das Gerüst des Analysekonstrukts des RREEMM[325] (Ressourceful, Restricted, Evaluating, Expecting, Maximizing Man) vor. Dieses Gerüst soll dem Homo Oeconomicus eine einheitliche Struktur und explizit diejenigen fünf Dimensionen vorgeben, innerhalb derer das klassische Modell erweitert werden soll.[326] Somit ergeben sich aus den fünf Dimensionen des RREEMM und der Situationsannahme potentiell sechs Dimensionen, in denen das klassische Modell erweitert werden kann. Im Folgenden sollen fünf der sechs Dimensionen erweitert werden.[327] Dabei werden vor allem solche Brückenannahmen ausge-

---

[324] Alternativ dazu könnte auch eine bestehende deskriptive Entscheidungstheorie (wie z. B. das Politik-Modell der Entscheidung oder das Modell der organisierten Anarchie) angewandt werden (vgl. Staehle (1999)). Da diesen jedoch im Allgemeinen vorgeworfen wird, keine einheitliche Theorie und zu wenig Präzision oder Klarheit zu bieten, soll die rationale Entscheidungstheorie mit Hilfe der Systematik der abnehmenden Abstraktion für die speziellen Zwecke der Arbeit gezielt erweitert werden (vgl. Kirsch (1988), S. 9).

[325] Vgl. Lindenberg (1985), S.100 oder Meckling (1976) für ein verwandtes Konstrukt.

[326] Vgl. Lindenberg (1991), S. 55. *„Die erste Annahme (‚resourceful') bedeutet, dass der Mensch aktiv und intelligent nach Möglichkeiten der Zielrealisierung sucht. Die zweite Annahme besagt, dass Güter knapp sind, wodurch die Wahlmöglichkeiten beschränkt sind. Die dritte Annahme bezieht sich auf die Tatsache, dass Menschen (frühere, jetzige, zukünftige) Zustände und Geschehnisse bewerten. Zukünftige Zustände und Geschehnisse werden, viertens, vom Menschen mit einer bestimmten Wahrscheinlichkeit erwartet. Angesichts der Beschränkung der Möglichkeiten und angesichts der Tatsache, dass der Mensch erfinderisch ist, versucht er, fünftens, aus den beschränkten Möglichkeiten noch das Beste zu machen."*

[327] Die Maximizing-Annahme soll nicht erweitert werden, da alle bekannten Erklärungsansätze mit der Annahme eines nutzenmaximierenden Entscheiders harmonieren und es keine starken Belege dafür gibt,

wählt, die die Erklärung psychologischer Effekte erlauben. Dabei wird ausdrücklich weder das Ziel einer möglichst umfassenden Erweiterung verfolgt, noch wird versucht, ideale Brückenannahmen zu treffen. Auswahlkriterien sind, gemäß Lindenbergs Maßgaben alleine die Eignung der Annahmen zur Erklärung der psychologischen Effekte und die Frugalität der Annahmen. Die Ergebnisse werden in Kapitel 3.2.3 zusammenfassend dargestellt.

3.2.2.1 Strukturelle Brückenannahme

Im klassischen ökonomischen Entscheidungsmodell sind alle relevanten Informationen für den Entscheider verfügbar. Bestimmendes Element realer Entscheidungssituationen ist häufig hohe Unsicherheit:[328] „*Der Regelfall der Planung erfolgt unter Unsicherheit.*“[329] Dies gilt insbesondere im Kontext der Abbruchsentscheidungen bei F&E-Projekten. Um diese Unsicherheit des Entscheiders abbilden zu können, soll die Annahme über die Situation insofern erweitert werden, als dass diese für den Entscheider „undurchsichtig“ oder „opak“ ist, d. h., dass ihm nicht alle Informationen über zukünftige Zustände zur Verfügung stehen.[330]

Aus der Erweiterung der Situation um die Opazität folgt echte Entscheidungsunsicherheit des Individuums. Die einzigen sicheren Informationen sind retrospektive Informationen. Zukünftige Zustände sind nicht bekannt oder zumindest mit hohen Unsicherheiten belegt. Daraus folgt, dass notwendigerweise immer Unsicherheit über das endgültige Ergebnis einer Handlung vorliegt und damit *„das Gewinnmaximum bei der Gefahr von Ex-Post-Überraschungen erst recht unbestimmt“*[331] bleibt.

Die Unsicherheit des Entscheiders über die zukünftigen Zustände kann jedoch nicht erklären, weshalb es zu systematisch verspäteten Projektabbrüchen kommt. Zwar ließen sich damit unsystematische, d. h. normalverteilte, Abweichungen von der substantiellen Rationalität erklären, nicht jedoch eine systematische Eskalationstendenz. Da die Erweiterungen der Annahmen zur Situation demnach offensichtlich nicht ausreichen,

---

dass das eskalatorische Verhalten auf eine Abweichung von der Maximizing-Annahme zurückzuführen wäre (vgl. Simon (1979) für Alternativen zur Maximizing-Annahme).

[328] Vgl. dazu z. B. auch Williamson (1975), S. 9, der diese Situationseigenschaft als Eigenschaft des Individuums auslegt.

[329] Schneider (1995), S. 53.

[330] Dies geht über die Annahme von Informationskosten hinaus, bei der angenommen wird, dass Informationen grundsätzlich existieren, jedoch die Beschaffung mit Kosten verbunden ist.

[331] Schneider (1995), S. 53. Die Opazität macht die Ex-Ante-Überprüfung der substantiellen Ergebnisrationalität unmöglich. Somit bleibt die Prozessrationalität als einzig anwendbarer Rationalitätsmaßstab (vgl. dazu Kapitel 2.2).

sollen im Folgenden auch die Annahmen zu den Eigenschaften des RREEMM so lange erweitert werden, bis ein Modell abgeleitet werden kann, mit dem sich das Auftreten einer systematischen Eskalationstendenz erklären lässt.

3.2.2.2 Erweiterung der Resourceful-Annahme

Die erste Dimension ist die „Resourcefulness", gemäß der der Entscheider aktiv und intelligent ist, aktiv nach Informationen sucht und alle für ihn relevanten Informationen wahrnimmt.

Um die in Kapitel 2.3.3.2 beschriebenen Wahrnehmungsschwierigkeiten mit möglichst geringen Erweiterungen des klassischen Modells abbilden zu können, muss die Resourcefulness-Annahme um zwei Aspekte erweitert werden:

1. Erstens soll die Existenz von Wahrnehmungsschwellen angenommen werden. Dies führt dazu, dass Individuen beim Eintreffen komplexer und mehrdeutiger Informationen u. U. nicht alle Aspekte wahrnehmen können.

2. Zweitens soll angenommen werden, dass Individuen die Informationen, die nicht mit ihren Einstellungen konsistent sind, u. U. von der Wahrnehmung ausblenden (selektive Wahrnehmung).[332]

Aus diesen beiden Erweiterungen folgt, dass der Projektleiter die Information über das fehlschlagende Projekt dann potentiell nicht vollständig wahrnimmt, wenn diese Information nicht klar und eindeutig präsentiert wird oder nicht konsistent mit der Einstellung des Projektleiters ist.

3.2.2.3 Erweiterung der Expecting-Annahme

Die nächste Dimension betrifft die Expecting-Annahme. Gemäß der klassischen Expecting-Annahme können Individuen bei Entscheidungen unter Unsicherheit den verschiedenen möglichen Umweltzuständen (zumindest subjektive) Eintritts-

[332] Dies setzt notwendigerweise die grundlegende Annahme voraus, dass Individuen starke Einstellungen haben (vgl. Jost (2000), S. 49f. für allgemeine Ausführungen zu Einstellungen). Unter dem Begriff der Einstellung werden *„certain regularities of an individual's feelings, thoughts and predispositions to act towards some aspect of his environment"* (Secord/Backman (1964), S. 97) verstanden. Einstellungen werden im Allgemeinen drei Dimensionen (auch: Aspekte) zugesprochen: eine affektive Dimension, die die emotionalen Bewertungen umfasst, eine kognitive Dimension, die das Wissen und die Gedanken umfasst, und eine konative Dimension, die die Handlungsdisposition vorgibt (vgl. Jost (2000), S. 49). Diese Annahme ist auch für den Erklärungsansatz der Self-Justification bedeutend (vgl. Staw (1976) und Kiesler/Sakamura (1966)).

wahrscheinlichkeiten zuordnen und diese im Sinne der Wahrscheinlichkeitsrechnung weiterverarbeiten.

Diese Annahme soll um die Möglichkeit des „Optimismus" erweitert werden. Demnach wird angenommen, dass Entscheider beim Schätzen die Eintrittswahrscheinlichkeit positiver Ereignisse systematisch zu hoch ansetzen und damit systematisch zu positiv verzerrten Bewertungen neigen können.[333] Diese Erweiterung der Expecting-Annahme kann im Fall der Abbruchsentscheidung dann zu systematisch verspäteten Abbrüchen führen, wenn der Projektleiter die Erfolgsaussichten des Projekts als zu hoch einschätzt und daher nicht abbricht.

3.2.2.4 Erweiterung der Evaluating-Annahme

Die Evaluating-Annahme besagt, dass Entscheider gemäß den Vorgaben der ökonomischen Theorie jetzige und zukünftige Situationen rational bewerten, d. h. eine zukunftsorientierte Bewertung der marginalen Konsequenzen durchführen. Durch die Bewertung sollen die Handlungsoptionen in eine den Präferenzen entsprechende Reihenfolge gebracht werden. Dabei muss das Zielsystem den Rationalitätsaxiomen in Bezug auf Vollständigkeit, Vergleichbarkeit und Transitivität genügen.[334]

Um die in Kapitel 2.3.3 beschriebenen Erklärungsansätze integrieren zu können, sind hinsichtlich der Evaluating-Annahme drei erweiternde Brückenannahmen notwendig:

1. Die erste notwendige Erweiterung zur Evaluating-Annahme leitet sich aus dem von LINDENBERG vorgeschlagenen *Framing* ab,[335] nach dem Entscheider unterschiedliche Entscheidungen treffen, je nachdem, wie sie die Entscheidungssituation definieren.[336] Definiert der Entscheider die Situation als gefährlich für sein Selbstbild, so soll angenommen werden, dass gemäß den Vorgaben der in Kapitel 2.3 beschriebenen Theorie der Self-Justification Motive des Selbstschutzes in den Vordergrund treten. Die Motivation ändert sich dabei von einer prospektiven Rationalität hin zu einer retrospektiven Rationalität, d. h., der Entscheider versucht nicht mehr, eine prozessrationale Entscheidung zu treffen, sondern gezielt diejenige Entscheidung herbeizuführen, die seine bisherigen

[333] Damit geht einher, dass sie die Eintrittswahrscheinlichkeit negativer Ereignisse zu niedrig ansetzen können.

[334] Vgl. von Neumann/Morgenstern (1947) oder Suchanek (1994), S. 114 f.

[335] Vgl. Lindenberg (1992), S. 9 ff.

[336] Die Definition der Situation kann dabei durch die verbale Darstellung der Situation beeinflusst werden.

Entscheidungen am besten rechtfertigt. Dieses Phänomen wird als „*motivational change*“[337] bezeichnet. Es wird also angenommen, dass sich Individuen nicht „rational“, sondern „rationalizing“ verhalten, d. h., sie agieren in einer Art und Weise, die ihr vergangenes Verhalten rational erscheinen lässt.[338] Daraus folgt, dass der Projektleiter das Projekt weiterführen wird, um seine bisherigen Entscheidungen zu legitimieren.

2. Die zweite Erweiterung schließt sich direkt an die erste an und bezieht sich auf die Annahme, dass der Entscheider in seiner Bewertung nicht von den Normen von Gruppen beeinflusst wird. Sie soll so erweitert werden, dass der Entscheider darum bemüht ist, auch vor Dritten sein positives Selbstbild zu wahren.

3. Die dritte für die Problemstellung der Abbruchsentscheidung relevante Erweiterung der Evaluating-Annahme besteht darin, die Möglichkeit zu eröffnen, dass Entscheider die zukunftsorientierte Marginalbewertung durch eine an den Sunk Costs orientierte Bewertung ersetzen. Bei diesem Vorgehen setzt das Individuum den Wert des Projekts gleich dem Betrag der bisher mit dem Projekt verknüpften Sunk Costs. Da Sunk Costs betragsmäßig immer positiv sind, ergibt sich eine systematische Verzerrung hin zu einer zu positiven Bewertung des Projekts und damit hin zu einem verspäteten oder ausbleibenden Projektabbruch.

---

[337] Vgl. Teger (1980), S. 15.

[338] Vgl. Prendergast/Stole (1996), S. 1125.

3.2.3 Zusammenfassung der Erweiterungen

An dieser Stelle sollen zur besseren Übersichtlichkeit die einzelnen Erweiterungen der klassischen Annahmen dargestellt werden (vgl. Tabelle 8).

	Klassische Annahmen	Erweiterung	Annahmen im erweiterten Modell
1	Das Entscheidungsproblem ist bekannt und klar formuliert.	Wahrnehmungsschwellen Selektive Wahrnehmung	Das Entscheidungsproblem ist u. U. nicht vollständig bekannt.
2	Die Ziele sind bekannt, klar und eindeutig formuliert. Das Zielsystem ist vollständig und in sich konsistent.	Self-Justification	Je nach Frame der Situation ändert sich das Zielsystem des Entscheiders und der Selbstschutz tritt potentiell an die Stelle der Profitmaximierung.
3	Alle möglichen Alternativen sind bekannt und werden erwogen.	Einschränkung auf zwei Alternativen: Abbruch oder Fortführung	Es erfolgt eine Einschränkung auf Stopp-Go-Entscheidungen.
5	Der Wert der einzelnen Konsequenzen ist bekannt oder kann problemlos identifiziert werden.	Sunk Cost-Effekt Optimismus/ Overconfidence	Bei der Bewertung können Fehler auftreten, da Sunk Costs zur Bewertung herangezogen werden oder die Bewertung durch Optimismus verzerrt wird.
6	Der Entscheider kann alle Berechnungen zur Feststellung der nutzenmaximalen Entscheidung durchführen.	Keine Erweiterung	Übernahme der klassischen Annahme
7	Der Entscheider handelt als Einzelperson, unbeeinflusst von Werten und Gruppennormen.	Self-Justification/ Face-Saving	Der Entscheider ist um seine Wahrnehmung bei Dritten besorgt.

Tabelle 8: Übersicht der erweiterten Annahmen

Grundlegende Annahme bleibt also, dass der Entscheider versucht, eine rationale Entscheidung zu treffen, und per se das Ziel hat, den Unternehmenswert zu steigern. Jedoch sind seine Möglichkeiten rationaler Zielerreichung auf Grund der Opazität und seiner Eigenschaften eingeschränkt. Im nächsten Abschnitt soll nun aufgezeigt werden, welche Implikationen diese erweiterten Annahmen für den Ablauf des Entscheidungsprozesses haben.

3.3 Ergebnis der Erweiterung der Entscheidungstheorie

3.3.1 Einordnung der Effekte in den Entscheidungsprozess

Die in Kapitel 3.2.2 getroffenen Erweiterungen des RREEMM haben direkte Auswirkungen auf die Leistungsfähigkeit des Entscheiders beim Abarbeiten des Entscheidungsprozesses. Wie die im Folgenden beschriebene, schrittweise Analyse des Entscheidungsprozesses zeigt, kann es durch die erweiterten Annahmen über den Entscheider sowohl in den Schritten der Problemwahrnehmung, der Zielfestlegung als auch der Bewertung Abweichungen vom rationalen Entscheiden geben, die zum Auftreten der Eskalationstendenz führen können.

Somit ergeben sich drei Erklärungsansätze, die das Abweichen in jeweils einem Prozessschritt beschreiben können: Wahrnehmungsdefizite, eine Veränderung des Zielsystems und Bewertungsdefizite. Diesen Erklärungsansätzen können dann wiederum die zuvor identifizierten psychologischen Effekte zugeordnet werden, wie die folgende Abbildung zeigt (vgl. Abbildung 15).

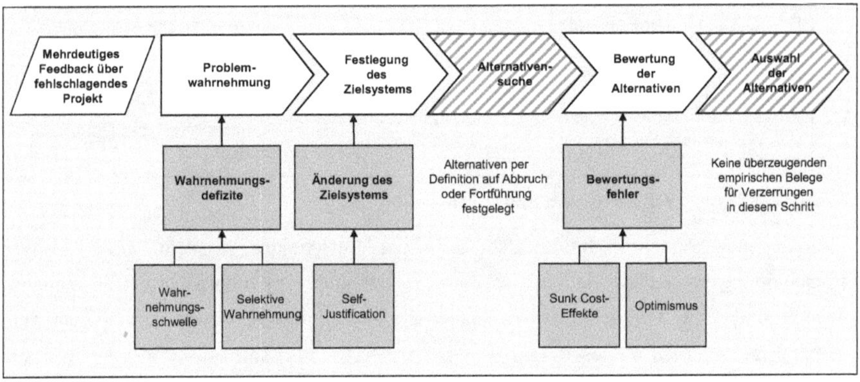

Abbildung 15: Einordnung der Erklärungsansätze in den erweiterten Entscheidungsprozess

Wie in Kapitel 2.1 beschrieben, wird angenommen, dass die zu betrachtenden F&E-Projekte anhand eines Meilenstein-Prozesses geplant und durchgeführt werden und bei Erreichen eines Meilensteins eine Stopp-Go-Entscheidung getroffen werden muss.[339] Der

[339] In Analogie zu der Argumentation bei Hubner soll hier angenommen werden, dass an Meilensteinen nicht immer eine erneute Betrachtung aller möglichen Alternativen durchgeführt werden kann (vgl. Hubner (1996), S. 95 f.). Daher soll die Entscheidungssituation hier bewusst auf eine Stopp-Go-Entscheidung eingegrenzt werden.

Entscheider erhält dann an den Meilensteinen mehrdeutiges[340], vergangenheitsbezogenes Feedback über den bisherigen Projektfortschritt. Auf Grund der Erweiterung der Situationsannahme um die Opazität existieren nur wenige und insbesondere keine sicheren zukunftsbezogenen Informationen.

Prozessschritt 1: Problemwahrnehmung
Der erste Schritt des Entscheidungsprozesses wird als Problemwahrnehmung bezeichnet. Der Entscheider muss dabei das Feedback wahrnehmen und das Problem erkennen also im Sinne der mitlaufenden, kybernetischen Kontrolle[341] das Feedback mit seinen Planwerten oder Erwartungen vergleichen und eine negative Abweichung feststellen.[342]

Durch die Erweiterungen um die beiden Wahrnehmungsdefizite kann es in diesem Prozessschritt zwei potentielle Verzerrungen geben:

1. Der Entscheider kann auf Grund seiner Wahrnehmungsschwellen die negativen Aspekte des mehrdeutigen Feedbacks nicht wahrnehmen.
2. Der Entscheider nimmt die negativen Aspekte zwar wahr, kann sie aber wieder ausfiltern, da sie nicht zu seiner positiven Einstellung sich selbst und dem Projekt gegenüber passen.

Mögliche Folge der Erweiterung um Wahrnehmungsdefizite ist also mangelndes Problembewusstsein, das wiederum zu verspäteten Projektabbrüchen führen kann.

Prozessschritt 2: Festlegung des Zielsystems
Klassischerweise wird von einem Entscheider ausgegangen, dessen Ziel in der Maximierung seines eigenen Nutzens liegt. Dabei wird angenommen, dass seine Ziele eng mit dem Ziel des Unternehmens, also der Unternehmenswertsteigerung verknüpft sind.[343]

Aus der Erweiterung der Evaluating-Annahme um das Framing und die Self-Justification ergibt sich jedoch, dass der Entscheider das Ziel des Selbstschutzes dann höher als das Ziel der Steigerung des Unternehmenswerts ansieht, wenn er glaubt, dass sein Selbstbild in Gefahr ist. Dieses Motiv des Selbstschutzes führt zu verspäteten Projektabbrüchen, wenn die Entscheider versuchen, durch eine erneute Investition in das fehl-

[340] Vgl. Bowen (1987), S. 56. Bowen definiert, dass Feedback dann als mehrdeutig wahrgenommen wird, wenn es (a) keine Kriterien gibt, anhand derer das Feedback in gut oder schlecht eingeteilt werden könnte, wenn (b) die Entscheider keine Kriterien nutzen, obwohl diese existieren, oder wenn es (c) Kriterien gibt, sich das Feedback aber nicht anhand dieser Kriterien bewerten lässt.
[341] Vgl. Meredith/Mantel (1985), S. 339.
[342] Vgl. Ilgen/Fisher et al. (1979); Taylor/Fisher et al. (1984) und Carver/Scheier (1981).
[343] Mit Ausnahme der Arbeiten zur Prinzipal-Agenten-Theorie (vgl. dazu Jost (2001)).

schlagende Projekt die Korrektheit ihrer vorherigen Investitionsentscheidungen zu rechtfertigen.

Prozessschritt 3: Alternativensuche

In diesem Prozessschritt müssen Alternativen zur Problemlösung identifiziert werden. Grundsätzlich existiert meist eine sehr große Anzahl möglicher Handlungsalternativen.[344] Da für Entscheider in der Realität jedoch keine umfassende Betrachtung aller möglichen Alternativen sinnvoll ist, wird definiert, dass der Entscheidungsraum auf die beiden Alternativen Abbruch oder Fortführung begrenzt ist (vgl. Kapitel 2.2).

Prozessschritt 4: Alternativenbewertung

Im Schritt der Alternativenbewertung müssen die Auswirkungen der einzelnen Handlungsalternativen im Hinblick auf die Zielerreichung bestimmt werden.[345] Da sich dem Entscheider auf Grund der Opazität der Wert aller Konsequenzen nicht ohne weiteres erschließt[346], müssen Informationen gesammelt und mit Hilfe formalisierter Bewertungsinstrumente weiterverarbeitet werden (vgl. Kapitel 2.2).

Durch die Erweiterungen des Analysekonstrukts des Homo Oeconomicus ergeben sich in diesem Schritt zwei mögliche Abweichungen vom rationalen Entscheidungsprozess, die zu systematischen Verzerrungen der Entscheidung und damit zu verspäteten oder ganz ausbleibenden Projektabbrüchen führen können.

1. Durch die Annahme des Sunk Cost-Effekts kann es dazu kommen, dass der Entscheider keine rationale, zukunftsorientierte Marginalbewertung durchführt, sondern das Projekt anhand der bisher investierten Ressourcen bewertet. Da diese betragsmäßig immer positiv sind, scheint das Projekt jedoch unabhängig von seinen Zukunftsaussichten einen positiven Wert zu haben. Dadurch kann unter Umständen eine notwendige Abbruchsentscheidung ausbleiben.
2. Durch die Erweiterung um die Annahme des Optimismus kann der Entscheider bei dem Versuch, eine zukunftsorientierte Bewertung durchzuführen, einer systematischen Verzerrung unterliegen, indem er die Eintrittswahrscheinlichkeit positiver (negativer) Ereignisse systematisch überschätzt (unterschätzt).

---

344 Vgl. Laux (2004), S. 10.

345 Bei einer geringen Anzahl von Alternativen ist eine „simultane Bewertung" üblich, bei der alle Alternativen bewertet werden, bevor der Schritt der Alternativenwahl beginnt. Im Gegensatz dazu wird bei einer großen Anzahl von Alternativen das sequentielle Bewertungsverfahren verwendet, bei dem zunächst eine Alternative bewertet und, sofern diese das Mindestziel erreicht, die weitere Bewertung abgebrochen wird. (vgl. Jost (2000), S. 115).

346 Vgl. Jost (2000), S. 115.

Beide Effekte können unabhängig voneinander zu verspäteten Projektabbrüchen führen.

Prozessschritt 5: Alternativenwahl

Hier soll diejenige Alternative ausgewählt werden, deren Konsequenzen den maximalen Nutzen stiftet. Aufgrund der Erweiterung der Situation um die Opazität hat der Entscheider keine komplette Voraussicht und kann nur gemäß der erweiterten Expecting-Annahme subjektive Eintrittswahrscheinlichkeiten für einige ihm bekannte Szenarien schätzen. Dabei handelt es sich um eine Entscheidungssituation unter Risiko im engeren Sinne.[347]

Fazit

Durch den Rückgriff auf die Entscheidungstheorie und die zielgerichtete Erweiterung des zu Grunde liegenden Modells des Entscheiders konnte erstmals ein Strukturrahmen gebildet werden, in dem drei übergreifende, in einer logischen Abfolge stehende Erklärungsansätze (Wahrnehmungsdefizite, eine Änderung des Zielsystems des Entscheiders und Bewertungsfehler) sichtbar werden. Diesen drei übergreifenden Erklärungsansätzen lassen sich die fünf einzelnen psychologischen Effekte zuordnen. Noch nicht adressiert wurde bisher das identifizierte Problem der konfligierenden Annahmen der einzelnen Ansätze – dies soll das folgende Kapitel 3.3.2 leisten.

3.3.2 Auflösung der Widersprüche

In Kapitel 2.3.2 wurde aufgezeigt, dass die verschiedenen als relevant identifizierten Effekte auf jeweils unterschiedlichen Annahmen über den Entscheider beruhen und somit auf den ersten Blick inkompatibel erscheinen. In Kapitel 3.2 wurde das klassische Modell des Entscheiders zielgerichtet so erweitert, dass das Auftreten jedes einzelnen Effekts für sich genommen grundsätzlich möglich wurde – jedoch ist noch nicht deutlich, warum die einzelnen Effekte trotz ihrer konfligierenden Annahmen in ein Modell integriert werden können.

[347] Davon ist die Entscheidung unter Unsicherheit i. e. S. abzugrenzen, bei der der Entscheider nur die möglichen Zustände kennt, ihnen aber keine Eintrittswahrscheinlichkeiten zuordnen kann. (vgl. Laux (2004)).

Im Folgenden soll daher gezeigt werden, wie sich durch die – aus dem Ablauf des Entscheidungsprozesses ergebende – sequentielle Abfolge der Effekte die Konflikte zwischen den einzelnen Annahmen ausschließen lassen.[348]

Aus der Annahme des sequentiellen Ablaufs des Entscheidungsprozesses folgt, dass der Entscheider in jedem Schritt des Entscheidungsprozesses potentiell einer psychologischen Verzerrung unterliegen kann, die Auswirkungen auf den Verlauf des restlichen Entscheidungsprozesses hat. Eine genaue Betrachtung der einzelnen Effekte zeigt, dass durch das Wirksamwerden eines psychologischen Effekts keiner der nachfolgenden Effekte mehr relevant für das Auftreten der Eskaltionstendenz ist. Daher kann eine „entscheidungsbaumartige" Struktur mit vier Entscheidungsknoten aufgestellt werden (vgl. Abbildung 16). Das aufgestellte Modell sollte dabei als „Filtermodell" verstanden werden, das Wenn-dann-Aussagen der Form „Wenn ein Wahrnehmungsdefizit auftritt, dann wird der Projektleiter das Projekt mit hoher Wahrscheinlichkeit verspätet abbrechen" trifft. Es erlaubt in der hier dargestellten Form noch keine direkten Rückschlüsse auf die relative Bedeutung der einzelnen Effekte untereinander. Welcher Effekt wann wirksam wird, kann erst durch die Untersuchung der auslösenden und moderierenden Faktoren in Kapitel 4 deutlich werden. Im Folgenden sollen kurz die einzelnen Entscheidungsknoten beschrieben werden.

[348] An dieser Stelle soll noch einmal explizit auf die in Kapitel 2.2 getroffenen Aussagen zum sequentiellen Entscheidungsprozess verwiesen werden. Zur analytischen Vereinfachung wurden dort Rückkopplungen zwischen den einzelnen Schritten ausgeklammert. Die Eignung des Prozesses in dieser Arbeit soll daran gemessen werden, ob sich die in Kapitel 2.3 identifizierten Effekte stringent einordnen lassen. Die Existenz von Rückkopplungen und die Konsequenz dieser Rückkopplungen für die in dieser Arbeit getroffenen Aussagen müssen in einer nachfolgenden Arbeit im Detail untersucht werden.

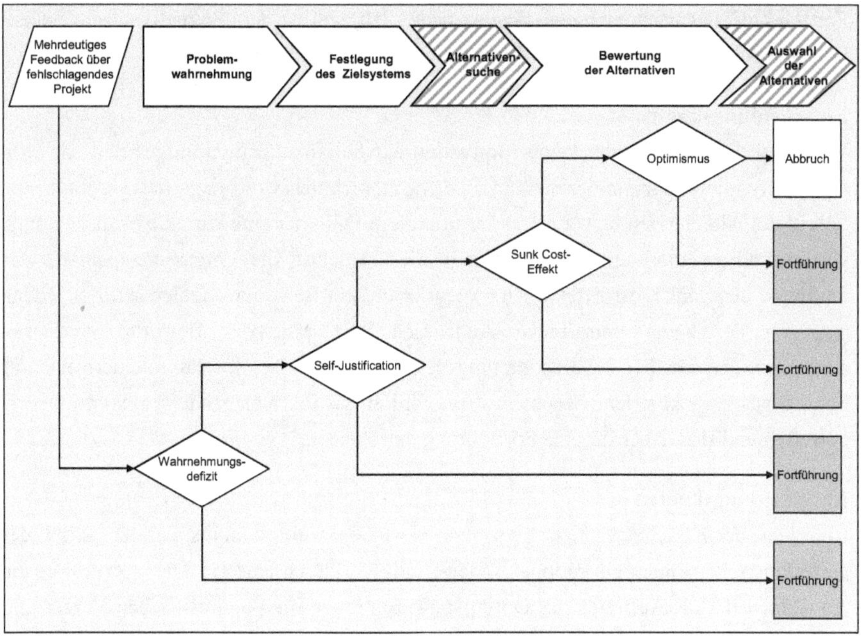

Abbildung 16: Anordnung der Effekte in sequentieller Reihenfolge

Entscheidungsknoten 1:

Wie in Kapitel 3.3.1 dargestellt wurde, kann der Entscheider im Prozessschritt der Problemwahrnehmung einem Wahrnehmungsdefizit unterliegen, so dass er die Problemsituation, d. h. das Feedback über das Fehlschlagen des Projekts, nicht korrekt wahrnimmt. Wird dieser Effekt wirksam, muss davon ausgegangen werden, dass er das Projekt auf der Basis seiner verzerrten Situationswahrnehmung bewertet und fortführt, da er glaubt, dass es alle Planvorgaben erfüllt, und somit kein Grund besteht, das Projekt abzubrechen. Des Weiteren folgt aus dem Wirksamwerden der Wahrnehmungsverzerrung, dass der Entscheider nicht dem Effekt der Self-Justification unterliegen kann, da er auf Grund der verzerrten Wahrnehmung keine Bedrohung seines Selbstbildes wahrgenommen hat.

Entscheidungsknoten 2:

Unterliegt der Entscheider jedoch keiner Wahrnehmungsverzerrung, d. h., hat er das Feedback über das fehlschlagende Projekt wahrgenommen, ist die Voraussetzung für das Auftreten des Effekts der Self-Justification gegeben. Sofern der Effekt der Self-Justification auftritt, wird der Entscheider keine rationale Bewertung mehr durchführen. Stattdessen wird er die beiden ihm zur Verfügung stehenden Alternativen (Abbruch oder

Fortführung) nur noch nach dem Aspekt beurteilen, welche der Alternativen sein Selbstbild am besten schützt, und demzufolge die Fortführungsoption wählen.

Entscheidungsknoten 3:
Wenn bei dem Entscheider keine Motivation zur Self-Justification aufgetreten ist, d. h. sein Motiv immer noch in der Steigerung des Unternehmenswerts liegt, muss er im dritten Schritt die Alternativen bewerten. Da er in diesem Fall über eine korrekte Wahrnehmung verfügt und gut motiviert ist, erfüllt er in diesem Schritt die Voraussetzungen für das Auftreten des Sunk Cost-Effekts. Unterliegt er diesem Bewertungsfehler, wird er jedoch entgegen der zuvor getroffenen Annahmen kein rationales Bewertungsverfahren anwenden, sondern bei der Bestimmung des Wertes des Projekts fälschlicherweise auf Sunk Costs zurückgreifen. Geschieht dies, wird er das fehlschlagende Projekt zu positiv bewerten und sich daher für eine Fortführung entscheiden.

Entscheidungsknoten 4:
Unterliegt der Entscheider nicht dem Sunk Cost-Effekt, folgt daraus, dass er gemäß der getroffenen Annahmen ein rationales Bewertungsverfahren einsetzt. Damit erfüllt er die Annahmen für das Auftreten des Optimismus. Sofern er einer optimistischen Verzerrung unterliegt, wird er die Erfolgsaussichten zu positiv einschätzen und demzufolge das Projekt fortführen. Nur wenn der Effekt des Optimismus nicht auftritt, kann davon ausgegangen werden, dass der Entscheider nach einer rationalen Bewertung erkennt, dass eine Fortführung des Projekts nicht mehr sinnvoll ist, und das Projekt folgerichtig abbricht.

Fazit
Dieser verzweigte Prozess soll deutlich machen, wie die einzelnen Erklärungsansätze zueinander in Bezug stehen. Aus der Strukturierung der Effekte entlang des Entscheidungsprozesses folgt, dass die einzelnen Effekte in einer sequentiellen Abfolge zueinander stehen. Bei genauer Betrachtung wird dabei deutlich, dass a) das Wirksamwerden eines der Effekte ausreicht, um die Fortführung des Projekts zu verursachen, und b) keine weiteren Effekte mehr zum Tragen kommen können.

Daraus ergibt sich eine entscheidungsbaumartige Struktur. Wie im letzten Abschnitt gezeigt, sind die notwendigen Annahmen der einzelnen Effekte immer dann erfüllt, wenn zuvor keine anderen Effekte wirksam wurden. Somit kann festgehalten werden, dass durch die Annahme der sequentiellen Wirkung das Problem der konfligierenden Annahmen der Ansätze gelöst wird.

3.3.3 Aufstellung des Wirkungsmodells

Nachdem in Kapitel 3.3.1 die übergreifenden Erklärungsansätze identifiziert, in eine logische Struktur gebracht wurden und in Kapitel 3.3.2 die Widersprüche zwischen den einzelnen Effekten gelöst wurden, kann das folgende Modell aufgesetzt werden, das die Wirkung der einzelnen Effekte in Bezug zur Eskalationstendenz setzt (vgl. Abbildung 17).

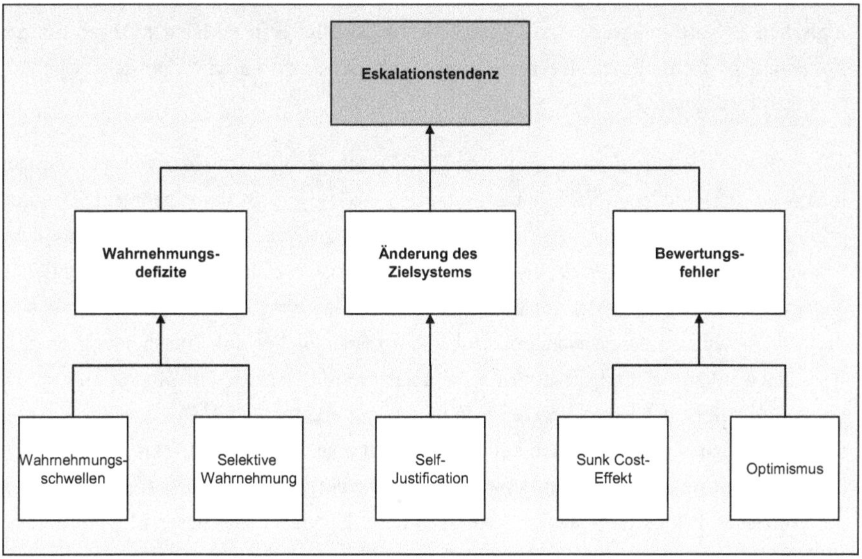

Abbildung 17: Wirkungsmodell der einzelnen Effekte

3.4 Fazit

Mit Hilfe der Methode der abnehmenden Abstraktion ist es gelungen, durch einfache Brückenannahmen das klassische Modell eines vollkommen rationalen Entscheiders gezielt so zu erweitern, dass die verschiedenen identifizierten verhaltensorientierten Erklärungsansätze in ein ökonomisches Konstrukt integriert werden konnten. Darüber hinaus konnte durch die Nutzung der Methode der abnehmenden Abstraktion gezeigt werden, welche Erweiterungen der klassischen Theorie notwendig sind, um die psychologischen Effekte integrieren zu können. Damit ist zum ersten Mal der Anschluss der Escalation of Commitment-Literatur an die klassische betriebswirtschaftliche Literatur hergestellt worden.

Durch Nutzung eines sequentiellen Entscheidungsprozesses wurden darüber hinaus die verschiedenen Erklärungsansätze in eine logische Struktur gebracht. Dadurch wird zum einen deutlich, dass alle vorgestellten Effekte eine wertvolle, mögliche Erklärung für das Auftreten der Eskalationstendenz leisten können. Aus der sequentiellen Betrachtung der Wirkung der einzelnen Erklärungsansätze wird zudem deutlich, dass sich diese *nicht* widersprechen, sondern an verschiedenen Stellen im Entscheidungsprozess wirksam werden. Anhand dieser Ausarbeitungen wurde erstmals ein Modell aufgestellt, das das Auftreten der Eskalationstendenz umfassend erklären kann. Die Ausführungen in Kapitel 3.3 haben gezeigt, dass bereits das Wirken eines einzelnen Effekts das Auftreten der Eskalationstendenz erklären kann. Welcher Effekt im Einzelnen auftritt, kann von verschiedenen Faktoren abhängen. Eine detaillierte Untersuchung dieser Effekte folgt im nächsten Kapitel.

4 Herausarbeitung relevanter Einflussfaktoren

In dem vorherigen dritten Kapitel wurden drei übergreifende Erklärungsansätze für das Auftreten der Eskalationstendenz identifiziert und in eine logische Struktur gebracht. Dadurch konnte gezeigt werden, dass die als relevant identifizierten psychologischen Effekte der Wahrnehmungsschwelle, der selektiven Wahrnehmung, der Self-Justification, des Sunk Cost-Effekts und des Optimismus nicht einander ausschließende Effekte sind, sondern an verschiedenen Stellen im Entscheidungsprozess Abweichungen vom rationalen Entscheiden hervorrufen, die das Auftreten der Eskalationstendenz verursachen. Durch die Aufstellung eines Modells kann das Auftreten der Eskalationstendenz umfassend erklärt werden kann.

In diesem Kapitel soll nun die ***inhaltliche Ausarbeitung der einzelnen Effekte*** geleistet werden. Dazu wird für jeden der zuvor als relevant identifizierten Effekte im Detail aufgezeigt, welche psychologischen Mechanismen zur Erklärung des beobachtbaren Verhaltens genutzt werden und welche Faktoren die Wirkung dieser Effekte beeinflussen können (vgl. Abbildung 18).

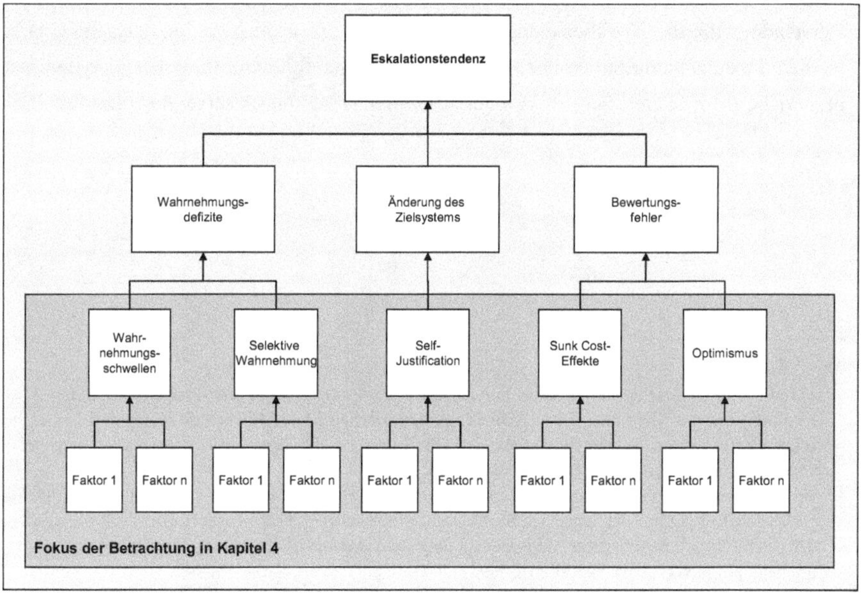

Abbildung 18: Fokus der Betrachtung in Kapitel 4

Für die inhaltliche Ausarbeitung soll zum ersten Mal in der Eskalationsliteratur ein umfassender Überblick über die existierenden empirischen Studien zu den einzelnen

Effekten gegeben werden. Eventuell bestehende Widersprüche zwischen den einzelnen Studien werden erläutert und, sofern möglich, beseitigt.[349] Dort wo diese Arbeiten aufeinander aufbauen, sollen sie für jeden Erklärungsansatz chronologisch aufgeführt werden, um die Entstehung der Argumente nachvollziehbar zu machen.

Die Herausarbeitung kommt einer qualitativen ***Meta-Analyse*** der einzelnen Studien zu den Erklärungsansätzen nahe.[350] In diese Analyse sollen alle empirischen Studien aufgenommen werden, die sich mit den zuvor beschriebenen Erklärungsansätzen für eskalatorisches Verhalten bei Projektabbruchsentscheidungen auseinandersetzen.[351] Ziel dieser detaillierten Analyse der Literatur ist die Erstellung einer umfassenden Liste von Faktoren, die das Auftreten der Eskalationstendenz beeinflussen. Anhand dieser Liste können dann im fünften Kapitel Ansatzpunkte möglicher Gegenmaßnahmen identifiziert werden.

Die Erklärungsansätze werden in der in Kapitel 3 festgelegten Reihenfolge nach ihrer Position im Entscheidungsprozess diskutiert. Zur besseren Übersichtlichkeit soll in den Abschnitten stets eine identische Struktur verwendet werden. Für jeden der aufgeführten Ansätze wird zunächst die „Mechanik" des Effekts beschrieben, um ein Verständnis für die Wirkbeziehungen der Faktoren zu erreichen. Im Anschluss daran werden die einzelnen Studien in chronologischer Reihenfolge mit ihren Hauptergebnissen beschrieben. Im letzten Schritt wird für jeden der Erklärungsansätze ein kritisches Fazit gezogen.

---

[349] Für eine solch detaillierte Analyse müssen auch die unterschiedlichen Operationalisierungen der Faktoren und die Merkmale der verschiedenen empirischen Methoden berücksichtigt werden. Daher sollen die einzelnen Studien immer dann ausführlicher beschrieben werden, wenn eine tiefgehende Analyse notwendig ist, um bestehende Widersprüche aufzulösen.

[350] Vgl. für den Begriff der Meta-Analyse Glass (1976), S. 3. und Glass/McGraw et al. (1981). Da die Unterschiede zwischen den einzelnen Studien sehr groß sind (vgl. Staw/Ross (1987a), S.64 f.), wird von der Durchführung quantitativer Meta-Studien abgeraten und die Durchführung einer qualitativen Meta-Studie empfohlen (vgl. Mohe (2004), S. 695).

[351] Dabei sollen auch dann nicht F&E-spezifische Studien betrachtet werden, solange vergleichbare Situationseigenschaften (wie z. B. hohe Unsicherheit oder eine geringe zur Verfügung stehende Datenbasis) vorliegen. Ausgeklammert werden Studien zu Gruppenphänomenen, da zunächst ein Verständnis für die Entscheidungsverzerrungen des einzelnen Individuums zu schaffen ist (vgl. Staw (1981), S. 578)), bevor eine Ausweitung der Erkenntnisse auf Gruppen geleistet werden kann. (Ausnahmen sind Teger (1980) in einzelnen Experimenten, Bazerman/Giuliano et al. (1984); Brockner/Rubin (1985); Whyte (1991) sowie Bazerman/Giuliano et al. (1984)).

4.1 Erklärungsansatz der Wahrnehmungsdefizite

Die Wahrnehmung des Problems stellt den ersten notwendigen Schritt des Entscheidungsprozesses dar. Ohne korrekte Wahrnehmung des Feedbacks erkennt der Entscheider nicht, in welch schwieriger Lage sich das Projekt befindet:[352] „*Crises are in many respects perceptual phenomena: events emerge as crisis when organizational actors interpret them as such*".[353] Dementsprechend können z. B. KEIL/ROBEY im Rahmen einer empirischen Untersuchung feststellen, dass die korrekte Wahrnehmung der Problemsituation signifikant zwischen eskalierten und rechtzeitig abgebrochenen Projekten diskriminiert.[354]

Wie in Kapitel 2.1 ausgeführt, bekommt der Projektleiter an den Projektmeilensteinen Feedback über das fehlschlagende Projekt, typischerweise in Form von Informationen über das Verfehlen der gesetzten Entwicklungsziele. Er muss dann entscheiden, ob die Fortführung des Projekts noch sinnvoll ist oder ob das Projekt abgebrochen werden muss. Zur Unterstützung der Entscheidung kann er die in Kapitel 2.2 beschriebenen Bewertungsmethoden anwenden. Eine korrekte Bewertung setzt voraus, dass er alle Aspekte des (meist mehrdeutigen) Feedbacks wahrnimmt. Jedoch kommen bei der Wahrnehmung eines Individuums verschiedene Filter im Wahrnehmungsprozess zum Tragen, wodurch verschiedene Wahrnehmungsdefizite auftreten können.[355] Die für die Eskalation relevanten Auswirkungen dieser Filter sollen im Folgenden beschrieben werden.

Im ersten Schritt des Wahrnehmungsprozesses werden physikalische Reize in neuronal kodierte Information umgewandelt.[356] Damit Individuen einen Reiz aufnehmen und weiterverarbeiten können, muss dieser jedoch, wie bereits zuvor beschrieben, mehrere Schwellen überwinden, die unter dem Begriff der ***Wahrnehmungsschwelle***

---

[352] Vgl. Bowen (1987).

[353] Pitt (1990), S. 257.

[354] Vgl. Keil/Robey (1999), S. 74. Mit Hilfe von Interviews kann zusätzlich gezeigt werden, dass die Problemwahrnehmung von den betroffenen Projektleitern als auslösender Faktor der Deeskalation angesehen wird.

[355] Vgl. Jost (2000), S. 101 ff.

[356] Vgl. Zimbardo/Gerrig (1996), S. 106 ff. für den Wahrnehmungsprozess und S. 117 ff. für die Wahrnehmungsfilter. Vgl. dazu auch Staehle (1999), S. 198 f. Die Reizschwelle bezieht sich auf die Art des Reizes (z. B. beim akustischen Reiz auf die Frequenz zwischen 16 und 44.000 Herz), die Empfindungsschwelle auf die minimale Intensität des Reizes (z. B. beim akustischen Reiz eine Lautstärke von 20 Dezibel) und die Wahrnehmungsschwelle auf die kognitive Verarbeitung des wahrgenommenen Reizes. Diese beiden Filter sollen unter dem Begriff der Wahrnehmungsschwelle zusammengefasst werden. Effekte der unterschwelligen Wahrnehmung spielen im Allgemeinen im Eskalationskontext keine Rolle und sollen hier nicht weitergehend diskutiert werden (vgl. Staehle (1999), S.189).

zusammengefasst werden sollen. Die Überwindung dieser Wahrnehmungsschwelle setzt voraus, dass die Information aus dem „Hintergrundrauschen anderer Information" deutlich hervorsticht.[357] Der Grad, zu dem sich eine Information von dem Hintergrundrauschen anderer Informationen deutlich abhebt, wird mit dem Begriff der „Salience"[358] umschrieben. Ist die Salience zu gering, können Individuen die Informationen nicht korrekt wahrnehmen.[359] Bei der Durchführung von F&E-Projekten ist das Feedback jedoch häufig mehrdeutig, da Größen auf verschiedenen Dimensionen (z. B. technische Größen, die die Entwicklung betreffen, und Kostengrößen, die sich aus der erwarteten Produktion ergeben) berichtet werden.[360] Weist der negative Anteil des Feedbacks des scheiternden Projekts systematisch eine zu geringe Salience auf, wird der Entscheider das Projekt nicht abbrechen, da er sich der negativen Situation nicht bewusst wird. Somit ergibt sich die Wahrnehmungsschwelle als erster zu betrachtender Effekt der Eskalationstendenz.

Im zweiten und dritten Schritt des Wahrnehmungsprozesses werden die Informationen weiterverarbeitet, zu einem sinnvollen Gesamtbild zusammengesetzt und ihre Bedeutung für das Individuum festgelegt. Etliche psychologische Studien belegen, dass es dabei zu einer ***selektiven Wahrnehmung***[361] kommen kann. Dabei nehmen Individuen bevorzugt nur die Informationen wahr, die im Einklang mit ihren bisherigen Einstellungen stehen,[362] während dissonante Informationen konsequent ausgefiltert und vergessen werden.[363] Unter der Annahme, dass der Entscheider eine positive Einstellung gegenüber dem Projekt hat,[364] ergibt sich eine systematische Tendenz dazu, eintreffende

---

357 Vgl. Zimbardo/Gerrig (1996), S. 118.

358 Vgl. Rubin/Brockner (1975). Von Nitzsch übersetzt den Begriff „Salience" mit „Auffälligkeit" (vgl. von Nitzsch (2002), S. 14). Da der Begriff der Auffälligkeit jedoch in Deutschland einseitige Konnotationen wecken kann, erscheint es sinnvoll, im weiteren Verlauf der Arbeit den englischen Begriff der Salience zu verwenden.

359 Vgl. z. B. Ilgen/Fisher et al. (1979); Bowen (1987) und Jeffrey (1992).

360 Vgl. Keil (1995), S. 429. Da in frühen Stadien der Projektentwicklung zudem eine große Menge an unterschiedlichen technisch-naturwissenschaftlichen oder finanziellen Informationen zur Bewertung herangezogen werden, erscheint es plausibel, dass das Feedback einen mehrdeutigen Charakter erhält.

361 Alternativ dazu wird zuweilen auch der Begriff des „*confirmation bias*" verwendet (vgl. dazu z. B. Bazerman (1986), S. 36).

362 Vgl. Luckett/Eggleton (1991), S. 374 ff. für eine weitergehende Diskussion.

363 Vgl. dazu Snyder/Swann (1978); Nisbett/Ross (1980) oder Kiesler (1971), der zeigt, dass Individuen dissonante Information weniger gut erinnern können. In manchen Arbeiten wird auch argumentiert, dass die Subjekte die dissonante Information zwar wahrnehmen, jedoch kurz nach der Wahrnehmung aussortieren, abdiskontieren oder für nicht glaubhaft halten (vgl. Ilgen/Fisher et al. (1979) und Brody/Bowman (1997)). Für diese Arbeit ist die Unterscheidung zwischen diesen Phänomenen jedoch nicht wichtig – entscheidend ist nur der Effekt des Filters, d. h. die Tatsache, dass die dissonante Information nicht in die weitere Verarbeitung einfließt.

364 Diese Annahme erscheint durchaus plausibel, da ein Projektleiter, der eine negative Einstellung gegenüber einem Projekt hegt, dieses im Regelfall entweder nicht begonnen oder bereits abgebrochen

negative Information als dissonant zu identifizieren und auszufiltern.[365] Somit nimmt das Individuum nicht bewusst wahr, dass sich das Projekt in einer problematischen Situation befindet, und wird es demzufolge ohne weitere kritische Reflektion unverändert weiterführen.[366] Die selektive Wahrnehmung des Entscheiders ist damit der zweite zu betrachtende Effekt.

Im Folgenden sollen die empirischen Studien aufgeführt werden, die sich mit dem Effekt der Wahrnehmungsschwellen (vgl. Kapitel 4.1.1) und dem Effekt der selektiven Wahrnehmung auseinandersetzen (vgl. Kapitel 4.1.2).

4.1.1 Der Effekt der Wahrnehmungsschwelle

In der Literatur werden drei Einflussfaktoren auf die Wirkung der Wahrnehmungsschwellen diskutiert: die Gestaltung der Entscheidungssituation (vgl. Kapitel 4.1.1.1), die Salience der Information (vgl. Kapitel 4.1.1.2) und der Zeitpunkt der Informationssalience (vgl. Kapitel 4.1.1.3).

4.1.1.1 Einflussfaktor 1: Gestaltung der Entscheidungssituation

BROCKNER/SHAW ET AL. diskutieren die Wirkung der Gestaltung der Entscheidungssituation.[367] Sie unterscheiden dazu zwischen einer ***passiven Entscheidungssituation***, in der sich der Status Quo nicht ändert, wenn der Projektleiter keine Maßnahme ergreift, das Projekt an den Meilensteinen also weiterläuft, es sei denn, der Projektleiter widerspricht. Demgegenüber steht eine ***aktive Entscheidungssituation***, in der der Projektleiter gezwungen ist, eine Entscheidung über den Fortgang des Projekts zu treffen. Die Autoren nehmen an, dass Entscheider in Situationen, in denen sie aktiv eine Entscheidung treffen müssen, geringere Wahrnehmungsschwellen aufweisen, als wenn sie lediglich passiv den Fortgang eines Projekts verfolgen, das weiterläuft, bis sie es abbrechen.

Um diese Hypothese zu testen, lassen BROCKNER/SHAW ET AL. ihre Probanden ein Experiment bearbeiten, bei dem jedem Subjekt jeweils eine „Glückszahl" ausgehändigt

---

hätte. Eine alternative Annahme zur Existenz positiver Einstellungen gegenüber dem Projekt ist die Existenz stark negativer Einstellungen gegenüber dem Projektabbruch, da dieser mit einer großen Anzahl unangenehmer Tätigkeiten verknüpft ist (vgl. Jeffrey (1992), S. 807). Beide sind in ihrer Aussage jedoch letztendlich gleich.

[365] Dieses Verhalten wird in der Literatur auch mit dem Begriff des „*Deaf-Effect*" beschrieben, nach dem Entscheider „sich taub stellen" und das negative Feedback nicht wahrnehmen (vgl. Keil/Robey (1999), S. 82 ff.).

[366] Vgl. Conlon/Parks (1986). Bazerman spricht daher auch von einer „*confirmation trap*" (Bazerman (1986), S. 36. Vgl. dazu auch Snyder/Swann (1978) oder Nisbett/Ross (1980)).

[367] Vgl. Brockner/Shaw et al. (1979).

wird. Die Experimentteilnehmer erhalten ein gewisses Punktekontingent und werden dann gebeten, vor einem stilisierten Glücksspielautomaten Platz zu nehmen. Sie können ihre Punkte einsetzen, um den Automaten in Gang zu setzen oder sich die Punkte auszahlen lassen. Trifft der Automat die Glückszahl des Experimentteilnehmers (was nie geschieht), wird ihm ein Preis versprochen – ist sein Punktekonto vorher aufgebraucht, endet das Spiel ohne Auszahlung. Die Gestaltung der Entscheidungssituation wird variiert, indem eine Hälfte der Teilnehmer den Automaten während des Experiments wiederholt durch die Worte „Go on“ in Gang bringen muss (aktive Entscheidungssituation), während der Automat bei der anderen Hälfte der Teilnehmer so lange weiterläuft, bis sie „Stopp“ sagen (passive Entscheidungssituation). Die Autoren nehmen an, dass durch den Zwang zur aktiven Stopp-Go-Entscheidung die Salience der Kosten steigt, da sich der Entscheider immer wieder neu entscheiden muss und dabei aktiv Kosten und Nutzen abwägt. Die Ergebnisse des Experiments zeigen einen signifikanten Effekt der Gestaltung der Situation, d. h. Subjekte in der aktiven Situation brachen das Spiel weitaus früher ab. Dies kann als Beleg der eskalationssenkenden Wirkung einer aktiven Situationsgestaltung interpretiert werden. Dieses Ergebnis kann auch durch eine spätere Replizierung bestätigt werden.[368]

Daraus folgt, dass die Ausgestaltung der Entscheidungssituation insofern einen Einfluss auf die Wahrnehmung der Feedback-Information hat, als dass Subjekte in einer aktiven Entscheidungssituation die Feedback-Information besser wahrnehmen.

4.1.1.2 Einflussfaktor 2: Grad der Informationssalience

Neben der Gestaltung der Entscheidungssituation kann der Effekt der Wahrnehmungsschwelle auch durch die Variation der Eigenschaften der gelieferten Information beeinflusst werden. Eine solche Eigenschaft ist die ***Informationssalience*** (vgl. Kapitel 2.3), d. h. der Grad, zu dem die Information „hervorsticht“. Damit die Information über das Fehlschlagen des Projekts deutlich hervorsticht und der Entscheider eine negative Abweichung feststellen kann, muss sich die Information möglichst deutlich von dem „Hintergrundrauschen“ abheben. Dies kann erreicht werden, indem (1) das Hintergrundrauschen reduziert wird oder (2) die Information besonders deutlich gemacht wird. Dies kann z. B. durch Lieferung eines speziellen Berichts erreicht werden, der nur die wesentlichen Größen darstellt. Inhaltlich müssen zudem zwei Voraussetzungen erfüllt sein: Zum einen müssen klare Kriterien existieren, anhand derer der Entscheider das

[368] Vgl. Rubin/Brockner et al. (1980).

Feedback einordnen kann, und zum anderen muss die Feedback-Information so strukturiert sein, dass sie sich nach diesen Kriterien einteilen lässt.[369]

In einem ersten Experiment zur Salience lassen RUBIN/BROCKNER Studenten ein Kreuzworträtsel bearbeiten und schaffen damit ein abstraktes Äquivalent zur Durchführung eines Projekts.[370] Für die Lösung des Kreuzworträtsels wird den Subjekten eine monetäre Zahlung in Aussicht gestellt. Das Kreuzworträtsel ist jedoch so gestaltet, dass keine Lösung möglich ist. Erkennen die Subjekte diese Unmöglichkeit, können sie die Bearbeitung abbrechen. Sie erhalten dann eine Auszahlung, die jedoch sinkt, je länger sie an dem Rätsel gearbeitet haben. Um den Einflussfaktor der Salience der Kosteninformation zu untersuchen, liefern die Autoren einem Teil der Subjekte eine Schautafel, auf der die abgelaufene Zeit jeweils in Relation zur sinkenden Auszahlung im Abbruchsfall gesetzt wird. Dadurch wird die Information über die mit der Bearbeitungszeit verbundenen Kosten salient gemacht.[371] Die Zeitspanne bis zum Abbruch wird als Maß der Eskalation verwendet. Neben anderen Effekten können sie zeigen, dass die Bearbeitungszeit bei hoher Salience der Kosteninformation deutlich zurückgeht, während die Subjekte ohne Kostenberichte das Projekt signifikant länger fortführen. Dieses Ergebnis konnte in einer späteren Replizierung mit anderen Subjekten und leicht verändertem Experimentdesign bestätigt werden.[372]

Diese beiden Studien zeigen, dass eine hohe Salience dazu führen kann, dass der Entscheider die Feedback-Information trotz bestehender Wahrnehmungsschwellen wahrnimmt und dadurch erkennt, dass das Projekt fehlschlägt. Daraus folgt, dass der Effekt der Wahrnehmungsschwelle umso weniger ausgeprägt ist, je schwächer die Informationssalience ist.

---

[369] Vgl. Bowen (1987), S. 56.

[370] Vgl. Rubin/Brockner (1975). Rubin/Brockner untersuchen die Salience in Bezug auf den verwandten Begriff des Entrapment. Die Ergebnisse lassen sich jedoch auf den Kontext der Escalation of Commitment übertragen, da in diesem Fall ebenfalls eine irrationale Weiterführung eines Projekts betrachtet wird.

[371] Vgl. Bowen (1987), der argumentiert, dass auch die Ausgestaltung der Information in den Berichten einen hohen Einfluss auf die Salience hat.

[372] Vgl. Brockner/Rubin et al. (1981).

4.1.1.3 Moderierender Faktor: Zeitpunkt der Wahrnehmung

Einen ersten Hinweis auf die Existenz eines weiteren Faktors, der moderierend auf die Informationssalience wirkt, liefert TEGER.[373] In einer experimentellen Studie stellt er eine eskalationsfördernde Wirkung hoher Salience der Feedback-Information fest. Dieses den zuvor genannten Studien widersprechende Ergebnis kann mit der Existenz eines moderierenden Faktors erklärt werden.

Diesen moderierenden Faktor identifizieren BROCKNER/RUBIN ET AL. 1982 als den ***Zeitpunkt der Veränderung der Informationssalience***.[374] Sie stellen die Hypothese auf, dass eine hohe Salience der Kosteninformation an verschiedenen Stellen im Eskalationsprozess unterschiedlich wirkt. In einem Experiment variieren sie den Zeitpunkt, an dem die Feedbackinformation salient wird. Die Experimentergebnisse belegen, dass eine hohe Salience zu Beginn der Eskalationssituation die Eskalationstendenz senkt. Wird die Kosteninformation jedoch wie bei TEGER erst im Verlauf des Experiments salient, wirkt sie nicht mehr eskalationshemmend, sondern eher eskalationsfördernd.[375] Daraus kann auf eine hohe Bedeutung des rechtzeitigen Zeitpunkts klarer und deutlicher Information geschlossen werden.

In drei Fallstudien-Beobachtungen bestätigt DRUMMOND die Bedeutung der frühen Verfügbarkeit von negativem Feedback mit hoher Salience. In zwei der von ihr untersuchten Fallstudien war das Feedback von Anfang an stark negativ und wies zudem eine hohe Salience auf.[376] In Konsequenz blieb die Eskalation in diesen Situationen aus. In der dritten untersuchten Fallstudie wurde dem Entscheider mehrdeutiges Feedback präsentiert, d. h., die negativen Aspekte waren von geringer Salience gekennzeichnet. Trotz hoher auflaufender Kosten wurde das Projekt sehr lange weitergeführt, was der Ent-

---

373 Vgl. Teger (1980), S. 25. Teger lässt seine Teilnehmer in einer Variante der englischen Auktion um eine Ein-Dollar-Note steigern (vgl. Shubik (1971) für die erste Anwendung der Methodik). Teger zeigt, dass Subjekte an verschiedenen Stellen im Bietprozess auf deutliche Kosteninformation nicht mit einer Senkung, sondern einer Steigerung der Eskalationstendenz reagieren. Damit stehen seine Ergebnisse im Gegensatz zu den zuvor genannten Studien.

374 Vgl. Brockner/Rubin et al. (1982).

375 Dieses Ergebnis kann nicht mit Hilfe von Effekten der Wahrnehmung alleine erklärt werden. Im Rahmen des in Kapitel 3 entwickelten umfassenden Modells lässt sich der Effekt jedoch dadurch erklären, dass bei den Entscheidern durch die späte Kosteninformation Motive der Self-Justification ausgelöst wurden (vgl. Brockner/Rubin et al. (1982)S. 255). Eine alternative Erklärung für den Bedeutung des Zeitpunkts kann in dem Sunk Cost-Effekt gefunden werden, da eine längere Projektdurchführung meist mit höheren (absoluten und relativen) Sunk Costs korreliert.

376 Vgl. Drummond (1994) und Drummond (1995).

scheider im Nachhinein damit erklärte, dass er die negativen Aspekte nicht wahrgenommen habe.[377]

Die aufgeführten Studien belegen den moderierenden Effekt des Zeitpunkts der Wahrnehmung. Wird die Information früh im Projektverlauf salient, wirkt die Informationssalience eskalationssenkend. Wird die Information über das Fehlschlagen des Projekts dagegen erst zu einem späten Zeitpunkt salient, wirkt sie eskalationsfördernd.[378]

4.1.2 Der Effekt der selektiven Wahrnehmung

Wie beschrieben, kann neben dem Effekt der Wahrnehmungsschwellen auch der Effekt der selektiven Wahrnehmung einen eskalationsfördernden Einfluss ausüben. Einen ersten Beleg[379] für die eskalationssteigernde Wirkung selektiver Wahrnehmung liefert KEIL mit Hilfe einer Fallstudie.[380] Befragte Projektmitarbeiter attestieren dem Projektleiter eine starke Tendenz zur selektiven Wahrnehmung. Die befragten Projektmitarbeiter argumentieren, dass deshalb ein absehbar fehlschlagendes Projekt wesentlich zu lange fortgeführt wurde. *„I dont think, [the decision maker, EZ] ever perceived any problem with the*

---

[377] Vgl. Drummond (1996).

[378] Die moderierende Wirkung dieses Faktors kann von den Autoren nicht erklärt werden. Ein Versuch zur Erklärung wird jedoch auf Basis des in dieser Arbeit entwickelten Modells auf Seite 155 geliefert.

[379] Ein erstes Indiz für die Wirkung des Einflussfaktors der selektiven Wahrnehmung auf die Tendenz zu systematisch verspäteten Projektabbrüchen erbringen Conlon/Parks in einem Experiment von 1986 (vgl. Conlon/Parks (1986)). Der Fokus der Studie liegt zwar auf einem anderen Gebiet, erlaubt aber dennoch Rückschlüsse auf die Tendenz zur selektiven Wahrnehmung. Sie zeigen, dass verantwortliche Entscheider hauptsächlich nur solche Informationen anfordern, die ihre zurückliegende Entscheidung rechtfertigen können, jedoch kaum zukunftsorientierte Informationen anfordern. Dies kann als erster Beleg für die Wirkung des Effekts der selektiven Wahrnehmung gelten. Einen ähnlichen Effekt stellen auch Caldwell/O'Reilly (1982) fest, allerdings mussten die Subjekte dort mit der Information die alte Entscheidung rechtfertigen und nicht wie bei Conlon/Parks die nachfolgende Entscheidung fundieren.
Ein weiteres Indiz für die Wirkung selektiver Wahrnehmung können Boulding/Morgan et al. durch ihre Post-Test-Befragung nach ihren Experiment identifizieren (vgl. Boulding/Morgan et al. (1997)). Die Autoren versuchen in einem Fallstudien-Experiment einer Gruppe von Subjekten durch die frühe Lieferung von Informationen über das Projekt, die sowohl positive als auch eine geraume Anzahl negativer Informationselemente enthält, die hohe Unsicherheit des Projekts zu verdeutlichen. (Durch diese Behandlung sollte ursprünglich die Tendenz zur Self-Justification verringert werden, da die Subjekte erkennen sollten, dass ein Scheitern des Projekts nicht an ihren eigenen Fehlern liegen muss, sondern durch die hohe inhärente Unsicherheit möglich ist.) In der experimentellen Überprüfung zeigt diese Behandlung jedoch keine signifikante Wirkung. Die Ursache des Ausbleibens eines Effekts führen die Autoren auf die Wirkung der selektiven Wahrnehmung zurück. In der Post-Test-Befragung zeigt sich, dass die Subjekte zwar die positiven, nicht jedoch die negativen Informationselemente wahrgenommen haben. Daraus kann geschlossen werden, dass die Experimentteilnehmer während des Projektverlaufs dem Effekt der selektiven Wahrnehmung unterlagen.

[380] Vgl. Keil (1995), S. 432 f.

product. [...] He seemed to be exercising denial."[381] Ein ähnliches Bild zeigt sich in einer weiteren, später erstellten Fallstudie.[382]

In der Literatur wird mit der Einstellung des Entscheiders gegenüber dem Projekt ein Einflussfaktor auf das Auftreten des Effekts der selektiven Wahrnehmung diskutiert, der im Folgenden ausführlicher dargestellt werden soll.

4.1.2.1 Einflussfaktor 3: Einstellung des Entscheiders

Die Wirkung der selektiven Wahrnehmung wird meistens auf eine starke Einstellung des Entscheiders zurückgeführt, die die Wahrnehmung konträrer Informationen verhindert. Einen direkten Beleg für die Wirkung des Erklärungsansatzes der selektiven Wahrnehmung bietet eine experimentelle Überprüfung von KADOUS/SEDOR, in der die Einstellung der Subjekte variiert wird.[383] In einem ihrer Experimente beeinflussen sie die Einstellung der Entscheider, indem sie den Subjekten explizite Aufgaben bei der Bearbeitung einer Fallstudie zuweisen. Dabei geben sie einer Gruppe die spezifische Anweisung, über den Abbruch des Projekts zu entscheiden. Durch die im Rahmen der Aufgabenerteilung übermittelten Informationen versuchen sie, die positive Einstellung der Subjekte gegenüber dem Projekt zu verringern. Sie gehen davon aus, dass die Experimentteilnehmer, die die explizite Aufgabe hatten, über den Abbruch des Projekts zu entscheiden, die Informationen über das Fehlschlagen des Projekts besser wahrnehmen und erinnern können[384] und eher dazu neigen, einen Abbruch zu empfehlen, als Subjekte, deren Einstellung unverändert geblieben ist.[385]

Zur Überprüfung dieser These lassen KADOUS/SEDOR alle Subjekte eine Fallstudie bearbeiten und danach eine Empfehlung zum Abbruch oder zur Fortführung des beschriebenen Entwicklungsprojekts abgeben. Die Subjekte wurden dann gebeten, einen Erinnerungstest zu absolvieren. Die Ergebnisse zeigen, dass die Einstellung der Subjekte einen signifikanten Einfluss auf die Entscheidung hat – die Subjekte, die das Projekt gezielt auf Abbruchsmerkmale hin untersuchen sollten, empfahlen fast doppelt so häufig den Abbruch wie die Subjekte der anderen Gruppen. Um zu überprüfen, ob das beobachtbare Verhalten der Subjekte tatsächlich auf eine selektive Wahrnehmung der Situation

---

381 Keil (1995), S. 432.

382 Vgl. Keil/Robey (1999).

383 Vgl. Kadous/Sedor (2004).

384 Zur Kritik an Direct-Recall-Studien vgl. Brody/Bowman (1997).

385 In ihrem Experiment vergleichen sie die Gruppe der spezifischen Abbruchsaufgabe mit zwei anderen Gruppen. Die zweite Gruppe hat den Auftrag, allgemeine Verbesserungsvorschläge für das fehlschlagende Projekt zu erarbeiten, und die dritte Gruppe, eine von dem Projekt unabhängige Entscheidung für das Unternehmen treffen zu müssen.

zurückzuführen ist, lassen KADOUS/SEDOR die Subjekte einen Erinnerungstest durchführen, bei dem sie gebeten werden, alle negativen Aspekte des Projekts aufzuführen. Die Autoren zeigen, dass die Subjekte, die den spezifischen Auftrag hatten, über einen Abbruch zu entscheiden, doppelt so häufig alle negativen Informationen der Fallstudie korrekt erinnern wie die Subjekte der anderen Gruppen.[386]

Das Ergebnis dieses Experiments kann als Beleg für die signifikante Wirkung des Einflussfaktors der Einstellung des Entscheiders gelten. Dabei senkt eine positive Einstellung die Wahrnehmungsfähigkeit für das Feedback des fehlschlagenden Projekts und führt dadurch zu einer stärkeren Eskalation.

4.1.3 Fazit der Studien zu Wahrnehmungsdefiziten

Unter dem Erklärungsansatz der Wahrnehmungsdefizite wurden zwei psychologische Effekte diskutiert: Wahrnehmungsschwellen und selektive Wahrnehmung, für die jeweils relevante Einflussfaktoren identifiziert werden konnten (vgl. Abbildung 19).

Für den Effekt der Wahrnehmungsschwelle wurden in der Literatur zwei Einflussfaktoren und ein moderierender Faktor identifiziert. Dabei kann gezeigt werden, dass sowohl die ***Gestaltung der Entscheidungssituation*** als auch die ***Salience der Feedback-Information*** einen signifikanten Einfluss auf die Wahrnehmungsschwelle hat. Dabei steigt die Wahrnehmungsschwelle (und damit die Eskalationstendenz), je passiver die Entscheidungssituation und je weniger ausgeprägt die Salience der Feedbackinformation ist. Zudem konnte gezeigt werden, dass der ***Zeitpunkt der Informationssalience*** einen signifikanten moderierenden Effekt ausübt, da nur eine frühe Informationswahrnehmung zu einem eskalationssenkenden Effekt führt.

Weiterhin wurde die Wirkung der selektiven Wahrnehmung auf die Tendenz zu verspäteten Projektabbrüchen aufgezeigt. Dabei stellt die ***Einstellung des Entscheiders*** einen signifikanten Einflussfaktor dar. Entscheider mit einer positiven Einstellung gegenüber dem Projekt neigen dazu, negative Informationen auszublenden und das Projekt infolgedessen fortzuführen.

Da keine empirischen Studien bekannt sind, die die Wirkung der Faktoren in Frage stellen, und Wahrnehmungsdefizite in der psychologischen Literatur im Allgemeinen breite Akzeptanz finden, sollen die hier identifizierten Einflussfaktoren in Kapitel 5 zur Ableitung von Gegenmaßnahmen herangezogen werden.

---

[386] Dabei konnten sie im Durchschnitt nur vergleichbare Mengen an Information richtig erinnern (vgl. Kadous/Sedor (2004), S. 66).

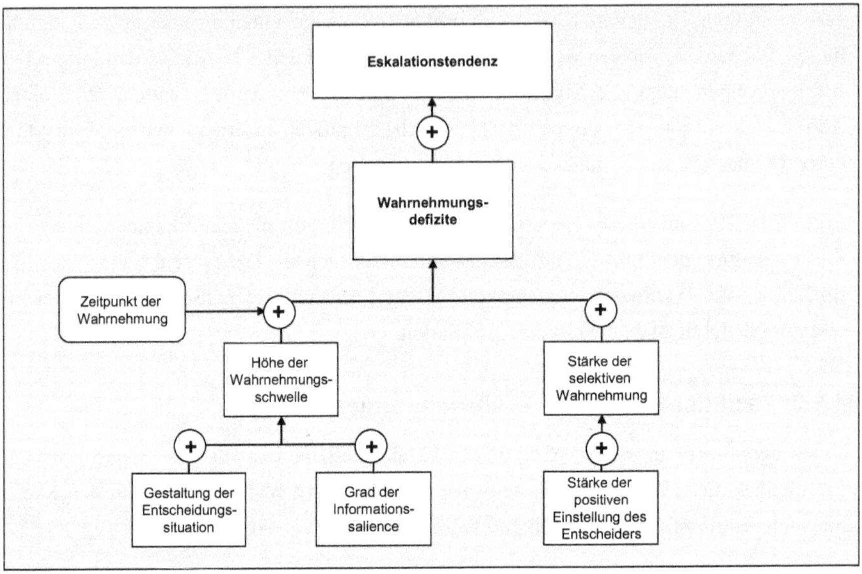

Abbildung 19: Grafische Darstellung der Wirkzusammenhänge im Bereich der Wahrnehmungsdefizite

4.2 Erklärungsansatz der Veränderung des Zielsystems

Hat das Individuum trotz der beschriebenen möglichen Verzerrungen wahrgenommen, dass das Projekt nicht plangemäß voranschreitet, muss es in der auf die Problemwahrnehmung folgenden Zielbildungsphase die von ihm verfolgten Ziele festsetzen. Wie in Kapitel 2.2 definiert, verfolgt der Entscheider grundsätzlich das Ziel, den Wert des Unternehmens zu steigern. Jedoch sagt der im Folgenden besprochene Erklärungsansatz voraus, dass durch den Effekt der Self-Justification das Zielsystem des Entscheiders verändert wird und der Entscheider infolgedessen dazu neigt, Projekte verspätet abzubrechen.

4.2.1 Der Effekt der Self-Justification

Die Self-Justification beschreibt einen psychologischen Effekt, der vorhersagt, dass sich beim Eintreffen des negativen Feedbacks eines fehlschlagenden Projekts das Zielsystem des Projektleiters in der Form ändert, dass er nicht mehr die Wertsteigerung des Unternehmens verfolgt, sondern ausschließlich versucht, durch die Fortführung des Projekts sein Selbstbild zu schützen.[387]

Die Self-Justification weist dabei etliche Parallelen zu KIESLERs ursprünglichem Konzept der Escalation of Commitment (vgl. Kapitel 2.3) auf. In Analogie zu FESTINGERs Dissonanztheorie[388] (die auch Kieslers Konzept zu Grunde liegt) geht STAW davon aus, dass Individuen grundsätzlich nach Dissonanzfreiheit streben. Zudem trifft er unter Rückgriff auf die Arbeiten ARONSONs die Annahme, dass Individuen ein positives „Selbstkonzept" (d. h. positive Kognitionen sich selbst gegenüber) besitzen und es auf jeden Fall bewahren wollen.[389] Negatives Feedback im Projektverlauf löst jedoch eine Dissonanz zwischen dem positiven Selbstkonzept und dem negativen Projektfeedback aus.[390] Die Bedrohung entsteht dabei durch den drohenden Verlust der bisher investierten, nicht wiedergewinnbaren Sunk Costs.[391] Notwendige Voraussetzung für das Auftreten von

---

[387] Vgl. Staw (1976).

[388] Vgl. Festinger (1957).

[389] Vgl. Aronson (1994), S. 208.

[390] An dieser Stelle weicht Staw von Kieslers originärem Modell ab, der von einer Dissonanz zwischen der positiven Einstellung der Entscheider zum Projekt und dem negativen Feedback ausgeht.

[391] Hier ist es von großer Bedeutung festzuhalten, dass die Sunk Costs zwar im Rahmen der Self-Justification insofern eine Rolle spielen, als dass ihr drohender Verlust eine Bedrohung des Selbstbildes auslösen kann. Dies ist jedoch streng von dem später zu beschreibenden Sunk Cost-Effekt zu trennen, der auf einem anderen Mechanismus beruht. Während Sunk Costs hier Auslöser der Bedrohung des Selbstbildes sind, beschreibt der Sunk Cost-Effekt einen Bewertungsfehler, weil sich Entscheider bei der Bewertung (vollkommen unabhängig von einer möglichen Bedrohung des Selbstbildes) fälschlicherweise an den Sunk Costs orientieren.

Self-Justification ist die korrekte Wahrnehmung des negativen Feedbacks, damit eine Dissonanz entstehen kann. Die Motivation, diese Dissonanz zu lösen[392] und sein positives Selbstbild zu schützen, bezeichnet STAW als „***Self-Justification***".[393] Die Veränderung des Zielsystems des Entscheiders von der Wertsteigerung hin zum Schutz seines Selbstbildes wird z. T. auch als „***Motivational Change***"[394] bezeichnet.

Der Effekt der Self-Justification führt dann zu verspäteten Abbrüchen, wenn Individuen versuchen, durch die erneute Investition in ein scheiterndes Projekt zu suggerieren, dass ihre vorherigen Entscheidungen korrekt waren.[395] Statt einer zukunftsgerichteten Logik wenden die Entscheider eine rückwärtsgerichtete Logik an. STAW sagt vorher, dass Individuen besonders dann zur Anwendung einer rückwärtsgerichteten Logik neigen, wenn eine Situation hoher Unsicherheit über die zukünftigen Zustände herrscht und es für die Entscheider unmöglich ist, ex-ante mit Sicherheit eine ergebnisrationale Entscheidung zu treffen. Dann sehen sie sich gezwungen, durch eine rückwärtsgerichtete Logik zu exkulpieren, um ihren "Fehler" (d. h. das Scheitern des Projekts) wettzumachen. „*The major theoretical contribution of a self-justification mechanism is that it posits a form of retrospective as opposed to prospective rationality.*"[396]

Neben dem Wunsch der Dissonanzreduktion erweitert STAW seinen Erklärungsansatz explizit um das Motiv des „***Face-Saving***", nach dem Entscheider versuchen, vor

---

[392] Kann das Individuum sein Selbstbild nicht schützen, indem es eine externe Rechtfertigung für das negative Feedback findet, entsteht eine Dissonanz zu seinem positiven Selbstbild.

[393] Vgl. Staw (1976), S. 27. Vgl. dazu auch Kanodia/Bushman et al. (1989), die in einer formalanalytischen Arbeit zeigen, unter welchen Umständen Self-Justification für den Entscheider auch langfristig sinnvoll sein kann. Inhaltliche Kritik an dem Ansatz wird von WHYTE geäußert, der bemängelt, dass der Erklärungsansatz kognitive Begrenzungen der Entscheider ausblendet, und eine stärkere Aufnahme der Erkenntnisse beschränkter Rationalität z. B. nach Simon fordert (vgl. Simon (1955); Simon (1993) oder Whyte (1986), S. 313 ff.). Diese Kritik ist jedoch zwiespältig zu sehen. Auf der einen Seite sind Whytes Argumente stichhaltig – Entscheider verhalten sich in der Realität oft nur begrenzt rational. Auf der anderen Seite schafft die von Whyte vorgeschlagene pauschale Erweiterung des Ansatzes um begrenzt rationale Individuen keinen Mehrwert, da dann keine pauschalen Aussagen mehr möglich sind. Durch die Verwendung eines integrativen Modells, in dem verschiedene Verzerrungen abgebildet werden wie in der vorliegenden Arbeit erfolgt, kann diese Kritik besser umgesetzt werden.

[394] Teger (1980), S.15. Dieser Effekt beschreibt, dass Subjekte, die zu Beginn das rationale Ziel hatten, einen Profit zu realisieren, ihr Zielsystem ändern, wenn ihr Selbstbild in Gefahr ist, und bestrebt sind, alles zu tun um, ihr Selbstbild zu schützen.

[395] Vgl. Kiesler/Sakamura (1966).

[396] Staw/Ross (1978), S. 44. Dieses Verhalten ist bei einer langfristigen Perspektive auch für den einzelnen Entscheider irrational, denn langfristig wird das Scheitern des Projekts unweigerlich auch für Dritte sichtbar werden. Der Entscheider muss also langfristig das Scheitern eingestehen. Dennoch erliegen Entscheider der Versuchung, den kurzfristigen Schutz des Selbstbildes zu wählen, obwohl auch für sie persönlich langfristig eine Verfolgung der Unternehmensziele optimal ist (vgl. für unstete Präferenzen im Zeitverlauf Loewenstein (2003)).

Dritten ihr Gesicht zu wahren.[397] Dabei wird angenommen, dass Entscheider eine starke *„motivation to protect and enhance one's self-image [in their social surrounding, EZ]"*[398] haben. Diese Motivation konnte in der Sozialpsychologie häufig belegt werden und gilt als etabliert.[399] Da sich in der Realität jedoch beide Erklärungsansätze sehr ähnlich darstellen,[400] werden in der Eskalationsliteratur beide Ansätze unter dem Begriff der Self-Justification diskutiert.[401]

Aus der Logik des Ansatzes ergeben sich demnach drei Einflussfaktoren auf die Self-Justification:

1. Zunächst muss der Entscheider persönliche Verantwortung für das fehlschlagende Projekt verspüren, damit eine Dissonanz zwischen dem negativen Projektfeedback und seinem Selbstbild entstehen kann. Hat der Entscheider keine Verantwortung für das fehlschlagende Projekt, gefährdet das negative Feedback das Selbstbild nicht, d. h., es entsteht keine Dissonanz und damit keine Motivation zur Self-Justification. Als erster Einflussfaktor soll daher der ***Grad der wahrgenommenen persönlichen Verantwortung*** untersucht werden (vgl. Kapitel 4.2.1.1). Die Verantwortung nimmt damit die Rolle einer notwendigen Voraussetzung ein.
2. Aus dem Ansatz der Dissonanztheorie folgt, dass die Stärke der Motivation zur Self-Justification von der wahrgenommenen Stärke der Dissonanz abhängt. Daraus ergibt sich der zweite Einflussfaktor als ***Stärke der Bedrohung des Selbstbildes*** (vgl. Kapitel 4.2.1.2).
3. Aus der Erweiterung der Self-Justification um den Aspekt des Face Saving folgt drittens, dass Entscheider eine besonders starke Bedrohung empfinden, wenn das Scheitern für Dritte einsehbar ist, da die Individuen dann zudem versuchen

---

[397] Vgl. Staw (1976), S. 42 und zum Begriff des Face-Saving auch Crowne/Marlowe (1964). Es ist anzunehmen, dass die Persönlichkeitseigenschaften des Individuums darüber entscheiden, welches der beiden Motive in den Vordergrund tritt (vgl. Brockner/Rubin et al. (1982), S. 263). Da STAW jedoch nicht zwischen den beiden Motivationen unterscheidet, soll auch in dieser Arbeit von einer tiefergehenden Betrachtung abstrahiert werden.

[398] Tetlock (1992), S. 338.

[399] Vgl. z. B. Sherif/Cantril (1947) oder Greenwald (1980).

[400] Vgl. Gaes/Kalle et al. (1978) für eine Untersuchung, in der zwischen Motiven der Dissonanzreduktion und des Face-Saving differenziert wird. In typischen F&E-Situationen ist immer eine gewisse Nachvollziehbarkeit gegeben, so dass insbesondere in diesem Fall keine Unterscheidung zwischen den beiden Effekten notwendig ist.

[401] Vgl. neben Staw (1976), S. 42 auch Staw (1981); Brockner/Rubin (1985) oder Simonson/Staw (1992), S. 419. Die Autoren sehen Face-Saving als reine Erweiterung des Self-Justification-Ansatzes: *„The justification motive has also been extended externally to suggest that decision makers are hesitant to expose their errors to others."* (Simonson/Staw (1992), S. 419).

müssen, das Gesicht vor Dritten zu wahren.[402] Als dritter Einflussfaktor ergibt sich damit die ***Stärke der Bedrohung des Selbstbildes durch Dritte*** (vgl. Kapitel 4.2.1.3).

Zusätzlich beruht der Effekt auf der (meist implizit getroffenen) Annahme, dass die Entscheider eine ***hohe Entscheidungsfreiheit*** haben[403] und auch bereit sind, diese ***opportunistisch auszusnutzen,*** um ihr Selbstbild zu schützen. Im Folgenden sollen die einzelnen Studien geordnet nach den drei Einflussfaktoren vorgestellt werden.

4.2.1.1 Einflussfaktor 4: Grad der persönlichen Verantwortung

Der Einflussfaktor des Grads der persönlichen Verantwortung wird mit Hilfe verschiedener Operationalisierungen umgesetzt.

Operationalisierung der Verantwortung durch Auswahl einer Alternative

Die erste empirische Überprüfung des Effekts der Self-Justification führt STAW im Jahr 1976 mit Hilfe eines Fallstudien-Experiments durch, in dem er Subjekte die Fallstudie eines fiktiven Unternehmens, der „Adam&Smith Company“ bearbeiten lässt.[404] In der Fallstudie werden zwei Abteilungen beschrieben, denen an zwei Entscheidungspunkten ein Budget für ein Entwicklungsprojekt zugeordnet werden muss.[405] Die Experimentteilnehmer übernehmen die Rolle des budgetverantwortlichen Entscheiders. Zwischen den Allokationen erhalten die Teilnehmer Feedback über den Erfolg/Misserfolg der Budgetverwendung, bevor sie über die Aufteilung des zweiten Budgets entscheiden müssen.

STAW variiert die Verantwortung, indem ein Teil der Subjekte die Auswahlentscheidung in der ersten Entscheidungsperiode selbst treffen muss. Dadurch soll eine hohe persönliche Verantwortung geschaffen werden. Dem anderen Teil der Subjekte wird dagegen lediglich mitgeteilt, welche Abteilung das erste Budget erhalten hat, wodurch eine niedrige persönliche Verantwortung erzeugt werden soll. Um die Wirkung des Faktors der Verantwortung zu überprüfen, wird der einen Hälfte der Experimentteilnehmer ein positives, der anderen Hälfte ein negatives Resultat der Entwicklungstätigkeit nach der ersten Periode suggeriert. STAW hypothetisiert, dass die Teilnehmer, die durch die Auswahl der Alternative eine hohe persönliche Verantwortung verspüren und

---

[402] Vgl. Tetlock (1985).

[403] Diese Annahme scheint nach den Darstellungen in Kapitel 2.1 für den Fall eines F&E-Projektleiters durchaus realistisch.

[404] Vgl. Staw (1976).

[405] Dabei muss in der ersten Periode das zur Verfügung stehende Budget komplett einer der beiden Abteilungen zugeordnet werden. Erst in der zweiten Periode können die Entscheider das Budget aufteilen.

zudem negatives Feedback bekommen, eine Bedrohung ihres Selbstbildes empfinden und demzufolge eskalieren. Der Grad der Eskalation wird über die Höhe der Budgetmittel gemessen, die der Entscheider in der zweiten Entscheidungsperiode der ursprünglich gewählten Abteilung zuweist. Er kann im Ergebnis einen starken Interaktionseffekt zwischen Verantwortung und Feedback feststellen, wobei diejenigen Subjekte, die Verantwortung für die Initialentscheidung tragen und negatives Feedback bekommen, eine signifikante Eskalationstendenz aufzeigen. Hierin sieht er einen empirischen Beleg der Hypothese des Erklärungsansatzes der Self-Justification.

Wie die folgenden Ausführungen zeigen, konnte die Wirksamkeit des Einflussfaktors der Verantwortung im Folgenden mit verschiedenen Experimenttypen, Operationalisierungen und Messgrößen belegt werden.

So wird die eskalationsfördernde Wirkung von persönlicher Verantwortung und negativem Feedback z. B. drei Jahre später mit Hilfe eines Experiments in einem anderen Kontext erneut bestätigt.[406] Im Unterschied zu dem Experiment von STAW wird hier eine Fallstudie aus dem Bereich der Personalentwicklung verwendet[407] und der Grad der Eskalation über sieben verschiedene Messgrößen erfasst.[408] Genau wie bei STAWs Experiment aus dem Jahr 1976 zeigt sich auch hier, dass Subjekte mit hoher Verantwortung stärker dazu neigen, ihre ursprüngliche Handlung zu bestätigen als Subjekte ohne Verantwortung.[409] Dies wird als weiterer Beleg für die These des Self-Justification-Ansatzes angesehen.

Zwei weitere Experimente von SCHOORMAN und SCHULZ/CHENG können mit verschiedenen Replikationen des Ausgangsexperiments von STAW ebenfalls die Wirkung von persönlicher Verantwortung auf die Motivation zur Self-Justification nachweisen.[410]

Den Wert des Erklärungsansatzes unterstreicht zudem das Ergebnis einer Studie von BATEMAN/ZEITHAML.[411] Diese lassen zunächst erfahrene Manager eine Variante des

---

406 Vgl. Bazerman/Beekun et al. (1982).

407 Vgl. Bazerman/Beekun et al. (1982). Die Autoren lassen 289 BWL-Studenten eine Fallstudie aus dem Personalbereich bearbeiten. Die Subjekte mussten zunächst aus einer Reihe von Kandidaten einen neuen Mitarbeiter auswählen. In der zweiten Periode mussten die Subjekte dann die Leistung dieses neuen Mitarbeiters auf der Basis von Informationen bewerten, die seine Leistung unterdurchschnittlich darstellen.

408 Als zusätzliche Messgrößen wurden z. B. abgefragt: das Potential für Gehaltserhöhung, die Wahrscheinlichkeit einer weiteren Beförderung, die Wahrscheinlichkeit eines Sonderurlaubs u. ä.

409 Die Subjekte bewerten den Kandidaten auf sechs der sieben Messgrößen signifikant besser, wenn sie ihn vorher selbst ausgesucht haben (vgl. Bazerman/Beekun et al. (1982), S. 876).

410 Vgl. Schoorman/Holahan (1996) und Schulz/Cheng (2002).

411 Vgl. Bateman/Zeithaml (1989b) und Bateman/Zeithaml (1989a).

Adam&Smith-Fallstudienexperiments durchführen. Danach legen sie einer zweiten Gruppe von erfahrenen Managern die Experimentunterlagen vor und lassen sie das Ergebnis des Experiments schätzen. Dabei zeigt sich, dass die Manager die experimentellen Ergebnisse nicht korrekt vorhersagen können. Daraus schließen BATEMAN/ZEITHAML, dass die Aussagen des Erklärungsansatzes offensichtlich nicht intuitiv sind und der Erklärungsansatz somit wertvoll ist, da er ansonsten unerklärbares Verhalten erklärbar macht.

Die Ergebnisse dieser experimentellen Untersuchung können im Folgenden auch durch eine Feldstudie bestätigt werden, in der SCHOORMAN das tatsächliche Verhalten von Angestellten in der Personalentwicklung untersucht und ein ähnliches Verhaltensmuster feststellt.[412]

BAZERMAN/GUILIANO ET AL. bemängeln den Schluss vom gemessenen Verhalten auf das zu Grunde liegende Motiv der Self-Justification und streben einen direkteren Beleg für den Erklärungsansatz an.[413] Dazu lassen sie 183 Undergraduate-Studenten das Adam&Smith Fallstudienexperiment von STAW[414] durchführen, messen jedoch nicht nur die Höhe der Investition, sondern mit Hilfe eines separaten Fragebogens auch die durch das negative Feedback ausgelöste Dissonanz der Entscheider. Durch die direkte Messung der Dissonanz kann überprüft werden, ob tatsächlich eine Dissonanz zwischen positivem Selbstbild und negativem Feedback für das eskalatorische Verhalten verantwortlich gemacht werden kann, wie durch den Erklärungsansatz der Self-Justification vorhergesagt wird. Die Auswertung des Fragebogens zeigt, dass die Subjekte, die eskalatorisches Verhalten an den Tag legen, auch eine stärkere Dissonanz als andere Subjekte gespürt haben. Dies kann als direkter Beleg der These der Self-Justification gewertet werden.

---

[412] Vgl. Schoorman (1988). Schoorman befragt 354 Angestellte eines Unternehmens, an welchen Einstellungsentscheidungen sie beteiligt waren und wie sie damals zu dieser Entscheidung standen. Danach bittet er die Teilnehmer, denjenigen Angestellten nach heutigem Wissensstand erneut zu bewerten. Das Ergebnis der Feldstudie zeigt, dass Entscheider stark dazu neigen, ihre bisherigen Einstellungen zu bestätigen. Subjekte, die an der Einstellung eines Mitarbeiters beteiligt und einverstanden waren und damit eine hohe Verantwortung tragen, beurteilen diesen Mitarbeiter überdurchschnittlich positiv, während diejenigen, die an der Einstellung beteiligt, aber nicht einverstanden waren, den Angestellten signifikant schlechter beurteilen.

[413] Vgl. Bazerman/Giuliano et al. (1984).

[414] Vgl. Staw (1976).

In einer longitudinalen Feldstudie stellen LYDON/ZANNA ebenfalls eine direkte Verbindung zwischen wahrgenommener Dissonanz und eskalatorischem Verhalten fest.[415]

WHYTE untersucht in einer Folgestudie, inwiefern der Grad der wahrgenommenen persönlichen Verantwortung zu erhöhten Folgeinvestitionen führt, und geht über die bisherigen Studien hinaus, die Verantwortung nur in zwei Stufen (keine Verantwortung vs. persönliche Verantwortung) variieren, indem er drei unterschiedliche Grade an Verantwortung herstellt.[416] Um den Grad der übernommenen Verantwortung zu variieren, suggeriert er jeweils einem Drittel der Subjekte, (1) überhaupt keine persönliche Verantwortung zu tragen, da die Auswahlentscheidung von jemand anderem ausgeübt wurde, (2) eine gewisse persönliche Verantwortung zu tragen, da die Entscheidung von einer Gruppe gefällt wurde, in der das Subjekt Mitglied war, oder (3) komplett die alleinige Verantwortung zu tragen. Das Ergebnis des Experiments bestätigt den angenommenen Zusammenhang zwischen der Höhe der wahrgenommenen persönlichen Verantwortung und der Stärke der Eskalationstendenz – Entscheider mit hoher persönlicher Verantwortung eskalierten signifikant stärker als Entscheider ohne Verantwortung.

Belege aus quantitativen Feldstudien

Neben diesen experimentellen Belegen lassen sich auch in zwei quantitativen Feldstudien Belege für die Wirkung der Verantwortung auf die Eskalationstendenz finden.

MCCARTHY/SCHOORMAN ET. AL. untersuchen 1993 die Reaktion von Start-Up-Unternehmen auf negatives Marktfeedback.[417] Aus der Logik des Effekts der Self-Justification schließen sie, dass Unternehmen dann dazu neigen sollten, auf negatives Markt-Feedback mit einer weiteren Expansion zu reagieren, wenn der Gründer (d. h. der Verantwortliche für die Gründungsentscheidung) selbst noch in leitender Position in dem jeweiligen Unternehmen aktiv ist, da dieser das negative Marktfeedback als Bedrohung für sein Selbstbild interpretieren wird. Sie vergleichen daher die Reaktion gründer-

---

[415] Vgl. Lydon/Zanna (1990). Die Autoren erfragen von den Teilnehmern zunächst die Bedeutung von Projekten aus dem persönlichen Bereich. In einer späteren Interviewrunde befragen sie die Teilnehmer nach Widerständen gegen das Projekt und wie sie darauf reagiert haben. Gemäß den Vorhersagen des Erklärungsansatzes werden bei den Entscheidern besonders dann ein starkes Motiv zum Selbstschutz aktiv, wenn das abzubrechende Projekt von hoher Bedeutung für das Individuum ist. Folglich sollten Entscheider besonders dann stark eskalieren, wenn ihnen das Projekt sehr wichtig ist, d. h., sein Scheitern eine große Dissonanz erzeugt und das Selbstbild stark angegriffen wird. Im Ergebnis zeigt sich, dass Entscheider dann signifikant mehr eskalieren, wenn ihnen das Projekt wichtig war, und ein Scheitern eine starke Dissonanz ausgelöst hätte und als Angriff auf das positive Selbstbild gedeutet worden wäre.

[416] Vgl. Whyte (1991).

[417] Vgl. McCarthy/Schoorman et al. (1993).

geführter Unternehmen auf negatives Marktfeedback mit der Reaktion managergeführter Unternehmen. Dabei können sie zeigen, dass gründergeführte Unternehmen dazu neigen, trotz negativem Marktfeedback zu expandieren.[418] Dieses Ergebnis sehen sie als empirischen Beleg des Erklärungsansatzes der Self-Justification und der Wirkung des Faktors der Verantwortung.

Einen weiteren Beleg für den Erklärungsansatz der Self-Justification und die Wirkung der Verantwortung liefern STAW/BARSADE ET AL. mit ihrer quantitativen Feldstudie.[419] Auf der Basis des Erklärungsansatzes sagen sie voraus, dass Manager in Banken Kredite mit hohen Ausfallwahrscheinlichkeiten dann nicht abschreiben, d. h. das Projekt nicht abbrechen, wenn sie selbst Verantwortung für die Vergabe der Kredite tragen. Sie hypothetisieren weiterhin, dass in Banken nach einem Wechsel der Manager die Gelegenheit genutzt wird, eine große Zahl dieser Not leidenden Kredite abzuschreiben. Daher sagen sie eine positive Korrelation zwischen den Größen „Management-Turnover" zum einen und der Höhe der Rückstellungen für den Ausfall Not leidender Kredite sowie der Höhe der Abschreibungen Not leidender Kredite zum anderen voraus. Die Auswertung der Daten von 132 kalifornischen Banken über einen Zeitraum von neun Jahren belegt den vorhergesagten Effekt. Um dem Vorwurf zu entgegen, dass der Turnover lediglich ein Anzeichen für schlechtes Management ist und die höheren Abschreibungen potentiell nur eine Folge des schlechten Managements sind, erfassen die Autoren den Turnover von Vorstandsmitgliedern und operativen Managern separat. Sie argumentieren, dass Vorstände meist keinen direkten Einfluss auf einzelne Kreditpositionen nehmen und daher der Turnover auf Vorstandsebene losgelöst von der Rate der Abschreibungen sein sollte. Da in ihrem Sample nur der Turnover der operativen Manager einen Effekt auf die Abschreibungsrate hat, nicht jedoch der Turnover auf Vorstandsebene, nehmen die Autoren diese Ergebnisse als Beleg für die Wirksamkeit des Entscheidungsansatzes.

Mehrperiodische Untersuchungen des Faktors der Verantwortung

Da in der Realität bei der Beobachtung von eskalatorischem Verhalten per definitionem mehrere Perioden betrachtet werden, drängt sich die Frage auf, ob durch den Erklärungs-

---

[418] Da in dieser Feldstudie unternehmergeführte Start-Ups betrachtet wurden, kann mit dem Ergebnis dieser Fallstudie auch das Argument entkräftet werden, dass die Subjekte in den Experimenten nur auf Grund opportunistischer Motive eskalieren und sich das Eskalationsphänomen damit erschöpfend durch eine Prinzipal-Agenten-Betrachtung diskutieren lässt. Da die Gründer aber alle noch Gesellschaftsanteile hielten, lässt sich opportunistisches Verhalten als Erklärung weitgehend ausschließen. Dieses Ergebnis legt nahe, dass Manager nicht eskalieren, um eine Informationsasymmetrie auszunutzen, sondern um ihr Selbstbild zu erhalten.

[419] Vgl. Staw/Barsade et al. (1997).

ansatz der Self-Justification auch in Experimenten Eskalation in mehreren auf einander folgenden Entscheidungen erklärt werden kann.

Die erste mehrperiodische Untersuchung des Erklärungsansatzes und des Einflussfaktors der Verantwortung führen STAW/FOX 1977 durch.[420] Sie lassen ihre Subjekte eine leicht adaptierte Version des Adam&Smith Fallstudienexperiments bearbeiten, in der drei aufeinander folgende Entscheidungen statt nur einer einzigen zu treffen sind. In diesem Experiment erhalten alle Subjekte negatives Feedback auf ihre jeweiligen Entscheidungen. Das Ergebnis in der ersten Entscheidung bestätigt das Ergebnis des ersten Experiments: Wiederum investierten die Subjekte mit hoher Verantwortung signifikant mehr als Subjekte ohne Verantwortung. Dieses Ergebnis dreht jedoch in den beiden letzten Folgeentscheidungen: Die verantwortlichen Entscheider investierten jeweils weniger als die nicht direkt persönlich verantwortlichen Entscheider. Eine eindeutige Erklärung für das beobachtbare Muster können STAW/FOX nicht liefern. Sie schließen daher, dass Verantwortung durchaus eskalationsfördernd wirkt, dass jedoch im Mehrperiodenfall komplexe Phänomene auftreten, die weiterer Klärung bedürfen.

MCCAIN wiederholt das Experiment daher in einer leicht abgeänderten Form mit zehn an Stelle von drei Entscheidungsperioden.[421] Der Grad der Eskalation wird in diesem Experiment nicht nur über die durchschnittlich investierte Summe, sondern zusätzlich über die Anzahl der Subjekte, die das Projekt nicht abbrechen, gemessen. Ein Vergleich der zehn Entscheidungsperioden zeigt, dass ähnlich wie bei STAW/FOX der Eskalationseffekt auf die ersten Perioden beschränkt bleibt. Zudem ist der Effekt der Verantwortung zwar signifikant, aber relativ schwach. MCCAIN schließt daraus, dass der Erklärungsansatz der Self-Justification auf wenige Perioden beschränkt ist. Er stellt die Hypothese auf, dass Lerneffekte verhindern, dass Subjekte lange eskalieren.[422]

Eine weitere mehrperiodische Untersuchung des Erklärungsansatzes der Self-Justification liefern SCHMIDT/CALANTONE in einer vierperiodischen Replikation des Adam&Smith-Fallstudienexperiments.[423] Darin wird das eskalatorische Verhalten über

---

420 Vgl. Staw/Fox (1977).

421 Vgl. McCain (1986).

422 Vgl. McCain (1986). McCain kann z. B. nachweisen, dass die Existenz erfolgreich verlaufender Alternativprojekte die Eskalationstendenz signifikant verringert. McCain schließt daraus, dass die Subjekte durch die Existenz solcher Alternativen lernen, bessere Entscheidungen zu treffen, und daher weniger stark eskalieren. Diese These wird durch zwei Folgeuntersuchungen bestärkt. Sowohl Goltz als auch Hantula/Denicolis-Bragger zeigen in zwei ähnlich aufgebauten Experimenten, dass eindeutiges Feedback im Verlauf der Zeit einen deutlichen Lerneffekt bedingen kann, der die Tendenz zur Eskalation verringert (vgl. Goltz (1992); Goltz (1993) und Hantula/Denicolis Bragger (1999)).

423 Vgl. Schmidt/Calantone (2002).

drei Messgrößen erfasst: (1) die Einschätzung des Fehlerrisikos, (2) die Wahrscheinlichkeit die nächste Phase zu finanzieren, und (3) das subjektiv wahrgenommene Commitment.[424] Genau wie STAW/FOX und MCCAIN können auch SCHMIDT/CALANTONE für die erste experimentelle Entscheidungsperiode zeigen, dass die Subjekte, die Verantwortung tragen, dem Projekt nicht nur höhere Erfolgschancen zuordnen und es wahrscheinlicher finanzieren, sondern auch über ein höheres Commitment berichten als Subjekte, die keine Verantwortung tragen. Damit belegen SCHMIDT/CALANTONE die Wirksamkeit des Einflussfaktors der Verantwortung in der ersten Periode. Die Betrachtung der drei abhängigen Variablen im Zeitverlauf zeigt jedoch, dass die Wirkung der Verantwortung in den letzten beiden Perioden abnimmt und kaum mehr signifikant ist. Auch hier gelingt es also nicht, durch Kombination von Verantwortung und negativem Feedback einen über mehrere Perioden hinweg stabilen Eskalationseffekt zu erzielen. Die Vorhersage, dass der Erklärungsansatz der Self-Justification eine mehrperiodische Eskalation hervorrufen kann, kann hier erneut nicht bestätigt werden.

Operationalisierung der Verantwortung durch Zuweisung von Verantwortung

Die Wirkung des Einflussfaktors der Verantwortung lässt sich auch nachweisen, wenn diese nicht durch die Auswahl einer Alternative, sondern durch direkte Zuweisung von Verantwortung an die Experimentteilnehmer operationalisiert wird.

CALDWELL/O'REILLY kritisieren, dass in den meisten Experimenten die Verantwortung durch die Auswahl einer Alternative durch das Subjekt erzeugt wurde. Demgegenüber steht ihrer Meinung nach die organisationale Realität in Unternehmen, in denen einem Entscheider Verantwortung oft schlicht zugewiesen wird. Deshalb überprüfen sie in ihrem Experiment, ob auch die explizite Zuweisung von Verantwortung einen Effekt auf das eskalatorische Verhalten zeigt. Des Weiteren messen sie die Wirkung nicht wie STAW durch eine investitionsbezogene Größe, sondern durch die Informationsverzerrung durch den Entscheider.[425] Sie zeigen, dass die Operationalisierung der Verant-

---

[424] Die Erfassung der Variable „Commitment" erfolgt über eine Selbsteinschätzung der Subjekte.

[425] Vgl. Caldwell/O'Reilly (1982). Die Autoren messen die Informationsverzerrung, in dem sie die Subjekte bitten, einen Bericht über das Projekt aus einer Liste von 34 möglichen Phrasen zu erstellen. Dabei erfassen sie fünf verschiedene Größen: (1) die Anzahl der gewählten Phrasen, (2) die Anzahl der positiven Phrasen, (3) die Anzahl der der negativen Phrasen, (4) die Anzahl der neutralen Phrasen und (5) die Anzahl der verteidigenden Phrasen. Sie stellen die Hypothese auf, dass Subjekte, die eine Bedrohung ihres Selbstbildes wahrnehmen, eher positive oder verteidigende Phrasen wählen als Subjekte, die keine Bedrohung wahrnehmen.

wortung durch Auswahl einer Alternative und durch direkte Zuweisung die gleiche Wirkung hat.[426]

Dieses Ergebnis wird auch von ARKES/BLUMER belegt, die in einem Experiment Verantwortung ebenfalls durch reine Zuweisung operationalisieren und ebenfalls einen signifikanten Effekt auf die Investitionsentscheidung feststellen können.[427]

Fazit des Einflussfaktors: Grad der wahrgenommenen persönlichen Verantwortung

Die Ergebnisse der oben aufgeführten Studien zeigen, dass sowohl durch die Auswahl einer Alternative in einer zurückliegenden Entscheidungsperiode als auch durch die direkte Zuweisung das Gefühl hoher persönlicher Verantwortung erzeugt werden kann. Des Weiteren kann gezeigt werden, dass die Dissonanz steigt, je höher die wahrgenommene persönliche Verantwortung ist, und demzufolge desto höher die Eskalationstendenz.[428] Erklärungsbedürftig bleibt jedoch die Tatsache, dass sich die Eskalationstendenz bisher nicht in mehrperiodischen Experimenten belegen ließ. Dies scheint auf den ersten Blick den Erklärungswert des Effekts einzuschränken. Demgegenüber stehen jedoch die Belege der Feld- und Fallstudien, in denen Fälle mehrperiodischer Eskalation mit Hilfe der Self-Justification erklärt werden können. An dieser Stelle kann dazu nur der Versuch einer Erklärung gemacht werden. Erstens finden experimentelle Studien immer unter Laborbedingungen statt, in denen die einzelnen Entscheidungszeitpunkte meistens sehr eng (meist nur wenige Minuten) auseinander liegen, während in der Realität wesentlich mehr Zeit zwischen den Entscheidungen liegt (z. B. mehrere Monate bei größeren F&E-Projekten). Dadurch kann es unter Laborbedingungen zu sehr starken Lerneffekten und damit einer abnehmenden Eskalationstendenz kommen, die in der Realität nicht vorkommen. Auf Grund der starken Belege aus einperiodischen Untersuchungen soll der Einflussfaktor in der weiteren Arbeit jedoch verwendet werden.

---

[426] Durch diesen Nachweis kann die Kritik von Moser/Wolff et al. (2003) entkräftet werden, die die Hypothese aufgestellt haben, dass durch die Operationalisierung der Verantwortung als „Wahl einer Alternative in der Anfangsperiode" nicht nur Verantwortung erzeugt wird, sondern auch eine Präferenz über die Projektdurchführung abgefragt wird. Ihrer Meinung nach könnte die festgestellte eskalationsfördernde Wirkung der Auswahl einer Alternative in der ersten Periode schlicht eine Folge dieser Präferenz sein. Durch die Studie von Caldwell/O'Reilly kann diese Hypothese jedoch widerlegt werden (vgl. Caldwell/O'Reilly (1982)).

[427] Vgl. Arkes/Blumer (1985), S. 129 und 135, die die Subjekte in einem Experiment über den Fortgang der Entwicklungsarbeiten an einem neuen Flugzeug entscheiden lassen, in das bisher bereits 90% des Entwicklungsbudgets investiert wurden, als ein Wettbewerber ein überlegenes Flugzeug am Markt platziert. Wird den Subjekten suggeriert, sie seien der Präsident des Flugzeugherstellers und persönlich für das Projekt verantwortlich, entscheiden sich 85% für eine Fortführung des Projekts. Wird den Subjekten jedoch suggeriert, dass sie keinen direkten Bezug zu dem Projekt haben, entscheiden sich nur noch 64% der Subjekte und damit signifikant weniger als im ersten Fall für die Fortführung.

[428] Wie die Ergebnisse der mehrperiodischen Studien andeuten, ist der Effekt jedoch nur auf eine oder wenige Entscheidungsperioden beschränkt.

4.2.1.2 Einflussfaktor 5: Stärke der Bedrohung des Selbstbildes

Wie bereits dargestellt, kann die Stärke der Bedrohung des Selbstbildes auch durch die Höhe der negativen Konsequenzen für das Selbstbild beeinflusst werden. Diese lässt sich auf verschiedene Weise operationalisieren.

Operationalisierung der Bedrohung des Selbstbildes durch „Diagnosticity"
Eine erste Möglichkeit, die interne Bedrohung des Selbstbildes zu operationalisieren liegt in der Variation der „***Diagnosticity***", d. h. der Aussagekraft des Scheiterns des Projekts für die Selbsteinschätzung.

BROCKNER/HOUSER ET AL. lassen ihre Experimentteilnehmer dazu eine experimentelle Aufgabe bearbeiten, die so gestaltet ist, dass die Probanden sie auf keinen Fall erfolgreich lösen können.[429] Dabei teilen sie einer Gruppe von Subjekten mit, dass die Leistung im Experiment einen hohen Aufschluss über die Leistungsfähigkeit in einer Reihe von anderen Bereichen erlaubt. Dies wird als hohe Aussagekraft bzw. „hohe Diagnosticity" bezeichnet.[430] Diese Information sollte die Subjektgruppe dazu veranlassen, einen starken Bezug zwischen ihrem Selbstbild und dem Projektfeedback herzustellen. Ein Scheitern bei der experimentellen Aufgabe bedeutet damit für diese Subjekte eine hohe Bedrohung ihres positiven Selbstbildes. Der anderen Subjektgruppe wird dagegen explizit mitgeteilt, dass die Leistung im Experiment keinen Rückschluss auf die Leistungsfähigkeit erlaubt (geringe Diagnosticity). Die Autoren messen den Grad der Eskalation durch die Anzahl der Perioden, in denen die Subjekte die experimentelle Aufgabe ausführen, bevor sie abbrechen. Die Ergebnisse zeigen, dass die Subjekte die experimentelle Aufgabe signifikant länger bearbeiten, wenn sie glauben, dass diese eine hohe Aussagekraft über ihr tatsächliches Leistungsvermögen hat. Daraus schließen BROCKNER/HOUSER ET AL., dass der Einflussfaktor der Bedrohung des Selbstbildes eine signifikante Wirkung auf die Eskalationstendenz ausübt.

Eine Bestätigung erfahren diese Ergebnisse durch eine nachfolgende Studie von FOX/SCHMIDA ET AL. Die Autoren zeigen, dass Subjekte fehlschlagende Projekte signi-

---

[429] Vgl. Brockner/Houser et al. (1986) für diese und die nachfolgenden Aussagen.

[430] Wenn Subjekte die Projektergebnisse so interpretieren, dass diese eine hohe Aussagekraft über ihre tatsächliche Leistungsfähigkeit haben (hohe Diagnosticity), sollte die Dissonanz zu dem positiven Selbstbild umso größer sein und daher auch die Eskalationstendenz. Brockner/Rubin (1985) differenzieren den Begriff der Diagnosticity des Weiteren in „Breite der Diagnosticity", d. h. die Anzahl der Aspekte des Selbstbildes, die von der Information betroffen sind, und „Tiefe der Diagnosticity", d. h. die Wichtigkeit, die die Subjekte den einzelnen Aspekten zuordnen. Diese Einteilung wurde jedoch in der folgenden Literatur nicht weiter verwendet und soll daher auch im Folgenden nicht zur Anwendung kommen.

fikant länger fortführen, wenn sie glauben, dass die experimentelle Aufgabe mit einem Gebiet verknüpft ist, in dem sie selbst eine hohe Kompetenz zu haben glauben. In diesem Fall ordnen die Subjekte dem Feedback eine hohe Diagnosticity zu und erfahren daher eine starke Bedrohung ihres positiven Selbstbildes.[431]

Operationalisierung der Bedrohung des Selbstbildes durch Feedback
Neben dem Grad der Diagnosticity kann auch durch die ***Formulierung des Feedback*** die Stärke der internen Bedrohung des Selbstbildes variiert werden.

Um den Einflussfaktor der Bedrohung des Selbstbildes zu überprüfen, führen DAVIS/BOBKO ein Experiment durch, das sich maßgeblich an STAWs Adam&Smith-Fallstudie[432] orientiert.[433] Genau wie in dem Ursprungsexperiment muss die Hälfte der Subjekte zwischen zwei alternativen Programmen auswählen, um persönliche Verantwortung zu kreieren, während der anderen Hälfte nur das durchzuführende Programm mitgeteilt wird. Bevor die Subjekte ihre Entscheidung in der zweiten Entscheidungsperiode treffen, erhalten alle Experimentteilnehmer inhaltlich gleiches, aber unterschiedlich formuliertes Feedback über den Erfolg des gewählten Programms. So wird einer Gruppe mitgeteilt, dass „40% der gesetzten Ziele erreicht wurden“, während einer anderen Gruppe kommuniziert wird, dass sie „60% der Ziele verfehlt habe“.

Die Studie zeigt neben einem signifikanten Haupteffekt der Verantwortung einen starken Interaktionseffekt zwischen Verantwortung und der Formulierung des Feedbacks. Durch den Interaktionseffekt erzeugt das negativ formulierte Feedback bei Entscheidern mit hoher Verantwortung eine besonders starke eskalatorische Wirkung.[434] Dieser Inter-

---

431 Vgl. Fox/Schmida et al. (1995).

432 Vgl. Staw (1976).

433 Vgl. Davis/Bobko (1986). Ziel der Studie war es primär, den im Bereich der Prospect-Theory beschriebenen Reflection-Effekt (vgl. Kapitel 2.4) zu untersuchen, jedoch ließen sich die erzielten Ergebnisse am besten mit dem Self-Justification-Effekt erklären. Die generelle Wirkung der Formulierung des Feedbacks wurde bereits zwei Jahre zuvor in einem an die Adam&Smith-Fallstudie (vgl. Staw (1976)) angelehnten Experiment von Brockner/Bazerman et al. nachgewiesen (vgl. Brockner/Bazerman et al. (1984), zitiert nach Brockner/Rubin (1985), S. 55). In dem Experiment wurden Subjekte in einer Fallstudie in die Rolle eines Universitätspräsidenten versetzt, der in zwei konsekutiven Perioden über eine Investition in zwei konkurrierende Programme entscheiden muss. Brockner/Bazerman et al. variieren den Feedback-Frame und zeigen, dass die Subjekte in der negativen Feedback-Kondition wesentlich stärker dazu neigen, das Projekt weiterhin zu finanzieren.

434 Die Studie zeigt keinen signifikanten Haupteffekt der Formulierung des Feedbacks. Diese Ergebnisse widerlegen die Kritik von Bazerman (1984) und Whyte (1986), die die Hypothese aufgestellt haben, dass die Ergebnisse der Studien zur Self-Justification alle mit dem Reflection-Effekt erklärt werden könnten, weil in allen Studien das negative Feedback immer in einem negativen Frame präsentiert wird. In dieser Studie (und ebenso in der Studie von Schoorman/Mayer et al. (1994)) kann jedoch nachgewiesen werden, dass der Effekt der Self-Justification auch unabhängig von dem der Formulierung des Feedbacks auftritt, wodurch die Kritik an dem Erklärungsansatz entkräftet werden kann.

aktionseffekt kann erklärt werden, wenn angenommen wird, dass die Entscheider durch die negative Formulierung des Feedbacks eine starke Bedrohung ihres Selbstbildes empfanden, die wiederum zu einer starken Motivation zu selbstschützendem Verhalten geführt hat. Positiv geframtes Feedback verringert dagegen die Bedrohung des Selbstbildes, da dem Scheitern immer noch positive Aspekte abgewonnen werden.[435]

Fazit des Einflussfaktors Stärke der Bedrohung des Selbstbildes

Die Betrachtung der Studien zeigt, dass die Wirkung des Einflussfaktors wiederholt nachgewiesen werden konnte, wobei unterschiedliche Operationalisierungen (wie z. B. die Diagnostictiy oder die Formulierung des Feedbacks genutzt wurden. Er soll daher in der weiteren Arbeit verwendet werden.

4.2.1.3 Einflussfaktor 6: Stärke der Bedrohung des Selbstbildes durch Dritte

Wie oben aufgeführt, ist zu vermuten, dass die soziale Situation des Entscheiders einen signifikanten Einfluss auf die Stärke der Motivation nach Self-Justification ausübt und wird daher als dritter Einflussfaktor untersucht.

Operationalisierung der Bedrohung durch negative Konsequenzen für die Karriere und das Ansehen des Entscheiders

FOX/STAW nehmen an, dass Entscheider dann besonders stark eskalieren werden, wenn der potentielle Schaden für ihr Ansehen oder ihre Karriere sehr groß ist.[436] Sie führen daher eine Replikation des Adam&Smith-Fallstudien-Experiments durch, in der das Ausmaß der negativen Konsequenzen für den Entscheider durch zwei verschiedene Operationalisierungen umgesetzt wird.

Einen Teil der Subjekte wird mitgeteilt, dass sie die Position des Finanzvorstands nur kommissarisch besetzen und dass die finale Besetzung der Stelle maßgeblich von ihrer Leistung abhängt. Dadurch soll den Subjekten verdeutlicht werden, dass potentiell hohe negative Konsequenzen (d. h. der Verlust der Stelle) mit einem Scheitern des Projekts verbunden sind. Dem anderen Teil der Subjekte wird dagegen mitgeteilt, dass sie unangefochten die Position des Finanzvorstands innehaben. Sie hypothetisieren, dass Subjekte mit hoher sozialer Unsicherheit die durch das negative Feedback ausgelöste

---

[435] Rutledge/Harrel können in einer Folgestudie keinen signifikanten Interaktionseffekt feststellen (vgl. Rutledge/Harrell (1993)). Schoorman/Mayer et al. (1994) zeigen ein Jahr später, dass die Formulierung des Feedbacks nur dann einen Einfluss ausübt, wenn wenig andere Informationen zur Verfügung stehen – bei hoher Informationsdichte und großer Verantwortung sinkt dagegen der Effekt der Formulierung des Feedbacks.

[436] Vgl. Fox/Staw (1979).

Bedrohung für das Selbstbild höher einstufen und daher stärker eskalieren als andere Subjekte.

Neben dem formalen Aspekt der Karriere der Subjekte wird in dem Experiment auch das Ansehen der Subjekte bei Dritten einer Bedrohung ausgesetzt. Dies operationalisieren FOX/STAW, indem sie einem Teil der Subjekte mitteilen, dass ein unabhängiges Gremium ihre Initialentscheidung begutachtet hat, dieser jedoch kritisch gegenübersteht. Dadurch soll den Subjekten suggeriert werden, dass das Scheitern des Projekts mit einem starken sozialen Ansehensverlust einhergeht. Dem anderen Teil der Subjekte wird suggeriert, dass ein unabhängiges Gremium keine Beanstandungen hatte und die Entscheidungen mitträgt. Diese zweite Gruppe sollte daher im Falle des Scheiterns des Projekts nur einen geringen Ansehensverlust befürchten. Die Ergebnisse des Experiments zeigen, dass sowohl die Angst vor negativen Konsequenzen für die Karriere als auch die Sorge um einen Schwund des Ansehens die Bereitschaft, das Projekt fortzuführen, signifikant steigert. Der stärkste Effekt zeigt sich erwartungsgemäß bei den Experimentteilnehmern, die sowohl in Sorge um ihre Karriere als auch um ihr Ansehen waren.

Operationalisierung der Bedrohung durch Nachvollziehbarkeit des Scheiterns

Zwei Experimente untersuchen die Wirksamkeit des Einflussfaktors durch die Operationalisierung der Nachvollziehbarkeit des Scheiterns durch Dritte. Einen ersten Beleg für die eskalationssteigernde Wirkung dieses Faktors liefert die Arbeit von HAUNSCHILD/DAVIS-BLAKE ET AL. Die Autoren argumentieren, dass durch das Offenlegen der Handlungen die Motivation zur Self-Justification zunimmt, da dadurch das Versagen des Entscheiders einer größeren Anzahl von Personen deutlich wird und somit die Bedrohung des Selbstbildes steigt.[437] Sie führen ein Fallstudien-Experiment durch, in dem die Subjekte eine fiktive Unternehmensakquisition betreuen müssen.[438] Dabei müssen die Subjekte in der ersten Periode entscheiden, ob sie ein Gebot für ein zu kaufendes Unternehmen abgeben wollen oder nicht. Den Subjekten wird dann mitgeteilt, dass die Aktionäre des Akquisitionsziels das Angebot nicht annehmen. Danach bekommen die Subjekte drei Perioden lang negatives Feedback über die Performance des zu kaufenden Unternehmens und müssen jeweils entscheiden, ob sie das Angebot aufrechterhalten oder das Akquisitionsprojekt abbrechen wollen. HAUNSCHILD/DAVIS-BLAKE ET AL. variieren den Grad der Nachvollziehbarkeit für Dritte, indem sie einem Teil der Subjekte suggerieren, dass ihre Entscheidung, für das Zielobjekt zu bieten, geheim

---

437 Vgl. Haunschild/Davis-Blake et al. (1994). Ein ähnlicher Vorschlag findet sich bereits bei Conlon/Wolf (1980), S. 178 ff.

438 Das Fallstudienexperiment erinnert sowohl in Inhalt als auch Aufbau stark an die Adam&Smith-Fallstudie von STAW (vgl. Staw (1976)).

bleiben wird, während dem zweiten Teil suggeriert wird, dass andere Experimentteilnehmer darüber informiert werden, ob ein Gebot abgegeben wurde oder nicht. Als abhängige Variable messen sie (1) die Anzahl der Perioden, in denen die Subjekte die Verhandlungen weiterführen, und (2) die Höhe des Profits, den die Subjekte erwarten.

Das Ergebnis des Experiments bestätigt die Hypothese, dass Subjekte mit hoher persönlicher Verantwortung, die davon ausgehen, dass sie in einer stark nachvollziehbaren Situation sind, eine stärkere Eskalationstendenz zeigen und signifikant mehr Perioden in den Verhandlungen verbleiben. Diese Ergebnisse deuten die Autoren als Beleg der Wirkung des Einflussfaktors des Grades der Nachvollziehbarkeit.

BOBOCEL/MEYER überprüfen, inwiefern die wahrgenommene Bedrohung des Selbstbildes mit dem Grad der Nachvollziehbarkeit durch Dritte steigt, indem sie in einem Experiment drei verschiedene Grade der Kontrolle abprüfen.[439] Die experimentelle Aufgabe besteht darin, sich in der Rolle eines Gruppenleiters für eine von vier Lösungsstrategien eines in der Studie nicht näher beschriebenen Wissenstests zu entscheiden. Danach wurde den Gruppenleitern suggeriert, dass eine Gruppe von Teilnehmern diese Lösungsstrategie umsetzt.[440] Unabhängig von der gewählten Strategie wurden die Subjekte nach einer Weile informiert, dass die gewählte Strategie nur unterdurchschnittliche Resultate für die Gruppe liefert. Der Grad der Nachvollziehbarkeit des Ergebnisses wurde variiert, indem einem Teil der Subjekte suggeriert wurde, dass den anderen Gruppenmitgliedern nicht offenbart wird, dass sie Gruppenleiter sind (Situation geringer Nachvollziehbarkeit). Einer anderen Gruppe von Subjekten wurde dagegen explizit mitgeteilt, dass ihre Leistung durch den Experimentleiter beurteilt werden wird. Zusätzlich wurden diese Subjekte gebeten, eine kurze Stellungnahme zu ihrer Entscheidung abzugeben (Situation hoher Nachvollziehbarkeit). Durch diese Art der Ergebniskontrolle sollte den Subjekten ein hoher Grad an Nachvollziehbarkeit des Ergebnisses suggeriert werden. Der dritten Gruppe von Subjekten wurde dagegen mitgeteilt, dass ihre Entscheidung anonym bleiben wird, jedoch wurde auch diese Gruppe gebeten, eine kurze Stellungnahme abzugeben (mittlere Nachvollziehbarkeit). Die Autoren messen den Grad der Eskalation über die Anzahl der Subjekte, die die unterdurchschnittliche Strategie beibehalten bzw. die Strategie wechseln.

---

[439] Vgl. Bobocel/Meyer (1994).

[440] In dem Experiment wurde allen Teilnehmern die Rolle des Gruppenleiters zugewiesen und die Subjekte wurden dahingehend getäuscht, als dass es keine Gruppe gab, die ihre Strategie umgesetzt hätte.

Die Analyse des Wechselverhaltens zeigt, dass die Subjekte in der geheimen Entscheidungssituation die geringste eskalatorische Tendenz aufweisen, während Subjekte mit hoher Nachvollziehbarkeit durch Dritte am stärksten eskalieren.

Operationalisierung der Bedrohung durch Vorliegen einer Wettbewerbssituation

Wie die folgenden Studien zeigen, kann die Wirkung des Einflussfaktors der Bedrohung des Ansehens auch dann erfolgreich nachgewiesen werden, wenn diese durch die Existenz einer Wettbewerbssituation operationalisiert wird.

TEGER schließt aus einer Reihe von Studien, dass Subjekte besonders in Situationen mit Wettbewerbscharakter eine starke Motivation verspüren, ihr Gesicht zu wahren.[441] In einem Auktions-Experiment lässt er Subjekte in einer Variante einer englischen Auktion um eine 1-Dollarnote steigern.[442] Im Ergebnis zeigt sich, dass die Subjekte länger als rational im Bietprozess bleiben und dabei Beträge bieten, die den Wert eines Dollars wesentlich übersteigen. Eine direkte Befragung der eskalierenden Subjekte zeigt, dass diese zwar zu Beginn das Ziel hatten, einen Profit zu realisieren, jedoch im Laufe der Auktion das Ziel, „das Gesicht vor den Mitbietenden" zu bewahren, immer drängender wurde und sie dazu bewogen hat, mehr als einen Dollar zu bieten.[443] Die Ergebnisse des Experiments und der Befragung legen die Vermutung nahe, dass dieser „motivational change" durch den Wettbewerb mit Dritten begünstigt wird.

Zu einem ähnlichen Ergebnis kommen RUBIN/BROCKNER ET AL. in einem anders gearteten Experiment.[444] Sie zeigen, dass Subjekte, die glauben, gegen einen direkten Wettbewerber zu spielen, stärker eskalieren als Subjekte, die glauben, gegen eine Maschine zu spielen.

Einen weiteren Beleg für die Wirkung von Wettbewerb liefern HAUNSCHILD/DAVIS-BLAKE ET AL.[445] In dem oben beschriebenen Fallstudien-Experiment zur Akquisition wird einem Teil der Subjekte suggeriert, dass die Aktionäre des zu kaufenden Unternehmens das Angebot nicht sofort angenommen haben, da weitere Wett-

---

[441] Vgl. Teger (1980), S. 18 ff.

[442] Vgl. Shubik (1971), der diesen Experiment-Typ als erster verwendet hat.

[443] In einigen Folge-Experimenten zeigt Teger auch, dass die Eigenschaften des Wettbewerbers einen Einfluss auf das Bietverhalten haben – je unangenehmer der Wettbewerber wahrgenommen wird, desto eher neigen die Subjekte zu eskalatorischem Verhalten. Dieses Ergebnis kann auch durch die Ergebnisse einer anderen Studie bestätigt werden (vgl. Rubin/Samuelson (1980), zitiert nach Brockner/Rubin (1985), S.74). Inwiefern sich dieses Ergebnis als Folge einer stärkeren Bedrohung des Selbstbildes erklären lässt, wird dort jedoch in der Literatur nicht diskutiert.

[444] Vgl. Rubin/Brockner et al. (1980), S. 408 ff.

[445] Vgl. Haunschild/Davis-Blake et al. (1994).

bewerber um das Unternehmen bieten, während einer anderen Gruppe von Subjekten suggeriert wurde, dass sie die einzigen Bieter sind.[446] Sie zeigen, dass die Subjekte ihr Angebot signifikant länger aufrechterhalten, wenn sie sich in einer Wettbewerbssituation befinden und auch in allen drei Perioden einen höheren Profit erwarten.[447]

Fazit des Einflussfaktors: Bedrohung des Selbstbildes durch Dritte
Die aufgeführten Studien zeigen, dass die „Bedrohung des Selbstbildes durch Dritte" einen signifikanten Einflussfaktor darstellt. Unabhängig von den verschiedenen aufgeführten Operationalisierungen wird deutlich, dass eine höhere Bedrohung des Selbstbildes durch Dritte zu einer stärkeren Motivation zur Self-Justification und damit auch zu einer stärkeren Eskalationstendenz führt.

4.2.2 Fazit der Studien zur Self-Justification

In den dargestellten knapp über 20 Experimenten und Fallstudien wurden die Vorhersagen des Erklärungsansatzes der Self-Justification untersucht. Dabei trat eine Vielzahl von Belegen für die Wirkweise des Erklärungsansatzes der Self-Justification zu Tage. Abbildung 20 stellt die Wirkzusammenhänge der verschiedenen Effekte grafisch dar.

Zum einen konnte die Hypothese, dass Entscheider, die eine ***hohe persönliche Verantwortung für ein fehlschlagendes Projekt*** tragen und negatives Feedback erhalten, zu eskalatorischem Verhalten neigen, mehrfach in voneinander unabhängigen Untersuchungen bestätigt werden. Dabei spielte es keine Rolle, ob die Verantwortung durch Auswahl einer Alternative[448] oder durch Zuweisung der Verantwortung kreiert wurde[449]. WHYTE konnte sogar einen signifikanten Effekt zwischen der Stärke der wahrgenommen Verantwortung und der Eskalation nachweisen.[450] Einen starken Beleg für den Erklärungsansatz der Self-Justification liefern die Studien, in denen ein direkter Zusammenhang zwischen gefühlter Dissonanz (zwischen positivem Selbstbild und negativem Feedback) nachgewiesen werden kann.[451] Etliche zusätzliche Belege aus Fallstudien

[446] Inwiefern die Subjekte durch diese Information potentiell Rückschlüsse auf den Wert des Akquisitionsziels ziehen könnten, wird in dem Experiment nicht kontrolliert.
[447] Vgl. Haunschild/Davis-Blake et al. (1994), S. 355. Dabei zeigt sich nur in den letzten beiden Perioden ein signifikanter Effekt.
[448] Vgl. z. B. Staw (1976); Bazerman/Beekun et al. (1982) oder Schoorman/Holahan (1996).
[449] Vgl. z. B. Caldwell/O'Reilly (1982) oder Arkes/Blumer (1985).
[450] Vgl. Whyte (1991).
[451] Vgl. Bazerman/Giuliano et al. (1984) und Lydon/Zanna (1990).

lassen einen stabilen Effekt vermuten,[452] auch wenn dieser in den bisherigen experimentellen Studien nicht mehrperiodisch belegt werden konnte.[453]

Belegt werden konnte darüber hinaus die Wirkung des zweiten Einflussfaktors der ***Stärke der internen Bedrohung des Selbstbildes***. Eine Verstärkung der internen Bedrohung des Selbstbildes führt dabei zu höherer Eskalation, egal, ob diese durch eine hohe Diagnosticity oder eine stark negative Formulierung des Feedbacks operationalisiert wird.

Drittens wurde die signifikante Wirkung des Einflussfaktors der ***Stärke der Bedrohung des Selbstbildes durch Dritte*** aufgezeigt. Dabei kann die Bedrohung durch Dritte sowohl durch die Gefahr des Ansehensverlusts, der reinen Nachvollziehbarkeit des Scheiterns für Dritte als auch durch eine Wettbewerbssituation operationalisiert werden.

Damit zeigt sich, dass der Projektleiter bei Eintreffen negativer Information über ein fehlschlagendes Projekt eine starke Motivation zum Schutz des Selbstbildes und damit zur Fortführung des Projekts verspüren kann. Unter der Bedingung, dass die Entscheider bereit sind, ihren ***Entscheidungsfreiraum opportunistisch auszunutzen***, können die drei identifizierten Einflussfaktoren zu systematisch verspäteten Projektabbrüchen führen. Da die Wirkweise des Erklärungsansatzes der Self-Justification in etlichen Experimenten mit verschiedenen experimentellen Methoden und Operationalisierungen erfolgreich getestet werden konnte,[454] ist davon auszugehen, dass die Self-Justification einen robusten Erklä-

---

[452] Vgl. z. B. Schoorman (1988); McCarthy/Schoorman et al. (1993) oder Staw/Barsade et al. (1997).

[453] Vgl. z. B. Fox/Staw (1979); McCain (1986) oder Schmidt/Calantone (2002).

[454] Die fehlgeschlagenen Überprüfungen lassen sich meist auf methodische Fehler zurückführen. Einen solchen Fall stellt eine Studie von STAW/ROSS aus dem Jahre 1978 dar, in der es nicht gelang, einen signifikanten, auf die Self-Justification zurückzuführenden Effekt zu belegen (vgl. Staw/Ross (1978)). Jedoch ist dieses Experiment aus heutiger Sicht methodisch angreifbar. Zum einen wurde das negative Feedback in diesem Experiment nicht durch negatives Feedback für das betreffende Projekt operationalisiert, sondern das Resultat eines davor liegenden, unabhängigen Projekts. Aus Sicht des Erklärungsansatzes der Self-Justification macht die Erfolgsgeschichte der Entscheider jedoch keinen Unterschied. Um die Aussagen des Erklärungsansatzes der Self-Justification zu überprüfen, hätte man in dem zweiten Projekt jeweils eine Gruppe mit positivem und negativem Feedback unterscheiden müssen. Zum zweiten wurden in diesem Experiment explizite Fehlerursachen angegeben, wobei einige davon moralische Beweggründe aktiviert haben könnten (z. B. Analphabetismus einer armen Bevölkerung als Ursache des Scheiterns einer Niederlassung) und somit das Ergebnis des Experiments verzerrt haben. Dadurch ist nicht sichergestellt, dass das Ausbleiben beobachtbarer Eskalation auf Fehler im Erklärungsansatz zurückzuführen ist. Ein ähnlicher Fall liegt höchstwahrscheinlich bei einer weiteren fehlgeschlagenen Replikation vor (vgl. Keil/Mixon et al. (1995)). Hier lassen die (rudimentären) Angaben zu den Erweiterungen des Experiments im Anhang vermuten, dass unkontrollierte Störvariablen eingeflossen sein könnten, die eine Auswertung des Experiments erschweren. Anders gelagert ist wiederum die angeblich fehlgeschlagene' Replikation durch Singer/Singer (vgl. Singer/Singer (1985)). Bei genauerer Betrachtung des Experiments wird deutlich, dass die Aussagen

rungsansatz für die Eskalation darstellt. Daher sollen die hier identifizierten Einflussfaktoren in Kapitel 5 als Ansatzpunkte zur Ableitung von Gegenmaßnahmen herangezogen werden.

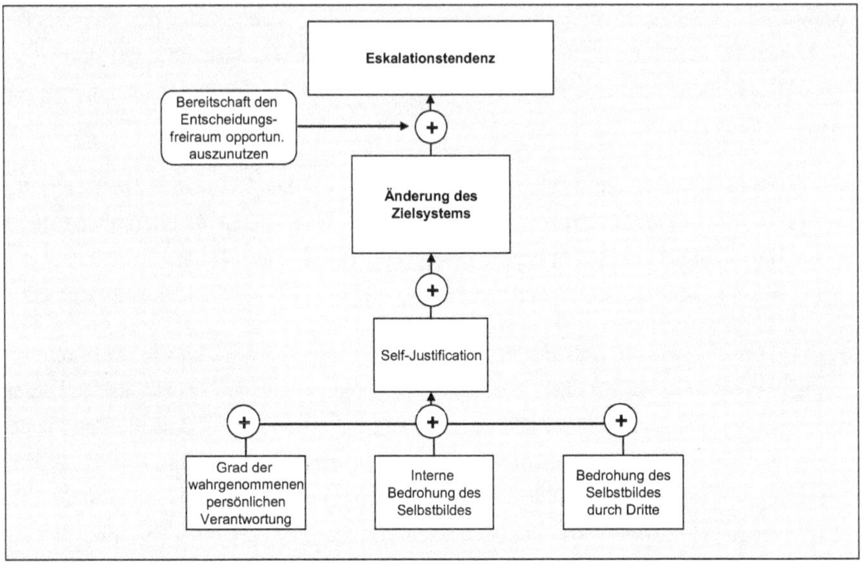

Abbildung 20: Grafische Darstellung der Wirkzusammenhänge im Bereich der Zielfestlegung

nicht haltbar sind, da sie nicht das komplette Experiment replizieren, sondern allen Teilnehmern ihres Experiments die gleiche Behandlung zukommen lassen. Dann vergleichen sie lediglich die Werte ihrer Teilnehmer mit denen der entsprechenden Gruppe bei Staw (vgl. Staw (1976)). Der quantitative Vergleich der Ergebnisse zwischen verschiedenen Experimenten wird jedoch im Allgemeinen nicht akzeptiert (vgl. Fox/Staw (1979), S. 466), womit sich aus der Arbeit von Singer/Singer keine Implikationen ableiten lassen.

4.3 Erklärungsansatz der Bewertungsdefizite

Wie in Kapitel 2.1 dargestellt, ist die Bewertung der Handlungsalternativen in der F&E mangels verlässlicher prospektiver Information und wegen der hohen inhärenten Unsicherheit immer mit Schwierigkeiten behaftet. Darüber hinaus lassen sich jedoch zwei psychologische Effekte identifizieren, die zu verspäteten Projektabbrüchen führen können: der Sunk Cost-Effekt (vgl. Kapitel 4.3.1) und der Effekt des übermäßigen Optimismus (vgl. Kapitel 4.3.2).

4.3.1 Der Sunk Cost-Effekt

Der Sunk Cost-Effekt beschreibt einen systematischen Bewertungsfehler, der in der Phase der Alternativenbewertung wirksam werden kann.[455] Dabei wird davon ausgegangen, dass Individuen Projekte dann systematisch zu spät abbrechen, wenn sie sich bei der Bewertung der Entscheidungsalternativen an den mit dem Projekt verknüpften Sunk Costs orientieren.[456] Damit verstoßen die Entscheider jedoch gegen die Vorgaben der präskriptiven Entscheidungstheorie. Diese schreibt vor, dass bei Allokationsentscheidungen nur marginale, mit dem Projekt verknüpfte zukünftige Zahlungen (oder Surrogatvariablen, die als Proxy dieser Größen verwendet werden (vgl. Kapitel 2.3)) in die Bewertung einfließen dürfen – nicht jedoch die bisher bereits getätigten, nicht wiedergewinnbaren Ausgaben.[457]

CONLON stellt die Hypothese auf, dass Entscheider mangels verlässlicher Informationen über den zukünftigen Projektverlauf bei der Bewertung auf die sicheren (aber ungeeigneten) Sunk Costs zurückgreifen.[458] Sie verzichten also auf die Bewertung zukünftiger Zahlungsströme mit Hilfe der in Kapitel 2.2 beschriebenen rationalen Bewertungsmethoden und orientieren sich bei der Bewertung stattdessen rein an den bisher investierten Sunk Costs. Da bei realen Abbruchsentscheidungen die rationale, zukunftsorientierte Bewertung durch die hohe Unsicherheit in der F&E stark erschwert wird, erscheint es plausibel, dass sich Entscheider bei ihrer Bewertung an Sunk Costs orientieren. HEATH stellt weiterhin die Hypothese auf, dass Entscheider bei der

---

455 Vgl. Krahnen (1991) oder Schaub (1997) für umfangreiche Analysen im Bereich der Sunk Costs.

456 Vgl. dazu Thaler (1991) und Arkes/Blumer (1985). Arkes/Blumer gehen davon aus, dass Individuen nicht verschwenderisch erscheinen wollen. Das Maß an Verschwendung bestimmen sie jedoch retrospektiv nach der Höhe der Sunk Costs. Somit sind die Aussagen von Arkes/Blumer kompatibel, da auch dort von den bisher investierten Sunk Costs direkt auf den Wert des Projekts geschlossen wird.

457 Vgl. Hummel/Männel (1986), S. 117, der die Entscheidungsirrelevanz der Sunk Costs sogar als definitionsbestimmendes Merkmal ansieht. Sunk Costs müssen zwar bei der Ex-Post-Bewertung des Projekts berücksichtigt werden, dürfen jedoch bei Allokationsentscheidungen nicht beachtet werden (vgl. zum Unterschied zwischen den Bewertungen Conlon/Leatherwood (1989), S. 52 oder Northcraft/Wolf (1984)).

458 Vgl. Conlon/Leatherwood (1989), S. 47 f.

Bewertung umso wahrscheinlicher auf die Sunk Costs zurückgreifen werden, je höher die Unsicherheit in der Situation bzw. je schwieriger die rationale, zukunftsorientierte Bewertung ist.[459]

Da der Betrag der Sunk Costs notwendigerweise auch bei fehlschlagenden Projekten positiv ist, werden die Bewertungen fehlschlagender Projekte systematisch ins Positive verzerrt, wenn Entscheider diese in die Bewertung einfließen lassen.[460] Diese positive Verzerrung der Bewertung kann Entscheider dazu verleiten, Projekte fortzuführen, weil die verzerrte Bewertung eine weitere Investition lohnenswert erscheinen lässt, obwohl eine rationale Bewertung einen Abbruch erfordern würde.

Der Sunk Cost-Effekt beschreibt damit einen sehr grundsätzlichen Effekt, der unabhängig von besonderen Situationseigenschaften (wie z. B. Verantwortung oder Nachvollziehbarkeit durch Dritte) auftreten kann. In der Literatur werden zwei Einflussfaktoren auf die Stärke des Sunk Cost-Effekts diskutiert: Die absolute Höhe der Sunk Costs (vgl. Kapitel 4.4.2.1) und die Höhe der Sunk Costs relativ zum Projektbudget (vgl. Kapitel 4.4.2.2). Die empirischen Überprüfungen dieser Einflussfaktoren sollen im Folgenden vorgestellt werden.[461]

4.3.1.1 Einflussfaktor 7: Absolute Höhe der Sunk Costs

Einen wichtigen Beleg für die Beeinflussung der Bewertung durch Sunk Costs liefert HEATH 1995 in einem Experiment, in dem er die Probanden bittet, den Wert vier verschiedener Projekte abzuschätzen.[462] Dabei werden einer Gruppe von Subjekten jeweils Informationen über Sunk Costs und zukünftige Investitionen für alle vier Projekte mitgeteilt. Die zweite Gruppe erhält dagegen für die ersten beiden Projekte nur Informationen über zukünftige Investitionen und für die letzten beiden Projekte zusätzlich noch Sunk Cost-Informationen, die jedoch im Betrag deutlich unter den Sunk Cost-Informationen der ersten Gruppe liegen. Ein Vergleich der geschätzten Werte zwischen den beiden Gruppen zeigt, dass die Sunk Cost Information die Bewertung stark beein-

---

[459] Vgl. Heath (1995), S. 47 ff.

[460] Geht man davon aus, dass Projekte spätestens dann abgebrochen werden, wenn der Kapitalwert negativ wird, führt eine an den Sunk Costs orientierte Bewertung, die immer ein positives Ergebnis erbringt, notwendigerweise zu verspäteten Projektabbrüchen.

[461] Es soll noch einmal hervorgehoben werden, dass der Sunk Cost-Effekt losgelöst von dem Effekt der Self-Justification zu betrachten ist. Zwar spielen bei beiden Effekten Sunk Costs eine Rolle, jedoch beruhen beide Effekte auf unterschiedlichen Mechanismen. Während Sunk Costs im Fall der Self-Justification eine Bedrohung des Selbstbildes auslösen, wird bei dem hier beschriebenen Sunk Cost-Effekt die Bewertung ohne jegliche Bedrohung des Selbstbildes verzerrt.

[462] Vgl. Heath (1995), S. 48 ff., insbesondere das vierte Experiment für diese und die folgenden Aussagen.

flusst: Je höher die Sunk Costs, desto höher ist der geschätzte Wert des Projekts. Dieses Ergebnis kann als klarer Beleg der Wirkung von Sunk Costs auf die Bewertung gelten.

ARKES/BLUMER führen ebenfalls eine Reihe von Studien durch, mit deren Hilfe sie belegen, dass Sunk Costs nicht nur die Bewertung beeinflussen, sondern dadurch auch tatsächlich eine eskalationsfördernde Wirkung haben können.[463] Zunächst zeigen sie in einer Reihe von Experimenten, dass die Höhe der Sunk Costs die Präferenzurteile von Entscheidern maßgeblich beeinflussen kann.[464] In der Folge führen sie ein Fallstudien-Experiment durch, das sich inhaltlich an das Experiment der Adam&Smith-Fallstudie von STAW[465] anlehnt. Darin wird den Subjekten ein Projekt zur Entwicklung eines neuen Flugzeugtyps vorgestellt. Die Subjekte werden dann informiert, dass ein Konkurrent während der Entwicklungsdauer ein überlegenes Flugzeug entwickelt hat und bald am Markt lancieren wird.[466] Die Subjekte müssen dann entscheiden, ob sie trotz der Konkurrenz eine weitere Mio. US-Dollar in das Projekt investieren möchten, um es fortzuführen, oder ob sie das Projekt abbrechen möchten.[467] Die Autoren variieren die Information über die Höhe der Sunk Costs zwischen US$ 1Mio. und US$ 9Mio. und beobachten die Auswirkung dieser Variation auf die Abbruchsentscheidung. Um belegen

---

[463] Vgl. Arkes/Blumer (1985). Vgl. zu diesem Argument auch Heath (1995), der aufzeigt, unter welchen Bedingungen Sunk Costs auch zu *irrational frühen* Projektabbrüchen führen können. Da aber die Ausführungen in 2.3 zwar systematisch verspätete, nicht aber verfrühte Projektabbrüche als Problemfeld aufgezeigt haben, soll hier auf eine nähere Diskussion dieses Phänomens verzichtet werden.

[464] In dem ersten Experiment werden die Subjekte gebeten, zwischen zwei bereits gebuchten und bezahlten Ski-Wochenendreisen nach Michigan (im Wert von US$100) oder nach Wisconsin (im Wert von US$50) auszuwählen, da sie nur an einer der beiden Reisen teilnehmen können. Zusätzlich wurde den Teilnehmern die Vorteilhaftigkeit von Wisconsin dargelegt. Entgegen der Annahme, dass die meisten Teilnehmer die Reise nach Wisconsin wählen, bevorzugt die Mehrheit der Teilnehmer die Reise nach Michigan. Daraus schließen Arkes/Blumer, dass die Präferenz der Subjekte durch die Sunk Cost-Information beeinflusst wurde. Um potentielle Störvariablen (wie z. B. eine systematische Abneigung der Subjekte gegenüber dem Staat Wisconsin) ausschließen zu können, führen Arkes/Blumer ein weiteres Experiment durch. Dort werden Subjekte vor die Wahl zwischen zwei exakt identischen Mikrowellengerichten gestellt. Es wird suggeriert, dass eines der beiden Gerichte in einem Supermarkt günstig erstanden wurde, während das andere in einem Convenience Store zu einem höheren Preis gekauft wurde. Während rationale Entscheider keine Präferenz haben sollten (die Produkte an sich sind identisch!), zeigt sich, dass 25% eine Präferenz für das nicht-rabattierte Gericht zeigen, während 74% keine Präferenz zeigen (rational) und 1% das rabattierte Produkt wählen. Dieses Entscheidungsmuster ist nur dadurch zu erklären, dass die Entscheider aus dem höheren Sunk Cost einen Rückschluss auf die Wertigkeit des Produkts ziehen. Dies deuten Arkes/Blumer als weiteren Beleg des Erklärungsansatzes. In einem ähnlichen Experiment bestätigen Dick/Lord später diese Ergebnisse (vgl. Dick/Lord (1998)).

[465] Vgl. Staw (1976).

[466] Vgl. Arkes/Blumer (1985), S. 123 ff., insbesondere die Experimente 3 und 8 für diese und die folgenden Aussagen.

[467] In einem Folgeexperiment wird zudem die Einschätzung der Erfolgswahrscheinlichkeit als abhängige Variable genutzt. Auch hier zeigt sich das erwartete Bild (vgl. Arkes/Blumer (1985), S. 130, Experiment 4).

zu können, dass der Sunk Cost-Effekt unabhängig von Motiven des Selbstschutzes auftreten kann (vgl. Kapitel 4.2), variieren ARKES/BLUMER zudem die Verantwortung der Teilnehmer, indem sie einer Gruppe die Rolle des verantwortlichen Präsidenten des Unternehmen zuweisen, während die andere Gruppe die Rolle eines unabhängigen Beraters einnimmt. Das Ergebnis zeigt einen deutlichen Effekt der Sunk Costs auf die Entscheidung – bei hohen Sunk Costs entscheiden sich signifikant mehr Subjekte für eine Fortführung des Projekts. Der Effekt war dabei unabhängig von dem (ebenfalls signifikanten) Effekt der Verantwortung. ARKES/BLUMER schließen daraus, dass der Sunk Cost-Effekt wie vorhergesagt eigenständig und losgelöst von Motiven der Self-Justification auftreten kann.

Um der Kritik zu entgegnen, dass der Sunk Cost-Effekt nur bei Entscheidern ohne ökonomische Bildung auftritt, da diese die Vorgaben zum rationalen Bewerten nicht kennen, wiederholen ARKES/BLUMER das Experiment mit drei verschiedenen Subjektgruppen, die sich in ihrer ökonomischen Bildung unterscheiden.[468] Im Ergebnis ist jedoch kein Unterschied zwischen den drei Gruppen festzustellen. Die Autoren schließen aus dieser Beobachtung, dass der Sunk Cost-Effekt sowohl ökonomisch gebildete als auch ungebildete Individuen betreffen kann.

ARKES/BLUMER gelingt es im Folgenden, den Effekt der Sunk Costs auch in einer Feldstudie nachzuweisen. Sie manipulieren die Sunk Costs von Individuen, indem sie einem Teil der Käufer eines Theater-Abonnements einen Preisnachlass in Höhe von 13%, einer weiteren Gruppe einen Nachlass von 45% und einer anderen Gruppe keinen Nachlass gewähren.[469] Bei einem Vergleich der Besuchsraten zwischen den einzelnen Gruppen zeigt sich, dass die Subjekte, die einen höheren Preis für die Karten zahlen mussten, mehr Stücke besuchten. Daraus schließen ARKES/BLUMER, dass diese den einzelnen Vorstellungen einen höheren Wert beimaßen und sie daher häufiger besuchten.[470]

---

[468] Vgl. Arkes/Blumer (1985), S.136 ff., insbesondere Experiment 10. In dem Experiment kommen insgesamt drei Subjektgruppen zum Einsatz, erstens Psychologie-Studenten ohne betriebswirtschaftliches Wissen, zweitens Psychologie-Studenten, die mindestens einen Ökonomiekurs belegt haben, und drittens fortgeschrittene Ökonomiestudenten.

[469] Vgl. Arkes/Blumer (1985), S. 127 ff., Experiment 2. Der Rabatt wurde den Individuen unmittelbar nach Bestellung der Karten mitgeteilt – vorher hatten die Individuen keine Indikation, dass sie einen vergünstigten Preis erhalten würden. Dies ist für die Aussagekraft entscheidend, da sonst nicht ausgeschlossen werden kann, dass unterschiedliche Preise Individuen mit unterschiedlichen Zahlungsbereitschaften und unterschiedlichen Präferenzen angelockt hat.

[470] Dabei beschränkt sich der Effekt aber auf die erste Spielhälfte der Saison. Das Nachlassen des Effekts erklären die Autoren mit dem Vergessen des Preiseffekts im Laufe der Theatersaison (vgl. Arkes/Blumer (1985), S. 128).

Um eine weitere nicht-experimentelle Überprüfung des Erklärungsansatzes bemühen sich STAW/HOANG in einer Feldstudie.[471] Darin überprüfen sie, ob spielerbezogene Sunk Costs[472] einen Einfluss auf Spieldauer, Wechselwahrscheinlichkeit und die Verbleibedauer der Spieler in der amerikanischen Profi-Basketball-Liga NBA haben.

Sie stellen fest, dass die Sunk Costs einen großen Erklärungswert für die gespielten Minuten, die Verweildauer in der NBA und die Wechselwahrscheinlichkeit besitzen. STAW/HOANG diskutieren verschiedene alternative Erklärungsmöglichkeiten für das beobachtbare Phänomen, kommen dann aber zu dem Ergebnis, dass die Sunk Costs die wahrscheinlichste Erklärung darstellen.[473]

CAMERER/WEBER[474] unterziehen die Daten von STAW/HOANG einige Jahre später einem rigorosen Test, in dem sie zunächst versuchen, weitere mögliche rationale Ursachen für das beobachtbare Muster auszuschließen. Durch weitere Korrekturen sinkt der rein auf Sunk Costs zurückführbare Effekt leicht, bleibt jedoch intakt. Daraus schließen CAMERER/WEBER, dass Einsatzentscheidungen in der NBA tatsächlich von dem Sunk Cost-Effekt beeinflusst werden.

Fazit des Einflussfaktors: Absolute Höhe der Sunk Costs

Die Experimente von ARKES/BLUMER werden in der Eskalationsliteratur als Beleg für den Erklärungsansatz des Sunk Cost-Effekts akzeptiert und häufig zitiert.[475] Sie belegen, dass Entscheider umso stärker zur Anwendung des Sunk Cost-Effekts neigen, je höher der Betrag der Sunk Costs ist.

---

471 Vgl. Staw/Hoang (1995).

472 Die Operationalisierung der Sunk Costs beruht auf einer Besonderheit des amerikanischen Basketballs. Nachwuchsspieler werden dort nicht individuell angestellt, sondern im Rahmen eines allgemeinen „Draft-Verfahrens" zugeteilt, bei dem die Mannschaften nacheinander jeweils einen Spieler aus einer Gruppe von College-Basketball-Spielern auswählen dürfen. Je früher ein Spieler gewählt wird, desto mehr Optionen musste das Team für ihn aufgeben (=hohe Opportunitätskosten) und desto höher im Allgemeinen das Anfangsgehalt. Daraus leiten Staw/Hoang einen direkten Zusammenhang zwischen Draft-Position und Sunk Costs ab.

473 Da zu vermuten ist, dass die Sunk Costs zum Teil mit der Leistung der Spieler korrelieren, müssen die die Daten zu Spieldauer, Wechselwahrscheinlichkeit und Verbleibedauer um die Leistungsunterschiede bereinigt werden, wenn nur die irrationalen Auswirkungen des Sunk Cost-Effekts betrachtet werden sollen. Staw/Hoang verwenden dazu umfangreiche Leistungsstatistiken, auf die hier jedoch nicht näher eingegangen werden soll.

474 Vgl. Camerer/Weber (1999).

475 Vgl. z. B.Thaler/Johnson (1990); Heath (1995); Staw/Barsade et al. (1997) oder Kadous/Sedor (2004).

4.3.1.2 Einflussfaktor 8: Relative Höhe der Sunk Costs

Neben der absoluten Höhe der Sunk Costs wird auch der Einfluss ihrer relativen Höhe diskutiert.

GARLAND/NEWPORT stellen auf Grund analoger Erkenntnisse aus dem Bereich der Prospect Theory (vgl. Kapitel 2.3) die Vermutung auf, dass auch die relative Höhe der Sunk Costs, d. h. das Verhältnis von Sunk Costs zum Projektbudget, einen Einfluss auf die Eskalationstendenz hat.[476] Dabei würden Individuen vor allem bei hohen relativen Sunk Costs einen starken Sunk Cost-Effekt aufzeigen. In zwei unabhängigen experimentellen Überprüfungen konnte ein signifikanter Einfluss der relativen Höhe der Sunk Costs auf die Entscheidung nachgewiesen werden.[477] Die Studien wurden allerdings kritisiert, da die Eskalationstendenz durch die Bereitschaft, das verbleibende Budget zu investieren, gemessen wurde. Diese Größe ist jedoch negativ mit der relativen Höhe der Sunk Costs verbunden. Damit wurde bei der Messung nicht verlässlich die Eskalationstendenz, sondern evtl. nur ein Artefakt der fehlerhaften Messung festgestellt.

Diesem Kritikpunkt begegnet GARLAND mit einer Folgeuntersuchung,[478] in der er aufzeigt, dass der Effekt unabhängig von der verwendeten Messgröße auftritt. Als Fallstudie wird eine leicht adaptierte Version der Flugzeughersteller-Fallstudie von ARKES/BLUMER verwendet[479], in der (a) allen Subjekten suggeriert wird, dass sie für das Projekt verantwortlich sind und (b) ihnen fünf verschiedene absolute Sunk Cost-Höhen und entsprechende Fertigstellungsgrade[480] suggeriert werden.[481] Um die Eskalation zu messen, verwendet GARLAND in diesem Experiment drei Messgrößen. Er teilt die Subjekte dazu in drei verschiedene Gruppen ein. Bei allen drei Gruppen wird eine Einschätzung der Erfolgswahrscheinlichkeit abgefragt. Eine Gruppe von Subjekten muss zudem in Analogie zu GARLAND/NEWPORT die Bereitschaft angeben, das verbleibende Bugdet zu investieren, während bei einer zweiten Subjektgruppe die Bereitschaft abgefragt wird, die nächste Million Dollar zu investieren. Die dritte Gruppe muss außer der Einschätzung der Erfolgswahrscheinlichkeit keine weitere Größe angeben. Er kann zeigen, dass sowohl die Bereitschaft das restliche Budget, als auch die Bereitschaft eine

---

[476] Vgl. Garland/Newport (1991).
[477] Vgl. Moon (2001b).
[478] Vgl. Garland (1990) für diese und die folgenden Aussagen.
[479] Vgl. Arkes/Blumer (1985).
[480] Die Fertigstellungsgrade sollen dabei den relativen Wert der Sunk Costs darstellen.
[481] Da in dieser Untersuchung absolute und relative Sunk Cost-Höhen nicht mehr separat, sondern nur noch parallel verändert werden, kann hier keine vergleichende Aussage über die unterschiedliche Bedeutung absoluter und relativer Sunk Costs mehr getroffen werden.

weitere Million US-Dollar zu investieren, signifikant und linear mit der Höhe der relativen Sunk Costs ansteigen.[482]

CONLON/GARLAND schlagen eine alternative Erklärung für den beobachtbaren Effekt vor. Sie stellen dazu die Hypothese auf, dass die Subjekte nicht auf die Höhe der relativen Sunk Costs reagieren, sondern von den Sunk Costs auf den Fertigstellungsgrad des Projekts schließen. Weiterhin nehmen sie an, dass Subjekte aus der Fertigstellung eines Projekts an sich einen Nutzen ziehen. In ihrer experimentellen Studie können sie zwar einen Effekt des Fertigstellungsgrades nachweisen, jedoch zeigen auch die Sunk Costs einen signifikanten Effekt.

KEIL/TRUEX ET AL. führen eine Replikation des Experiments von GARLAND[483] durch, lassen die Subjekte darüber hinaus jedoch eine schriftliche Begründung für ihre Entscheidung abgeben.[484] Die Analyse der Angaben zur Einschätzung der Erfolgswahrscheinlichkeit bestätigt zunächst den von GARLAND festgestellten signifikanten Zusammenhang zwischen der kombinierten Höhe der Sunk Costs und dem Fertigstellungseffekt mit der Bereitschaft weiterzuinvestieren. Die schriftlichen Begründungen erlauben jedoch eine genauere Identifikation der Ursachen dieses Zusammenhangs. Durch eine Analyse und Einteilung der Begründungen in verschiedene Begründungstypen können sie zeigen, dass 64% der Subjekte eine auf absoluten Sunk Costs beruhende Argumentation an den Tag legen, wohingegen nur 22% mit der Fertigstellung argumentieren.[485] Daraus schließen sie auf einen klaren Beleg und eine deutliche Dominanz des Erklärungsansatzes der Sunk Costs. Dieses Ergebnis wird auch mit Hilfe einer späteren Studie von MOON bestätigt.[486] Daher soll im weiteren Verlauf der Arbeit nur mit dem Effekt relativer Sunk Costs argumentiert werden.[487]

---

482 Bei der dritten Gruppe, die nur die Erfolgswahrscheinlichkeit angeben musste, konnte kein Effekt der Sunk Costs nachgewiesen werden.

483 Vgl. Garland (1990).

484 Vgl. Keil/Truex et al. (1995). Keil/Truex et al. variieren neben den Sunk Costs auch den Grad der Fertigstellung parallel in vier Graden.

485 Mehrfachbegründungen wurden zugelassen. Andere Subjekte machten Angaben, die sich keinem der beiden Erklärungsansätze zuordnen ließen und daher nicht betrachtet wurden.

486 Vgl. Moon (2001a), im deutschen auch als Hybris-Effekt bezeichnet.

487 Ein weiteres, nicht zu vernachlässigendes Argument ist, dass in der Praxis der Fertigstellungsgrad im Allgemeinen nicht bekannt ist. Es gibt weder einheitliche Konventionen, wie dieser zu messen ist (z. B. Anteil des aufgebrauchten Budgets, Anteil der erfolgreich beendeten, geplanten Schritte), noch lässt sich genau abschätzen, welche weiteren Aufgaben noch zu erfüllen sind, so dass der Fertigstellungsgrad nicht zuverlässig bestimmt werden kann und daher keine geeignete Messgröße in der F&E ist.

Fazit des Einflussfaktors: Relative Höhe der Sunk Costs

Die Studien zeigen, dass Entscheider sich bei der Bewertung fehlschlagender Projekte an der relativen Höhe der Sunk Costs orientieren können und das Projekt für wertvoller halten, je höher der relative Anteil der Sunk Costs ist.

4.3.2 Der Effekt des Optimismus[488]

Neben dem Sunk Cost-Effekt kann auch ***übermäßiger Optimismus*** eine rationale Bewertung verhindern. Wie bereits in Kapitel 2.4 in groben Zügen dargelegt wurde, sagt der Erklärungsansatz des Optimismus voraus, dass Individuen bei der Bewertung eines Projekts dazu neigen können, dessen Erfolgsaussichten systematisch zu überschätzen und die Wahrscheinlichkeit negativer Ereignisse zu unterschätzen.[489] Eng damit verbunden ist der Effekt der Selbstüberschätzung der Subjekte,[490] der auch als „*Hubris-Effect*"[491] (Überheblichkeitseffekt) bezeichnet wird. Das Auftreten von Optimismus ließ sich in einer Reihe von Studien in verschiedenen Bereichen bestätigen[492] und ist heute sowohl in der Eskalationsforschung als auch im Bereich der verhaltensorientierten Finanzliteratur als robuster Effekt akzeptiert.[493]

Die hohe Akzeptanz des Erklärungsansatzes wird verständlich, wenn die große Anzahl empirischer Belege für das Auftreten von Optimismus im Allgemeinen und die Indizienbeweise, die sich aus empirischen Studien aus dem Unternehmenskontext ergeben, berücksichtigt werden.[494] Insbesondere im Bereich der Behavioral Finance ist die Annahme optimistischer Entscheider heute gängig.[495] Dort werden z. B. bei der Betrachtung von Unternehmenskäufen die Effekte des Optimismus erfolgreich herange-

---

488 In der Literatur wird der Begriff „Overconfidence" zum Teil synonym zum Begriff des „Optimismus" verwendet (vgl. z. B. Malmendier/Tate (2004)). In dieser Arbeit soll jedoch der in der verhaltensorientierten Finanzwissenschaft gängigen Trennung zwischen den verwandten Begriffe gefolgt werden (vgl. Baker/Ruback et al. (2004), S 2 ff.).

489 Vgl. z. B. Weinstein (1980); Leising/Zayer (2003, Weinstein (1987, Weinstein (1996) der den Effekt für das Auftreten von Krankheiten untersucht.

490 Vgl. z. B. Svenson (1981), der in einer Umfrage aufzeigt, dass sich die meisten Autofahrer für „überdurchschnittlich gut" halten.

491 Vgl. Roll (1986), S. 201 f.

492 Vgl. z. B. March/Shapira (1987); Weinstein (1987) oder Harris/Middleson (1994).

493 Vgl. Weinstein (1996), S. 2.

494 Vgl. Baker/Ruback et al. (2004). Baker betont insbesondere die Robustheit des Effekts. Weitere Beispiele für die Anwendung finden sich z. B. bei Bazerman (1983) mit Übertragung auf die Verhandlungen; bei de Meza/Southey (1996) mit einer Verwendung im Bereich der Entrepreneurial Finance; bei Camerer/Weber (1999) mit einer Übertragung auf Markteintrittsstudien oder bei Heaton (2002), der die Auswirkungen auf Finanzierungsentscheidungen untersucht.

495 Vgl. Heaton (2002), S. 33.

zogen, um die geringe durchschnittliche Profitabilität in diesem Bereich zu erklären.[496] Ein weiteres Indiz für übermäßigen Optimismus wird z. B. in Studien zur Prognosegüte gesehen, die zeigen, dass Kosten systematisch zu niedrig und Erlöse systematisch zu hoch prognostiziert werden.[497] Als weiterer empirischer Beleg kann die Arbeit von MALMENDIER/TATE gelten. Die Autoren interpretieren das Phänomen, dass CEOs häufig einen überproportional großen Anteil ihres Vermögens in Aktien des eigenen Unternehmens investieren, als Beleg für übermäßigen Optimismus bezüglich ihres eigenen Unternehmens.[498] Im Fall der Abbruchsentscheidung wird daher angenommen, dass Entscheider die Erfolgsaussichten systematisch zu hoch einschätzen und daher fehlschlagende Projekte zu spät abbrechen. Daher wird der Optimismus in der Eskalationsliteratur wiederholt als wichtiger Effekt vorgeschlagen.[499]

In der Literatur wird dabei hauptsächlich der Einfluss von drei Faktoren auf das Auftreten von Optimismus diskutiert:

1. der Faktor der wahrgenommenen Kontrolle des Entscheiders (vgl. Kapitel 4.3.2.1)
2. die Erfolge in der Vorgeschichte des Entscheiders („Track-Record“) (vgl. Kapitel 4.3.2.2) und
3. die Tendenz des Entscheiders zur Overconfidence (vgl. Kapitel 4.3.2.3)

4.3.2.1 Einflussfaktor 9: Wahrgenommene Kontrolle des Entscheiders

Erste Studien Ende der 1960er Jahre deuten an, dass Entscheider dazu neigen, ihre Einflussmöglichkeiten auf Projekte zu überschätzen, und infolge dieser Selbstüberschätzung größere Risiken eingehen.[500] MCCRIMMON/WEHRUNG bestätigen dies und zeigen, dass Entscheider eine scharfe Trennung zwischen „Gambling“ („Glücksspielen“) und „Risk Taking“ („Eingehen von Risiken“) vornehmen.[501] Beim Gambling glauben die Entscheider, keinen Einfluss auf die Eintrittswahrscheinlichkeiten zu haben, wie z. B. beim Roulettespiel. In diesem Fall können die Entscheider ihre Erfolgsaussichten realistisch im Rahmen der statistisch errechenbaren Eintrittswahrscheinlichkeiten einschätzen. Beim Risk Taking gehen die Entscheider dagegen davon aus, einen (wenn auch geringen) Einfluss auf den Verlauf zu haben, und glauben daher, die Wahrscheinlichkeiten zu ihren

---

496 Vgl. z. B. Duhaime (1981); Duhaime/Schwenk (1983); Roll (1986); Boehmer/Netter (1997); Heaton (2002) oder Malmendier/Tate (2004).
497 Vgl. Linder (2004) für eine Meta-Studie zur Planungsgüte.
498 Vgl. Malmendier/Tate (2004).
499 Vgl. Bazerman (1983); Staw/Ross (1987a) oder Pott (1992), S. 188.
500 Vgl. Strickland/Lewici et al. (1966).
501 Vgl. MacCrimmon/Wehrung (1986).

Gunsten beeinflussen zu können:[502] *„Other studies suggest that managers avoid accepting risk by seeing it as subject to control. They do not accept the idea that the risks they face are inherent in their situation. Rather they believe that risks can be reduced by using skills to control the dangers.“*[503]

Dieser Effekt wird in der Literatur mit dem Begriff der *„Illusion of Control“*[504] bezeichnet. So kann z. B. LANGER nachweisen, dass zum Auftreten von Optimismus auf Grund von Selbstüberschätzung nicht einmal wirkliche Kontrolle über die Ergebniserreichung notwendig ist, sondern bereits geringfügige Kenntnis über die Wirkungszusammenhänge oder kleinste Einflussmöglichkeiten ausreichen, um beim Entscheider ein Kontrollgefühl auszulösen.[505] Es kann daher angenommen werden, dass Entscheider, die glauben, einen (wenn auch nur äußerst geringen) Einfluss auf ein Projekt zu haben, bei der Bewertung des Projekts einer systematisch positiven Verzerrung unterliegen. Anders als beim Gambling akzeptieren sie in diesem Fall nicht die zu Grunde liegenden statistischen Eintrittswahrscheinlichkeiten, sondern passen diese ihrer eigenen Kontrollillusion an. Daher neigen Entscheider, die für die zukünftige Durchführung eines F&E-Projekts verantwortlich sind und damit einen gewissen Einfluss auf den Verlauf der Arbeiten haben, dazu, das F&E-Projekt systematisch positiver zu bewerten als es objektiv gerechtfertigt ist.[506] Der Erklärungsansatz setzt nur voraus, dass die Entscheider für die weitere Entwicklung des Projekts Verantwortung tragen.[507]

Es wurde bisher keine empirische Überprüfung für den spezifischen Fall der Projektabbrüche bei F&E-Projekten durchgeführt. Daher soll an dieser Stelle auf eine experimentelle Studie von CAMERER/LOVALLO zurückgegriffen werden, die die Wirkung

---

502 Vgl. z. B. Kahneman/Lovallo (1993), S. 24 ff.; MacCrimmon/Wehrung (1986), S. 24 ff.; Cooper/Woo et al. (1988) oder Lovallo/Kahneman (2003); Donaldson/Lorsch (1983), S. 65.

503 March/Shapira (1987), S. 1410.

504 Vgl. Langer (1975) und Langer (1983).

505 Vgl. Kiehling (2001). Die Stufen im Einzelnen sind (1) die Fähigkeit zur Beeinflussung der Ergebnisse, (2) die Fähigkeit zur Vorhersage der Ergebnisse, (3) die Kenntnis der Einflussfaktoren, (4) die Fähigkeit des retrospektiven Erklärens und (5) die Möglichkeit des Schönfärbens der Ergebnisse.

506 Kahneman/Lovallo stellen z. B. die Hypothese auf, dass Manager beim Abschätzen der Konsequenzen der von ihnen betreuten Projekte nicht auf statistische Erfolgsraten zurückgreifen, sondern versuchen, die Folgen ihrer eigenen Handlungen abzuschätzen (vgl. Kahneman/Lovallo (1993)). Dieses Vorgehen bezeichnen sie als „Abschätzung aus der Innenperspektive“. Bei diesem Schätzverfahren steigt jedoch die Gefahr, dass sich die Manager der Kontrollillusion aussetzen, da sie ihren eigenen Einfluss leicht überschätzen (vgl. Dunn/Wilson (1990), für Grenzbedingungen des Effekts).

507 Damit ist eine wichtige Voraussetzung für das Auftreten des Kontrollgefühls und damit des Optimismus bei Projektleitern fast immer erfüllt.

von (Kontrollgefühl-induziertem) Optimismus auf Markteintrittsentscheidungen untersuchen.[508]

CAMERER/LOVALLO stellen die Hypothese auf, dass Entscheider ihre Chancen auf Erfolg bei Markteintrittsentscheidungen auf Grund von Optimismus systematisch überschätzen und daher zu viele Teilnehmer in einen Markt eintreten.[509] Zur Überprüfung der Hypothese führen sie ein Experiment durch, in dem eine gewisse Anzahl von Teilnehmern simultan entscheiden muss, ob sie in einen Markt eintreten wollen oder nicht.[510] Die Kapazität des Marktes ist dabei auf eine gewisse Anzahl von Teilnehmern begrenzt. Den Subjekten wird mitgeteilt, dass sie bei Markteintritt nur dann eine Auszahlung erhalten, wenn sich weniger als die maximal mögliche Anzahl von Teilnehmern für einen Markteintritt entscheidet. Treten mehr Subjekte in den Markt ein, hängt die Auszahlung der Subjekte von der Rangzahl des Subjekts ab, wobei die Subjekte mit der höchsten Rangzahl die höchste Auszahlung bekommen, die Subjekte mit niedrigeren Rangzahlen keine Auszahlung.

CAMERER/LOVALLO variieren das Kontrollgefühl und damit den Optimismus der Entscheider, indem sie einer Gruppe von Subjekten mitteilen, dass ihre eigene Rangzahl *nach* der Markteintrittsentscheidung durch das Lösen von Quiz-Fragen bestimmt wird.[511] Damit wird bei diesen Subjekten das Gefühl ausgelöst, Kontrolle über die Rangzahl, d. h. ihren Projekterfolg, zu haben („Risk Taking"). Einer anderen Gruppe von Subjekten wird dagegen mitgeteilt, dass ihre Rangzahl nach der Markteintrittsentscheidung zufällig festgelegt wird („Gambling").

Die Ergebnisse zeigen, dass Subjekte, die glauben, dass sich die Rangzahl nach ihren eigenen Fähigkeiten bestimmt, signifikant öfter in den Markt eintreten als Subjekte, die von einer zufälligen Zuordnung ausgehen. Dieses Ergebnis interpretieren CAMERER/LOVALLO in der Weise, dass die Subjekte ihre Erfolgsaussichten überschätzen, wenn ihre Fähigkeiten einen Einfluss auf die Auszahlung haben. Darin sehen sie einen direkten Beleg für die Wirkung des Einflussfaktors der wahrgenommenen Kontrolle. Die Analyse der Erwartungen über die Anzahl der eintretenden Subjekte bestätigt die

---

508 Die Verwendung dieser experimentellen Studie erscheint angemessen, da sie zum einen die genannten Kriterien wie hohe Unsicherheit und Zukunftsorientierung erfüllt, und zum anderen die Markteintrittsentscheidung im weitesten Sinne noch in den erweiterten Innovationsbegriff und damit der F&E nahe stehend einzuordnen ist.

509 Vgl. Camerer/Weber (1999).

510 Vgl. Rapoport (1995) und Rapoport/Seale et al. (1998) für vergleichbare Market-Entry-Experimente.

511 Da das Quiz zur Bestimmung der Rangzahl erst *nach* der Markteintrittsentscheidung stattfindet, haben die Experimentteilnehmer keine Ansatzpunkte, um ihre tatsächliche Rangzahl abzuschätzen. Der Effekt lässt sich somit auf den Optimismus der Entscheider zurückführen.

Hypothese des Auftretens von Optimismus. So erwarten die Subjekte in Perioden geringere durchschnittliche Profite (d. h., sie erwarten eine höhere Anzahl von Subjekten, die dem Markt beitreten), sind jedoch gleichzeitig bereit, dennoch beizutreten, da sie davon ausgehen, eine überdurchschnittliche Rangzahl zu erzielen und sich somit dennoch eine hohe Auszahlung zu sichern.

Fazit des Einflussfaktors: Wahrgenommene Kontrolle

Somit ergibt sich als erster Einflussfaktor auf das Auftreten des Optimismus die wahrgenommene persönliche Kontrolle des Entscheiders. *„If managers tend to believe they can control uncertainties in their favour (i. e. increase the probability of future success for a new product introduction) escalation bias will persist.*“[512]

4.3.2.2 Einflussfaktor 10: Vorgeschichte des Entscheiders

Neben der Kontrolle wird auch der persönlichen Vorgeschichte des Entscheiders ein hoher Einfluss auf das Auftreten von Optimismus zugeschrieben.[513] Es zeigt sich, dass Entscheider, die in der ***Vergangenheit erfolgreich waren,*** d. h. einen guten „***Track-Record***“ haben, dazu neigen, daraus Rückschlüsse auf ihre zukünftigen Erfolgsaussichten zu ziehen. Dabei spielt es keine Rolle, ob sich ihre bisherigen Erfolge auf besondere Leistungen oder Fähigkeiten zurückführen lassen oder rein auf Glück und Zufällen beruhen. Dies wird damit begründet, dass Entscheider den Erfolg von Entscheidungen immer ihren eigenen Fähigkeiten zuschreiben, während Gründe für Fehlschläge meist in externen Ursachen gesucht werden.[514] SELIGMAN spricht demzufolge auch von einem „***learned optimism***“.[515] Demnach lernen Entscheider, sich selbst mehr zuzutrauen als anderen. Somit ergibt sich als zweiter Einflussfaktor die Vorgeschichte des Entscheiders.[516]

Bei der Durchsicht der Literatur wird deutlich, dass es keine spezifische experimentelle Überprüfung der Wirkung des Einflussfaktors Vorgeschichte des Ent-

---

[512] Boulding/Morgan et al. (1997), S. 175.

[513] Vgl. z. B. Starbuck/Milliken (1988) oder Duhaime/Schwenk (1983), S. 13.

[514] Vgl. Seligman (1991). Es wird vermutet, dass diese Tendenz durch die präferierte Wahrnehmung konfirmatorischer Information noch weiter verstärkt wird (vgl. Snyder/Swann (1978) oder Nisbett/Ross (1980)).

[515] Seligman (1991).

[516] In der Psychologie wird z. B. die Hypothese aufgestellt, dass einige Individuen Optimismus entwickeln, um Zukunftsängste zu verringern (vgl. dazu z. B. Gerrard/Luus (1995) oder Hoorens (1993)). Da dieser Effekt jedoch nicht systematisch auftritt und im Bereich der Eskalationsliteratur nicht diskutiert wird, soll er im weiteren Verlauf der vorliegenden Arbeit nicht weiter betrachtet werden.

scheiders für den spezifischen Fall verspäteter Projektabbrüche gibt.[517] Daher sollen im Folgenden diejenigen Fallstudien aufgeführt werden, die die Wirkung der Vorgeschichte auf die Eskalationstendenz untersuchen.

Die erste ausführliche Fallstudie, die den Einflussfaktor der Vorgeschichte des Entscheiders betrachtet und in Bezug zu einem verspäteten Projektabbruch setzt,[518] bezieht sich auf die Explosion des NASA-Spaceshuttles Challenger.[519] STARBUCK/MILLIKEN zeigen auf, wie die Risiko-Klassifizierung des Dichtungsrings, dessen Versagen später zur Explosion der Challenger führen sollte,[520] immer weiter abgestuft wurde, obwohl die grundlegenden und aus Tests bekannten Probleme nicht gelöst waren. Die wiederholte Abstufung der Risikoklasse wurde mit dem mehrfachen erfolgreichen Start des Spaceshuttles begründet – obschon es auch bei realen Starts wiederholt zu Problemen mit diesem spezifischen Dichtungsring gekommen war. Die Autoren schließen aus verschiedenen, im Rahmen eines Gerichtsverfahrens veröffentlichten Gesprächsprotokollen, dass die Abstufung der Risikoklasse die Konsequenz einer optimistischen Verzerrung war. Auf Grund der über 20 erfolgreichen Starts der Challenger mit den anfälligen Dichtungsringen, wurde vermutet, dass auch ein weiterer Start erfolgreich durchgeführt werden könnte, obwohl Testergebnisse vorlagen, die dieser Schlussfolgerung explizit widersprachen. Dies sehen STARBUCK/MILLIKEN als deutlichen Beleg dafür, dass die Vorgeschichte des Entscheiders einen wichtigen Einfluss auf die Tendenz zu übermäßigem Optimismus haben kann.

Auch in einer weiteren Fallstudie kann die Wirkung des Optimismus nachgewiesen werden. So identifizieren ROSS/STAW Optimismus in ihrer Fallstudie zum Bau eines Atomkraftwerks im Osten der USA als eine von mehreren eskalationsfördernden Ursachen.[521] Sie stellen schlüssig dar, wie der von kontinuierlichem Erfolg gekenn-

---

[517] In einem Experiment versuchen Staw/Ross die Bedrohung des Selbstbildes durch Erfolge bzw. Misserfolge im Vorfeld des eigentlichen Projekts zu beeinflussen (vgl. Staw/Ross (1978)). Da jedoch in diesem Experiment die Wirkung etlicher Störvariablen (wie z. B. ethisch-moralischer Motive) vermutet wird, soll es in der vorliegenden Arbeit nicht verwendet werden.

[518] Duhaime/Schwenk zeigen zwar bereits 1983 anhand der Aussagen von Managern zweier Akqusitionsprojekte das Auftreten optimistischer Verzerrungen („*We did so well for so long, we got reckless*", Duhaime/Schwenk (1983), S. 14), jedoch behandeln sie die Fallstudien zu knapp und untersuchen zu wenig Hintergrund-Informationen, um andere (rationale) Erklärungen für die verspäteten Projektabbrüche wirklich ausschließen zu können (vgl. Duhaime/Schwenk (1983), S. 13 f.).

[519] Vgl. Starbuck/Milliken (1988). Dabei wird argumentiert, dass das Spaceshuttle-Programm (oder zumindest die Verwendung eines bestimmten Dichtungsrings) auf Basis der damals zur Verfügung stehenden Information hätte abgebrochen werden müssen, jedoch wegen unbegründetem Optimismus fortgeführt wurde.

[520] Es handelt sich dabei um Dichtungsringe der Feststoff-Rakete des Shuttles.

[521] Vgl. Ross/Staw (1993), S. 716.

zeichnete Karrierepfad den CEO des Energieunternehmens dazu bringen konnte, seine eigenen Erfolgsaussichten bei dem Bau des Atomkraftwerks maßgeblich zu überschätzen. Anhand interner Protokolle zeigen ROSS/STAW, wie wiederholt durch optimistisch verzerrte Schätzungen ein rechtzeitiger Abbruch des Bau-Projekts verhindert wurde.

Einen ähnlich gelagerten Fall beschreibt KEIL in einer Fallstudie eines IT-Entwicklungsprojekts.[522] Ähnlich wie bei ROSS/STAW lag die Verantwortung für das Entwicklungsprojekt bei einem Projektleiter, der bei einigen Vorprojekten beachtliche Erfolge gefeiert hatte und im Unternehmen daher den Nimbus erlangte *„to hit that homerun again"*[523]. Dies führte zu einem hohen (und vermutlich ungerechtfertigten) Optimismus auf Seiten des Projektleiters und zudem ließ dieser Nimbus das Top-Management glauben, dass der betreffende Projektleiter könne mit hoher Sicherheit einen weiteren Erfolg verbuchen. Aus der Analyse der internen Protokolle und weiterführenden Interviews schließt KEIL, dass übermäßiger Optimismus ein wichtiger Grund dafür war, dass das offensichtlich scheiternde IT-Entwicklungsprojekt erst mit großer Verspätung abgebrochen wurde.

4.3.2.3 Moderierender Faktor: Overconfidence

Eng verbunden mit dem Effekt des übermäßigen Optimismus ist der Effekt der Overconfidence.[524] Dieser Begriff beschreibt die Tendenz von Individuen, bei ihren eigenen Schätzungen von einer zu hohen Trefferwahrscheinlichkeit aufzugehen, d. h. sie überschätzen die Güte ihrer eigenen Schätzung.[525] Dieser Effekt hat negative Auswirkungen auf die Qualität des Entscheidungsprozesses, weil die Individuen ihre eigenen (evtl. verzerrten) Schätzungen nicht mehr hinterfragen, da sie ihnen eine zu hohe Güte zuordnen.[526] Da Overconfidence in Kombination mit dem Effekt des übermäßigen Optimismus dazu führt, dass Entscheider ihren eigenen überzogenen Schätzungen eine zu hohe Güte beimessen und ihren eigenen (positiv verzerrten) Vorhersagen zu stark vertrauen, soll sie hier ebenfalls betrachtet werden.[527] Verschiedene Arbeiten zeigen, dass die

---

[522] Vgl. Keil (1995).

[523] Keil (1995), S. 432.

[524] Vgl. Oskamp (1965); Lichtenstein/Fischhoff (1977), S. 161 und Lichtenstein/Fischhoff et al. (1982), S. 308 ff. für mögliche Messvorschriften für die Overconfidence und eine Übersicht verschiedener Vorarbeiten. Tversky/Kahneman (1974) umschreiben einen äußerst ähnlichen Effekt mit dem Begriff der „Illusion of Validity" (vgl. dazu auch Einhorn/Hogarth (1978)). In der Literatur hat sich jedoch im Folgenden der Begriff der Overconfidence durchgesetzt (vgl. Juslin (2000)).

[525] Vgl. Juslin (2000) für eine kritische Analyse der frühen Studien.

[526] Vgl. Bazerman (1986), S. 34, für eine beispielhafte Aufstellung von Situationen, in denen die Overconfidence besonders schädlich sein kann.

[527] Vgl. Gervais/Odean (2001).

Tendenz zur Überschätzung der Prognosegüte bei schwierigeren Schätzaufgaben stärker auftritt als bei einfachen.[528] Da Schätzungen im Kontext der F&E meistens mit hoher Unsicherheit belegt sind (vgl. Kapitel 2.1), ist davon auszugehen, dass im F&E-Kontext hohe Overconfidence vorzufinden sein wird.

In Kombination mit dem Effekt des übermäßigen Optimismus führt die Overconfidence dazu, dass Entscheider ihren eigenen überzogenen Schätzungen eine zu hohe Güte beimessen und ihren eigenen (positiv verzerrten) Vorhersagen zu stark vertrauen.[529] Daher erscheint es plausibel, übermäßigen Optimismus als Erklärungsansatz für verspätete Projektabbrüche anzuführen.

4.3.3 Fazit der Studien zu Bewertungsfehlern

Der ***Sunk Cost-Effekt*** wurde mit Hilfe verschiedener empirischer Studien untersucht. Dabei zeigt sich, dass sich Individuen bei einem Mangel an verlässlichen prospektiven Informationen bei der Bewertung von Handlungsoptionen sowohl an der ***absoluten*** als auch an der ***relativen Höhe der Sunk Costs*** orientieren[530] und damit einem eskalationssteigernden Einfluss unterliegen (vgl. Abbildung 21).[531] Dieser lässt sich auch in quantitativen Feldstudien stabil nachweisen.[532] Für die Robustheit des Erklärungsansatzes spricht weiterhin, dass er sich auch explizit bei Subjekten mit Erfahrung im Bereich ökonomisch korrekter Projektbewertung nachweisen lässt.[533] Angesichts der Vielzahl unabhängiger positiver Belege und des Fehlens einer schlüssigen Widerlegung kann der Erklärungsansatz des Sunk Cost-Effekts als anerkannt gelten.[534]

Das gleiche gilt für den Effekt des ***Optimismus***. Bei genauer Durchsicht der Literatur wird deutlich, dass es zahlreiche Arbeiten gibt, die das Auftreten von Optimismus mit verschiedenen empirischen Methoden belegen.[535] Die Aussagen dieser

---

[528] Vgl. Lichtenstein/Fischhoff (1977), S. 178 f. Des Weiteren scheint die Informationsmenge einen Einfluss auf das Ausmaß der Overconfidence zu haben – je mehr Information zur Verfügung steht, umso sicherer sind sich die Entscheider mit ihrer Schätzung (vgl. Tversky/Kahneman (1974), S. 1126 und Einhorn/Hogarth (1978), S. 396 ff.).

[529] Vgl. Gervais/Odean (2001).

[530] Vgl. Heath (1995) sowie Arkes/Blumer (1985), Experimente1, 7 und 9 für den Effekt absoluter Sunk Costs und Garland/Newport (1991);Garland (1990); Keil/Truex et al. (1995) sowie Moon (2001a) für den Effekt relativer Sunk Costs.

[531] Vgl. Arkes/Blumer (1985), Experimente 3, 4 und 5.

[532] Vgl. Arkes/Blumer (1985), S. 127 ff., Staw/Hoang (1995) und Camerer/Weber (1999).

[533] Vgl. Arkes/Blumer (1985), Experiment 10.

[534] Vgl. Arkes/Ayton (1999) und Höffler (2005).

[535] Vgl. die in Kapitel 2.3 zitierten grundlegenden Arbeiten zum Optimismus wie Weinstein (1980) oder Svenson (1981) und Tversky/Kahneman (1974), S. 1126, Lichtenstein/Fischhoff (1977) oder Einhorn/Hogarth (1978).

Arbeiten zeichnen sich durch eine hohe Konsistenz aus, was auf eine große Robustheit des Effekts schließen lässt. In den Studien lassen sich zwei Einflussfaktoren identifizieren: die wahrgenommene ***Kontrolle des Entscheiders*** und die ***Erfolge des Entscheiders im Vorfeld des Projekts***, d. h. sein ***Track-Record***. Trotz der vergleichsweise begrenzten Anzahl empirischer Belege für die Wirkung des Effekts im spezifischen Fall der Projektabbruchsentscheidung sollen auf Grund der dargestellten empirischen Studien der Effekt des Optimismus und die Einflussfaktoren der wahrgenommenen Kontrolle und der Vorgeschichte, sowie der moderierende Faktor der Overconfidence in dieser Arbeit als relevant betrachtet werden (vgl. Abbildung 21).

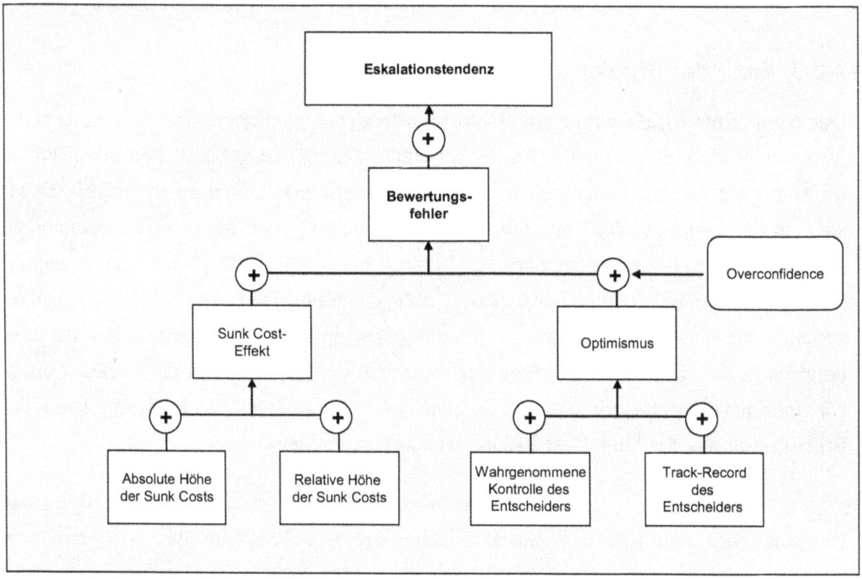

Abbildung 21: Grafische Darstellung der Wirkungszusammenhänge der Bewertungsfehler

Da sich die Wirkung der Effekte der Sunk Costs und des Optimismus auf die Eskalation wiederholt empirisch bestätigen lässt, sollen die hier identifizierten Einflussfaktoren in Kapitel 5 als Ansatzpunkte bei der Ableitung von Gegenmaßnahmen herangezogen werden.

4.4 Fazit

4.4.1 Zusammenfassung der Studien

Für jeden der in Kapitel 2.3 identifizierten Effekte konnten jeweils diejenigen relevanten Einflussfaktoren herausgearbeitet werden, die das Auftreten der systematischen Tendenz zu verspäteten Projektabbrüchen hervorrufen können. Abbildung 22 stellt die identifizierten Faktoren und ihre Wirkung zusammenfassend dar.

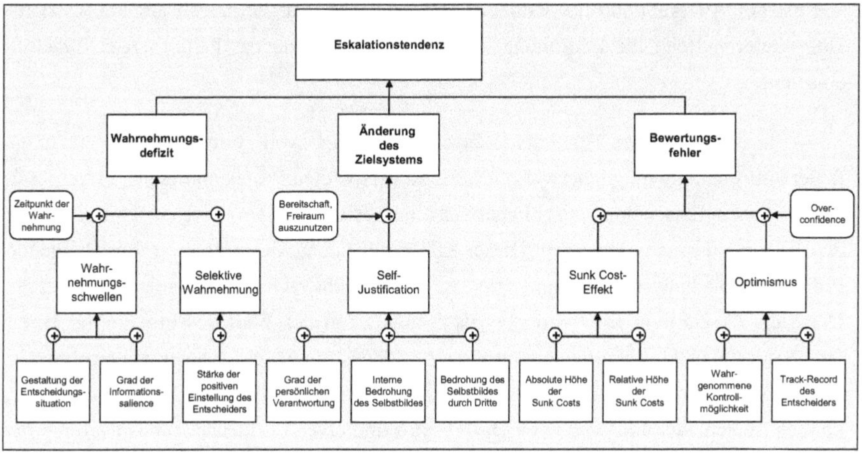

Abbildung 22: Zusammenfassende Darstellung der Wirkungszusammenhänge

Im ersten Prozessschritt, der Problemwahrnehmung, können Wahrnehmungsdefizite auftreten, die zu einer Verstärkung der Eskalationstendenz führen. Diese Defizite können zum einen auf Grund von Wahrnehmungsschwellen auftreten. Die Wirkung der Wahrnehmungsschwelle kann sowohl durch die Gestaltung der Entscheidungssituation als auch durch den Grad der Informationssalience beeinflusst werden. Der Zeitpunkt der Informationswahrnehmung hat dabei einen moderierenden Effekt in der Form, dass nur eine frühe Wahrnehmung eine deeskalierende Wirkung entfacht. Zum anderen können Wahrnehmungsdefizite auch durch den Effekt der selektiven Wahrnehmung hervorgerufen werden, wobei die Stärke des Effekts durch den Grad der positiven Einstellung des Entscheiders dem Projekt gegenüber bestimmt wird.

Im zweiten Prozessschritt, der Zielfestlegung, kann der Entscheider auf Grund einer wahrgenommenen Bedrohung seines Selbstbildes sein Zielsystem dahingehend ändern, dass er statt der Verfolgung der Gewinnmaximierung des Unternehmens nur noch auf den Schutz seines Selbstbildes abzielt. In Kombination mit der hohen inhärenten

Unsicherheit über die zukünftigen Zustände resultiert daraus die Anwendung einer retrospektiven Rationalität und die Fortführung des Projekts, um vergangene Entscheidungen zu rechtfertigen. Voraussetzung für das Auftreten des Effekts der Self-Justification ist, dass sich der Entscheider persönlich für das fehlschlagende Projekt verantwortlich fühlt, da er ansonsten keine Bedrohung seines Selbstbildes wahrnimmt. Weiterhin lässt sich zeigen, dass der Entscheider umso stärker zu verspäteten Projektabbrüchen neigt, je größer die Bedrohung seines Selbstbildes ist. Diese steigt, wenn mit dem Scheitern des Projekts starke negative Konsequenzen für den Entscheider verbunden sind (wie z. B. Verlust der Anerkennung der Kollegen oder negative Auswirkungen auf die Karriere). Des Weiteren steigt die Bedrohung des Selbstbildes, wenn das Fehlschlagen für Dritte einsehbar ist.

In der Phase der Alternativenbewertung können zwei systematische Bewertungsfehler auftreten, die möglicherweise jeweils zu verspäteten Projektabbrüchen führen: Zum einen können Entscheider fälschlicherweise aus den bisher investierten Sunk Costs auf den Wert des Projekts schließen. Dieser Effekt führt dazu, dass der Wert fehlschlagender Projekte überschätzt wird und die Projekte daher nicht rechtzeitig abgebrochen werden. Der Sunk Cost-Effekt tritt besonders dann auf, wenn der Wert des Projekts (z. B. auf Grund der hohen Unsicherheit zukünftiger Zahlungsströme) sehr schwer zu berechnen ist, und zeigt sich besonders bei hohen (absoluten und relativen) Sunk Costs. Zum zweiten können Entscheider auf Grund von Optimismus und Overconfidence zu positiv verzerrten Bewertungen gelangen. Die Entscheider überschätzen dabei systematisch die Eintrittswahrscheinlichkeit positiver Ereignisse und bewerten ihre Handlungsoptionen daher zu positiv. Die aufgeführten Studien zeigen, dass Individuen besonders dann zu hohem Optimismus neigen, wenn sie glauben, starken Einfluss ausüben zu können oder im Vorfeld Erfolge verbuchen konnten. Da sie zudem auf Grund der Overconfidence ihren verzerrten Schätzungen eine zu hohe Güte beimessen, kann die Kombination dieser beiden Effekte zu systematisch verspäteten Projektabbrüchen führen.

Die folgende Tabelle fasst die Studien zu den einzelnen Faktoren mit ihren jeweiligen Operationalisierungen noch einmal zusammen (vgl. Tabelle 9).

4.4.2 Kritische Beurteilung des Erklärungsmodells

Im Rahmen einer kritischen Beurteilung sollen zunächst potentielle Limitationen des Modells dargestellt werden, bevor die Leistungsfähigkeit des Modells erörtert wird.

4.4.2.1 Limitationen des Modells

Eine genaue Analyse des aufgestellten Modells lässt vier Limitationen deutlich werden, von denen sich drei auf zentrale Annahmen des Modells beziehen und eine auf die unterstellten Wirkzusammenhänge:

1. Die erste Annahme betrifft den zu Grunde liegenden Entscheidungsprozess. Um das Modell in der vorliegenden Form erstellen zu können, ist die Annahme eines bewussten, weitgehend sequentiellen Entscheidungsprozesses unverzichtbar. Dies ist eine starke Annahme, die jedoch auf Grund der hohen Bedeutung der Entscheidung und der damit einhergehenden Motivation der Entscheider gerechtfertigt scheint.
2. Des Weiteren wurde mit dem gewählten Entscheidungsprozess ein sehr rigides Prozessmodell des Entscheidens zu Grunde gelegt. Für diese Annahme spricht sowohl die hohe Plausibilität des Prozesses als auch seine hohe Verbreitung in der Entscheidungslehre. Im Bereich der kognitiven Psychologie wird die deskriptive Genauigkeit dieses Prozesses z. T. angezweifelt bzw. die Idee eines linearen Prozesses komplett abgelehnt.[536] Die Anwendung des gewählten Entscheidungsprozesses stellt nach derzeitigem Stand der Forschung jedoch den einzig gangbaren Weg dar, die verschiedenen Erklärungsansätze zu strukturieren. Deshalb muss mit dieser Annäherung gearbeitet werden, bis verlässlichere Entscheidungsmodelle mit höherer deskriptiver Güte zur Verfügung stehen.
3. Die Strukturierung der einzelnen Erklärungsansätze impliziert, dass diese keine (außer denen, durch das Modell beschriebenen) Zusammenhänge aufweisen. Mögliche Interaktionen zwischen den Erklärungsansätzen werden nicht explizit modelliert. Dies ist jedoch insofern unproblematisch, als dass diese Interaktionen in dem beschriebenen Prozessmodell keine Auswirkungen haben.[537]

[536] Vgl. z. B. Simon (1979), insbesondere S. 371 ff.

[537] Zum besseren Verständnis soll ein kurzes Beispiel gegeben werden: Die Tatsache, dass ein Entscheider die Kontrolle über das Projekt hat, führt zu Optimismus in der ersten Periode. Dieser Optimismus beeinflusst die Einstellung des Entscheiders über das Projekt. Diese führt wiederum zu selektiver Wahrnehmung in der nächsten Entscheidungsperiode. Dies ändert jedoch nichts an dem im Modell beschriebenen Ablauf der einzelnen Effekte.

Prozessschritt	Psychologischer Effekt	Faktor	Operationalisierung	Studie
Phase der Problemwahrnehmung/ Wahrnehmungsdefizit	Wahrnehmungsschwelle	Gestaltung der Entscheidungssituation	Einforderung einer aktiven Entscheidung	• Brockner/Shaw et al. (1979) • Rubin/Brockner et al. (1980)
		Grad der Informationssalience	Lieferung expliziter Berichten	• Rubin/Brockner (1975) • Brockner/Rubin et al. (1981)
		Zeitpunkt der Informationssalience (moderierend)	Lieferung von Berichten zu einem frühen/späten Zeitpunkt	• Teger (1980) • Brockner/Rubin et al. (1982) **Fallstudien:** • Drummond (1994) • Drummond (1995) • Drummond (1996)
	Selektive Wahrnehmung	Einstellung des Entscheiders gegenüber dem Projekt	Einstellung des Entscheiders durch Lieferung von Informationen zur Eskalation und deren Folgen verändern	• Kadous/Sedor (2004) • Keil (1995) • Conlon/Parks (1986) • Boulding/Morgan et al. (1997)
Phase der Zielfestlegung/ Veränderung des Zielsystems	Self-Justification	Stärke der wahrgenommenen persönlichen Verantwortung	Auswahl des Projekts in einer ersten Periode	• Staw (1976) • Bazerman/Beekun et al. (1982) • Bateman/Zeithaml (1989b) • Staw/Fox (1977) • Whyte (1991) • McCain (1986) • Goltz (1992) • Hantula/Denicolis Bragger (1999) • Schmidt/Calantone (2002) **Fallstudien:** • McCarthy/Schoorman et al. (1993) • Staw/Barsade et al. (1997)
			Zuweisung von Verantwortung	• Caldwell/O'Reilly (1982) • Conlon/Leatherwood (1989) • Camerer (2003)
		Stärke der Bedrohung des Selbstbildes	Diagnosticity	• Brockner/Houser et al. (1986) • Fox/Schmida et al. (1995)
			Formulierung des Feedbacks	• Davis/Bobko (1986) • Schoorman/Mayer et al. (1994)

Prozessschritt	Psychologischer Effekt	Faktor	Operationalisierung	Studie
		Stärke der Bedrohung des Selbstbildes durch Dritte	Bedrohung der Karriere	• Fox/Staw (1979)
			Nachvollziehbarkeit des Scheiterns für Dritte	• Haunschild/Davis-Blake et al. (1994) • Bobocel/Meyer (1994)
			Bedrohung durch Wettbewerb	• Haunschild/Davis-Blake et al. (1994) • Teger (1980) • Rubin/Brockner et al. (1980)
Phase der Alternativenbewertung/ Bewertungsfehler	Sunk Cost-Effekt	Absolute Höhe der Sunk Costs	Manipulation der Höhe der bisher investierten Ressourcen	• Heath (1995) • Arkes/Blumer (1985) **Fallstudien:** • Staw/Hoang (1995) • Camerer/Weber (1999)
		Relative Höhe der Sunk Costs	Manipulation der Höhe der investierten Ressourcen relativ zum Budget	• Garland/Newport (1991) • Garland (1990) • Moon (2001b)
	Optimismus	Wahrgenommene Kontrolle über das Projektergebnis	Suggestion dass der Entscheider Einfluss auf zukünftiges Geschehen des Projekts hat	• Weinstein (1980) • Weinstein (1987) • Weinstein (1996) • Roll (1986) • MacCrimmon/Wehrung (1986) **Spezifisches** Experiment: • Camerer/Weber (1999)
		Vorgeschichte	Auswahl erfolgreicher Entscheider	• Seligman (1991) Spezifische Fallstudien: • Duhaime/Schwenk (1983) • Starbuck/Milliken (1988) • Ross/Staw (1993)
		Overconfidence (moderierend)	–	• Oskamp (1965) • Lichtenstein/Fischhoff (1977) • Lichtenstein/Fischhoff et al. (1982) • Tversky/Kahneman (1974) • Gervais/Odean (2001)

Tabelle 9: Zusammenfassende Darstellung der betrachteten Studien

4. In den meisten der hier referenzierten experimentellen Studien wird die Wirkung der jeweiligen Einflussfaktoren nur „digital", d. h. in zwei Ausprägungen, abgeprüft. Zeigt sich bei dieser Überprüfung eine signifikante Wirkung auf eine Messgröße, kann legitim auf einen relevanten Wirkungszusammenhang geschlossen werden. Unbekannt bleibt dabei aber die Form des Wirkungszusammenhangs (z. B. linear, exponentiell oder logarithmisch). Die meisten Studien gehen von einem linearen Zusammenhang aus, ohne dass dies durch empirische Befunde unterstützt werden kann.[538] In dem vorgestellten Modell kann daher keine Aussage über die Art des Wirkzusammenhangs getroffen werden.

4.4.2.2 Leistungsfähigkeit des Modells

Die inhaltliche Leistungsfähigkeit des aufgestellten Modells wird danach beurteilt, (1) wie gut es die Überwindung des festgestellten Forschungsdefizits im Bereich der Eskalationsforschung (Forschungsdefizit 1+2) erlaubt, (2) inwiefern es sich eignet, um dem Ziel der Arbeit, also der Ableitung von Gegenmaßnahmen, näher zu kommen, und (3) inwiefern es sich als Grundlage weiterer Arbeiten in diesem Bereich eignen könnte.

(1) Verringerung des Forschungsdefizits im Bereich der Eskalationsforschung
Die Ausarbeitungen zeigen, dass alle bekannten und empirisch belegten Effekte konsistent und widerspruchsfrei in das in Kapitel 3 erarbeitete Modell integriert werden können. Dabei gelingt es zum einen, erstmalig in der Literatur die einzelnen Erklärungsansätze in eine logische Reihenfolge zu bringen, und zum anderen die verschiedenen Erklärungsansätze für eine ökonomische Analyse nutzbar zu machen.[539]

Ferner kann dadurch gezeigt werden, dass die verschiedenen Erklärungsansätze nicht etwa, wie in der Eskalationsliteratur wiederholt konstatiert,[540] konfligierend sind, sondern nur verschiedene Verzerrungen im Entscheidungsprozess darstellen. Daraus ergeben sich auch direkte Auswirkungen auf die vorgeschlagenen Forschungsanweisungen. Aus der Perspektive des integrativen Modells gesehen muss die von BROCKNER vorgeschlagene Forschungsanweisung, verschiedene Erklärungsansätze

---

[538] Zur Identifikation der Form des Wirkzusammenhangs bieten sich insbesondere quantitative Feldstudien an, die auf Grund ihres breiten Datenfelds viele Datenpunkte liefern.

[539] Anders als bei dem von Staw/Ross vorgeschlagenen Strukturrahmen (vgl. Staw/Ross (1987a)) werden in diesem Modell nur irrationale Gründe für die Projektfortführung aufgeführt. Damit entspricht dieses Modell der Forderung, nur irrationale Ursachen für das Auftreten der Eskalationstendenz zu berücksichtigen.

[540] Vgl. Keil/Mixon et al. (1995); Staw/Barsade et al. (1997) oder Hantula/Denicolis Bragger (1999).

gegeneinander zu testen um zu eruieren, welcher Erklärungsansatz den höchsten Erklärungswert hat,[541] strikt abgelehnt werden.

Durch die umfassende Betrachtung der verschiedenen Erklärungsansätze lässt sich die Erklärungsgüte insofern steigern, als dass einige Ergebnisse der experimentellen Studien, die vorher nicht erklärbar waren, nun erstmals erklärt werden können. Im Folgenden sollen einige Beispiele aufgeführt werden. So zeigen z. B. BROCKNER/RUBIN ET AL., dass der Zeitpunkt der Informationslieferung einen moderierenden Einfluss auf die Wirkung der Information hat.[542] Dieses Ergebnis lässt sich aber nicht allein auf Basis der Wahrnehmungsverzerrung erklären – stattdessen muss zur Erklärung auf den Erklärungsansatz der Self-Justification zurückgegriffen werden. Dies ist aber nur dann möglich, wenn akzeptiert wird, dass beide Erklärungsansätze, wie in diesem Modell dargestellt, nebeneinander stehen.

Darüber hinaus können durch die gleichzeitige Betrachtung der verschiedenen Erklärungsansätze auch zuvor bestehende Widersprüche entkräftet werden. So stellt z. B. BAZERMAN die Hypothese auf, dass der beobachtbare Effekt der Eskalation ausschließlich auf das Auftreten des in dem Bereich Prospect Theory diskutierten Reflection-Effekts zurückzuführen sei.[543] Er begründet dies damit, dass die Entscheider in den meisten Überprüfungen des Self-Justification-Ansatzes ihre Entscheidung in einem durch das negative Feedback ausgelösten Verlust-Frame getroffen haben, wodurch sich ihre Risiko-Bereitschaft erhöht habe. Die Projektfortführung wäre nach dieser Erklärung also keine Folge des Versuchs, das Selbstbild zu schützen, sondern Ausdruck des risikosuchenden Verhaltens der Entscheider. WHYTE verdeutlicht, dass beide Ansätze bei verantwortlichen Entscheidern zu gleichen Aussagen kommen, dass jedoch der Erklärungsansatz des Framings auch für nicht-verantwortliche Entscheider eine Eskalationstendenz voraussagt.[544] Aus den Ergebnissen von ARKES/BLUMER, dass Entscheider auch ohne direkte Verantwortung eskalieren, schließt er, dass der Erklärungsansatz des Framings dem der Self-Justification überlegen ist. Auf der Basis des integrierten Modells ist diese Sichtweise jedoch zurückzuweisen, da die Eskalation der Entscheider mit Verantwortung über den Ansatz der Self-Justification hinreichend erklärt werden kann. Die Eskalation

---

[541] Vgl. Brockner (1992).
[542] Vgl. Brockner/Rubin et al. (1982).
[543] Vgl. Bazerman (1984).
[544] Vgl. Whyte (1986).

der Entscheider ohne Verantwortung kann dagegen hinreichend durch den Sunk Cost-Effekt erklärt werden.[545]

(2) Schaffung eines klaren Ursachenkatalogs zur Ableitung von Gegenmaßnahmen
Durch die logische Gliederung und Integration der verschiedenen Erklärungsansätze und die Zuordnung der verschiedenen Einflussfaktoren ist erstmals in der Literatur ein klarer Katalog möglicher Ursachen für das Auftreten systematisch verspäteter Projektabbrüche geschaffen worden. Dieser Katalog erlaubt es im Folgenden, stringent mehrere Maßnahmen abzuleiten, die gezielt an den Ursachen der Eskalationstendenz angreifen und das Auftreten der Eskalationstendenz zu verringern. Diese Entwicklung soll im folgenden Kapitel unternommen werden.

(3) Eignung als Grundlage weiterer Arbeiten
Ein Blick in die Eskalationsliteratur zeigt, dass im Verlauf der Zeit immer wieder neue, alternative Erklärungsansätze für das Auftreten der Eskalationstendenz aufgeführt wurden. Einer der großen Vorteile des vorgestellten Modells ist seine Ausbaufähigkeit. Sollte sich z. B. zeigen, dass das bestehende Modell das Auftreten systematisch verspäteter Projektabbrüche nicht zufrieden stellend abbilden und erklären kann, kann es leicht erweitert werden. Dazu sind die bestehenden Brückenannahmen, falls notwendig, zielgerichtet zu erweitern und der neue Erklärungsansatz als weiterer Knoten im Entscheidungsprozess einzuordnen.

Nachdem also ein tief greifendes Verständnis für die Ursachen der Eskalationstendenz geschaffen wurde, kann im nächsten Kapitel mit der Ableitung geeigneter Gegenmaßnahmen begonnen werden.

---

545 Gegen eine Verwendung des Reflection-Effekts sprechen außerdem die Ergebnisse von Schoorman/Mayer et al. (1994), die nachweisen, dass der Reflection-Effekt nur in Situationen auftritt, in denen der Entscheider sehr wenige Informationen hat.

5 Ableitung möglicher Gegenmaßnahmen

In Kapitel 4 wurden für jeden der fünf als relevant eingestuften psychologischen Effekte jeweils die Einflussfaktoren identifiziert, die das Auftreten eskalatorischen Verhaltens beeinflussen können. In diesem Kapitel sollen ausgehend von diesen Faktoren Maßnahmen abgeleitet werden, mit deren Hilfe sich die Eskalationstendenz der Entscheider verringern.[546] Dadurch soll die Effektivität und Effizienz des F&E-Bereichs verbessert werden (vgl. Kapitel 2.2): *„If escalating conflicts are so economically and psychologically costly, it would seem useful to develop strategies to help prevent people from becoming hopelessly entrapped."*[547] Der durch solche Gegenmaßnahmen ausgelöste Prozess wird in der Literatur als *„de-escalation"* bezeichnet und beschreibt *„a reduction in commitment to a previously chosen course of action and the enactment of an alternative plan of action."*[548] Diese Maßnahmen sollten an den zuvor identifizierten Einflussfaktoren ansetzen (vgl. Abbildung 23).

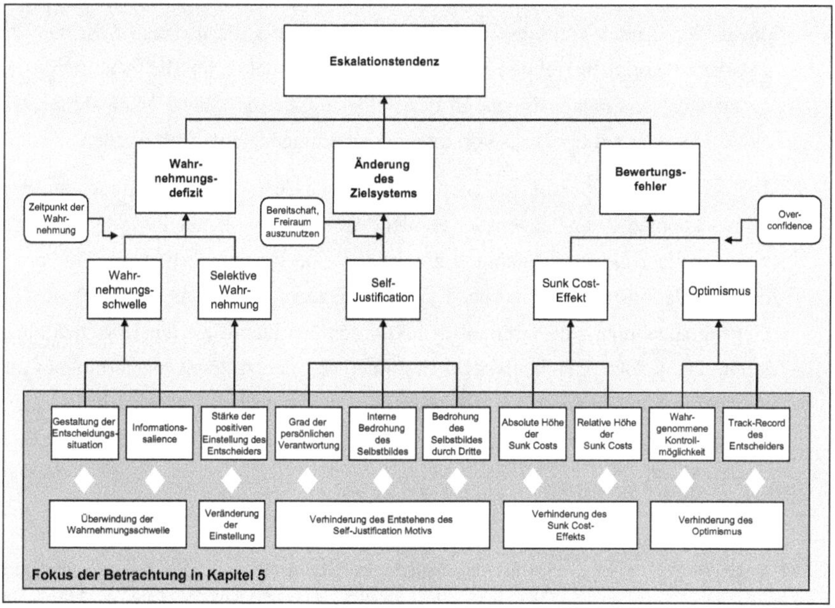

Abbildung 23: Fokus der Betrachtung in Kapitel 5

---

[546] Vgl. Boulding/Morgan et al. (1997), S. 165.

[547] Brockner/Shaw et al. (1979), S. 495.

[548] Montealegre/Keil (2000), S. 432.

Der großen Anzahl von Arbeiten, die sich mit möglichen Ursachen der Eskalation beschäftigen (vgl. Kapitel 4), steht dabei eine wesentlich geringere Zahl von Arbeiten zur Reduktion der Eskalationstendenz gegenüber:[549] „*[...] despite the theoretical and practical relevance of such work, only the rudiments of a de-escalation of commitment literature exist.*"[550] Grundsätzlich besteht jedoch Einigkeit über die hohe Bedeutung der Ableitung solcher deeskalierender Maßnahmen: „*Although less commonly studied, de-escalation is potentially a more important research issue [than escalation; EZ].*"[551]

Die Arbeiten, in denen Gegenmaßnahmen diskutiert werden, lassen sich in drei zeitlich weitgehend getrennte Phasen einteilen (vgl. Abbildung 24):

1. In der ersten Phase (Mitte der 70er bis Anfang der 80er Jahre) wurde in der Eskalationsliteratur die grundsätzliche Notwendigkeit der Entwicklung von Gegenmaßnahmen zwar erkannt, jedoch stand zunächst die Identifikation möglicher Ursachen eskalatorischen Verhaltens im Vordergrund des Interesses.[552] Da in dieser Phase noch keine gesicherten Kenntnisse über die genauen Ursachen der Eskalation vorlagen, fehlten den Autoren Ansatzpunkte für die Ableitung zielgerichteter Gegenmaßnahmen. In der Folge mussten mögliche Maßnahmen rein explorativ oder auf der Basis von reinen Vermutungen entwickelt werden.
2. Die Arbeiten der darauf folgenden zweiten Phase (Anfang bis Ende der 80er Jahre) konnten – im Gegensatz zu den Arbeiten der ersten Periode – bei der Ableitung der Gegenmaßnahmen bereits auf eine wesentlich bessere Fundierung der Eskalationsursachen zurückgreifen.[553] Daher wurden in dieser Phase die Gegenmaßnahmen zum Großteil deduktiv aus den identifizierten Ursachen abgeleitet. Da jedoch das hauptsächliche Interesse der Autoren weiterhin auf der genaueren Identifikation der Ursachen der Eskalation lag, finden sich die (meist knappen) Vorschläge zu möglichen Gegenmaßnahmen nur in den Schlussworten

---

[549] Vgl. Simonson/Staw (1992), S. 419. Als mögliche Ursache dafür wird zum Teil angeführt, dass Sozialpsychologen eher an der Erklärung einzelner sozialer Phänomene interessiert sind, jedoch weniger an der Entwicklung von Gegenstrategien. Zur Ableitung von Gegenmaßnahmen gegen die Eskalation wird daher in der Eskalationsliteratur der verstärkte Einbezug von Forschern aus dem betriebswirtschaftlichen Bereich gefordert (vgl. Conlon/Leatherwood (1989), S. 56).

[550] Cheng/Schulz et al. (2003), S. 64.

[551] Keil/Robey (1999), S. 66.

[552] Beispielhaft zu nennen sind die Arbeiten von Teger (1980), S. 40 ff. oder Brockner/Shaw et al. (1979).

[553] Vgl. z. B. Staw (1981); Bazerman (1983); Staw/Ross (1987a); Staw/Ross (1987b) und Conlon/Leatherwood (1989).

der Beiträge. Eine empirische Überprüfung der Wirksamkeit der vorgeschlagenen Maßnahmen fehlt weitestgehend.

3. Erst in den Arbeiten der dritten Phase (Anfang der 90er Jahre bis heute) stehen die Gegenmaßnahmen im Fokus der Betrachtung. Daher werden die Ableitung und die erwartete Wirkweise der Gegenmaßnahmen in dieser Phase detaillierter beschrieben als in den davorliegenden Phasen.[554] Dabei kommen verschiedene Methoden zur Identifikation der Gegenmaßnahmen zum Einsatz. Zum einen werden Gegenmaßnahmen weiterhin deduktiv aus den identifizierten Ursachen abgeleitet, zum anderen werden Maßnahmen diskutiert, die sich z. B. aus dem Leistungsportfolio von Management Accountants ergeben.[555] In diesem Fall wird ausgehend von einem bestimmten Maßnahmenträger und dessen Tätigkeiten induktiv diskutiert, auf welchem Weg dieser eine eskalationssenkende Wirkung erreichen könnte. Die Arbeiten dieser Phase heben sich vor allem durch die empirische Überprüfung der Wirksamkeit der Gegenmaßnahmen in Experimenten und (in seltenen Fällen) auch mit Hilfe von Fallstudien von den Arbeiten der zweiten Periode ab.

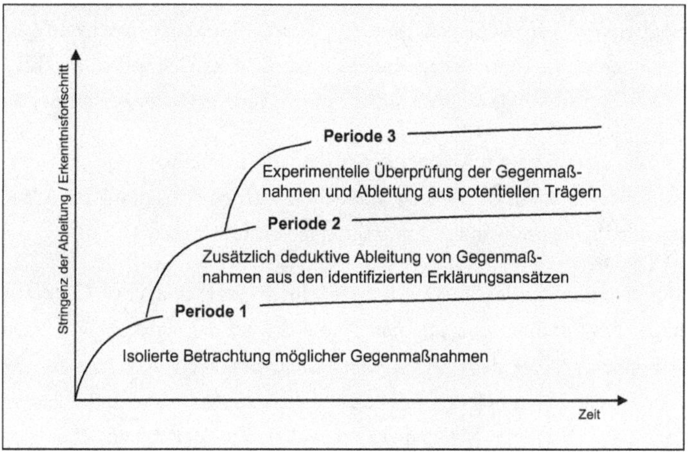

Abbildung 24: Ableitung der Gegenmaßnahmen in den einzelnen Phasen

[554] Die dritte Phase beginnt Anfang der 90er Jahre und dauert bis heute an. Beispiele für Vertreter der dritten Phase sind Simonson/Tversky (1992); Harrison/Harrell (1995); Boulding/Morgan et al. (1997) und Heng/Tan et al. (2003).

[555] Vgl. Ghosh (1997).

Die bisherige Literatur zu Gegenmaßnahmen kann in zwei Punkten kritisiert werden:

1) Beschränkung auf eine Eskalationsursache und deren Gegenmaßnahmen
In der bisherigen Eskalationsliteratur wird das Auftreten der Eskalation im Allgemeinen jeweils nur mit einem der beschriebenen Effekte erklärt. Dementsprechend werden Gegenmaßnahmen jeweils nur gezielt für diesen einzelnen Effekt entwickelt. Wie in Kapitel 4 erläutert wurde, können jedoch mehrere verschiedene Ursachen eine Eskalationstendenz beim Entscheider auslösen – der Versuch einer umfassenden Ableitung von Gegenmaßnahmen, die alle eskalationsauslösenden Faktoren adressieren, wurde bisher nicht unternommen.

2) Fehlende Begründung für die Auswahl der untersuchten Gegenmaßnahmen
In den bisherigen Arbeiten wurde jeweils nur eine sehr begrenzte Zahl[556] von Gegenmaßnahmen pro ausgewähltem Erklärungsansatz diskutiert und überprüft. Zu bemängeln ist dabei, dass die Auswahl aus der großen Anzahl generell vorstellbarer Maßnahmen weder implizit noch explizit begründet wird. Dadurch bleibt unklar, ob die beschriebenen Gegenmaßnahmen als die einzig möglichen Maßnahmen, als Maßnahmen mit der höchsten erwarteten Wirkung oder als Maßnahmen mit besonders einfacher Implementierungsmöglichkeit vorgeschlagen werden. Dieser Umstand erschwert jedoch das Zusammenstellen eines konsistenten Katalogs, da nicht klar ist, unter welcher Maßgabe die verschiedenen Autoren jeweils die untersuchten Gegenmaßnahmen ausgewählt haben.

Um die identifizierten Mängel der bisherigen Literatur zu Gegenmaßnahmen zu vermeiden, sollen an die abzuleitenden Maßnahmen neben der signifikanten Wirksamkeit der Gegenmaßnahmen drei weitere Anforderungen gestellt werden.

Zum einen sollte die Auswahl der einzelnen vorgeschlagenen Gegenmaßnahmen möglichst gut ***begründbar*** sein, um sich dem Vorwurf der willkürlichen Auswahl entziehen zu können.[557] Aus dem Ziel dieser Arbeit, praktischen Nutzen für forschungstreibende Unternehmen zu liefern, ergibt sich als zweite Anforderung die ***leichte Umsetzbarkeit*** der vorgeschlagenen Maßnahmen. Aus dem Ziel der Arbeit, über die bisherige Literatur hinauszugehen, in der weitgehend nur Maßnahmen gegen einzelne Effekte identifiziert wurden, ergibt sich die Anforderung, dass die vorgeschlagenen Gegenmaßnahmen einen ***umfassenden*** Schutz vor der Eskalationstendenz bieten.

---

[556] Die Anzahl der überprüften Gegenmaßnahmen variiert zwischen zwei (vgl. z. B. Harrison/Harrell (1995)) und fünf Gegenmaßnahmen (vgl. z. B. Boulding/Morgan et al. (1997)).

[557] Vgl. Staw/Ross (1987a).

Um die Anforderung der begründbaren Auswahl zu erfüllen, wird zunächst ein Maßnahmenträger bestimmt. Auf der Basis dessen Leistungsportfolios werden dann mögliche Maßnahmen gegen die Eskalationstendenz identifiziert. Wie die Arbeit von Ghosh verdeutlicht, bietet die Nutzung des Leistungsportfolios eines bestimmten Maßnahmenträgers einen Rahmen, anhand dessen sich Maßnahmen ableiten lassen.[558] Durch die Auswahl von Maßnahmen aus dem Leistungsportfolio kann zudem sichergestellt werden, dass die gewählten Maßnahmen leicht umsetzbar sind, da einem bestimmten Mitarbeiter Verantwortung für die Umsetzung übertragen werden kann und dieser Mitarbeiter die einzelnen Aufgaben umsetzen kann. Dadurch wird auch der zweiten Anforderung Rechnung getragen. Um auch die dritte Forderung nach umfassendem Schutz vor der Eskalationstendenz zu erfüllen, muss zunächst ein geeigneter Maßnahmenträger identifiziert werden, bevor in den folgenden Kapiteln wirksame Maßnahmen aus dessen Leistungsportfolio abgeleitet werden können. Diese Auswahl erfolgt in Kapitel 5.1.

[558] Vgl. Ghosh (1995) und Ghosh (1997).

5.1 Mögliche Träger von Gegenmaßnahmen

In diesem Kapitel muss zunächst die Frage beantwortet werden, welcher Maßnahmenträger sich zur Sicherung (prozess-)rationaler Abbruchsentscheidungen in der F&E besonders anbietet. Ein potentieller Maßnahmenträger soll dann als geeignet erachtet werden, wenn er ein möglichst breites Spektrum an erforderlichen Maßnahmen anbieten kann und zudem in der Lage ist, dieses auch (zeitlich und organisatorisch) umzusetzen.

5.1.1 Auswahl des Maßnahmenträgers

Um einen geeigneten Maßnahmenträger zu finden, werden verschiedene potentielle Kandidaten auf ihre Eignung hin überprüft. Dazu sollen insbesondere diejenigen unternehmensexternen und unternehmensinternen Maßnahmenträger untersucht werden, die im Allgemeinen zur Sicherung der Rationalität der Führung in Unternehmen vorgeschlagen werden.[559]

Unternehmensexterne Maßnahmenträger
Als potentielle unternehmensexterne Träger der Rationalitätssicherungsfunktion werden in der Literatur Banken, Beiräte, Steuerberater, Unternehmensberater oder Wirtschaftsprüfer vorgeschlagen.[560]

Während diese einzelnen Akteure im Regelfall durch verschiedene Leistungen potentiell zur Sicherung rationalen Entscheidungsverhaltens beitragen können,[561] haben die unternehmensexternen Maßnahmenträger im spezifischen Fall der verspäteten Projektabbrüche in der F&E einige Nachteile, die einen Einsatz erschweren. Zum einen unterliegen Projekte in der F&E meistens besonders hoher Geheimhaltung, da sie eine herausragende Rolle für die zukünftige Positionierung des Unternehmens spielen. Aus dem Bedarf hoher Geheimhaltung ergeben sich jedoch signifikante Hemmschwellen, unternehmensexternen Personen detaillierte Einblicke in einzelne F&E-Projekte zu gewähren. Zum anderen erfordert die Sicherstellung korrekter Abbruchsentscheidungen die permanente Begleitung der Projekte, da sie quasi kontinuierlich (oder zumindest an den jeweiligen Meilensteinen) auf Planabweichungen bzw. abbruchsrelevante negative Signale untersucht werden müssen. Diese kontinuierliche Begleitung können unternehmensexterne wie z. B. Unternehmensberater aber kaum leisten, da sie im Regelfall nur

[559] Vgl. Langenbach (2001), S. 105 ff.
[560] Vgl. Langenbach (2001), S. 106.
[561] Vgl. für beispielhafte Aussagen dazu z. B. Langenbach (2001), S. 127 ff. oder Sorg (2006 (im Druck)).

punktuell in den Unternehmen aktiv sind. Diese beiden Punkte sprechen dafür, dass zur Sicherstellung rationaler Entscheidungen in der F&E hauptsächlich interne Aufgabenträger zum Einsatz kommen sollten.

Unternehmensinterne Maßnahmenträger

Als interne Maßnahmenträger werden die betroffenen Mitarbeiter selbst (im Sinne eines „Selbstcontrollings"), sowie die Unternehmensleitung, die Revision oder Controller vorgeschlagen.[562]

Die Sicherung durch die Mitarbeiter selbst scheidet jedoch im spezifischen Fall der systematischen Eskalationstendenz weitgehend aus, da die identifizierten Ursachen zum Großteil auf die Wirkungen kognitiver Entscheidungsverzerrungen zurückzuführen sind. Empirische psychologische Befunde zeigen, dass Menschen oftmals nicht in der Lage sind, ihre eigenen Fehler zu erkennen (wie z. B. im Fall selektiver Wahrnehmung, vgl. Kapitel 4.1) oder diese Fehler zu vermeiden, selbst wenn diese identifiziert wurden (wie z. B. einer Veränderung des Zielsystems durch Self-Justification, vgl. Kapitel 4.2). Das reine Kennen einer kognitiven Verzerrung schützt nicht davor, ihr anheim zu fallen.[563] Daher empfiehlt sich hier eher eine Sicherung der Rationalität durch unternehmensinterne Dritte.[564]

KOSMIDER stellt fest, dass mit steigender Größe des Unternehmens eine zunehmende „Professionalisierung" der Rationalitätssicherungsaufgabe festzustellen ist.[565] Dies bedeutet, dass die Rationalitätssicherung von spezialisierten Mitarbeitern übernommen wird, deren Aufgabe hauptsächlich darin besteht, rationales Verhalten der verantwortlichen Entscheider sicherzustellen. Da anzunehmen ist, dass insbesondere größere Unternehmen in nennenswertem Umfang F&E-Projekte betreiben, kann plausibel gefolgert werden, dass dort die Rationalitätssicherung von einem spezialisierten Mitarbeiter übernommen wird.

---

562 Vgl. Langenbach (2001), S. 105.

563 Vgl. Kahneman/Lovallo (1993) und Kennedy (1993).

564 Dieses Argument wird durch die Tatsache gestützt, dass auch bei den im Folgenden betrachteten Experimenten alle Gegenmaßnahmen immer durch die Einwirkung (fiktiver) Dritter operationalisiert werden. Kehrmann schlägt zwar abweichend dazu explizit vor, in Situationen mit stark verteiltem Wissen die Rationalitätssicherung hauptsächlich durch die betroffenen Personen selbst übernehmen zu lassen (vgl. Kehrmann (2002)), betrachtet jedoch in seiner Analyse keine kognitiven Entscheidungsverzerrungen.

565 Vgl. Kosmider (1993), S. 139 ff.

Als auf die Rationalitätssicherung spezialisierter Mitarbeiter wird der Controller betrachtet.[566] Sie haben sich in deutschen Unternehmen auf die Sicherung rationalen Verhaltens spezialisiert und kommen dort klassischerweise in quantitativ gut erfassbaren Bereichen wie der Produktion oder produktionsnahen Bereichen zum Einsatz. Dort versuchen sie, Rationalitätsdefizite der verantwortlichen Entscheider zu erkennen und zu beheben, und leisten damit einen Beitrag zur Steigerung der Effizienz und Effektivität des Unternehmens.[567]

Daher soll im Folgenden kurz untersucht werden, ob der Controller als Maßnahmenträger geeignet ist, d.h., ob er die dritte Anforderung nach umfassender Leistungsbereitstellung erfüllen kann. Dazu sollen zunächst das Rollenverständnis und das Aufgabenportfolio eines Controllers in einem klassischen Bereich beschrieben werden, und dann eine Übertragung dieser Leistungen auf den F&E-Kontext geleistet werden.

5.1.2 Der Controller als Träger der Maßnahmen

Der Begriff ***Controller***[568] bezeichnet einen spezialisierten Mitarbeiter eines Unternehmens, der in enger Abstimmung mit einem verantwortlichen Entscheider zusammenarbeitet[569] und dabei zwei Klassen von Aufgaben übernimmt:[570]

1. Zum einen erfüllt der Controller ***führungsunterstützende Aufgaben***. Darunter fallen z. B. repetitive administrative Aufgaben wie die regelmäßige Erstellung von Berichten. Diese Aufgaben könnte der Entscheider zwar in gleicher Qualität selbst erbringen, delegiert diese jedoch an den Controller, um mehr Zeit für seine

566 Vgl. Weber/Schäffer (1999), S. 44.

567 Vgl. Weber (2004), Kapitel 1.

568 Der englische Begriff deutet an, dass die ersten Controller im angloamerikanischen Raum tätig waren. Die Bezeichnung Controller bezog sich auf Buchhalter-ähnliche Stellen am britischen Hof im 15. Jahrhundert und im US-amerikanischen Finanzministerium im 17. Jahrhundert. Mit dem Aufkommen großer Öl- und Eisenbahnkonzerne fanden Controller zu Beginn des 19. Jahrhunderts Einzug in den privatwirtschaftlichen Bereich. Über deutsche Tochtergesellschaften amerikanischer Konzerne wurde die Idee der Controllerstelle Mitte der 50er Jahre nach Deutschland „importiert“ (vgl. Weber (2004), S. 14.).

569 Das Aufgabenspektrum des Controllers im Verhältnis zum Manager hat sich im Lauf der Zeit stark weiterentwickelt. Waren Controller in den ersten Jahren noch hauptsächlich für das Erstellen und Berichten finanzieller Informationen verantwortlich, haben sie sich schnell vom spezialisierten Buchhalter hin zu einem kaufmännischen Counterpart für den Manager entwickelt.

570 Vgl. Weber (2004), S. 44.

originären Management-Aufgaben (Entscheidungen treffen und durchsetzen) zu haben.[571]

2. Neben den rein unterstützenden Aufgaben übernimmt der Controller auch ***rationalitätssichernde Aufgaben.***[572] Ähnlich wie Qualitätsbeauftragte im Produktionsbereich überwachen Controller die Leistungserstellung der Projektleiter und identifizieren und lindern Defizite[573] im Rahmen der Entscheidungsfindung. Der Controller nutzt seine neutrale Position, um Entscheidungen und Aktivitäten kritisch zu hinterfragen und so gegebenenfalls Fehler oder potentiell opportunistisches Handeln zu vermeiden.[574]

Die Parallelität von unterstützenden und rationalitätssichernden Aufgaben wird als erfolgskritisch für den Controller angesehen, da er sich durch seine Unterstützungsaufgaben die Akzeptanz und das Vertrauen des Projektleiters erarbeitet, die er braucht, um rationalitätssichernd eingreifen zu können.[575]

Aus seiner Rolle als unabhängiger, unterstützender und rationalitätssichernder Counterpart ergibt sich ein umfangreiches Rollenverständnis des Controllers, das sowohl die Übernahme einer beratenden Funktion als auch die Rolle eines „ökonomischen Gewissens" umfasst. Wird dieses breite Rollenverständnis zur Ableitung der Aufgaben des Controllers verwendet, ergibt sich ein sehr umfassendes Tätigkeitsfeld, das fast alle maßgeblichen betriebswirtschaftlichen Entscheidungen abdeckt.[576] Dieses Rollen-

---

[571] Vgl. Weber (2004), S. 40 ff.

[572] Vgl. Weber/Schäffer (1999), S. 44. Neben dem Controller können aber auch (wie in Kapitel 5.1 dargestellt, andere unternehmensinterne und unternehmensexterne Träger rationalitätssichernde Aufgaben übernehmen.

[573] Vgl. Weber (2004), S. 44. Unter Defiziten sollen hier bewusste und unbewusste Abweichungen von effektiver und effizienter Management-Performance verstanden werden.

[574] Die Bedeutung der Überprüfung der Entscheidungen eines Einzelnen durch einen unbeteiligten Dritten ist in der betriebswirtschaftlichen Praxis akzeptiert und manifestiert sich z. B. in den Vorgaben der Bundesanstalt für Finanzdienstleistungsaufsicht zur Kreditprüfung (vgl. Bundesanstalt für Finanzdienstleistungsaufsicht (2002)).

[575] Vgl. Weber (2004), S. 46. Studien aus dem Bereich des Feedback-Lernen deuten an, dass Manager vor allem dann geneigt sind, kritisches Hinterfragen und Begrenzungen zu akzeptieren, wenn die Quelle der Kritik – wie im Falle des Controllers – als wertvoller und vertrauenswürdiger Dienstleister akzeptiert ist (vgl. Edmondson (1996)). Kritik aus weniger vertrauenswürdigen Quellen wird dagegen häufig nicht akzeptiert und bewirkt meist keine Änderung des Verhaltens (vgl. Ilgen/Fisher et al. (1979), S. 357 und Luckett/Eggleton (1991)).

[576] Vgl. CCM (2006).

verständnis gewinnt in den letzten Jahren sowohl in der universitären Controllerausbildung als auch in der betrieblichen Praxis zunehmend an Bedeutung.[577]

Controller erfüllen ihre Funktion als unterstützender und rationalitätssichernder Counterpart hauptsächlich durch die Übernahme von drei Aufgabengebieten, die im Folgenden beschrieben werden sollen.

5.1.2.1 Klassische Aufgabengebiete des Controllers

Controller werden in Unternehmen klassischerweise in drei Aufgabengebieten eingesetzt: Informationsversorgung, Planung und Kontrolle.[578]

1) Bereich der Informationsversorgung

Die Informationsversorgung wird häufig als Basis der Controlleraufgaben dargestellt und auch in empirischen Studien als wichtiger Tätigkeitsbereich bestätigt.[579] Der Controller versorgt den Projektleiter mit *„Daten und Nachrichten, die bewusstes Führungswissen repräsentieren und beim Informationsempfänger potentiell den Wissensstand erhöhen"*.[580] Dabei handelt es sich hauptsächlich um vergangenheitsbezogene, monetäre Daten wie aufgelaufene Kosten oder Cash-Flows, aber auch um nicht-monetäre Daten wie z. B. realisierte Mengen-, Zeit- oder Qualitätsgrößen.[581]

Die Informationsversorgung umfasst die Schritte Informationserfassung, Informationsaufbereitung und Informationsbereitstellung.[582] Im Rahmen der ***Informationserfassung*** legen Controller die Standards und das Design der Informationssysteme fest und erfassen die relevanten betriebswirtschaftlichen Informationen. Im Rahmen der ***Informationsaufbereitung*** trennen Controller relevante von irrelevanten Informationen

[577] Vgl. Hirsch (2004) und Weber/Hirsch et al. (2006).

[578] Vgl. z. B. auch Weber (2004), S. 31, und Weber (2002) S. 9 ff. Häufig werden bei überblicksartigen Darstellungen der Aufgabengebiete von Controllern eine Vielzahl möglicher Tätigkeiten aus dem kaufmännischen Bereich aufgeführt. Dieses breite Spektrum an Aufgaben führt zum Teil dazu, dass Controllern etwas „Schillerndes" zugeschrieben wird (vgl. Weber (2004), S. 17). Dieses Spektrum lässt sich jedoch aus der zuvor beschriebenen Funktion des Controllers als Rationalitätssicherer der Führung erklären, der Führungshandlungen des Managers auf Rationalitätsdefizite hin überprüft und tätig wird, wenn er sie aufdeckt (vgl. Weber (2004), S. 541 ff.). Das vom Controller jeweils übernommene Leistungsportfolio variiert demnach je nach Eigenschaften und Defiziten des Managers. Dennoch lassen sich die übernommenen Aufgaben weitestgehend den drei Tätigkeitsbereichen Informationsversorgung, Planung und Kontrolle zuordnen.

[579] Vgl. von Landsberg/Mayer (1988) und Niedermayr (1994).

[580] Weber (2004), S. 104 f.

[581] Vgl. Weber (2004), S. 107 f.

[582] Vgl. Weber (2004), S. 108 ff.

und fassen. diese z. B zu Kennzahlen und Kennzahlensystemen zusammen. Diese aufbereitete Information liefern sie in Berichten an die Manager (***Informationsbereitstellung***), wobei die Controller meist sowohl den Aufbau der Berichte als auch die Berichtszyklen selbst festlegen. Die gelieferten Informationen müssen verschiedene Anforderungen erfüllen, wie z. B. Einheitlichkeit und Konsistenz, Korrektheit, Zeitnähe und Robustheit, Objektivität, Nachvollziehbarkeit und Problem- und Benutzeradäquanz.[583]

Durch die Informationsversorgung übernehmen Controller eine wichtige führungsunterstützende Funktion. Sie werden meist als wichtigste Informationsquelle der Manager dargestellt und genießen in den meisten Unternehmen eine hohe Reputation als vertrauenswürdiger Lieferant korrekter Informationen.[584] Neben diesen führungsunterstützenden Aufgaben werden von den Controllern im Bereich ihrer Informationsversorgungsfunktion häufig auch rationalitätssichernde Leistungen erwartet. So sollen sie z. B. die gelieferten Informationen ökonomisch interpretieren und erklären, um so sicherzustellen, dass Manager alle relevanten Aspekte eines Sachverhalts wahrnehmen und richtig verstehen.

2) Bereich der Planung

Der Planung kommt im Tätigkeitsprofil der Controller ebenfalls eine große Bedeutung zu.[585] Sie wird deshalb auch als *„Kristallisationskern der Controllertätigkeit"*[586] bezeichnet. Der Begriff der Planung beschreibt einen bewussten Informationsverarbeitungsprozess, bei dem zukünftige Ausführungshandlungen antizipativ festgelegt werden.[587] Dabei unterscheidet man je nach zeitlichem Horizont der Planung drei verschiedene Ebenen: operative (kurzfristige), taktische (mittelfristige) und strategische (langfristige) Planung.[588] Während Controller bisher hauptsächlich auf die operative (Budget-)Planung beschränkt sind, wird in den letzten Jahren vermehrt auch gefordert, Controller in die Planung nicht-finanzieller Größen wie z. B. Produktionsgrößen und auch bei mittelfristigen oder strategischen Planungsvorhaben stärker einzubeziehen.[589]

---

583 Vgl. Weber (2004), S. 130 ff.

584 Vgl. Weber/David et al. (2001), S. 37, und Weber (2004), S. 134.

585 Vgl. von Landsberg/Mayer (1988).

586 Weber (2004), S. 31.

587 Vgl. Weber (2004), S. 311 ff.

588 Vgl. Hammer (1985), S. 18 ff.

589 Vgl. Weber (2004), S. 498 ff.

Im Bereich der Planung kann der Controller mehrere führungsunterstützende Aufgaben erfüllen, wie z. B. die Gestaltung des Planungssystems oder die Übernahme des administrativen Planungsmanagements.[590] Darüber hinaus kann er bei der inhaltlichen Planungsunterstützung, also z. B. bei der Generierung von Alternativen, der monetären Bewertung möglicher Alternativen oder der Vorabstimmung von Lösungen tätig werden.[591]

Neben diesen unterstützenden Tätigkeiten kann der Controller auf Grund seiner betriebswirtschaftlichen Bewertungskompetenz als rationalitätssichernder Counterpart eingesetzt werden, der als „ökonomisches Gewissen“ und „betriebswirtschaftlicher Berater“ einheitliche Bewertungsstandards festlegt und problemspezifische Bewertungsmethoden bereitstellt.

3) Bereich der Kontrolle

Die dritte wichtige Säule der Controlleraufgaben ist der Bereich der Kontrolle.[592] Dabei umfasst der Kontrollbegriff im engeren Sinne den Vergleich zweier Größen,[593] meistens Soll- und Ist-Größen.[594] Im weiteren Sinne wird Kontrolle als Prozess verstanden, der auf Erkenntnisgewinn und Lernen abzielt.[595] Diesem breiten Verständnis folgend, fallen auch Aufgaben wie das Erstellen von Abweichungsanalysen und die Feststellung von Abweichungsursachen sowie das Erarbeiten von Lösungsvorschlägen unter den Begriff der Kontrolle.[596] Die Kontrolle kann sich dabei theoretisch auf verschiedene Objekte beziehen – gängigerweise kontrollieren Controller jedoch hauptsächlich die Einhaltung von Ergebnisgrößen.

---

590 Vgl. Horváth (2003), S. 196 ff.

591 Vgl. Weber (2004), S. 338 f.

592 Vgl. Exner-Merkelt/Keinz (2005), S. 15; Reichmann/Kleinschnittger et al. (1988); Niedermayr (1994) und Schäffer (2001).

593 Vgl. Schäffer (2001), S. 11.

594 Vgl. Weber (2004), S. 313. Daneben sind aber auch Vergleiche zwischen Ist-Ist-Größen im Rahmen der Ex-Post-Kontrolle, Soll-Soll-Größen im Rahmen einer Zielkontrolle, Soll-Wird-Größen im Rahmen einer Planfortschrittskontrolle oder Wird-Ist-Größen bei der Prämissenkontrolle denkbar (vgl. Schäffer (2001), S. 12).

595 Vgl. z. B. von Landsberg/Mayer (1988); Niedermayr (1994) oder Becker/Benz (1996). Instrumente wie die Abweichungsanalyse oder die Schwachpunkt-Analyse zählen nicht umsonst zu den wichtigsten Controllertools (vgl. dazu z. B. Kosmider (1993), S. 96).

596 Vgl. Weber (2004), S. 313 f.

Im Bereich der Kontrolle werden je nach zeitlichem Ansatzpunkt drei Arten der Kontrolle unterscheiden:[597] (1) die ***Planentstehungs-*** bzw. ***Prämissenkontrolle***, bei der die Konsistenz, Plausibilität und inhaltliche Güte der Planung überprüft werden,[598] (2) die ***mitlaufende Kontrolle***, bei der die Übereinstimmung zwischen geplanten und realisierten Größen während der Durchführung des Projekts überwacht wird und die (3) ***Ex-Post-Kontrolle,*** bei der nach Fertigstellung eines Projekts die realisierten mit den geplanten Größen verglichen werden. Obwohl sie zum Teil mit negativer Konnotation versehen ist, erfüllt die Kontrolle eine wichtige Aufgabe im Unternehmen.[599] In verschiedenen Studien konnte die positive Wirkung der verschiedenen Arten von Kontrolle nachgewiesen werden.[600]

Im Rahmen seiner führungsunterstützenden Tätigkeiten kann der Controller alle Aufgaben der Kontrolle übernehmen, d. h. er legt Kontrollobjekte fest, erfasst die Kontrollgrößen, stellt Abweichungsanalysen an und teilt dem Manager seine Ergebnisse mit. Darüber hinaus kann der Controller im Bereich der Kontrolle etliche rationalitätssichernde Aufgaben wahrnehmen. So muss er z. B. im Rahmen der Prämissenkontrolle sicherstellen, dass Entscheider tatsächlich die Ziele des Unternehmens (im Allgemeinen also die. Wertsteigerung) verfolgen und durch kritisches Nachfragen sicherstellen, dass die vorgeschlagenen Maßnahmen das Ziel effizient und effektiv erreichen lassen oder angemessen auf die festgestellten Abweichungen reagieren. Im Bereich der mitlaufenden Kontrolle können Controller den Manager bei der Überwachung der gesetzten Zielwerte unterstützen und sicherstellen, dass er adäquat auf Planabweichungen reagiert.[601] Diesem Schritt kommt im Rahmen dieser Arbeit eine besonders hohe Bedeutung zu, da der Controller sicherstellen muss, dass Projekte rechtzeitig abgebrochen werden.

Neben den dargestellten Aufgabenschwerpunkten der Informationsversorgung, Planung und Kontrolle übernehmen Controller auch entlastende, ergänzende und begrenzende Zusatzaufgaben im Hinblick auf andere wichtige Entscheidungen von Managern. So werden sie als interne Berater bei betriebswirtschaftlichen Entscheidungen konsultiert, wirken als Berater bei der Aufdeckung von Schwachstellen im Unternehmen

---

597 Vgl. Weber (2004), S. 339 ff.

598 Vgl. CCM (2006), S. 19 f. für die hohe Bedeutung der Plankontrolle in DAX 30-Unternehmen.

599 Vgl. Schäffer (2001).

600 Vgl. Ashford/Cummings (1983) und Schäffer/Willauer (2002) für empirische Belege.

601 Hier sehen Controller in der Praxis noch den größten Nachholbedarf (vgl. CCM (2006), S. 47 f.) und konstatieren selbstkritisch, dass der Einfluss während der Projektdurchführung eher begrenzt ist.

und übernehmen Funktionen im Rahmen der Corporate Governance, z. B. als Bindeglied zwischen Business Unit und Konzernzentrale oder mittlerem und Top-Management.[602]

In der deutschsprachigen betriebswirtschaftlichen Literatur wird zwar seit längerem ein verstärkter Einsatz von Controllern in der F&E gefordert,[603] jedoch stellt der F&E-Bereich durch das hohe Maß an Unsicherheit, die starke Fokussierung auf naturwissenschaftlich-technische Aspekte sowie die hohe Komplexität der Leistungserstellung besondere Anforderungen an Controller.

5.1.2.2 Die Rolle des Controllers bei der Durchführung von F&E-Projekten

In der auf technische und naturwissenschaftliche Aspekte fokussierten F&E kann der Controller in seiner Funktion als Rationalitätssicherer und ökonomisches Gewissen eine besonders wichtige Funktion bei der Begleitung von F&E-Projekten übernehmen. So ist der Controller im Rahmen seiner Counterpart-Funktion gefordert, F&E-Projekte von der Phase der Projektplanung über die Durchführung bis hin zum Projektende zu begleiten und dabei dem Projektleiter umfassende Dienstleistungen zur Verfügung zu stellen.[604] Die Aufgaben des Controllers im Rahmen der Projektbegleitung werden im Folgenden kurz umrissen, wobei die für die Abbruchsentscheidung relevanten Aspekte im Vordergrund stehen sollen.

Projektplanung

Zu Beginn sind Controller bei der Ausplanung des Projekts beteiligt und führen die Planungskontrolle durch. Dabei sollten Controller insbesondere sicherstellen, dass das Projekt im Einklang mit der umfassenden F&E-Strategie und den zuvor festgelegten Budgets steht und wirtschaftlich sinnvoll erscheint. Durch die Planung des Projekts entlang des in Kapitel 2.1 beschriebenen Meilenstein-Prozesses kann der Controller sicherstellen, dass es regelmäßigen Kontrollen unterliegt und nicht „unkontrolliert“ weiterläuft.

---

602 Vgl. Weber/David et al. (2001) und Freidank/Paetzmann (2003).
603 Vgl. Commes/Lienert (1983).
604 Vgl. Riedl (1990), S. 15.

Projektdurchführung

Während der Durchführung des Projekts obliegt dem Controller die mitlaufende Kontrolle, d. h. die Erfassung und Aufbereitung finanzieller und nicht-finanzieller Größen. Stellt er im Rahmen seiner Abweichungsanalysen fest, dass unerwartet hohe Abweichungen auftreten, muss er außerplanmäßige Berichte erstellen, um den Projektleiter auf die Fehlentwicklungen hinzuweisen.

An den Projektmeilensteinen ist vor allem die Informationsversorgungs- und Bewertungskompetenz des Controllers gefragt. Im Rahmen seiner Informationsversorgungsfunktion erstellt der Controller Projektfortschrittsberichte für das Management, in denen er den Fortschritt des Projekts dokumentiert und auf Abweichungen von der Planung hinweist. Bei der Erstellung dieser Projektfortschrittsberichte sollte der Controller in seiner Funktion als Rationalitätssicherer zum einen darauf achten, die Information klar und deutlich zu präsentieren, um sicherzustellen, dass der Projektleiter diese korrekt wahrnimmt und interpretieren kann. Zum anderen kann der Controller durch Kommentare und Hinweise bewusst Informationen hervorheben, um die Wahrnehmung wichtiger Elemente sicherzustellen. Ist zur Bewertung die Abschätzung von Größen notwendig, kann der Controller die Schätzung durch verschiedene Verfahren unterstützen.[605]

In seiner Funktion als Rationalitätssicherer muss der Controller sicherstellen, dass die Entscheidung des Projektleiters im Einklang mit den Zielen des Unternehmens steht. Im Rahmen einer kritischen Diskussion kann der Controller die Rolle eines Devil's Advocate einnehmen und die Ziele des Projektleiters sowie seine Bewertung und die in die Bewertung eingeflossenen Annahmen kritisch hinterfragen. Zudem kann der Controller in diesen Diskussionen als Sparringspartner des Projektleiters fungieren, die Güte des Entscheidungsprozesses sicherstellen und ihm so „Rückendeckung“ bei schwierigen Entscheidungen geben.

---

[605] Vgl. Bürgel/Haller et al. (1996), S. 312.

Projektnachkalkulation
Nach Abschluss des Projekts führen Controller die Ex-Post-Kontrolle durch, um den erzielten Wertbeitrag zu ermitteln und durch das Aufdecken von Fehlern Lernprozesse für die Zukunft zu ermöglichen. Der generelle Einfluss einiger dieser Aufgaben auf die Eskalation wird in der Eskalationsliteratur empirisch belegt.[606]

Ein Vergleich der Erfolgsfaktoren der F&E[607] mit dem Leistungsportfolio eines Controllers, der seine Rolle als Rationalitätssicherer versteht, zeigt, dass er einen Großteil der identifizierten Erfolgsfaktoren der F&E unterstützen und damit eine sinnvolle Ergänzung zum F&E-Projektleiter darstellen kann.[608]

5.1.3 Fazit der Auswahl des Controllers als Maßnahmenträger

Um die gestellten Anforderungen der gut begründeten Auswahl und der leichten Umsetzbarkeit der Gegenmaßnahmen zu erfüllen, wurde zunächst ein geeigneter Maßnahmenträger gesucht, anhand dessen Leistungsportfolio geeignete Gegenmaßnahmen abgeleitet werden können. Dabei wurde durch logisches Ausschließen möglicher Maßnahmenträger deutlich, dass der Controller als unternehmensinterner, auf Rationalitätssicherung spezialisierter Mitarbeiter prädestiniert für die Rolle zur Bekämpfung der systematischen Tendenz zu verspäteten Projektabbrüchen ist. In Konsequenz wurde kurz das Rollenverständnis des Controllers beschrieben. Durch den Abgleich der klassischen Aufgabengebiete des Controllers mit den im Kontext eines F&E-Projekts benötigten Leistungen wurde deutlich, dass ein spezialisierter F&E-Controller wertvolle und umfassende Dienstleistungen für den Projektleiter in der F&E erbringen kann. Damit erfüllt der Controller auch die dritte genannte Anforderung und soll daher im weiteren Verlauf der Arbeit als Maßnahmenträger diskutiert werden.[609]

---

606 Vgl. Keil/Rai et al. (2003), S. 254 ff. In der Studie identifizieren Keil/Rai et al. vier Kernbereiche der Projektmanagementaufgaben, von denen drei (project planning, project estimation und project control) direkt dem Aufgabenbereich des Controllers zuzuordnen sind.

607 Vgl. Ernst (2002) für eine Übersicht über Erfolgsfaktorstudien.

608 Vgl. Weber/Zayer (2004), S. 353 ff.

609 Auch in der Eskalationsliteratur wird die Rolle von Controllern (bzw. Accountants) hervorgehoben (vgl. Ghosh (1995) und Ghosh (1997)). „*It is widely accepted that a primary objective of management accounting is to provide information which assists managers to reach the best* possible *choices between alternatives. It is increasingly being recognized that if this objective is to be achieved, management accountants must understand managers' decision processes.*" (Rutledge/Harrell (1993), S. 300).

Deshalb sollen im Folgenden, ausgehend von den als relevant identifizierten psychologischen Effekten, in der Reihenfolge ihres Auftretens im Entscheidungsprozess, jeweils pragmatisch Gegenmaßnahmen abgeleitet werden.[610] Dabei stützt sich die vorliegende Arbeit vor allem auf solche Gegenmaßnahmen, deren isolierte Wirksamkeit zuvor in anderen Studien belegt werden konnte. Dieses Vorgehen gewährleistet, dass alle möglichen Erklärungsansätze und eskalationsauslösende Faktoren betrachtet werden. Nur wenn sichergestellt werden kann, dass alle möglichen Faktoren adressiert werden, kann die Eskalationstendenz bei F&E-Projekten verlässlich verringert werden. Im Folgenden wird aufgezeigt, mit welchen konkreten Maßnahmen Controller das Wirken der einzelnen Effekte und damit das Auftreten der Eskalationstendenz verhindern können.[611]

---

[610] Simonson/Staw schlagen zur Ableitung von Gegenmaßnahmen zwei verschiedene Methoden vor (vgl. Simonson/Staw (1992), S. 419): Die Methode des „***Reverse-Treatment***" setzt direkt an den identifizierten Ursachen der Eskalation an und versucht durch Manipulation exakt dieser Faktoren eine eskalationssenkende Wirkung zu erzielen. Die zweite Methode beruht auf der Annahme, dass Eskalation durch Fehler im Entscheidungsverhalten hervorgerufen wird. Demzufolge soll durch eine ***allgemeine Verbesserung der Entscheidungsfindung*** das Auftreten eskalatorischer Tendenzen verringert werden. Mit Hilfe dieser beiden Methoden lässt sich ausgehend von den verschiedenen identifizierten Ursachen theoretisch eine nahezu beliebige Menge potentiell geeigneter Gegenmaßnahmen entwickeln.

[611] Dabei steht weniger der Anspruch auf vollständige Abbildung aller erdenklichen Maßnahmen als vielmehr das gezielte Ableiten Erfolg versprechender Maßnahmen aus dem Leistungsportfolio des Controllers im Mittelpunkt.

5.2 Maßnahmen zur Verringerung der Wahrnehmungsdefizite

Der korrekten Wahrnehmung der Situation, in der sich ein Projekt befindet, kommt eine hohe Bedeutung für die Deeskalation zu: „*De-escalation requires a clear understanding that something is wrong with the present course of action. Nothing of consequence can happen, until decision makers in positions of responsibility and authority recognize that there is indeed a problem.*"[612]

Wie in Kapitel 4.1 erarbeitet, können einer korrekten Problemwahrnehmung systematische Wahrnehmungsdefizite entgegenstehen, die aus den verschiedenen Wahrnehmungsfiltern des Menschen resultieren. Dabei wurden insbesondere (1) der Effekt der Wahrnehmungsschwelle und (2) der Effekt der selektiven Wahrnehmung identifiziert. Um die korrekte Wahrnehmung der Situation sicherzustellen, müssen demnach zunächst diese beiden Problembereiche adressiert werden. Die folgenden beiden Unterkapitel zeigen auf, mit welchen Maßnahmen der Controller an den Effekten der Wahrnehmungsschwelle (vgl. Kapitel 5.2.1) und der selektiven Wahrnehmung (vgl. Kapitel 5.2.2) ansetzen kann.

5.2.1 Maßnahmen zur Überwindung der Wahrnehmungsschwellen

In Kapitel 4.1 wurde dargelegt, dass der Projektleiter die negative Feedback-Information des fehlschlagenden Projekts nicht korrekt wahrnehmen kann, wenn diese seine Wahrnehmungsschwelle nicht überwindet. Dabei wurde gezeigt, dass die Wirkung der Wahrnehmungsschwelle sowohl von der Gestaltung der Entscheidungssituation als auch von der Salience der Information abhängt. Der Controller muss daher zu Verringerung der Eskalationstendenz an diesen Einflussfaktoren angreifen und zum einen die Entscheidungssituation so gestalten, dass die Wahrnehmungsschwelle des Entscheiders möglichst niedrig ist (vgl. Kapitel 5.2.1.1) und zum anderen die Salience der Information so weit erhöhen, dass sie die Wahrnehmungsschwelle des Entscheiders überwinden kann (vgl. Kapitel 5.2.1.2).

5.2.1.1 Gestaltung der Entscheidungssituation

Wie in Kapitel 4.1 gezeigt, kann die Wahrnehmungsschwelle des Entscheiders durch die Gestaltung der Entscheidungssituation beeinflusst werden, wobei die Wahrnehmungsschwelle in einer aktiven Entscheidungssituation signifikant niedriger ist. Aktive

[612] Montealegre/Keil (2000), S. 432.

Entscheidungssituationen zeichnen sich dadurch aus, dass das Projekt nicht automatisch weiterläuft, sondern der Entscheider gezwungen ist, eine aktive Entscheidung zu treffen, wenn das Projekt fortgeführt werden soll.

Der Controller kann zur Förderung einer aktiven Entscheidungssituation bei der Planung des Projekts sicherstellen, dass es nicht nur entlang eines adäquaten Stage-Gate-Prozesses[613] geplant wird, sondern dass an den Meilensteinen auch eine aktive Fortführungsentscheidung getroffen werden muss. Dies kann er z. B. erreichen, indem er in seiner Rolle als kritischer Counterpart des Projektleiters an den Meilensteinen jeweils vorschlägt, das Projekt abzubrechen. Damit erzwingt er eine aktive Entscheidung des Projektleiters und sorgt dafür, dass das Projekt nicht „auf Grund seiner Trägheitskraft" einfach weiterläuft. Da der Projektleiter in diesem Fall aktiv nach Begründungen für die Fortführung des Projekts suchen muss, kann davon ausgegangen werden, dass seine Wahrnehmungsschwellen deutlich niedriger sind.

Die Wirkung dieser Maßnahme wird unter Berücksichtigung der in Kapitel 4.1 aufgeführten experimentellen Belege im Allgemeinen anerkannt: „*Within established organizations, processes such as stage/gate approval for R&D projects [...] have been proposed to counteract the tendency toward unwarranted escalation.*"[614] Somit ergibt sich als erste mögliche Maßnahme zur Senkung der Wahrnehmungsschwelle:

Maßnahme 1:
Planung des Projekts entlang eines Meilenstein-Prozesses und Sicherstellen einer aktiven Entscheidung über die Fortführung an den Meilensteinen

5.2.1.2 Steigerung der Informationssalience

Die in Kapitel 4.1 präsentierten experimentellen Belege zeigen, dass Entscheider bei mehrdeutigem Feedback Schwierigkeiten haben, Informationen wahrzunehmen, die sich nicht deutlich genug vom Hintergrundrauschen abheben, d.h., die nicht salient genug sind. Die Aufgabe des Controllers muss es daher sein, „*[to] increase the impact of negative feedback by providing precise and timely information*".[615]

---

[613] Vgl. Cooper/Edgett et al. (2002a) und Cooper/Edgett et al. (2002b).
[614] McGrath/Ferrier et al. (2004), S. 94.
[615] Ghosh (1995), S. 53.

In Kapitel 4.1 wurden mit der Lieferung regelmäßiger Projektfortschrittsberichte und deren gezielter inhaltlicher Ausgestaltung zwei Möglichkeiten diskutiert, deren Wirkung kaum experimentell belegt ist und durch die der Controller in seiner Rolle als Informationslieferant sicherstellen kann, dass die Feedback-Information des fehlschlagenden Projekts eine hohe Salience aufweist. Diese beiden Möglichkeiten sollen im Folgenden besprochen werden.

1) Lieferung regelmäßiger Projektfortschrittsberichte

Da Entscheider Schwierigkeiten haben können, das Fehlschlagen des Projekts korrekt wahrzunehmen, muss der Controller sicherstellen, dass dem Entscheider alle relevanten Informationen, aus denen er das Fehlschlagen des Projekts erkennen kann, explizit präsentiert werden. In seiner Funktion als wichtiger Informationslieferant des Managements kann der Controller durch die Lieferung von Projektfortschrittsberichten entscheidend zur Verbesserung der Wahrnehmung und damit zur Deeskalation beitragen.

In der Eskalationsliteratur wird wiederholt vorgeschlagen, durch die *regelmäßige Lieferung von formellen Projektfortschrittsberichten* die Eskalationstendenz zu verringern.[616] In diesen Fortschrittsberichten sollte eine möglichst kompakte Darstellung der bisherigen Projektperformance geleistet werden. Dazu wird empfohlen, Informationen über Kosten, Qualitäten, Leistungsfähigkeit und verwandte Zeit aufzuführen.[617]

Die deeskalierende Wirkung von Projektfortschrittsberichten belegen RUBIN/BROCKNER mit Hilfe eines Experiments.[618] Sie zeigen, dass Experimentteilnehmer, denen bei der Durchführung der experimentellen Aufgabe ein formaler Bericht vorgelegt wird, das Fehlschlagen des Projekts besser wahrnehmen und in Folge das Projekt häufiger abbrechen. Wie in Kapitel 4.1.1.3 gezeigt, ist bei längerfristigen Projekten vor allem die frühzeitige Berichterstattung wichtig.[619] Somit ergibt sich als Maßnahme zur Sicherstellung der Überwindung der Wahrnehmungsschwellen:

Maßnahme 2:
Regelmäßige Erstellung und Lieferung von Projektfortschrittsberichten

---

[616] Vgl. Ghosh (1997) und Staw/Ross (1987a), S. 73. Eine Befragung von Managern legt nahe, dass Entscheider regelmäßige Berichte besser wahrnehmen als unregelmäßige, z. B. ereignisbezogene Berichte (vgl. CCM (2006), S. 64).

[617] Vgl. Riedl (1990), S. 116 ff.

[618] Vgl. Rubin/Brockner (1975).

[619] Vgl. Brockner/Rubin et al. (1982) und Drummond (1995).

2) Steigerung der Aussagekraft der Feedback-Berichte

Neben der reinen Lieferung der Feedback-Berichte muss die Salience der Feedback-Information auch durch die inhaltliche Ausgestaltung der Berichte gesteigert werden. Gerade zu Beginn von F&E-Projekten kann das Feedback mehrdeutig sein.[620] In diesem Fall können Entscheider jedoch Schwierigkeiten haben, die negativen Aspekte des Feedbacks korrekt zu erkennen, und infolgedessen diese nicht in ihre Entscheidungen zu integrieren.[621] Daher wird vorgeschlagen, die Feedback-Berichte inhaltlich möglichst klar und eindeutig zu gestalten.[622]

Klares und eindeutiges Feedback zeichnet sich dadurch aus, dass (1) ein eindeutiges Kriterium zur Beurteilung des Projekterfolgs zur Verfügung steht, anhand dessen der Projektleiter die gelieferte Information eindeutig in positiv/negativ einordnen kann, und (2) die Informationen soweit wie möglich quantifiziert werden, da Entscheider quantitative Informationen leichter beurteilen können.[623]

Der Controller hat im Rahmen seiner Informationsaufbereitungsfunktion großen Einfluss auf die inhaltliche Gestaltung der Berichte. Er sollte sie möglichst klar und eindeutig gestalten,[624] indem er z. B. Informationen komprimiert, quantifiziert und Beurteilungskriterien (z. B. aus Benchmarkingstudien oder aus Zielwerten) liefert.[625] Durch die inhaltliche Gestaltung der Berichte kann der Controller sicherstellen, dass der Projektleiter das Feedback gut wahrnehmen kann.[626] Zudem kann der Controller durch Kommentierung der Berichte[627] die Aufmerksamkeit des Projektleiters gezielt auf die negativen Planabweichungen lenken und damit sicherstellen, dass die Information für den Projektleiter klar und einfach interpretierbar ist.

---

[620] Vgl. Keil (1995), S. 429. Da in frühen Stadien der Projektentwicklung zudem eine große Menge unterschiedlicher technisch-naturwissenschaftlicher oder finanzieller Informationen zur Bewertung herangezogen werden muss, erscheint es plausibel, dass das Feedback einen mehrdeutigen Charakter erhält.

[621] Vgl. Liden/Mitchell (1985), S. 300, und Taylor/Fisher et al. (1984).

[622] Vgl. Bowen (1987); Staw/Ross (1987a), S. 73, und Ghosh (1997), S. 90.

[623] Vgl. Bowen (1987), S. 56.

[624] Vgl. Staw/Ross (1987a), S. 73.

[625] Vgl. Weber (2004), S. 108 ff., und CCM (2006), S. 42, wo die Bedeutung der Lieferung von Beurteilungskriterien durch Controller empirisch bestätigt wird.

[626] Vgl. Riedl (1990), S. 116 ff. Riedl empfiehlt z. B. explizit, neben den realisierten Werten auch die Planwerte zu berichten, um das Erkennen von Abweichungen zu fördern. Des Weiteren empfiehlt er, Informationen wenn möglich zu verdichten und grafisch aufzubereiten, um dem Projektleiter die Wahrnehmung zu erleichtern.

[627] Die Kommentierung kann entweder in schriftlicher Form oder in einer Diskussion des Berichts mit dem Projektleiter erfolgen (vgl. Weber/Schaier et al. (2005), S. 39).

Einen experimentellen Beleg der deeskalierenden Wirkung inhaltlich klar gestalteter Berichte erbringt GHOSH.[628] In seinem Fallstudien-Experiment wird eine Subjektgruppe nur qualitativ über den Fortgang des Projekts informiert und erhält zudem kein klares Beurteilungskriterium. Eine andere Subjektgruppe erhält dagegen quantifiziertes Feedback über den Verlauf des Projekts und zudem Angaben über die zuvor festgelegten Zielvorgaben dieser Berichtsgröße als Beurteilungsmaßstab. Das Experiment zeigt, dass die Subjekte mit quantifiziertem Feedback und klarem Beurteilungskriterium das Scheitern des Projekts besser wahrnehmen und es signifikant häufiger abbrechen.

Eine weitere empirische Bestätigung der deeskalierenden Wirkung klarer und eindeutig interpretierbarer Information liefern auch KERNAN/LORD. Sie zeigen, dass Entscheider, die sich klare, quantifizierte Ziele setzen, an denen sie das später eintreffende Feedback bewerten können, negative Planabweichungen besser erkennen und auch weniger stark eskalieren.[629] Die Eignung selbst gesetzter Ziele als Beurteilungskriterium wird später auch von KEIL empirisch bestätigt.[630] Auf Grund dieser starken empirischen Belege soll daher die folgende Maßnahme zur Überwindung der Wahrnehmungsschwellen vorgeschlagen werden:

Maßnahme 3:
Quantifizierung der Feedback-Information und Lieferung eines eindeutigen Beurteilungskriteriums

5.2.2 Maßnahmen zur Senkung der selektiven Wahrnehmung

Neben Wahrnehmungsdefiziten, die daraus resultieren, dass die Feedback-Information die Wahrnehmungsschwelle des entscheidenden Projektleiters nicht überwindet, kann auch der Effekt der selektiven Wahrnehmung dazu führen, dass der Projektleiter das Feedback des fehlschlagenden Projekts nicht korrekt wahrnimmt. Wie in Kapitel 4.1.2 gezeigt, führt dieser Effekt dazu, dass der Projektleiter bei der Informationswahrnehmung nur das Feedback wahrnimmt, das mit seinen Einstellungen übereinstimmt, wohingegen divergierendes Feedback entweder direkt bei der Wahrnehmung ausgefiltert oder im Folgenden als weniger glaubwürdig deklariert und „aussortiert“ wird.[631] Insbesondere in

[628] Vgl. Ghosh (1997) für diese und die folgende Aussage.
[629] Vgl. Kernan/Lord (1989), S. 1129. Setzen sich die Entscheider dagegen ein „unspezifisches“ Ziel (wie z. B. gute Projektarbeit), ist die Eskalationstendenz größer.
[630] Vgl. Keil/Robey (1999), S. 74.
[631] Vgl. Luckett/Eggleton (1991).

Fällen, bei denen das Feedback mehrdeutig ist (wie z. B. in den frühen Phasen von F&E-Projekten), kann selektive Wahrnehmung dazu führen, dass der Entscheider nur die positiven Aspekte des Feedbacks, die mit seiner Ausgangseinstellung übereinstimmen, wahrnimmt. Der Controller sollte dann versuchen, das Auftreten selektiver Wahrnehmung durch gezielte Maßnahmen zu verringern, indem er eine Änderung der Einstellung des Empfängers erreicht.[632]

5.2.2.1 Veränderung der Einstellung der Entscheider

Die durch die selektive Wahrnehmung ausgelöste Entscheidungsverzerrung ist grundsätzlich darauf zurückzuführen, dass der Entscheider eine stark positive Einstellung dem Projekt gegenüber hat und daher das negative Feedback nicht wahrnimmt, da es ein negatives, dissonantes Bild des Projekts liefern würde. BROCKNER/RUBIN und BAZERMAN schlagen daher vor, die Einstellung des Entscheiders so zu verändern, dass dieser auf die mögliche Notwendigkeit eines Abbruchs und die Gefahr von Eskalation vorbereitet und dementsprechend in der Lage ist, negative Informationen über das Projekt korrekt wahrzunehmen.[633] BROCKNER/RUBIN empfehlen zur Veränderung der Einstellung explizit die Kommunikation der Fehlerwahrscheinlichkeit von F&E-Projekten im Allgemeinen oder der erwarteten Kosten der weiteren Fortführung.[634]

---

[632] In der Literatur zur selektiven Wahrnehmung wird häufig eine Verbindung zwischen der wahrgenommenen Güte der Informationsquelle und dem Auftreten der selektiven Wahrnehmung hergestellt. So konnte gezeigt werden, dass Subjekte besonders dann zu selektiver Wahrnehmung neigen, wenn die Quelle unbekannt oder als wenig verlässlich eingestuft wird – je höher die Reputation und die wahrgenommene Güte der Informationsquelle, desto weniger ausgeprägt ist der Effekt der selektiven Wahrnehmung auf den Entscheider (vgl. Ilgen/Fisher et al. (1979)). Individuen fällt es offensichtlich schwerer, Informationen von anerkannten, kompetenten Quellen zu vernachlässigen. Demzufolge wird auch in der Eskalationsliteratur an einigen Stellen empfohlen, die Situationswahrnehmung zu fördern, indem die Güte der Informationsquelle betont wird (vgl. Staw/Ross (1987a), S. 73). Schmidt/Calantone überprüfen daher experimentell, ob negative Feedback-Informationen, die von einer als verlässlich beschriebenen Quelle stammen, eine stärkere eskalationssenkende Wirkung entfalten als Informationen einer als wenig verlässlich beschriebenen Informationsquelle (vgl. Schmidt/Calantone (2002)). In ihrer Untersuchung können sie jedoch keine Wirkung der Quelle nachweisen – die Darstellung der Güte der Informationsquelle hat keinen messbaren Einfluss auf die Eskalationstendenz der Entscheider. Daher soll dieser Effekt im weiteren Verlauf der Arbeit nicht weiter betrachtet werden.

[633] Vgl.Brockner/Rubin (1985), S. 195 und Bazerman (1983), S. 419 f.

[634] Vgl. Brockner/Rubin (1985), S. 193 ff.

Der Controller sollte diese Aspekte bei der Feedback-Lieferung im Rahmen seiner Funktion als kritischer Counterpart explizit kommunizieren.[635] Dadurch kann die Einstellung des Entscheiders so beeinflusst werden, dass dieser die Fortführung des Projekts nicht mehr als unumstößlich ansieht, sondern bereit ist, es kritisch auf seine Werthaltigkeit zu überprüfen und die negativen Aspekte der Feedbackinformation bewusst wahrzunehmen. So kann der Controller z. B. anhand der Daten vergangener, eskalierter Projekte die Gefahren der Eskalationstendenz aufzeigen. Diese Maßnahme bietet zwei Vorteile. Erstens hat der Controller ohnehin Zugang zu den historischen Projektinformationen und kann solche Berichte leicht generieren. Zweitens wird durch den starken Bezug zum Unternehmen die Relevanz der Gefahr der Eskalationstendenz besonders deutlich und glaubwürdig gemacht.

Der erste empirische Beleg für die deeskalierende Wirkung der Kommunikation dieser Aspekte stammt aus dem Jahr 1982, als nachgewiesen werden konnte, dass Entscheider, die zu Beginn eines Eskalations-Experiments mit einem kurzen Einführungstext über das Phänomen verspäteter Projektabbrüche und die negativen Auswirkungen von Eskalation unterrichtet wurden, signifikant früher abbrachen als Entscheider, die diese Unterrichtung nicht erhielten.[636]

Als weiteren direkten Beleg der Wirksamkeit können die Ergebnisse eines Fallstudien-Experiments von KADOUS/SEDOR herangezogen werden.[637] In diesem Experiment wurden den teilnehmenden Subjekten umfassende Informationen zu einem laufenden (fiktiven) Projekt zur Durchsicht gegeben. Einem Teil der Subjekte wurde mitgeteilt, dass die Aufgabe darin besteht zu entscheiden, ob das Projekt abgebrochen werden muss. Einem anderen Teil der Subjekte wurde eine andere Aufgabe (die Erstellung eines Anreiz-Systems für Projektleiter) gestellt. Der dritte Teil der Subjekte wurde gebeten, das Projekt eingehend zu analysieren, um das Top-Management bei einer Reihe von im Folgenden zu spezifizierenden Fragen zu unterstützen. Die Ergebnisse dieses Experiments zeigen, dass die Subjekte, die bewusst nach abbruchsrelevanten Infor-

---

[635] Vgl. dazu auch Staw/Ross (1987b), S. 72, die anstelle der Diskussion mit einem Controller die Verwendung festgelegter Fragenkataloge vorschlagen, in denen der Entscheider gezielt nach Anzeichen einer Eskalationssituation befragt wird, um so seine Aufmerksamkeit und seine Einstellung zu beeinflussen.

[636] Vgl. Nathanson/Brockner et al. (1982). Dabei wurde einer Gruppe von Experimentteilnehmern (in diesem Fall zufällig ausgewählte Privathaushalte in den USA) ein einführender Text zur Eskalationstendenz mit den Experimentunterlagen zugesandt, während die andere Gruppe nur die Experimentunterlagen ohne Begleitschreiben erhielt.

[637] Vgl. Kadous/Sedor (2004).

mationen gesucht haben, das Projekt (korrekt) häufiger abgebrochen haben. Zur Erhöhung der Wahrscheinlichkeit einer korrekten Wahrnehmung soll daher die folgende Maßnahme vorgeschlagen werden:

Maßnahme 4:
Expliziter Hinweis auf die Eskalationsgefahr und die Notwendigkeit eines Projektabbruchs zur Veränderung der Einstellung des Entscheiders

5.2.3 Fazit der Maßnahmen zur Verringerung der Wahrnehmungsdefizite

In diesem Kapitel wurden vier Maßnahmen diskutiert, mit deren Hilfe das Auftreten der Eskalationstendenz verringert werden kann. Alle vier setzen dabei direkt an den in Kapitel 4 identifizierten Einflussfaktoren der psychologischen Effekte der Wahrnehmungsschwellen und der selektiven Wahrnehmung an (vgl. Abbildung 25).

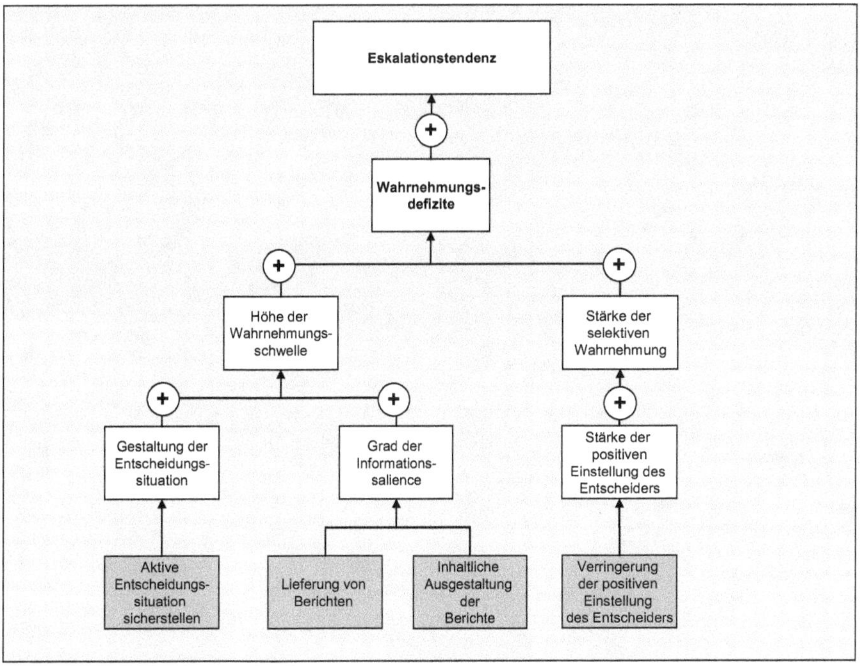

Abbildung 25: Grafische Darstellung der Maßnahmen gegen Wahrnehmungsdefizite

(1) Der Controller kann durch das Aufsetzen und Überwachen eines Meilenstein-Prozesses eine aktive Entscheidung des Projektleiters erzwingen und damit seine Wahrnehmungsschwelle signifikant verringern. (2) Zudem kann der Controller dafür sorgen, dass die Feedback-Information die Wahrnehmungsschwelle überwindet, indem er durch die regelmäßige Lieferung formaler Projektfortschrittsberichte, (3) in denen die Information klar und deutlich dargestellt wird, sicherstellt, dass die Salience der Information so hoch ist, dass sie die Wahrnehmungsschwelle des Entscheiders überwindet. (4) Weiterhin kann der Controller durch konkrete Hinweise auf die Eskalationsgefahr oder die explizite Aufgabe, über einen Projektabbruch zu entscheiden, die positive Einstellung des Entscheiders so verändern, dass dieser weniger stark durch den Effekt der selektiven Wahrnehmung beeinflusst wird.

5.3 Maßnahmen gegen die Veränderung des Zielsystems des Entscheiders

Zu Beginn der Arbeit wurde die Annahme getroffen, dass die Zielsysteme des Entscheiders mit denen des Unternehmens im Ausgangszustand kongruent sind und er im Normalfall Entscheidungen trifft, die darauf abzielen, den Unternehmenswert zu steigern.[638] Wie in Kapitel 4.2 verdeutlicht, kann sich das Zielsystem des Entscheiders jedoch verändern, wenn dieser das eintreffende negative Projektfeedback als Bedrohung seines positiven Selbstbildes ansieht. In diesem Fall wird er eine kognitive Dissonanz verspüren und in Folge bestrebt sein, diese zu verringern. Dabei steigt die Motivation zur Self-Justification, je stärker der Entscheider die Bedrohung des Selbstbildes wahrnimmt. In Kapitel 4.2 wurden drei Einflussfaktoren auf die Stärke des Effekts der Self-Justification identifiziert: die Höhe der wahrgenommenen Verantwortung, die interne Bedrohung des Selbstbildes und die Bedrohung des Selbstbildes durch Dritte. Hat der Projektleiter in einer solchen Situation große Entscheidungsfreiräume, dann wird er ungeachtet der Ziele des Unternehmens die Entscheidung treffen, das Projekt fortzuführen, um sein Selbstbild zu schützen.

Dem Controller bieten sich in diesem Fall zwei Ansatzpunkte, um das Auftreten der Eskalationstendenz zu verringern. Zum einen kann er versuchen zu verhindern, dass der Entscheider eine Bedrohung seines Selbstbildes verspürt. Dazu kann er an den drei oben aufgeführten Einflussfaktoren ansetzen (vgl. Kapitel 5.3.1). Zum anderen kann er, wenn die Bedrohung bereits akut ist, Maßnahmen ergreifen, die eine Eskalation trotz der Bedrohung des Selbstbildes verhindern können (vgl. Kapitel 5.3.2).

5.3.1 Maßnahmen zur Verringerung der Bedrohung des Selbstbildes

Im Folgenden sollen für jeden der drei identifizierten Einflussfaktoren Maßnahmen vorgestellt werden, mit deren Hilfe der Controller die wahrgenommene Stärke der Bedrohung des Selbstbildes verringern kann.

---

[638] Alternativ kann auch angenommen werden, dass der Entscheider über Anreizstrukturen so motiviert ist, dass keine Zieldivergenzen auftreten.

5.3.1.1 Reduktion der gefühlten persönlichen Verantwortung

In Kapitel 4.2 wurde aufgezeigt, dass Entscheider nur dann eine Bedrohung ihres Selbstbildes empfinden, wenn sie glauben, eine hohe persönliche Verantwortung für das Scheitern des Projekts zu tragen. Je größer dabei die gefühlte persönliche Verantwortung, desto stärker ist die Eskalationstendenz. Es konnte gezeigt werden, dass Entscheider, die glauben, nur eine geringe (Mit-)Verantwortung an dem Scheitern eines Projekts zu tragen, eine wesentlich geringere Bedrohung des Selbstbildes verspüren und demzufolge auch zu einer geringeren Eskalationstendenz neigen.[639]

Zur Verringerung der gefühlten Verantwortung ist die Verfolgung einer so genannten „*Shelter&Share-Strategy*"[640] möglich, bei der Dritte Mitverantwortung für das fehlgeschlagene Projekt übernehmen und dadurch die gefühlte Verantwortung des Entscheiders für das fehlschlagende Projekt reduzieren.[641] HENG/TAN ET AL. empfehlen zur Umsetzung der „Shelter&Share-Strategy" eine Stellungnahme, in der Dritte dem Entscheider explizit und glaubhaft ihre Mitverantwortung kommunizieren.

Der Controller als Counterpart des Projektleiters kann eine profilierte Rolle im Rahmen dieser „Shelter&Share-Strategy" übernehmen. Wie zuvor beschrieben, treten Controller und Projektleiter im Idealfall als Team auf.[642] Obwohl der Projektleiter die volle Verantwortung für alle Entscheidungen trägt, kann der Controller dem Projektleiter im Fall von Fehlentwicklungen das Gefühl geben, Mitverantwortung für das Fehlschlagen

---

[639] In der Literatur wird daher zum Teil gefordert, zur Senkung der Eskalationstendenz die für eine frühere Entscheidung Verantwortlichen von der Fortführungsentscheidung zu entheben. Dazu wurde zum Beispiel die Rotation von Entscheidungsträgern zwischen verschiedenen Projekten oder der konsequente Einsatz unternehmensexterner Entscheider vorgeschlagen (vgl. Staw (1981), S. 585; Staw/Ross (1987a), S. 72; Boulding/Morgan et al. (1997), S. 117 oder Schmidt/Calantone (2002), S. 114). Die eskalationssenkende Wirkung dieser Maßnahme ist zwar unzweifelhaft, jedoch ist dabei mit sehr hohen Nebenwirkungen zu rechnen (vgl. Bazerman/Giuliano et al. (1984), S. 151 oder Barton/Duchon et al. (1989), S. 543). Durch einen ständigen Wechsel in der Führung von F&E-Projekten würde zum einen die notwendige Konstanz für erfolgreiche Führung fehlen, zum anderen entstünden durch die häufigen Schnittstellen zwischen den Entscheidern unnötige Friktionen. Die Übertragung von Verantwortung und eigenständiger Entscheidungskompetenz an den Projektleiter wird in der F&E-Literatur als erfolgsrelevant und unabdingbar angesehen (vgl. die diesbezüglichen Aussagen in den Erfolgsfaktorstudien bei Keim (1997), Gerwin/Moffat (1997) oder Thamhain (1990)). Daher soll diese Maßnahme im weiteren Verlauf der Arbeit nicht betrachtet werden.

[640] Vgl. Heng/Tan et al. (2003), S. 101. Eine ähnliche Idee wurde bereits von Staw/Ross (1987b), S. 73 vorgeschlagen.

[641] Vgl. Whyte (1991) für einen Beleg der Abnahme der gefühlten Verantwortung bei gemeinschaftlichen Entscheidungen.

[642] Vgl. Weber/Schäffer et al. (2000) für eine Forderung dieser Verhaltensweise.

des Projekts zu tragen, um dessen Eskalationstendenz zu senken.[643] Dies ist deshalb glaubhaft, da in vielen Unternehmen wichtige Projekte nicht ohne die explizite Genehmigung des Controllers begonnen werden können. Zudem werden solche wichtigen Projekte häufig durch eine hierarchisch höher stehende Stelle gegengezeichnet. Der Controller kann durch Verweis auf diese Genehmigungszyklen leicht aufzeigen, dass der Projektleiter nicht alleine die Verantwortung für das fehlschlagende Projekt trägt, sondern dass auch andere Stellen Mitverantwortung tragen.

In einer experimentellen Untersuchung belegen HENG/TAN ET AL. die eskalationssenkende Wirkung der „Shelter&Share-Strategy".[644] In ihrem Fallstudien-Experiment teilen sie einem Teil der Subjekte mit, dass Dritte (in diesem Fall Kollegen und Vorgesetzte) explizit Mitverantwortung für das scheiternde Projekt übernommen haben, während diese Information den Subjekten der anderen Gruppe nicht gegeben wurde. Es zeigt sich, dass die Subjekte, deren Kollegen und Vorgesetzte eine Mitverantwortung übernahmen, signifikant weniger eskaliert haben. Somit scheint die folgende Maßnahme ein wirksames Mittel gegen das Auftreten der Eskalationstendenz darzustellen:

Maßnahme 5:
Umsetzung der „Shelter&Share-Strategy" durch explizite Kommunikation der Mitverantwortung des Controllers

5.3.1.2 Verringerung der internen Bedrohung

Wie in Kapitel 4.2 dargestellt, steigt die Eskalationstendenz mit der wahrgenommenen Höhe der Bedrohung des Selbstbildes durch den Projektleiter. Durch die Auswahl der Kontrollobjekte kann der Controller Einfluss auf die interne Bedrohung des Selbstbildes nehmen. In den meisten Fällen beschränkt sich die Kontrolle rein auf die Ergebnisgrößen des Projekts.[645] Im Fall eines fehlschlagenden Projekts liefert der Controller somit immer negatives Feedback (und dies mit hoher Salience (vgl. Kapitel 5.1). Dies kann der Projektleiter jedoch als Bedrohung seines Selbstbildes empfinden.

---

[643] Die Eingrenzung auf Fehlschläge empfiehlt sich, weil die Motivation des Projektleiters, die sich zu einem großen Teil aus dem Gefühl der Verantwortung ergibt, im Fall einer erfolgreichen Entwicklung weitestgehend erhalten bleiben soll.

[644] Vgl. Heng/Tan et al. (2003). Einschränkend muss jedoch festgehalten werden, dass die beiden Maßnahmen bei sehr hohen Sunk Cost-Niveaus keine signifikante Wirkung mehr zeigen.

[645] Vgl. Schäffer (2001), S. 212 f.

Dem Controller bietet sich im Fall des Scheiterns eines Projekts jedoch die Möglichkeit, neben den Ergebnisgrößen auch Prozessgrößen, die den Entscheidungsprozess des Projektleiters abbilden, in die Kontrolle mit einzubeziehen.[646] Dafür kann der Controller den Entscheidungsprozess mess- und nachvollziehbar machen und z. B. überprüfen, ob der Projektleiter alle für eine gute Entscheidung notwendigen Informationen in angemessenen Bewertungsmodellen korrekt verarbeitet hat.

Es kann die Hypothese aufgestellt werden, dass Entscheider, die sich nicht in erster Linie für die Ergebnisse des fehlschlagenden Projekts, sondern nur für die Güte ihres Entscheidungsprozesses rechtfertigen müssen, eine geringere Bedrohung durch Dritte empfinden werden.[647] Ihr liegt die Annahme zu Grunde, dass die Entscheider auch im Fall eines fehlschlagenden Projekts einen guten Entscheidungsprozess durchlaufen haben und somit die Prüfung des Entscheidungsprozesses keine Fehler offen legt. Damit ergäbe sich in diesem Fall keine Bedrohung des Selbstbildes – gleichzeitig bleiben jedoch die positiven Wirkungen der Kontrolle (wie einer hohen Motivation etc.) erhalten.[648] Je stärker diese prozessabbildenden Messgrößen betont werden, desto größer scheint die Chance, dass die Entscheider die Einhaltung eines korrekten Entscheidungsprozesses als Maßstab ihrer Bewertung verstehen.[649]

Die Wirksamkeit dieser Maßnahme wurde in mehreren empirischen Überprüfungen bestätigt. SIMONSON/STAW testen die Wirkung mit einem Fallstudienexperiment. Sie zeigen, dass diejenigen Subjekte, denen mitgeteilt wurde, dass sie ausschließlich auf der Basis der Güte ihres Entscheidungsprozesses beurteilt würden, signifikant weniger stark eskalierten als Subjekte, die explizit Verantwortung für das Ergebnis des Projekts übernehmen mussten.[650]

---

646 Vgl. Simonson/Staw (1992), S. 421 ff. und Kapitel 2.3.

647 Ähnliche Ideen tauchen auch bei Staw/Ross (1987b), S. 73; Statman/Caldwell (1987), S. 13 und Ghosh (1995), S. 52 auf.

648 In der Eskalationsliteratur wird wiederholt vorgeschlagen, nicht nur das Kontrollobjekt zu verändern, sondern auch die Güte der Projektabbruchsentscheidungen gezielt zu belohnen (vgl. Staw (1981), S. 585; Statman/Caldwell (1987), S. 13; Conlon/Leatherwood (1989), S. 53 und Ghosh (1995), S. 54). Manager können dann auch für korrekte Abbruchsentscheidungen entlohnt werden, z. B. wenn sie nachweisen können, dass sie auf der Basis relevanter Information mit angemessenen Bewertungsmodellen (vgl. Kapitel 2.2.) zu dem Ergebnis gekommen sind, dass der Abbruch die beste der Alternativen ist. Der Einfluss dieser Maßnahme auf die Eskalationstendenz wurde bisher noch nicht empirisch untersucht.

649 Vgl. Ghosh (1995), S. 52.

650 Vgl. Simonson/Staw (1992), S. 424.

Die Wirksamkeit der Maßnahme kann auch mit den Ergebnissen eines Experiments von KIRBY/DAVIS bestätigt werden.[651] Sie forderten einen Teil der Subjekte dazu auf, ihren individuellen Entscheidungsprozess ausführlich zu dokumentieren, und kündigten an, dass diese Dokumentation zur Beurteilung der Leistung der Subjekte herangezogen würde. Den Subjekten wurde dadurch suggeriert, dass das Kontrollobjekt auf dem Entscheidungsprozess liegt. Einem anderen Teil der Subjekte wurde dagegen nicht die Möglichkeit gegeben, den Entscheidungsprozess zu dokumentieren, so dass diese Subjekte davon ausgehen mussten, rein auf der Basis der erzielten Ergebnisse beurteilt zu werden. Die Ergebnisse des Experiments zeigen, dass die Subjekte, denen eine Bewertung auf der Basis des Entscheidungsprozesses suggeriert wurde, wesentlich weniger stark zur Eskalation neigen.

Eine weitere empirische Bestätigung der Wirkung dieser Gegenmaßnahme liefert auch KEIL. Mit Hilfe einer Diskriminanzanalyse zeigt er, dass ein Fokus der Kontrolle auf die Güte des Entscheidungsprozesses tatsächlich die Eskalationstendenz verringern kann.[652] Auf Grund dieser starken empirischen Belege wird die folgende Maßnahme zur Verringerung der Eskalationstendenz vorgeschlagen:

Maßnahme 6:
Verwendung der Prozessqualität als zusätzliches Kontrollobjekt

5.3.1.3 Verringerung der Bedrohung des Selbstbildes durch Dritte

Wie in Kapitel 4.2 dargelegt, empfinden Entscheider die Bedrohung des Selbstbildes umso stärker, je höher die möglichen negativen Konsequenzen sind, die aus dem Scheitern resultieren können. Dabei konnte gezeigt werden, dass die Bedrohung durch Dritte sowohl durch Nachvollziehbarkeit, negative Auswirkungen auf die Karriere oder das Ansehen des Entscheiders als auch durch die Existenz von direktem Wettbewerb operationalisiert werden kann.

Um das Auftreten der Eskalationstendenz zu vermeiden, muss der Controller versuchen, die *Bedrohung durch Dritte möglichst gering zu halten.*[653] Dabei kann er

---

[651] Vgl. Kirby/Davis (1998).

[652] Vgl. Keil/Robey (1999), S. 74. Durch Interviews mit den betroffenen Projektleitern kann er zudem belegen, dass dieser Faktor als Auslöser der Deeskalation wahrgenommen wird.

[653] Der Entscheider hat darüber hinaus auch die Möglichkeit, durch eine selbstdienlich verzerrte Darstellung der Situation des Projekts die Bedrohung durch Dritte zu reduzieren (vgl. Montealegre/Keil (2000), S. 435 f. und Staw/Ross (1987a), S. 73). Dieses Verhalten der Entscheider wird auch unter dem

sowohl an der Nachvollziehbarkeit ansetzen als auch an der direkten Bedrohung durch Dritte.

1) Nachvollziehbarkeit des Scheiterns für Dritte

Eine nur vermeintlich Erfolg versprechende Möglichkeit liegt darin, den Projektleitern volle Vertraulichkeit über ihre Entscheidungen zuzusichern, um so die Nachvollziehbarkeit für Dritte möglichst einzuschränken.[654] Die Umsetzung dieser Maßnahme in der Praxis würde sich jedoch schwierig gestalten: Erstens lassen sich in einem realen Unternehmenskontext Fehlschläge nicht über einen längeren Zeitraum geheim halten. Zweitens sind mit einer hohen Nachvollziehbarkeit auch positive Wirkungen verknüpft: Im Allgemeinen wird die Bereitschaft zur Anstrengung bei der Entscheidungsfindung verbessert und die Anwendung von Heuristiken und anderen schwerwiegenden Entscheidungsverzerrungen verringert.

Geeigneter erscheint auch in diesem Fall die Aufnahme von Prozessgrößen in den Kanon der Kontrollgrößen. In diesem Fall kann sich der Projektleiter mit Hilfe der Kontrollinformation (d. h. der Bestätigung eines fehlerfreien Entscheidungsprozesses) exkulpieren. Daraus ergibt sich die Aufnahme von Prozessgrößen, die auch zur Verringerung der internen Bedrohung vorgeschlagen wurde.

Begriff des „Impression Management" zusammengefasst (vgl. Tetlock (1992), S. 33; Johnson/Kaplan (1991), Kennedy (1993); Turner (2001) und Simonson/Nye (1992)). Durch das Impression Management kann der Entscheider versuchen, das Scheitern des Projekts zu kaschieren oder die Verantwortung für das Scheitern von sich zu weisen. So kann der Entscheider z. B. den Abbruch des Projekts als reine Umdefinition der Projektziele bezeichnen, um so den Eindruck zu erwecken, dass es sich nicht um einen Fehlschlag handelt, sondern lediglich um eine pro-aktive Steuerung des Projekts. Eine weitere Möglichkeit stellt das „Heranziehen von Sündenböcken" (engl.: „Scapegoating") dar. Dabei wird das Fehlschlagen des Projekts rein auf Umstände zurückgeführt, die nicht dem Einfluss des Projektleiters unterlagen (vgl. Staw/Ross (1987a), S. 73). Leatherwood/Conlon (1987) können zeigen, dass Entscheider, denen die Möglichkeit gegeben wird, die Schuld an dem Fehlschlagen des Projekts auf andere Teammitglieder abzuwälzen, signifikant weniger persönliche Verantwortung verspüren und in Konsequenz weniger stark eskalieren. Diese Methode soll jedoch in dieser Arbeit nicht zur Umsetzung empfohlen werden, da sie offensichtlich starke, negative Nebenwirkungen mit sich bringen kann. Wird dem Projektleiter undifferenziert (im Gegensatz zur Shelter&Share-Strategy, bei der Dritte entscheiden, wann die Bedrohung des Projektleiters gesenkt wird, liegt die Entscheidung über die Anwendung bei dieser Methode rein beim Projektleiter selbst) die Möglichkeit eingeräumt, sich der Verantwortung für jegliches Scheitern zu entziehen, sinkt u. U. die Motivation des Projektleiters, eine gute Projektsteuerung durchzuführen.

[654] Vgl. Simonson/Staw (1992), S. 420.

2) Reduzierung der direkten Bedrohung durch Dritte

Eine alternative Möglichkeit zur Einflussnahme besteht für den Controller darin, das direkte Drohpotential Dritter zu reduzieren.

So zeigt z. B. EDMONDSON anhand mehrerer Fallstudien, dass Entscheider nur in einem von Sicherheit und gegenseitigem Vertrauen geprägten Umfeld, in dem Fehlschläge keine negativen Auswirkungen für die Entscheider mit sich bringen, bereitwillig Hinweise auf Fehlentwicklungen geben.[655] Einen direkten Zusammenhang zwischen geringer Furcht vor negativen Konsequenzen und dem Ausbleiben der Eskalationstendenz können NEWMAN/SABHERWAL anhand einer Fallstudie aus dem Bereich der Software-Entwicklung herstellen, in der sie die Bereitschaft der Projektleiter, ein fehlgeschlagenes Projekt abzubrechen, auf *„the relaxed attitude toward failure"*[656] zurückführen. Daher wird in der Eskalationsliteratur häufig recht pauschal die Reduktion der persönlichen Unsicherheit durch eine ***Verringerung der negativen Konsequenzen für den Entscheider*** als Gegenmaßnahme vorgeschlagen.[657]

Mit der *„Support&Sympathy-Strategy"* entwickeln HENG/TAN ET AL. eine umsetzbare Operationalisierung dieses Vorschlags.[658] Diese Strategie sieht vor, dass Kollegen und Vorgesetzte dem Entscheider explizit kommunizieren, dass das Scheitern des Projekts keinen Einfluss auf seine Beurteilung (weder in Hinblick auf Karriere noch auf sein Ansehen) haben wird. Kollegen können dabei insbesondere die Aspekte des

---

[655] Vgl. Edmondson (1996).

[656] Newman/Sabherwal (1996), S. 49.

[657] Vgl. Staw/Ross (1987a) und Barton/Duchon et al. (1989).

[658] Vgl. Heng/Tan et al. (2003), S. 101. Neben der Support&Sympathy-Strategy wurde in der Literatur auch vorgeschlagen, dem Entscheider explizit zu suggerieren, dass der Misserfolg des Projekts keinen Rückschluss auf seine Leistungsfähigkeit erlaubt (geringe Diagnosticity), um so zu verhindern, dass er das Scheitern des Projekts als Bedrohung seines Selbstbildes wahrnimmt (vgl. Simonson/Staw (1992), S. 421 ff.). Demnach sollen Entscheider, die zwar volle Verantwortung tragen, jedoch glauben, dass das Projekt keine Aussagekraft über ihre persönliche Leistungsfähigkeit erlaubt, keine oder nur schwache Dissonanzen spüren und daher keine Eskalationstendenz zeigen. Die Hypothese wird mit Hilfe eines Fallstudien-Experiments überprüft, bei dem einer Subjekt-Gruppe durch eine schriftliche Notiz in den Experimentunterlagen explizit mitgeteilt wird, dass die zu bearbeitende Fallstudie einen hohen Aussagewert über die allgemeinen intellektuellen Fähigkeiten des Subjekts erlaubt (hohe Diagnosticity), und einer anderen Subjekt-Gruppe mitgeteilt wird, dass die Fallstudie keinerlei Rückschlüsse auf die allgemeine Leistungsfähigkeiten erlaubt (geringe Diagnosticity). Die Ergebnisse des Experiments zeigen jedoch keine signifikanten Unterschiede zwischen den beiden Gruppen. Auf Grund des ausgebliebenen empirischen Belegs soll die Maßnahme daher in dieser Arbeit nicht zur Umsetzung vorgeschlagen werden.

Ansehens betonen, während Vorgesetzte vor allem das Ausbleiben negativer Konsequenzen für die Karriere des Individuums betonen.[659]

Der Controller kann im Rahmen der Support&Sympathy-Strategy eine wichtige Rolle übernehmen. In seiner Funktion als Counterpart des Projektleiters besitzt er eine hohe Interaktionshäufigkeit mit ihm und wird von ihm im Allgemeinen als wichtige Feedback-Quelle wahrgenommen. Dadurch ist er in einer prädisponierten Situation, dem Projektleiter glaubhaft zu versichern, dass das Scheitern des Projekts keinen Einfluss auf sein Ansehen haben wird. Zum anderen kann der Controller bei der Erstellung der Belohungssysteme dafür sorgen, dass das Scheitern keine formalen Konsequenzen für den Projektleiter mit sich bringt.[660]

Ein Beispiel für eine praktische Anwendung dieser Maßnahme liefert PETERS mit dem System des „Perfect Failure" bei dem US-amerikanischen Konsumgüterhersteller Heinz. Dort werden rechtzeitig erkannte Fehlschläge, die nicht auf schlechte Entscheidungen zurückzuführen sind, sogar explizit belohnt.[661]

---

[659] Neben den im Rahmen der Support&Sympathy-Strategie explizit vorgeschlagenen Maßnahmen ergeben sich für den Controller weitere Möglichkeiten, die Bedrohung durch Dritte zu reduzieren. Er kann z. B. das von Brockner/Rubin vorgeschlagene nachträgliche Anpassen der Ziele (engl. „Goal Tweaking") anwenden (vgl. Brockner/Rubin (1985), S. 211 ff.) Indem die Ziele nachträglich nach unten revidiert werden (z. B. von dem Ziel, ein Produkt zu entwerfen, hin zu „Erfahrungen mit einer Methode erwerben"), sinkt die wahrgenommene Bedrohung des Projektfeedbacks. Shefrin/Statman empfehlen, durch bewusste Auswahl euphemistischer Formulierungen die Bedrohung des Selbstbildes zu reduzieren (vgl. Shefrin/Statman (1985), S. 781). So schlagen sie z. B. vor, statt von einem verlustreichen Abbruch von einem „Freisetzen von Ressourcen" zu sprechen. Keil/Montealegre können die eskalationssenkende Wirkung der verschiedenen Methoden zum Impression Management bei Abbruchsentscheidungen mit Hilfe von mehreren Fallstudien belegen (vgl. Keil/Montealegre (2000), S. 63). Da diese Maßnahme jedoch nicht dem Leistungsportfolio des Controllers zugeordnet werden kann, soll sie im weiteren Verlauf der Arbeit nicht betrachtet werden.

[660] Dem Controller werden in der Controlling-Literatur z. T. so weitreichende Kompetenzen zugesprochen, dass auch die Gestaltung der Führungssysteme in seinen Aufgabenbereich fallen kann: „*In Abänderung des Beispiels könnte der Controller etwa eine auf Dauer gestörte Führungsbeziehung festgestellt haben. Der Lösungsvorschlag lautet dann z. B. die Führungsposition anders zu besetzen, besser geeignete Führungssysteme zu entwickeln oder den Hierarchisierungsgrad der Führungsbeziehung in Richtung von Gruppenkonzepten zu verändern. Wieder macht es das in der Ursachenanalyse gewonnene Wissen effizient, Controller in die Vorschlagsverantwortung zu bringen. Hinzu kommt die disziplinarische Unabhängigkeit, die seine Position nachhaltig unterstützt. Der Controller wechselt aus der entlastenden Funktion im Rahmen der Kontrolle in die ergänzende und selektiv das Management belastende Funktion einer internen Unternehmensberatung.*" (Weber/Schäffer et al. (2001), S. 139)

[661] Vgl. Peters/Waterman (1982), S. 69.

HENG/TAN ET AL. liefern eine experimentelle Bestätigung der Wirksamkeit der Reduktion von Unsicherheit.[662] In ihrem Experiment informieren sie einem Teil der Subjekte in einer direkten Stellungnahme darüber, dass *„their peers had given them assurance that their opinion of them would not be affected by the outcome of the [...] project“*[663], und stellen daraufhin eine signifikante Verringerung der Eskalationstendenz fest. Daher wird die folgende Maßnahme zur Verringerung des Auftretens der Self-Justification vorgeschlagen:

Maßnahme 7:
Explizite Kommunikation der Tatsache, dass ein Projektabbruch keinen Einfluss auf die Beurteilung des Projektleiters oder seine Karriere hat

5.3.2 Maßnahmen zur Verringerung der Eskalation bei akuter Bedrohung des Selbstbildes

Neben Maßnahmen, die verhindern sollen, dass der Projektleiter durch das Feedback eine Bedrohung seines Selbstbildes wahrnimmt, kann der Controller auch Maßnahmen ergreifen, die trotz einer wahrgenommenen Bedrohung des Selbstbildes eskalatorisches Verhalten verhindern helfen. Dazu stehen ihm zwei Möglichkeiten offen, deren Wirksamkeit sich experimentell belegen lässt: (1) die Verhinderung der Änderung des Zielsystems trotz Bedrohung des Selbstbildes und (2) die Verhinderung der Umsetzung des veränderten Zielsystems durch Einschränkung des Entscheidungsfreiraums.

5.3.2.1 Verhinderung der Änderung des Zielsystems trotz Bedrohung des Selbstbildes

Durch eine Bedrohung des Selbstbildes kann sich, wie oben aufgeführt, das Zielsystem des Entscheiders so ändern, dass das ursprüngliche Ziel der Wertsteigerung des Unternehmens in den Hintergrund und die Sicherung des Selbstbildes in den Mittelpunkt rückt.

Um diesen motivational change zu verhindern, kann der Controller als kritischer Counterpart den Projektleiter im Rahmen der Prämissenkontrolle explizit auffordern, seine Ziele offen zu legen. Diese Maßnahme kann auf zwei verschiedene Arten die Eska-

---

[662] Vgl. Heng/Tan et al. (2003), S. 105. Dabei ist einschränkend zu bemerken, dass die Maßnahme (ähnlich wie die Shelter&Share-Strategy) bei sehr hohen Sunk Cost-Niveaus keine signifikante Wirkung mehr zeigt.

[663] Heng/Tan et al. (2003), S. 103.

lationstendenz senken:[664] Zum einen kann argumentiert werden, dass Entscheider, die sich über die Veränderung ihres Zielsystems bewusst werden, erkennen können, dass sie durch das kurzfristige Schützen ihres Selbstbildes ihren eigenen langfristigen Zielen zuwiderhandeln und deshalb ihrer Motivation nach Self-Justification nicht nachgeben. Zum anderen kann argumentiert werden, dass die Entscheider wissen, dass eine opportunistische Ausnutzung ihres Entscheidungsfreiraums unethisch wäre und daher davor zurückschrecken, wenn sie ihre Ziele offen legen müssen.

Um sicherzustellen, dass eine Reflektion über die Ziele einsetzt, sollte der Controller nicht nur die Ziele offen legen lassen, sondern auch hinterfragen, wie die getroffenen Entscheidungen dazu beitragen, das Ziel zu erreichen. Dadurch kann er dafür sorgen, dass dem Entscheider seine eigenen Ziele bewusst werden, und so das Risiko einer unbewussten Eskalation verringern.[665] Zudem kann er durch das Offenlegen des Zielsystems verhindern, dass Entscheider ihre eigenen Ziele durchsetzen.[666]

TEGER belegt die Wirksamkeit der Maßnahme in einer experimentellen Überprüfung, in der er eine Subjektgruppe vor der Fortführungsentscheidung eines eskalierenden Projekts explizit auffordert, ihre Ziele niederzuschreiben und mit der Projektentscheidung einzureichen. Eine andere Gruppe wird dagegen nur nach ihrer Entscheidung befragt, nicht jedoch nach den Zielen. Es zeigt sich, dass die Subjekte der Gruppe, die ihre Ziele offenlegen musste, das Projekt häufiger abbrachen.[667]

Zu einem vergleichbaren Ergebnis kommen auch BROCKNER/RUBIN, die zeigen, dass Entscheider nicht gerne zugeben, rein aus dem Motiv heraus zu handeln, ihr Gesicht zu wahren.[668] In ihrer Studie sinkt die Eskalationstendenz signifikant, wenn die Entscheider gezwungen werden, offenzulegen, welche Ziele sie mit der Fortführung des Projekts verfolgen. Auf Grund dieser empirischen Belege wird folgende Maßnahme zur Verringerung der Eskalationstendenz vorgeschlagen:

---

[664] Teger (1980), S. 15, für die folgenden Aussagen.

[665] Teger empfiehlt, diese Maßnahme vor allem dann anzuwenden, wenn sich die Entscheider in einer direkten Wettbewerbssituation mit anderen Individuen sehen (vgl. dazu Teger (1980); Rubin/Brockner et al. (1980) und Haunschild/Davis-Blake et al. (1994)).

[666] Es kann mit hoher Sicherheit angenommen werden, dass die Projektleiter wissen, dass die opportunistische Ausnutzung des Entscheidungsfreiraums ethisch nicht akzeptabel ist und daher vor einer offenen Ausnutzung zurückschrecken.

[667] Interessanterweise gaben alle Subjekte in einer später durchgeführten offenen Befragung rationale Ziele für ihr Verhalten an (wie z. B. Gewinnmaximierung), woraus Teger schließt, dass die Offenlegung der Ziele zu einer Rückkehr zu vertretbaren, rationalen Zielen führt.

[668] Vgl. Brockner/Rubin (1985), S. 109, für diese und die folgenden Aussagen.

Maßnahme 8:
Offenlegung der Ziele des Projektleiters und Diskussion der Erreichbarkeit der Ziele durch Projektdurchführung

5.3.2.2 Verringerung der Entscheidungsfreiheit des Projektleiters

Wie bereits mehrfach erwähnt, beruht der Effekt der Self-Justification auf dem Umstand, dass die Projektleiter bereit sind, ihren Entscheidungsfreiraum opportunistisch auszunutzen, um ihre eigenen Ziele durchzusetzen. Die Existenz des Entscheidungsfreiraums ist somit eine notwendige Voraussetzung für das Auftreten der Eskalationstendenz. Um die Eskalationstendenz zu verhindern, kann der Entscheidungsfreiraum des Projektleiters verringert werden.[669] Der Controller als wichtiger Träger der Kontrollfunktion kann den Entscheidungsfreiraum des Projektleiters durch verschiedene Maßnahmen einschränken.

Eine Maßnahme ist z. B. das Setzen von Abbruchsregeln,[670] an die sich der Entscheider im Verlauf des Projekts halten muss. In der Eskalationsliteratur werden verschiedene Abbruchsregeln vorgeschlagen, wie z. B. einfache Maximal-Regeln, bei denen Subjekte einen Maximal-Investitionsbetrag festlegen, den sie nicht überschreiten werden, wodurch dem Projektleiter die Möglichkeit, Projekte unbegrenzt fortzuführen, um sein Selbstbild zu schützen, genommen werden kann.[671]

Der Controller als Hauptträger der Planungs- und Kontrollaufgaben kann eine wichtige Rolle sowohl bei der Festlegung wie auch der Überwachung der Einhaltung solcher Regeln übernehmen. Wie in Kapitel 2.2 dargestellt, wird dem Controller eine

---

[669] Vgl. Teger (1980), S. 40 ff.

[670] Neben der Verringerung des Entscheidungsfreiraums zur Eindämmung der Eskalationstendenz verweist Bazerman auf einen zweiten Vorteil von Abbruchsregeln. Er stellt die Hypothese auf, dass Individuen zwar grundsätzlich erkennen können, welche Informationen für eine Abbruchsentscheidung wichtig sind, jedoch Schwierigkeiten haben, diese während der Bewertung richtig und zuverlässig zu einer Lösung zu kombinieren. Daher empfiehlt er, vor Beginn des Projekts Abbruchsregeln aufzusetzen, deren Befolgung im Verlauf des Projekts dafür sorgt, dass alle relevanten Informationen richtig verarbeitet werden (vgl. Bazerman (1986), S. 105 ff.).

[671] Brockner/Rubin schlagen vor, statt einer harten Abbruchsregel bei Erreichen der Limits ein eingehendes Projektreview mit der Pflicht zur detaillierten Begründung der Fortführung zu setzen (vgl. Brockner/Rubin (1985), S. 197). Statman weist später ebenfalls auf die die potentiell negativen Wirkungen von zu starren Limits hin (vgl. Statman/Caldwell (1987), S. 12). Nachgewiesen werden können diese später von Heath (vgl. Heath (1995)). Diese Maßnahme hat gegenüber einer „harten Abbruchsregel" den Vorteil, dass dem Entscheider in begründeten Ausnahmefällen die Möglichkeit bleibt, solche Projekte weiterzuführen, die zwar in der Vergangenheit ihre Ziele verfehlt haben, aber dennoch sinnvollerweise fortgeführt werden sollten.

hohe Methodenkenntnis in Bezug auf wirtschaftliche Bewertungsmethoden zugeschrieben. Diese kann er zum einen nutzen, um in der Rolle des Bewertungsexperten geeignete Abbruchsregeln zu gestalten.[672] Zum anderen kann der Controller im Rahmen seiner Kontrollfunktion darauf hinarbeiten, dass die von ihm festgelegten Regeln auch eingehalten werden und somit dem Projektleiter der zur Eskalation notwendige Entscheidungsfreiraum gekürzt wird.[673]

In der Literatur finden sich mehrere erfolgreiche Überprüfungen der deeskalierenden Wirkung solcher Regeln.[674] TEGER untersucht die Wirkung von Abbruchsregeln auf das Eskalationsverhalten empirisch. Er lässt dazu in einer experimentellen Untersuchung Subjekte zu Beginn des Experiments Limits (d. h. Maximalbeträge) festlegen, bis zu denen sie das Projekt fortführen werden. Er unterscheidet dabei zwischen öffentlichen Limits, die Dritten kommuniziert werden, und privaten Limits, die nur dem Entscheider selbst bekannt sind. Er vermutet, dass öffentliche Limits eine höhere Bindekraft als private Limits haben, da sie dem Entscheider ein Verlassen der Eskalationssituation bei gleichzeitiger Wahrung seines Gesichts erlauben.[675] In seinen explorativen Experimenten kann TEGER belegen, dass Limits im experimentellen Versuch tatsächlich eskalationshemmend wirken. Des Weiteren zeigt er, dass die öffentlichen Limits, wie vorausgesagt, stärker deeskalierend wirken als die privaten Limits.

Zwei Experimente von BROCKNER/SHAW ET AL. und SIMONSON/STAW belegen die starke, eskalationssenkende Wirkung öffentlicher Limits mit Hilfe anderer experimenteller Designs ebenfalls.[676] Einen weiteren empirischen Nachweis der eskalationssenkenden Wirkung von Limits im Allgemeinen kann KEIL zudem auf der Basis einer

---

672 Bei der Festlegung der Abbruchsregel muss insbesondere darauf geachtet werden, dass Regeln nicht für einen verfrühten Abbruch erfolgreicher Projekte sorgen. So kann z. B. Heath feststellen, dass Entscheider bei starren Budgetvorgaben (die analog zu Maximalregeln wirken) zu irrational frühen Abbrüchen neigen können. Bei der Ableitung idealer Abbruchsregeln kann z. B. der Ansatz von Lange zur Bestimmung idealer Abbruchskriterien angewendet werden.

673 Vgl. Statman/Caldwell (1987), S. 12.

674 In den hier aufgeführten Experimenten kann nicht überprüft werden, ob Projekte durch die Regeln zu früh abgebrochen werden, da die Experimente so gestaltet sind, dass ein Abbruch immer rational ist (das heißt, es kann per definitionem keinen verfrühten Abbruch geben).

675 Vgl. für ein ähnliches Argument auch Simonson/Staw (1992), S. 420 f.

676 Vgl. Brockner/Shaw et al. (1979) und Simonson/Staw (1992), S. 424. Brockner/Shaw et al. lassen z. B. ein Drittel der Experimentteilnehmer sich selbst ein Limit setzen und dieses kommunizieren (öffentliches Limit), ein weiteres Drittel setzt sich Limits, die nicht kommuniziert werden (privates Limit) und dem letzten Drittel gegenüber werden Limits nicht erwähnt (kein Limit). Sie können zeigen, dass die Subjekte mit öffentlichen Limits signifikant weniger investieren als Subjekte ohne Limit. Des Weiteren investieren Subjekte mit öffentlichen Limits weniger als Subjekte mit privaten Limits, jedoch

diskriminanzanalytischen Untersuchung abgebrochener und eskalierter Projekte erbringen. Das Vorhandensein starker Limits differenziert signifikant zwischen abgebrochenen und eskalierten Projekten.[677]

Dabei zeigt sich jedoch in den Studien von TEGER und BROCKNER/SHAW ET AL. bei näherer Betrachtung ein interessanter Nebeneffekt: Haben sich Subjekte ein sehr hohes Limit gesetzt, so sind sie bereit, das Projekt bis zu diesem hohen Limit weiterzuführen und damit zum Teil länger als Subjekte, die sich kein Limit gesetzt haben.[678] Diese eskalationsfördernde Wirkung von Limits ist dabei besonders bei den Testteilnehmern festzustellen, die sich ein öffentliches Limit gesetzt haben.

BOULDING/MORGAN ET AL. ziehen aus diesen Ergebnissen die Schlussfolgerung, dass solche Limit-Regeln zwar eine wirksame Methode zur Verringerung der Eskalation darstellen, jedoch dem Setzen der richtigen Limits eine hohe Bedeutung zukommt. Zudem stellen sie in Frage, dass Entscheider zu Beginn eines Projekts jeweils in der Lage sind, die richtige Regel zu setzen.[679] Statt selbst gesetzter Abbruchsregeln empfehlen sie die Anwendung von Abbruchsregeln, die von unbeteiligten Experten a priori ausgearbeitet wurden.

Sie überprüfen diese Hypothese mit einem Experiment, indem sie einer Gruppe von Subjekten anbieten, eine zuvor festgelegte Abbruchsregel anzuwenden (*pre-determined stopping rule*), während eine andere Gruppe gebeten wird, sich selbst eine Abbruchsregel zu setzen (*self-determined stopping rule*). Die Eskalationstendenz wird in diesem Experiment durch Fortführung oder Stopp des Projekts gemessen. Es zeigt sich, dass 53% der Subjekte, die die vorgegebene Stopp-Regel nutzen, das Projekt (korrekt) abbrechen, während keines der Subjekte mit einer selbst gesetzten Abbruchsregel abbricht. Daraus schließen sie, dass den Subjekten eine gut gestaltete Abbruchsregel (vgl. Kapitel 2.3) an die Hand gegeben werden sollte.[680] Aus diesen empirischen Studien ergibt

---

ist dieser Unterschied nicht signifikant. Zudem ist der Unterschied zwischen Subjekten mit privaten Limits und Subjekten ohne Limits nicht signifikant. Dies erklären Brocker/Shaw mit Ergebnissen aus der Post-Test-Befragung, bei der sich zeigt, dass ein Teil der Experimentteilnehmer der dritten Gruppe auch ohne spezifische Aufforderung sich selbst Limits gesetzt hat. Dieses automatische Setzen von Limits kann später auch von Heath gezeigt werden (vgl. Heath (1995)).

677 Vgl. Keil/Robey (1999), S. 74. Darüber hinaus kann er mit Hilfe von Interviews zeigen, dass Limits als Auslöser (und nicht als Folge) der Deeskalation angesehen werden.

678 Vgl. Teger (1980), S. 40 ff.

679 Vgl. Boulding/Morgan et al. (1997), S. 166, und Brockner/Rubin (1985), S. 197.

680 Cheng/Schulz et al. überprüfen die Wirkung von Limits in einem späteren Folgeexperiment und kommen zu abweichenden Ergebnissen. Während die zuvor festgelegten Limits keinen signifikanten

sich die folgende Maßnahme um das Auftreten der Eskalationstendenz auf Grund von Self-Justification signifikant zu verringern.

Maßnahme 9:
Festlegung einer öffentlich bekannten Abbruchsregel durch den Controller vor Beginn des Projekts zur Reduzierung des Entscheidungsfreiraums

5.3.3 Fazit der Maßnahmen zur Verringerung der Self-Justification

Wie in diesem Kapitel aufgezeigt, ergeben sich für den Controller in diesem Bereich zwei mögliche Ansatzpunkte und insgesamt fünf Maßnahmen, um die Eskalationstendenz wirksam zu verringern (vgl. Abbildung 26).

(1) Zum einen kann der Controller durch die Übernahme von (Mit-) Verantwortung im Falle des Scheiterns des Projekts dafür sorgen, dass der Projektleiter nur eine schwächere Verbindung zwischen dem Scheitern des Projekts und seinem eigenen Selbstbild wahrnimmt. (2) Zweitens kann er durch eine verspätete Betonung der Bedeutung des Entscheidungsprozesses dafür sorgen, dass der Projektleiter trotz Scheitern des Projekts keine Bedrohung seines Selbstbildes erlebt. (3) Drittens kann er durch die Versicherung des Ausbleibens negativer Konsequenzen erreichen, dass keine Bedrohung des Selbstbildes durch Dritte einsetzt. Bei bereits akuter Bedrohung des Selbstbildes kann der Controller (4) durch eine Diskussion die Ziele des Projektleiters offen legen und damit verhindern, dass dieser seine Ziele opportunistisch umsetzen kann. (5) Der Controller kann durch geeignete Abbruchsregeln den Entscheidungsfreiraum des Projektleiters soweit verringern, dass dieser keine Gelegenheit mehr hat, sein verändertes Zielsystem umzusetzen.

Effekt zeigen, ergibt sich bei den selbstgesetzten Limits ein stark signifikanter, eskalationssenkender Effekt (vgl. Cheng/Schulz et al. (2003)). Sie begründen die starke Wirkung der selbstgesetzten Limits mit der höheren psychologischen Bindung selbst gesetzter Regeln. Der Unterschied des Ergebnisses im Vergleich zu Boulding/Morgan wird nicht thematisiert, könnte aber damit zusammenhängen, dass Cheng/Schulz et al. den Subjekten mehr Unterstützung bei der Festlegung der Stopp-Regel angeboten haben und die Subjekte sich eine einfache Stopp-Regel setzen mussten (Mindest-Verzinsung des Projekts), während die Subjekte bei Boulding/Morgan et al. eine beliebig komplexe Regel festlegen konnten. Die nicht-signifikante Wirkung der festgelegten Limits könnte damit zusammenhängen, dass den Subjekten bei Cheng/Schulz et al. explizit freigestellt wurde, sich an die Regel zu halten oder nicht, während Boulding/Morgan et al. den Subjekten zwar freistellten, die Regel anzuerkennen oder nicht, danach aber eine feste Einhaltung der Regel voraussetzten.

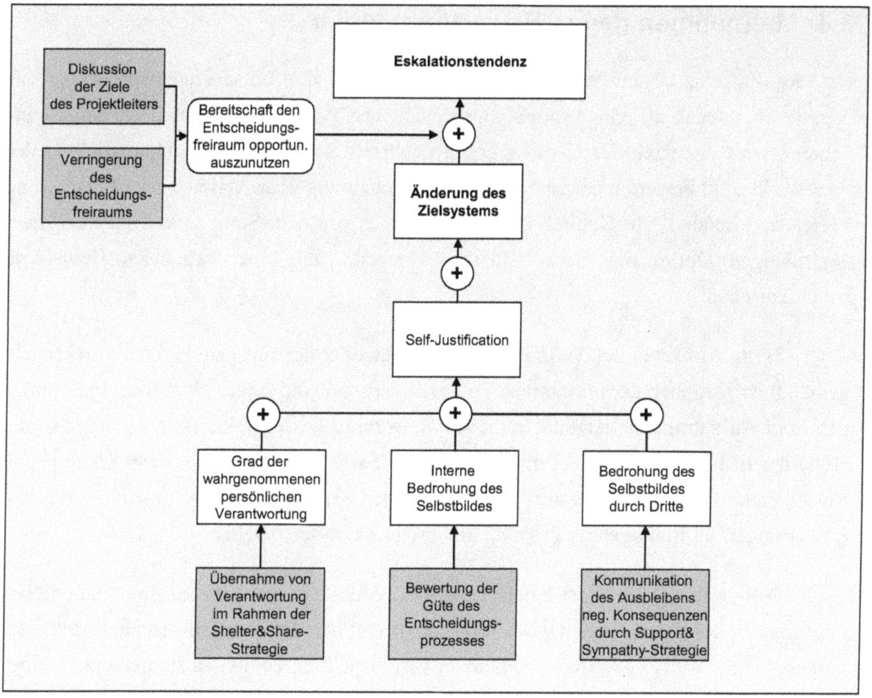

Abbildung 26: Grafische Darstellung der Maßnahmen gegen die Änderung des Zielsystems

5.4 Maßnahmen gegen Bewertungsfehler

Hat der Entscheider in den ersten beiden Schritten des Entscheidungsprozesses das negative Feedback korrekt wahrgenommen und verfolgt er zudem das Ziel, den Unternehmenswert zu maximieren, muss er im nächsten Schritt die Zukunftsaussichten des Projekts korrekt bewerten um eine rationale Entscheidung über Abbruch oder Fortführung treffen zu können.[681] In Kapitel 4.3 wurden jedoch mit dem Sunk Cost-Effekt und dem übermäßigen Optimismus zwei Effekte aufgezeigt, die einer rationalen Bewertung entgegenstehen.

Beim Auftreten des ***Sunk Cost-Effekts*** bewertet der Entscheider das Projekt nicht gemäß den Vorgaben der normativen Finanzliteratur anhand seiner erwarteten marginalen Ein- und Auszahlungen, sondern zieht zur Bewertung des Projekts fälschlicherweise die Höhe der bisher in das Projekt investierten, nicht wiedergewinnbaren Ressourcen (Sunk Costs) heran. Dadurch kommt der Entscheider zu systematisch positiv verzerrten Bewertungen fehlschlagender Projekte und bricht diese verspätet ab.

Neben dem Sunk Cost-Effekt kann die Tendenz zu verspäteten Projektabbrüchen auch durch den Effekt des ***Optimismus*** ausgelöst werden. Optimistische Entscheider neigen dazu, die Erfolgswahrscheinlichkeit von Projekten, bei denen sie persönlich einen gewissen Einfluss geltend machen können, deutlich zu überschätzen.

Zur Verringerung der Bewertungsfehler wird in der Eskalationsliteratur zum Teil pauschal vorgeschlagen, die ökonomische Bewertung zu weiten Teilen von Dritten durchführen zu lassen und dem Projektleiter diese Ergebnisse nur zur Entscheidung vorzulegen.[682] Der Projektleiter bliebe damit zwar für die letztendliche Entscheidung voll verantwortlich, jedoch wäre er von der Bewertung fast vollständig enthoben. Die Logik hinter dieser Delegation an Bewertungsspezialisten wie z. B. den Controller[683] ist, dass diese nicht nur weitgehend unbeteiligt sind (wodurch die Tendenz zu ungerechtfertigtem Optimismus verringert werden soll), sondern zudem das Fachwissen und die zeitlichen Ressourcen für eine rationale Bewertung haben (wodurch evtl. die Verwendung korrekter

---

[681] Vgl. Simonson/Staw (1992), S. 420.

[682] Vgl. Northcraft/Wolf (1984) und Staw/Ross (1987a).

[683] Der Controller ist nicht direkt an der Durchführung des Projekts beteiligt, und weist zudem eine anerkannte Bewertungskompetenz auf. Somit scheint er in einer prädisponierten Rolle zu sein, um große Teile der ökonomischen Bewertung zu übernehmen. Andere Bewertungsspezialisten, die diese Aufgabe übernehmen könnten, sind z. B. externe Berater oder Stellen wie die interne Revision.

Bewertungsverfahren gefördert wird).[684] Während die Wirkung der Delegation der Bewertung zwar theoretisch plausibel erscheint und sich ihr eskalationssenkender Einfluss auch in experimentellen Studien belegen lässt,[685] ist sie jedoch bei der Anwendung in der Realität kritisch zu betrachten. Zum einen ist auf Grund des stark verteilten Wissens in der F&E eine vollständige Delegation der Bewertung an Unbeteiligte nur äußerst schwierig umsetzbar, da diesen Mitarbeitern häufig der notwendige Einblick in die Details des F&E-Projekts fehlt, um es korrekt bewerten zu können (vgl. Kapitel 2.1). Zum anderen ist für eine Bewertung von F&E-Projekten in frühen Stadien vielfach ein Rückgriff auf technische Hilfsgrößen notwendig (vgl. Kapitel 2.2). Hier wäre der fachfremde Controller mit der Abschätzung der relevanten Größen jedoch überfordert. Daher soll von einer Umsetzung dieser Maßnahme abgesehen werden.

In dieser Arbeit werden im Folgenden nur solche Maßnahmen betrachtet, die gezielt an den Einflussfaktoren der beiden identifizierten Effekte ansetzen und von dem Controller umsetzbar sind. Da beide Bewertungsfehler unabhängig voneinander zu verspätet abgebrochenen F&E-Projekten führen können, muss der Controller sowohl Maßnahmen ergreifen, die spezifisch gegen den Sunk Cost-Effekt gerichtet sind (vgl. Kapitel 5.4.1) als auch gegen den übermäßigen Optimismus (vgl. Kapitel 5.4.2).

5.4.1 Spezifische Maßnahmen gegen den Sunk Cost-Effekt

Unterliegt der Entscheider dem Sunk Cost-Effekt, bleibt eine rationale, zukunftsorientierte Bewertung aus (vgl. Kapitel 4.3.1). Dem Controller wird bei der Bekämpfung des Sunk Cost-Effekts eine hervorgehobene Rolle zugeschrieben: „*Managerial Accountants are pivotal to remedying the sunk cost problem.*“[686] In seiner Rolle als Ratio-

---

[684] Während die Delegation an unbeteiligte Dritte vor allem das Auftreten von Optimismus und Overconfidence verringern soll, soll durch die Delegation an Spezialisten vor allem das Auftreten von Verzerrungen wie dem Sunk Cost-Effekt verhindert werden.

[685] Die eskalationssenkende Wirkung der Bewertung durch unbeteiligte Dritte konnte mehrfach in der Literatur bestätigt werden. Den ersten empirischen Beleg erbringen Leatherwood/Conlon in einem Experiment, indem sie einer Gruppe Informationen von Dritten über die erwarteten Kapitalwerte zukommen ließen, einer anderen Gruppe diese Bewertungen jedoch vorenthielten (vgl. Leatherwood/Conlon (1988)). Dabei zeigt sich, dass Subjekte, die keine Bewertungen von Dritten erhalten, erwartungsgemäß eine signifikant stärkere Eskalationstendenz aufweisen. Harrison/Harrell können in einem Folgeexperiment nicht nur dieses Ergebnis bestätigen, sondern darüber hinaus auch zeigen, dass die Lieferung von Netto-Kapitalwerten eine stärkere Wirkung hat als die Lieferung von interner Zinsfuß-Information (vgl. Harrison/Harrell (1995)). Dies begründen sie mit der leichteren Interpretierbarkeit der Netto-Kapitalwert-Information. Zu einem ähnlichen Ergebnis kommt auch GHOSH in seiner empirischen Untersuchung (vgl. Ghosh (1997)).

[686] Ghosh (1995), S. 54.

nalitätssicherer gibt es drei verschiedene Möglichkeiten, das Auftreten des Effekts zu verhindern: (1) die Kennzeichnung der Sunk Costs, (2) die Lieferung rationaler Bewertungsmethoden und (3) die Lieferung zukunftsbezogener Information. Diese werden im Folgenden beschrieben.

5.4.1.1 Kennzeichnung der Sunk Costs

Wie in Kapitel 4.3 aufgezeigt, neigen Entscheider bei hohen (absoluten und relativen) Sunk Costs dazu, sich bei der Bewertung des Projekts stark an diesen zu orientieren. CONLON/LEATHERWOOD führen dieses Phänomen darauf zurück, dass Entscheider die Sunk Costs nicht normativ korrekt verwenden, da sie bei Projektreviews nicht zwischen Allokationsentscheidungen und der Ex-Post-Gesamtbewertung eines Projekts unterscheiden.[687] Während bei der Ex-Post-Beurteilung eines Projekts alle angefallenen Zahlungsströme in die Rechnung einbezogen werden müssen, dürfen bei den hier zu betrachtenden Abbruchsentscheidungen nur die zukünftigen, marginalen Zahlungsströme berücksichtigt werden.[688] Die Ursache der Eskalation liegt demnach in einer Fehleinschätzung der Projektleiter über die korrekte Verwendung der Sunk Costs.

CONLON/LEATHERWOOD schlagen daher vor, direkt an dieser Ursache anzusetzen und zu verhindern, dass Sunk Costs in die Bewertung einfließen. Dazu empfehlen sie, Sunk Costs deutlich als solche zu kennzeichnen und dem Entscheider gleichzeitig zu verdeutlichen, dass er die Sunk Costs bei der Abbruchsentscheidung nicht einfließen lassen darf. Durch die Kennzeichnung der Sunk Cost-Information als entscheidungsirrelevant soll sichergestellt werden, dass der Entscheider sie nicht fälschlicherweise bei der Abbruchsentscheidung berücksichtigt.[689]

Der Controller in seiner Funktion als Informationsaufbereiter und -lieferant befindet sich in einer prädisponierten Position, diese Maßnahmen umzusetzen. Zum einen kann er bei der Erstellung der Berichte die Sunk Costs deutlich als solche kennzeichnen und hervorheben. Zum zweiten kann er durch Kommentierung der Berichte sicherstellen, dass der Projektleiter die Sunk Costs korrekterweise als entscheidungsirrelevant klassifiziert. Drittens kann der Controller durch kritisches Hinterfragen der Bewertung sicherstellen, dass die Sunk Costs nicht in das Entscheidungskalkül des Projektleiters

---

[687] Vgl. Conlon/Leatherwood (1989), S. 51.
[688] Vgl. z. B. Northcraft/Wolf (1984) für Ausführungen zum Unterschied der beiden Verfahren.
[689] Vgl. Conlon/Leatherwood (1989), S. 52.

eingeflossen sind. Es erscheint daher plausibel, die folgende Maßnahme zur Verringerung des Sunk Cost-Effekts vorzuschlagen:[690]

Maßnahme 10:
Expliziter Ausweis der Sunk Costs und deutliche Kennzeichnung der Sunk Costs als entscheidungsirrelevant bei der Abbruchsentscheidung

5.4.1.2 Bereitstellung von Bewertungsmethoden

Wie in Kapitel 4.3 gezeigt, greifen Projektleiter z. T. auf vereinfachende, aber unkorrekte Heuristiken wie z. B. den Rückschluss des Werts des Projekts aus dem Sunk Cost-Effekt zurück, statt eine Bewertung mit rationalen Bewertungsinstrumenten durchzuführen, um ihren Entscheidungsaufwand zu reduzieren oder mit der hohen Unsicherheit umzugehen.[691]

BAZERMAN schlägt daher vor, beim Entscheider explizit die Durchführung einer rationalen, marginalen Bewertung der Kosten und des Nutzens der Projektfortführung einzufordern, um die Orientierung an den Sunk Costs zu verringern.[692] SIMONSON/STAW überprüfen die Wirksamkeit dieses Vorschlags später mit Hilfe eines Fallstudien-Experiments, in dem eine Subjekt-Gruppe explizit aufgefordert wird, vor ihrer Entscheidung die Pro- (Nutzen-) und Contra- (Kosten-) Argumente der Projektfortführung aufzuführen, während die Kontrollgruppe direkt eine Entscheidung treffen kann.[693] Die Ergebnisse des Experiments zeigen jedoch, dass die explizite Forderung nach einer Bewertung der marginalen Kosten und Nutzen *keinen* Effekt auf die Eskalationstendenz hat.[694]

GHOSH schließt daraus, dass das reine Einfordern einer rationalen Bewertung nicht ausreicht und Entscheider weitergehende Unterstützung benötigen, wenn eine korrekte

---

690 Die Wirkung der Kennzeichnung von Sunk Costs wurde zwar noch nicht direkt empirisch belegt, jedoch scheint sie so plausibel, dass diese Maßnahme zur weiteren Verwendung vorgeschlagen wird. Es konnte mehrfach gezeigt werden, dass Entscheider im Allgemeinen motiviert sind, die bestmöglichen Entscheidungen zu treffen, und nicht offensichtliche Fehler begehen wollen (vgl. insbesondere die Wirkung der Maßnahme der Offenlegung der Ziele in Kapitel 5.2.2.1). Daher lässt sich annehmen, dass die Entscheider einen Fehler, vor dem sie gewarnt werden, nicht begehen.

691 Vgl. Payne/Bettman et al. (1988).

692 Vgl. Bazerman (1983), S. 219 und Bazerman (2004), S. 5.

693 Vgl. Simonson/Staw (1992), S. 420. Koriat/Lichtenstein zeigen, dass durch das Aufführen von Pro- und Contra-Argumenten die Einschätzung der Erfolgswahrscheinlichkeit verbessert werden kann (vgl. Koriat/Lichtenstein et al. (1980)).

694 Vgl. Simonson/Staw (1992), S. 424.

Bewertung sichergestellt werden soll.[695] Daher schlägt er vor, dem Entscheider gezielt eine bestimmte Bewertungsmethode (z. B. ein Kapitalwertverfahren) an die Hand zu geben, mit dem er diese Bewertung durchführen kann.[696]

Der Controller übernimmt bei der methodischen Unterstützung des Projektleiters eine wichtige Rolle.[697] Der Controller als Bewertungsspezialist trägt in vielen Unternehmen die Verantwortung für die Festlegung der Bewertungsstandards, d. h. er entscheidet, welche Bewertungsmethoden problemspezifisch angewandt werden müssen, und definiert Mindestanforderungen an die Art und Güte der einfließenden Variablen. Empirische Studien zeigen, dass Projektleiter das Liefern von Bewertungsmethoden als bedeutendste Tätigkeit der Controller in der Phase der begleitenden Investitionskontrolle ansehen.[698] Darüber hinaus können Controller den Projektleiter bei der Anwendung der ökonomischen Methoden unterstützen. Controller sind somit prädestiniert, den Entscheider durch Lieferung von Methoden und Bewertungshilfen zu unterstützen und dadurch das Einfließen von Sunk Costs zu verhindern.

In der Eskalationsliteratur lassen sich zwei empirische Belege der deeskalierenden Wirkung durch die Bereitstellung von Bewertungsinstrumenten finden. Zum einen überprüft GHOSH die Wirksamkeit dieser Maßnahme, indem er Entscheider verpflichtet, eine Bewertung durchzuführen, und ihnen dazu eine passende Bewertungsmethode liefert. Diese ist so gestaltet, dass die Subjekte zunächst im Rahmen eines Projektfortschrittsberichts die relevanten Informationen zusammentragen und dann eine einfache Profitabilitätsrechnung durchführen müssen.[699] Dadurch soll sichergestellt werden, dass sich der Entscheider aktiv mit der Bewertung auseinandersetzt und gezwungen ist, alle verfügbaren Informationen in die Bewertung einzubeziehen. Gleichzeitig verhindert die exakte Vorgabe der zu berücksichtigenden Größen das Einfließen der Sunk Costs in die Bewertung. Die Ergebnisse seines Experiments legen eine starke eskalationssenkende Wirkung der Gegenmaßnahme nahe.[700] Zu einem vergleichbaren Ergebnis gelangen auch

---

695 Vgl. Ghosh (1997), S. 92.

696 Diese Idee taucht bereits bei Northcraft/Wolf auf, die empfehlen, die Entscheider den internen Zinsfuß der zukünftigen Projektein- und -auszahlungen ausrechnen zu lassen (vgl. Northcraft/Wolf (1984)).

697 Vgl. Weber (2002), S. 32.

698 Vgl. CCM (2006), S. 19.

699 Vgl. Ghosh (1997), S. 92.

700 Boulding/Morgan et al. haben in einem Fallstudien-Experiment untersucht, ob die Durchführung einer Risiko-Analyse vor der Entscheidung die Eskalationstendenz verringert. (vgl. Boulding/Morgan et al. (1997), S. 166 ff.). Im Rahmen der Risiko-Analyse müssen die Subjekte die Verteilung der zukünftigen Kapitalwerte abschätzen. Es ergibt sich jedoch keine signifikante Verringerung der Eskalationstendenz,

NEWMAN/SABHERWAL in der Analyse einer Fallstudie.[701] Auf Grund dieser guten empirischen Belege wird daher folgende Maßnahme zur Verringerung der Eskalationstendenz vorgeschlagen:

Maßnahme 11:
Lieferung angemessener Bewertungsverfahren und Unterstützung des Projektleiters bei der Anwendung

5.4.1.3 Aufzeigen der Opportunitätskosten zur Förderung der Zukunftsorientierung

Wie bereits dargestellt, führt der Sunk Cost-Effekt zu einer Orientierung an den in der Vergangenheit investierten Ressourcen. Als weitere Möglichkeit, Entscheider vor dem Sunk-Cost-Effekt zu bewahren, wird in der Literatur vorgeschlagen, dem Entscheider die Opportunitätskosten der Projektfortsetzung aufzuzeigen.[702] Durch die Darstellung der möglichen zukünftigen Gewinne aus Alternativprojekten soll der Projektleiter dazu gebracht werden, eine zukunftsbezogene Perspektive einzunehmen und das fehlschlagende Projekt (gemäß den Vorgaben der Finanzliteratur, vgl. Kapitel 2.2) auf der Basis zukünftiger Ein- und Auszahlungen zu bewerten. Der Wert der Lieferung von Opportunitätskosten besteht also nicht darin, tatsächlich rechenbare Informationen zu liefern, sondern durch das Ausweisen der Kosten einen spezifischen Denkprozess beim Entscheider anzuregen.[703] Der Controller als wichtiger Informationslieferant des Projektleiters könnte potentiell Opportunitätskosten in seinen Bericht aufnehmen und auf diesem Weg die Maßnahme umsetzen.

---

so dass auch Boulding/Morgan et al. die Wirkung der Gegenmaßnahme nicht bestätigen können (vgl. Boulding/Morgan et al. (1997), S. 172). Sie schließen aus dem Ergebnis, dass die vorgeschlagene Risiko-Analyse zu komplex war, um den Subjekten eine eindeutige Bewertung zu ermöglichen. „*Simply put: managers ignored or reinterpreted negative information to put it in a more positive light.*“ (Boulding/Morgan et al. (1997), S. 172).

701 Vgl. Newman/Sabherwal (1996), S. 48. In der Fallstudie werden Manager gezwungen, im Rahmen des Zero-Base-Budgetings (vgl. Pyhrr (1970)) jeweils eine komplette Neubewertung ihrer Vorhaben durchzuführen, worin sie durch die Bereitstellung von Bewertungsinstrumenten unterstützt werden. Newman/Sabherwal identifizieren den Zwang zur Neubewertung und die Bereitstellung von Bewertungsmethoden als relevanten, deeskalierenden Faktor.

702 Vgl. Montealegre/Keil (2000), S. 420, für diese und die folgenden Ausführungen.

703 Dieses Vorgehen wird in der Literatur im Allgemeinen als konzeptionelle Informationsnutzung bezeichnet (vgl. Menon/Varadarajan (1992), S. 54 f.) und ist auch bei Controllern durchaus üblich (vgl. Sandt (2004), S. 162).

Die deeskalierende Wirkung der Präsentation von Opportunitätskosteninformationen lässt sich in mehreren experimentellen Studien belegen. So demonstriert McCain in einer mehrperiodischen Untersuchung, dass Projektleiter, denen bei der Entscheidung neben der Auswahl zwischen Abbruch und Fortführung auch explizite Alternativprojekte aufgezeigt wurden, in die die freiwerdenden Ressourcen investiert werden würden, in fast allen Perioden signifikant weniger Ressourcen in ein fehlschlagendes Projekt investierten als Entscheider, die keine Alternativen hatten.[704] Dieses Ergebnis kann als Beleg der eskalationssenkenden Wirkung von Opportunitätskosteninformationen gedeutet werden.

Northcraft/Neale bestätigen dieses Ergebnis, indem sie bei einem Experiment die Opportunitätskosteninformation explizit variieren und eine signifikant sinkende Eskalation bei starker Opportunitätskosteninformation nachweisen können.[705] Northcraft/Neale lassen die Teilnehmer ihres Experiments über den Fortgang eines Immobilien-Projekts entscheiden und variieren die Salience der Opportunitätskosteninformation. Während die Teilnehmer einer Gruppe nur allgemein über die Möglichkeit alternativer Projekte informiert werden (geringe Deutlichkeit der Opportunitätskosten), werden den Teilnehmern in einer anderen Gruppe konkrete Alternativ-Projekte mit detaillierten Renditezielen vorgeschlagen (hohe Deutlichkeit der Opportunitätskosten). Die Ergebnisse zeigen, dass der deutliche Ausweis von Opportunitätskosten wie erwartet zu einer abnehmenden Eskalationstendenz führt – Experimentteilnehmer mit hohen expliziten Opportunitätskosten (1) bewerten die Fortführung des Projekts deutlicher negativer, (2) brechen deutlich häufiger ab und (3) und sind sich zudem ihrer Entscheidung sicherer.

Keil/Mixon et al. können mit einem leicht veränderten Experiment dieses Ergebnis replizieren[706] und stellen genau wie Northcraft/Neale einen eskalationssenkenden Einfluss der prospektiven Information fest. Auch Boulding/Morgan et al. können in einem leicht abgewandelten Experiment die signifikante eskalationssenkende Wirkung expliziter Opportunitätskosten bestätigen.[707]

In der Realität stellt sich der Ausweis der Opportunitätskosten durch den Controller jedoch sehr schwierig dar. Keine der oben genannten Quellen gibt z. B. Aufschluss darüber, welche und wie viele Alternativprojekte zur Berechnung von

[704] Vgl. McCain (1986), S. 282.
[705] Vgl. Northcraft/Neale (1986).
[706] Vgl. Keil/Mixon et al. (1995), S. 72 ff., Experiment 3, 4 und 5.
[707] Vgl. Boulding/Morgan et al. (1997), S. 172.

Opportunitätskosten herangezogen werden sollten. Auch wird keine Aussage darüber getroffen, welche Annahmen der Berechnung von Opportunitätskosten zu Grunde gelegt werden sollen. Damit ergibt sich für den Controller bei der Umsetzung der Maßnahme ein sehr hoher Spielraum bei der Festlegung der Opportunitätskosten. Dadurch sind die Zahlen des Controllers angreifbar, was die Glaubhaftigkeit der Information einschränken und damit die Nutzung der Opportunitätskosteninformation langfristig verringern kann. Der Controller muss sich deshalb darauf beschränken, Opportunitätskosten konzeptionell auszuweisen, z. B., indem er vergleicht, was das Unternehmen mit einem durchschnittlichen oder einem vergleichbaren F&E-Projekt verdienen könnte. Durch die Aufnahme einer solchen Information in die regelmäßigen Projektfortschrittsberichte ergänzt der Controller die vergangenheitsbezogenen Informationen (z. B. über aufgelaufene Kosten) um zukunftsbezogene Informationen. Damit kann er versuchen, den Entscheider zum Einnehmen einer zukunftsgerichteten Perspektive zu bringen, so dass dieser den Abbruch nicht als Verlust der bisher investierten Mittel, sondern als Chance auf zukünftige Gewinne versteht. Auf der Basis der empirischen Überprüfungen ist anzunehmen, dass der Controller durch das Ausweisen der Opportuntitätskosten das Auftreten des Sunk Cost-Effekts signifikant verringern kann. Somit ergibt sich als zwölfte Maßnahme:

Maßnahme 12:
Konzeptioneller Ausweis der Opportunitätskosten der Projektfortführung im Rahmen der Projektberichterstattung

5.4.2 Spezifische Maßnahmen zur Verringerung des Optimismus

In Kapitel 4.3.2 wurden zwei Einflussfaktoren auf das Auftreten von Optimismus und Overconfidence identifiziert: (1) Erstens neigen Entscheider besonders dann zu einer optimistischen Verzerrung, wenn sie glauben, Kontrolle über den Verlauf des weiteren Projekts zu haben. (2) Zweitens verstärkt sich der Effekt des Optimismus, wenn Entscheider im Vorfeld des Projekts ähnlich gelagerte Probleme erfolgreich lösen konnten. Dies geschieht unabhängig davon, ob sich daraus tatsächlich auf eine objektiv höhere Erfolgswahrscheinlichkeit schließen lässt.

Der Versuch, die Tendenz zu übermäßigem Optimismus zu verringern, wird dadurch erschwert, dass das Auftreten der beiden Einflussfaktoren kaum zu verhindern ist. Zum einen haben Projektleiter notwendigerweise immer eine hohe Kontrolle über den

Verlauf des Projekts. Zum anderen können die meisten Projektleiter auf eine erfolgreiche Entwicklertätigkeit zurückblicken.[708] LOVALLO/KAHNEMAN schließen daher sogar, dass „[f]*or most of us, the tendency toward optimism is unavoidable.*"[709]

Da der Controller also nicht direkt das Auftreten der Einflussfaktoren verhindern kann, muss er versuchen, zumindest die eskalationssteigernde Wirkung der Einflussfaktoren zu verhindern. Dazu kann er die Verwendung eines Schätzverfahrens empfehlen, das weniger empfindlich für optimistische Verzerrungen ist (vgl. Kapitel 5.4.2.1), oder durch kritisches Hinterfragen des Entscheiders versuchen, eine potentiell optimistisch verzerrte Schätzung zu korrigieren (vgl. Kapitel 5.4.2.2).

5.4.2.1 Verhinderung einer optimistischen Schätzung

Entscheider schätzen bei der Bewertung der Handlungsoptionen die zukünftig erwarteten Zustände im Allgemeinen ab, indem sie versuchen, die Folgen ihrer eigenen, geplanten Handlungen vorherzusagen. Dieses Verfahren bezeichnen LOVALLO/KAHNEMAN als „Schätzung aus der Innenperspektive". Dieses Verfahren fördert nicht nur die Vernachlässigung statistischer Wahrscheinlichkeiten, sondern betont auch die Kontrolle des Entscheiders und fördert dadurch potentiell das Auftreten von Optimismus, der sich z. B. im Vernachlässigen der Reaktionen von Wettbewerbern äußern kann.[710]

Um diese systematische Fehlerquelle auszuschalten, schlagen LOVALLO/KAHNEMAN die Verwendung eines alternativen Schätzverfahrens vor, bei dem die Bewertung nicht „von innen heraus", sondern durch Analogieschlüsse zu Projekten, die außerhalb der eigenen Kontrolle liegen, stattfindet. Durch dieses Einnehmen einer „*Außenperspektive*"[711] soll der Fokus weg von den Kontrollmöglichkeiten des Projekt-

---

[708] Es kann angenommen werden, dass Entscheider, die nie Erfolge verbuchen können, nicht in eine Position mit Projektverantwortung aufsteigen.

[709] Lovallo/Kahneman (2003), S. 61. In der psychologischen Literatur wird an einigen Stellen auch die positive Wirkung von Optimismus beschrieben, z. B. wenn er Individuen hilft, schwierige Aufgaben anzugehen (vgl. Zimbardo/Gerrig (1996), S. 348 f.).

[710] Vgl. Lovallo/Kahneman (2003).

[711] Der Begriff der Außenperspektive soll verdeutlichen, dass das Projekt nicht von innen heraus, d. h. aus den einzelnen Schritten des Managers und deren Folgen, sondern von außen, d. h. über Analogieschlüsse aus anderen Projekten, geschätzt wird.

leiters geleitet werden. Dadurch soll der Projektleiter bei der Schätzung weniger anfällig für das Auftreten der optimistischen Verzerrung auf Grund der Kontrollillusion sein.[712]

Der Controller als eng in die Planung eingebundener Methodenverantwortlicher (vgl. Kapitel 5.1) kann durch das Vorgeben des Schätzverfahrens und die Kontrolle der Einhaltung dafür sorgen, dass Projektleiter das Schätzverfahren aus der Außenperspektive anwenden. Zudem kann er bei der Identifikation geeigneter Referenzprojekte helfen und deren Daten beschaffen. KAHNEMAN/LOVALLO liefern anekdotische Belege für die deeskalierende Wirkung dieses Schätzverfahrens.[713] Deshalb soll als erste Maßnahme zur Verhinderung der optimistischen Verzerrung die Schätzung aus der Außenperspektive vorgeschlagen werden.

Maßnahme 13:
Anwendung der Schätzung aus der Außenperspektive

5.4.2.2 Korrektur der optimistischen Verzerrung

Während die oben beschriebene Maßnahme bereits vor dem Eintreten der optimistischen Verzerrung ansetzt, wird in der Literatur eine weitere Maßnahme diskutiert, die erst nach der Schätzung eingreift, um die möglicherweise verzerrten Schätzwerte in einem zweiten Schritt kritisch zu hinterfragen und dann den realistischeren Werten anzunähern.[714]

---

[712] Dabei sollen Entscheider das folgende Vorgehen anwenden: Zunächst wird eine Klasse vergleichbarer Referenzprojekte bestimmt. „*Identifying the right reference class involves both art and science. You usually have to weigh similarities and differences on many variables and determine which are the most meaningful in judging how your own initiative will play out. Sometimes that's easy. [...] In other cases, it's much trickier.*" (Lovallo/Kahneman (2003), S. 62). Dann werden die erzielten Ergebnisse so angeordnet, dass Extrem- und Mittelwerte sowie (falls möglich) weitere Verteilungsparameter (Varianz, Schiefe, etc.) deutlich werden. Im dritten Schritt soll der Manager dann entscheiden, welches Referenzprojekt am ehesten dem zu bewertenden Projekt entspricht. Die Werte dieses Referenzprojekts bilden dann die Basis für die nächsten beiden Schritte. Im vierten Schritt soll dann identifiziert werden, ob die Situation des in Frage stehenden *Projekts* tatsächlich mit der des Referenzprojekts vergleichbar ist, d. h., wie gut die erwartete Korrelation zwischen den Werten der beiden Projekte ist. Im fünften Schritt soll dann der in Schritt 3 identifizierte Wert um diese Prognosegüte korrigiert werden. Dazu schlagen die Autoren vor, den Schätzwert dem Mittelwert mit Hilfe der Formel $E(S) = \hat{s} + [g(\bar{s} - \hat{s})]$ anzupassen, wobei $\hat{s}$ den in Schritt 3 errechneten Schätzwert beschreibt, g das Gütemaß der Schätzung und $\bar{s}$ den Mittelwert der Projekte der Referenzklasse.

[713] Vgl. Kahneman/Lovallo (1993), S. 24.

[714] Vgl. Lovallo/Kahneman (2003), S. 61.

Mit Hilfe der Methode des strukturierten Konflikts, die auch unter dem Begriff „*Devil's Advocacy*“ [715] (auch: „*Advocatus Diaboli*“) bekannt ist, soll eine optimistisch verzerrte Schätzung korrigiert werden.[716] Mehrere Untersuchungen zeigen, dass durch einen strukturierten Konflikt im Sinne der Devil's Advocacy die Bereitschaft von Individuen steigt, gegenläufige Argumente in die Entscheidung einzubeziehen und die getroffenen Annahmen einer tiefer gehenden Analyse zu unterziehen[717]: „*Devil's Advocacy in escalating commitment situations would involve more than simply pointing out the advantages or disadvantages of [...] investment. It would require the explicit questioning of the assumptions underlying [...] investment. It is this questioning of assumptions which induces decision makers to carefully re-evaluate the arguments [...] on which they are based.*“[718]

Dem Controller in seiner Rolle als kritischer Counterpart wird häufig explizit die Rolle des Devil's Advocate zugeschrieben.[719] Er hat ein hohes Maß an Interaktion mit dem Projektleiter und ist in seinen Aufgabenbereichen im Allgemeinen respektiert.[720] Zudem hat der Projektleiter gegenüber dem Controller wegen seiner führungsunterstützenden Tätigkeit im Allgemeinen eine positive Einstellung. Der Controller kann diesen Umstand nutzen, um den Projektleiter kritisch zu hinterfragen. In der Controlling-Literatur wird explizit darauf verwiesen, dass der Controller auch in solchen Situationen die Rolle des kritischen Hinterfragers einnehmen kann, in denen er inhaltlich nicht das nötige Fach- und Detailwissen der Entscheider mitbringt (wie z. B. im Fall der F&E). Hier soll sich der Controller auf die Hinterfragung der Prozessrationalität beschränken. So kann er z. B. überdurchschnittlich positive Schätzung hinterfragen und feststellen, auf welchen Annahmen zu Wettbewerber-Reaktionen die Schätzungen beruhen.[721]

SCHWENK überprüft die Wirksamkeit der Devil's Advocacy experimentell. Er teilt die Subjekte dazu in vier Gruppen ein. Einer Gruppe teilt er nach der Initialentscheidung mit, dass das Projekt erfolgreich verläuft, während die zweite Gruppe negatives Feedback erhält. Der dritten Gruppe wird zusätzlich zu dem negativen Feedback eine Stellung-

---

[715] Vgl. z. B. Cosier (1981) oder Schweiger/Sandberg et al. (1986) für eine Darstellung der verschiedenen Techniken des strukturierten Konflikts. „*Devil's Advocacy is a general term for a variety of techniques for introducing structured conflict into strategic decision making.*“ (Schwenk (1988), S. 769).

[716] Vgl. Schwenk (1988).

[717] Vgl. z. B. Mason/Mitroff (1981) oder Tjosvold (1985), S. 23 f.

[718] Schwenk (1988), S. 773 f.

[719] Vgl. Weber (2004), S. 340.

[720] Vgl. Weber/David et al. (2001).

[721] Vgl. Weber (2004), S. 341.

nahme eines (imaginären) Experten übermittelt, der eine weitere Investition in das Subjekt angeblich befürwortet. Den Subjekten der vierten Gruppe lässt er zusätzlich zu dem negativen Feedback und der positiven Stellungnahme eine weitere Stellungnahme zukommen, die die erste kritisch hinterfragt. Die Ergebnisse des Experiments zeigen, dass Subjekte der vierten Gruppe, die die Stellungnahme des Devil's Advocate erhalten haben, signifikant weniger investieren und die Erfolgsaussichten des Projekts signifikant schlechter bewerten als Subjekte der dritten Gruppe, deren Annahmen nicht kritisch hinterfragt wurden.[722] Dies wertet SCHWENK als Beleg für die eskalationssenkende Wirkung der Maßnahme des kritischen Hinterfragens.

Einen weiteren Beleg für die Wirksamkeit des Hinterfragens optimistisch verzerrter Schätzungen liefern KORIAT/LICHTENSTEIN ET AL.[723] Sie zeigen, dass Subjekte, die gezwungen werden, einen oder mehrere Gründe aufzuführen, die gegen ihre eigenen Annahmen sprechen, realistischere Schätzungen abgeben und die Güte ihrer Annahmen realistischer einschätzen können.[724] Daher wird als zweite Maßnahme zur Verringerung der optimistischen Verzerrung das kritische Hinterfragen durch den Controller vorgeschlagen:

Maßnahme 14:
Kritisches Hinterfragen der Annahmen des Projektleiters im Sinne der Devil's Advocacy

5.4.3 Fazit der Maßnahmen zur Verringerung der Bewertungsfehler

In Kapitel 4 wurden mit dem Sunk Cost Effekt und dem Optimismus zwei psychologische Effekte und deren Einflussfaktoren dargestellt, die zu systematischen Bewertungsfehlern führen können. Wie die Ausführungen in dem vorhergehenden Abschnitt zeigen, bieten

---

722 Allerdings investieren die Subjekte der vierten Gruppe dennoch mehr als die Subjekte der zweiten Gruppe, die weder eine positive Expertenstellungnahme noch das Devil's Advocacy Treatment erhalten haben. Dieses Ergebnis kann Schwenk nicht erklären.

723 Vgl. Koriat/Lichtenstein et al. (1980).

724 Die Studie zeigt weiterhin, dass Subjekte bevorzugt Gründe angeben, die für die Wahl ihrer Annahmen sprechen (vgl. Koriat/Lichtenstein et al. (1980), S. 109 ff.) – sie müssen also durch kritisches Hinterfragen dazu bewegt werden, auch Gründe gegen ihre eigenen Annahmen aufzuführen. Das Aufführen von Gründen für die Annahme führt zu keiner Verbesserung der Schätzung. Das kritische Hinterfragen im Sinne des Advocatus Diabolus ist also entscheidend für das Auftreten einer Verbesserung.

sich dem Controller mehrere Möglichkeiten, an den identifizierten Einflussfaktoren anzusetzen, um das Auftreten dieser Bewertungsfehler zu verringern (vgl. Abbildung 27).

Um das Auftreten des Sunk Cost Effekts zu verhindern, kann der Controller (1) zum einen in den formalen Projektfortschrittsberichten die Sunk Costs explizit ausweisen und darauf hinweisen, dass diese nicht in die Bewertung der Handlungsalternativen einfließen dürfen. (2) Zum anderen kann der Controller durch die Bereitstellung problemadäquater, rationaler Bewertungsmethoden (vgl. Kapitel 2.2) sicherstellen, dass der Projektleiter eine rationale, zukunftsorientierte Bewertung durchführt. (3) Drittens kann der Controller den Projektleiter auch durch die Lieferung von konzeptionellen Opportunitätskosteninformationen dazu bewegen, eine zukunftsorientierte Bewertung durchzuführen.

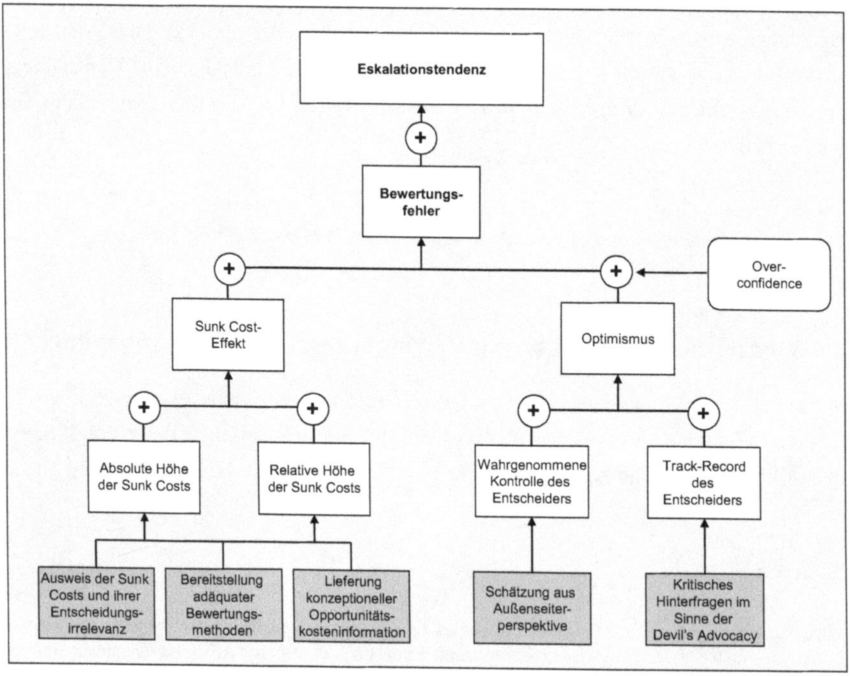

Abbildung 27: Grafische Darstellung der Maßnahmen zur Verringerung der Bewertungsfehler

Um den Effekt des Optimismus zu verringern, muss der Controller (1) versuchen, durch die Verwendung einer Schätzung aus der Außenperspektive das Kontrollgefühl des Projektleiters bei der Schätzung zu reduzieren, und (2) durch die Übernahme der Rolle des Advocatus Diaboli den Projektleiter dazu bewegen, seine optimistisch verzerrten Schätzungen kritisch zu hinterfragen und wenn nötig zu korrigieren.

5.5 Fazit

Abschließend soll zunächst eine zusammenfassende Übersicht über die vorgeschlagenen Gegenmaßnahmen geliefert (vgl. Kapitel 5.5.1), bevor dann im Rahmen der kritischen Diskussion der Maßnahmen mögliche Wechsel- und Nebenwirkungen der vorgeschlagenen Maßnahmen diskutiert werden (vgl. Kapitel 5.5.2).

5.5.1 Zusammenfassung der vorgeschlagenen Maßnahmen

Zur besseren Übersichtlichkeit werden die diskutierten Gegenmaßnahmen in der folgenden Grafik zusammenfassend dargestellt. Dabei wird deutlich, dass der Controller im Sinne eines Rationalitätssicherers anhand verschiedener Maßnahmen einen wirkungsvollen Schutz vor dem Auftreten der Eskalationstendenz liefern kann (vgl. Abbildung 28).

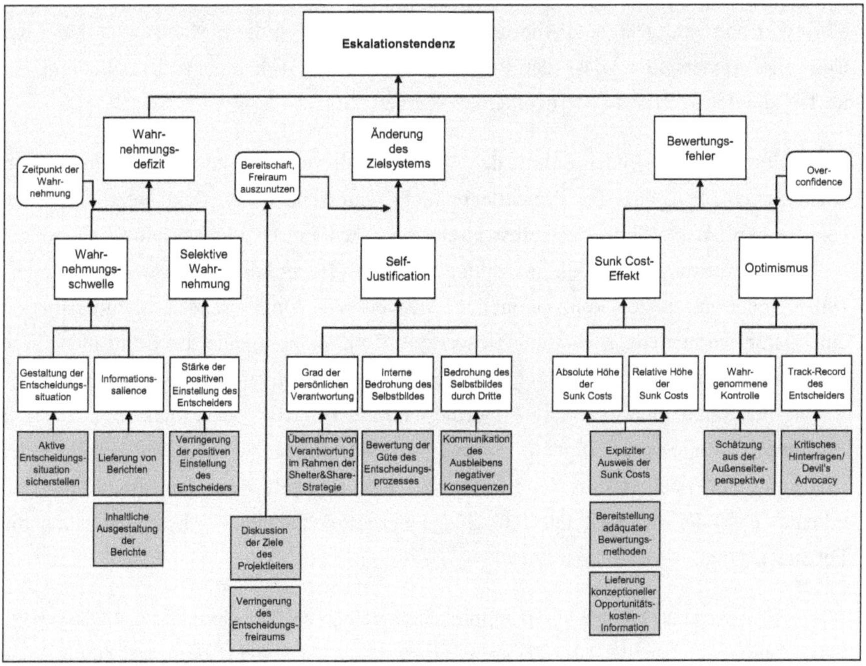

Abbildung 28: Zusammenfassende Darstellung der möglichen Gegenmaßnahmen

Im Prozessschritt der Problemwahrnehmung kann der Controller durch die Gestaltung einer aktiven Entscheidungssituation die Wahrnehmungsschwelle des Projektleiters senken und durch zeitnahe Lieferung inhaltlich deutlich gestalteter Berichte die Information so aufbereiten, dass sie die Wahrnehmungsschwelle des Projektleiters überwindet.

Zudem kann er durch explizite Kommunikation der Gefahren einer Eskalation die Einstellung des Projektleiters so verändern, dass dieser nicht dem Effekt der selektiven Wahrnehmung unterliegt. Dadurch kann der Controller sicherstellen, dass der Projektleiter das Fehlschlagen des Projekts deutlich wahrnimmt.

Im Prozessschritt der Zielfestlegung kann der Controller zum einen versuchen, die Bedrohung des Selbstbildes zu verhindern. Durch die Übernahme der „Shelter&Share-Strategy" kann er die wahrgenommene persönliche Verantwortung im Falle eines Fehlschlags gezielt verringern und ebenso die interne Bedrohung durch die Aufnahme von Prozessgrößen in die Projektkontrolle und die Bedrohung durch Dritte durch Anwendung der „Support&Sympathy-Strategy" verringern. Zum Zweiten kann der Controller auch bei bereits akuter Bedrohung des Selbstbildes versuchen, zumindest das Auftreten der Eskalationstendenz zu verhindern, indem er die Offenlegung der Ziele des Projektleiters einfordert und eine geeignete Abbruchsregel ansetzt. Durch diese Maßnahmen kann der Controller sicherstellen, dass der Projektleiter das Ziel behält, eine Entscheidung zu treffen, die den Wert des Unternehmens maximiert.

Im darauf folgenden Schritt der Alternativenbewertung kann der Controller zum einen sicherstellen, dass der Projektleiter nicht dem Sunk Cost-Effekt unterliegt. Dazu kann er explizit die Sunk Costs ausweisen und deren Entscheidungsirrelevanz betonen, rationale Bewertungsmethoden liefern und den Projektleiter bei deren Anwendung unterstützen oder durch den konzeptionellen Ausweis von Opportunitätskosteninformation eine zukunftsorientierte Bewertung sicherstellt. Zum anderen kann der Controller durch Verwendung eines Schätzverfahrens aus der Außenperspektive oder das kritische Hinterfragen im Sinne eines Devil's Advocate verhindern, dass der Projektleiter bei der Bewertung zu ungerechtfertigtem, systematischem Optimismus neigt. Dadurch kann der Controller sicherstellen, dass der Projektleiter eine rationale Bewertung durchführt und erkennt, dass der Abbruch des fehlschlagenden Projekts einen höheren Wert als die Fortführung hat.

Zur besseren Übersicht der empirischen Belege sei auf die nachfolgende Tabelle verwiesen (vgl. Tabelle 10). Dabei wird deutlich, dass der Controller durch seine umfangreichen Dienstleistungen das Auftreten einer systematischen Eskalationstendenz verhindern kann wenn, er im Sinne eines Rationalitätssicherers die zuvor beschriebenen Maßnahmen umsetzt.

5.5.2 Kritische Diskussion der vorgeschlagenen Maßnahmen

Bisher wurden die in Kapitel 5 vorgeschlagenen Maßnahmen nur im Bezug auf ihre Effektivität zur Verringerung eines bestimmten psychologischen Effekts untersucht. Dabei wurde jedoch die Frage ausgeblendet, ob die Anwendung der Maßnahmen weitere unbeabsichtigte Folgen haben kann. Im Rahmen der kritischen Diskussion der vorgeschlagenen Gegenmaßnahmen sollen daher zwei Aspekte näher untersucht werden:[725] (1) Wechselwirkungen zwischen den vorgeschlagenen Gegenmaßnahmen und (2) Nebenwirkungen der Gegenmaßnahmen. Dabei bezeichnen Wechselwirkungen das Phänomen, dass eine Maßnahme, die eine Eskalationsursache mildern soll, ungewollt Faktoren beeinflusst, die wiederum eskalationssteigernd wirken können. Nebenwirkungen bezeichnen mögliche negative Konsequenzen der Maßnahmen für die Leistungserstellung in der F&E im Allgemeinen.

5.5.2.1 Wechselwirkungen der Gegenmaßnahmen

SIMONSON/STAW weisen bei der Ableitung ihrer Gegenmaßnahmen darauf hin, dass einige der vorgeschlagenen Gegenmaßnahmen zwar eskalationssenkend auf eine Ursache, jedoch potentiell eskalationssteigernd auf andere Ursachen wirken können.[726]

Als Beispiel dafür führen sie die Steigerung der Salience durch eine Steigerung der Explizitheit des negativen Feedbacks an. Diese Maßnahme senkt zwar die Wahrnehmungsdefizite, kann aber gleichzeitig das Bedürfnis der Entscheider nach Self-Justification steigern (vgl. Kapitel 4.1 und die Aussagen zur Formulierung des Feedbacks). Eine ähnliche Wechselwirkung sagen sie bei der Verringerung der gefühlten

---

[725] Ein weiterer Aspekt, der in der Eskalationsliteratur angerissen wird, ist die Möglichkeit der Umgehung der Gegenmaßnahmen (vgl. McNamara/Moon et al. (2002)). McNamara/Moon et al. untersuchen z. B. anhand eines Datensamples einer Feldstudie aus dem Bereich der Bankkreditvergabe, ob Mitarbeiter der Bank versuchen, Maßnahmen gegen die Eskalationstendenz zu umgehen. Die Vorgaben der Bank sehen vor, dass alle Kredite auf einer Skala von 1 (sehr gut) bis 7 (sehr schlecht) eingeordnet werden. Erreicht ein Kredit ein Rating von 4 oder schlechter, wird er auf eine „Watch List" gesetzt und unterliegt damit verstärkter Kontrolle. Erreicht das Rating einen Wert von 6 oder schlechter, wechselt die Verantwortung für die Kreditbearbeitung von dem Sachbearbeiter auf eine spezielle Task Force. In der Untersuchung der Daten zeigt sich, dass die Kreditbearbeiter bestrebt sind, den Verlust der Entscheidungskompetenz zu verhindern und daher viele Kredite sehr eng an den Grenzen bewerten. Diese *„intervention avoidance"* führt dazu, dass Kreditbearbeiter zögern, den Krediten Ratings unterhalb der Grenzwerte (d. h. Werte von 3,9 oder 5,9) zuzuteilen. Daraus schließen die Autoren, dass es nicht sinnvoll ist, Gegenmaßnahmen an das Überschreiten fester Grenzwerte zu koppeln, da dies Entscheider dazu einlädt, die Daten so zu beugen, dass diese Grenzwerte nicht überschritten werden.

[726] Vgl. Simonson/Staw (1992), S. 420.

Prozessschritt	Psychologischer Effekt	Faktor	Gegenmaßnahme	Studie
Phase der Problemwahrnehmung/ Wahrnehmungsdefizit	Wahrnehmungs-schwelle	Gestaltung der Entscheidungssituation	Planung des Projekts entlang eines Meilenstein-Plans und Sicherstellung einer aktiven Entscheidung	• McGrath/Ferrier et al. (2004) (nicht experimentell)
		Steigerung der Informationssalience	Regelmäßige Erstellung und Lieferung von Projektfortschrittsberichten	• Rubin /Brockner (1975) • Brockner/Shaw et al. (1979) • Teger (1980) • Brockner/Rubin et al. (1982) • Drummond (1995)
			Quantifizierung der Feedback-Information und Lieferung eines eindeutigen Beurteilungskriteriums für die Feedback-Information	• Ghosh (1997) • Kernan/Lord (1989) • Keil/Robey (1999)
	Selektive Wahrnehmung	Veränderung der Einstellung des Empfängers	Expliziter Hinweis auf die Eskalationsgefahr und die Notwendigkeit eines Projektabbruchs zur Veränderung der Einstellung des Entscheiders	• Nathanson/Brockner et al. (1982) • Kadous /Sedor (2004)
Phase der Zielfestlegung/ Veränderung des Zielsystems	Self-Justification	Reduktion der wahrgenommenen persönlichen Verantwortung	Der Controller übernimmt im Rahmen der *Shelter&Share-Strategy* einen Teil der Verantwortung für das Scheitern des Projekts	• Heng/Tan et al. (2003)
		Verringerung der internen Bedrohung des Selbstbildes	Verwendung der Prozessqualität als zusätzliches Kontrollobjekt	• Simonson /Staw (1992) • Kirby/Davis (1998) • Keil/Robey (1999)
		Verringerung der Bedrohung des Selbstbildes durch Dritte	Der Controller kommuniziert im Rahmen der *Support&Sympathy-Strategy* explizit, dass weder Ansehen noch Karriere des Entscheiders durch einen Abbruch leiden	• Heng/Tan et al. (2003)

Prozessschritt	Psychologischer Effekt	Faktor	Operationalisierung	Studie
		Verhinderung des opportunistischen Ausnutzens des Entscheidungsfreiraums	Offenlegung der Ziele des Entscheiders und Diskussion der Erreichbarkeit der Ziele durch Projektdurchführung	• Teger (1980)
			Festlegung einer öffentlich bekannten Abbruchsregel durch den Controller vor Beginn des Projekts zur Reduzierung des Entscheidungsfreiraums	• Brockner/Shaw et al. (1979) • Teger (1980) • Simonson/Staw (1992) • Boulding/Morgan et al. (1997) • Keil/Robey (1999)
		Kennzeichnung der Sunk Costs	Expliziter Ausweis der Sunk Costs und Hinweis, dass diese nicht mit einbezogen werden dürfen	Kein experimenteller Beleg bekannt
Phase der Alternativenbewertung/ Bewertungsfehler	Sunk Cost-Effekt	Unterstützung der Bewertung durch Bereitstellung von Methoden	Bereitstellung eines adäquaten Bewertungsinstruments und Unterstützung des Projektleiters bei der Anwendung des Verfahrens	• Newman /Sabherwal (1996) • Ghosh (1997)
		Zukunftsorientierte Bewertung fördern	Konzeptioneller Ausweis der Opportuntitätskosteninformation zur Förderung zukunftsgerichteten Denkens	• McCain (1986) • Northcraft /Neale (1986) • Keil/Mixon et al. (1995)
	Optimismus	Optimistische Verzerrung der Schätzung verhindern	Einnahme einer Außenperspektive bei der Abschätzung der zukünftigen mit dem Projekt verbundenen Kosten und Erlöse	• Lovallo /Kahneman (2003)
		Optimistische Verzerrung korrigieren	Kritisches Hinterfragen der Annahmen des Projektleiters mit Hilfe der Devil's Advocacy	• Schwenk (1988)

Tabelle 10: Zusammenfassende Darstellung der Maßnahmen gegen die Eskalationstendenz

persönlichen Verantwortung voraus. Zwar kann durch eine Verringerung der wahrgenommenen Verantwortung der Bedarf an Self-Justification und damit die Eskalationstendenz verringert werden. Dadurch kann es jedoch auch zu einem Nachlassen der korrekten Bewertung kommen, da sich die Entscheider nicht mehr für das Projekt verantwortlich fühlen und in der Folge nicht mehr bereit sind, den Aufwand einer umfassenden Bewertung zu tragen, und statt dessen auf eskalationssteigernde Heuristiken (wie z. B. die Wertermittlung auf Basis der Sunk Costs) zurückgreifen. Wie bereits dargestellt, kann auch das Setzen von Abbruchsregeln zur Begrenzung des Entscheidungsfreiraums dazu führen, dass Projektleiter das Projekt stur bis zum Erreichen des Abbruchskriteriums fortführen, obwohl ein Abbruch aus besonderen Gründen bereits vorher ratsam gewesen wäre (vgl. Kapitel 5.3.2.2).

SIMONSON/STAW stellen abschließend fest, dass solche Wechselwirkungen nicht ganz auszuschließen sind und in Kauf genommen werden müssen. Dieser Umstand verdeutlicht die Notwendigkeit, nicht nur selektiv Maßnahmen gegen einen Effekt, sondern, wie in dieser Arbeit, einen umfassenden Maßnahmenkatalog umzusetzen. Wird nur eine einzelne Maßnahme umgesetzt, ist es möglich, dass diese zwar das Auftreten eines spezifischen psychologischen Effekts verhindert, jedoch durch eine Wechselwirkung das Auftreten eines anderen psychologischen Effekts fördert, der wiederum zu einer Verstärkung der Eskalationstendenz führt. Werden dagegen, wie hier vorgeschlagen, umfassende Maßnahmen gegen alle identifizierten Ursachen ergriffen, kann sichergestellt werden, dass eventuell auftretende Wechselwirkungen nicht zum Tragen kommen. Die Existenz der Wechselwirkungen verstärkt die in dieser Arbeit getroffene Forderung nach Erarbeitung und Umsetzung eines umfassenden Maßnahmenkatalogs gegen die Tendenz zu verspäteten Projektabbrüchen.

5.5.2.2 Mögliche Nebenwirkungen der vorgeschlagenen Gegenmaßnahmen

Neben den beschriebenen Wechselwirkungen können die Gegenmaßnahmen auch ungewollte Nebenwirkungen auslösen, die die Leistungserstellung des Unternehmens negativ beeinflussen. Die Betrachtung der Eskalationsliteratur zeigt, dass bisher keine eingehende

Auseinandersetzung mit den potentiellen Nebenwirkungen stattgefunden hat.[727] In dieser Arbeit sollen daher exemplarisch drei potentielle Nebenwirkungen aufgezeigt werden.

Nebenwirkungen durch Verringerung der persönlichen Verantwortung

Wird die wahrgenommene persönliche Verantwortung für das Ergebnis verringert, um das Bedürfnis nach Self-Justification zu senken, kann auch die Motivation des Entscheiders gesenkt werden, besonders herausragende Entwicklungen zu verfolgen.

Gerade Forschern und Entwicklern wird meist eine hohe intrinsische Motivation attestiert,[728] d.h., sie sind angetrieben durch den Wunsch, ihre Projekte zum Erfolg zu führen, auch, um Anerkennung in ihrer spezifischen „Scientific-Community" zu erlangen. Wird nun mit Hilfe verschiedener Maßnahmen die persönliche Verantwortung verringert, könnte bei dem Projektleiter der Eindruck entstehen, nur noch eine schwache Verbindung zu dem Projekt zu haben, was seine (intrinsische) Motivation stark senken könnte.[729]

Nebenwirkungen durch Verringerung des Entscheidungsfreiraums

Wird der Entscheidungsfreiraum beschränkt, um die Eskalationstendenz zu senken, kann es zu zwei Nebenwirkungen kommen: Erstens kann die Verringerung des Entscheidungsfreiraums zu einer sinkenden Motivation des Entscheiders führen, da sich dieser entmündigt fühlt. Zweitens kann eine zu starre Regelung den Spielraum begrenzen, den gute Forscher und Entwickler benötigen, um zu guten Produkten zu gelangen. Zudem ist zu befürchten, dass die Projektleiter bei einer zu starken Beschränkung ihres Freiraums die Projekte zwar offiziell abbrechen, inoffiziell jedoch weiterführen (so genannte U-Boot-Projekte), wodurch die Leistungserstellung in der F&E-Abteilung beeinträchtigt werden kann (vgl. Kapitel 2.1).

Nebenwirkungen durch Verringerung des Optimismus

In der F&E-Literatur wird an vielen Stellen hervorgehoben, dass viele erfolgreiche Forschungs- oder Entwicklungsprojekte nur durch beharrliches Fortführen der Arbeiten trotz hoher technischer Schwierigkeiten und einer ungewissen Marktlage erreicht wurden.

---

[727] In den nachfolgenden Arbeiten sollte diesem wichtigem Punkt jedoch stärkere Beachtung geschenkt werden. Da sich solche Nebenwirkungen vermutlich nicht immer rein durch logisches Schlussfolgern erkennen lassen, sollten explorative empirische Tests durchgeführt werden.

[728] Vgl. Bürgel/Haller et al. (1996), S. 241 f.

[729] Selbst wenn die persönliche Verantwortung (wie im Rahmen der „Shelter&Share-Strategy" vorgeschlagen) nur im Fall eines Fehlschlags reduziert wird, können sich Nebenwirkungen ergeben. So kann z. B. bei dem Projektleiter das Gefühl entstehen, nur für Erfolge, nicht aber für Fehlschläge verantwortlich gemacht zu werden, wodurch sich z. B. seine Tendenz zu Optimismus verstärken kann.

F&E-Projekte werden als „[..] *a series of stops and starts, of desperate frustrations and back-trackings, of logical steps intermixed with blind shots* [..]“[730] beschrieben. Nicht umsonst hat sich in der F&E-Literatur ein eigener Bereich herausgebildet, der sich mit der Rolle von Promotoren beschäftigt, deren einzige Aufgabe darin besteht, F&E-Projekte bei der Überwindung schwieriger Hürden zu unterstützen, die ansonsten zum Abbruch der Projekte führen würden. Unzweifelhaft ist daher bei Forschern, Entwicklern und Promotoren ein hoher Grad von Optimismus erforderlich, um Projekte zum Erfolg zu führen.

Wird nun durch die Maßnahmen des Controllers der Optimismus der Entscheider signifikant verringert, besteht die Gefahr, dass die Projektleiter auch solche Projekte abbrechen, die u. U. noch eine Chance auf eine erfolgreiche Beendigung gehabt hätten. Dies ist jedoch unbedingt zu verhindern.

Fazit der Diskussion der Nebenwirkungen

Diese Beispiele machen deutlich, dass ein Eingriff in den Entscheidungsprozess neben der gewünschten Wirkung, d. h. der Verringerung der Eskalationstendenz, auch weitere ungewünschte Nebenwirkungen mit sich bringen kann. Diese Nebenwirkungen sind bisher weder theoretisch durchdrungen noch wurde ihre Stärke empirisch überprüft. Daraus folgt zum anderen weiterer Forschungsbedarf im Bereich der Eskalation, zum anderen ist bei der Umsetzung der Handlungsempfehlungen dieser Arbeit in der Praxis stets abzuwägen und genau zu beobachten, welche Nebenwirkungen durch die Eingriffe entstehen können. Auch hier gilt der Effizienz-Ansatz: Sind die negativen Nebenwirkungen stärker als die Effekte der positiven, eskalationssenkenden Wirkung, so müssen langfristig andere Maßnahmen erdacht werden.

5.5.3 Zusammenfassung der Kernaussagen

Abschließend ist festzuhalten, dass durch systematisches Ansetzen an den in Kapitel 4 identifizierten Einflussfaktoren das Ziel der Arbeit, die Erstellung eines umfassenden Maßnahmenkatalogs zur Verringerung der Eskalationstendenz, erreicht werden konnte. Für jeden der in Kapitel 4 identifizierten eskalationsfördernden psychologischen Effekte gelang es erstmalig in der Literatur, Maßnahmen zu erarbeiten, mit deren Hilfe das Auftreten der Eskalationstendenz signifikant verringert werden kann. Um die Auswahl der Gegenmaßnahmen zu begründen, wurde zunächst der Controller als geeigneter Maß-

---

730 Vgl. Jewkes/Sawers et al. (1962), S. 80.

nahmenträger identifiziert. Dann wurde gezeigt, dass es dem Controller durch sein umfassendes Leistungsportfolio möglich ist, an allen als relevant identifizierten Effekten anzusetzen und mit Hilfe von Maßnahmen – deren Wirksamkeit zum Großteil bereits empirisch belegt werden konnte – die Eskalationstendenz verlässlich zu verringern. Der Controller als spezifischer Träger der Rationalitätssicherungsmaßnahme kann durch geringe Adaption seines klassischen Leistungsportfolios bei der Begleitung von F&E-Projekten Synergien realisieren und sicherstellen, dass es nicht zu systematisch verspäteten Projektabbrüchen kommt.

Weiterhin zeigt sich, dass es notwendig ist, an allen identifizierten Einflussfaktoren anzusetzen, um die Eskalationstendenz verlässlich zu verringern, da einzelne Maßnahmen zu Wechselwirkungen führen können, die das Auftreten anderer psychologischer Effekte begünstigen. Die Existenz dieser Wechselwirkungen verstärkt die Notwendigkeit des Ansetzens an allen bekannten Effekten. Jedoch können die verschiedenen Maßnahmen auch Nebenwirkungen hervorrufen. Daher muss bei der Anwendung der Maßnahmen in der Praxis unbedingt eine ökonomische Abschätzung erfolgen, bei der die positiven, eskalationssenkenden Wirkungen gegen die potentiell negativen Nebenwirkungen abgewogen werden.

6 Kritische Würdigung

In diesem abschließenden Abschnitt soll eine kritische Würdigung der Arbeit vorgenommen werden. Dazu werden zunächst in Kapitel 6.1 die zentralen Ergebnisse zusammengefasst und in Kapitel 6.2 Implikationen für Wissenschaft und Praxis aufgezeigt. Danach sollen in Kapitel 6.3 die Limitationen der Arbeit aufgeführt und daraus in Kapitel 6.4 der weitere Forschungsbedarf abgeleitet werden.

6.1 Zentrale Ergebnisse

Die zentralen Ergebnisse der Arbeit erschließen sich aus der Beantwortung der Forschungsfragen, die hier zusammenfassend dargestellt werden.

Zunächst wurde der Frage nachgegangen, mit welchem Modell das Auftreten der Eskalationstendenz umfassend erklärt werden kann. Zur Erstellung des Modells wurde zunächst ein umfassender Überblick über die Eskalationsliteratur erarbeitet. Dabei wurden fünf psychologische Effekte, die in der Eskalationsliteratur diskutiert werden, als relevant für die weitere Betrachtung identifiziert:[731]

1. Wahrnehmungsdefizite auf Grund der Wahrnehmungsschwellen
2. Wahrnehmungsdefizite auf Grund selektiver Wahrnehmung
3. Eine Veränderung der Motivation des Entscheiders hin zum Schutz seines Selbstbildes auf Grund der Self-Justification
4. Bewertungsfehler auf Grund des Sunk Cost Effekts
5. Bewertungsfehler auf Grund des übermäßigen Optimismus

Da die einzelnen Effekte jedoch auf verschiedenen psychologischen Mechanismen beruhen, die zudem sehr unterschiedliche Annahmen über den Entscheider treffen, musste zur Beantwortung der ersten Forschungsfrage zunächst herausgearbeitet werden, wie die verschiedenen Erklärungsansätze zueinander in Bezug gebracht werden können. Dazu wurde auf LINDENBERGs Methode der abnehmenden Abstraktion zurückgegriffen. Ausgehend von der klassischen Entscheidungstheorie wurden zunächst erweiternde Brückenannahmen über das zu Grunde liegende Modell des Entscheiders getroffen. Im nächsten Schritt wurden die verschiedenen Erklärungsansätze entlang eines prototypischen sequentiellen Entscheidungsprozesses strukturiert. Dadurch wurde gezeigt, dass bei einer sequentiellen Wirkweise der einzelnen Effekte die Widersprüche der Annahmen

[731] Zwei weitere Effekte (der Reflection-Effekt und der Vorbild-Effekt) wurden auf Grund schwacher empirischer Belege bzw. mangelnder Erklärungsgüte von der weiteren Betrachtung ausgeschlossen.

umgangen werden können, so dass sich die identifizierten Effekte widerspruchsfrei in ein konsistentes Modell integrieren lassen.

Im Rahmen der Beantwortung der zweiten Forschungsfrage wurde in Kapitel 4 eruiert, welche Einflussfaktoren zum Auftreten der Tendenz zu verspäteten Projektabbrüchen beitragen können. Dazu wurde de facto eine qualitative Meta-Studie der bestehenden Arbeiten zur Eskalation mit dem Ziel durchgeführt, für jeden der identifizierten psychologischen Effekte die Faktoren zu bestimmen, die das Wirksamwerden des Effekts und damit die Entstehung der Tendenz zu verspäteten Projektabbrüchen beeinflussen (vgl. Abbildung 29).

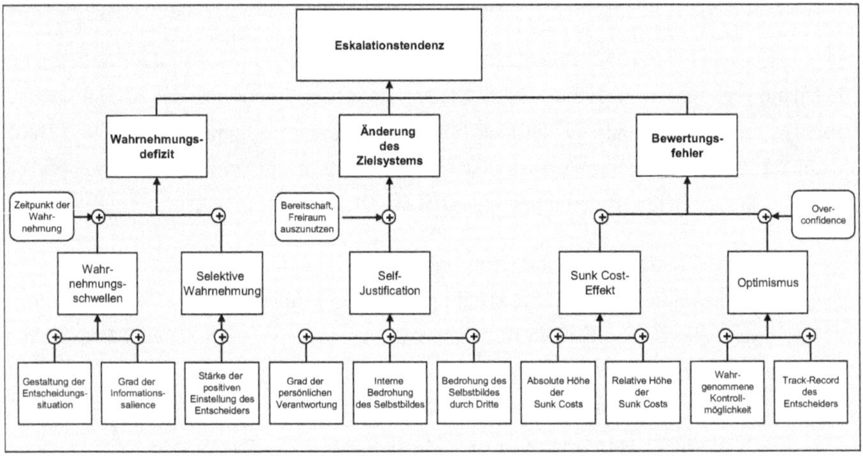

Abbildung 29: Zusammenfassende Darstellung der Wirkung der einzelnen Effekte

Auf Basis der in diesem Modell dargestellten Einflussfaktoren konnten dann zur Beantwortung der dritten Forschungsfrage Gegenmaßnahmen abgeleitet werden, die das Auftreten der Eskalationstendenz wirksam verringern sollen. Dabei wurde auf das Leistungsportfolio eines Controllers im Sinne eines Rationalitätssicherers zurückgegriffen. Dadurch konnte zum einen die Auswahl der Gegenmaßnahmen gut begründet und zum anderen die pragmatische Umsetzung der Gegenmaßnahmen in realen Unternehmen sichergestellt werden (vgl. Abbildung 30).

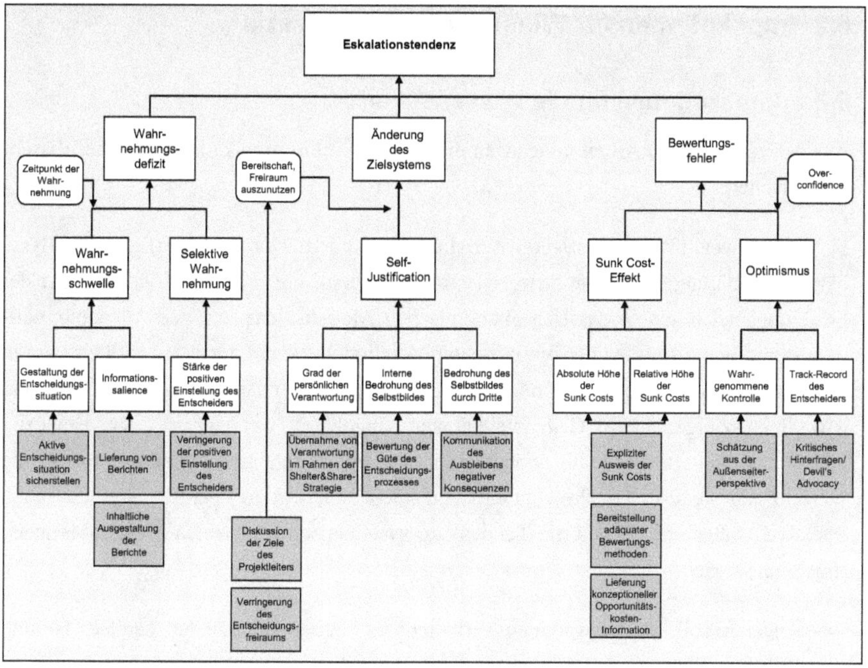

Abbildung 30: Zusammenfassende Übersicht der Maßnahmen gegen die Eskalationstendenz

6.2 Implikationen für Wissenschaft und Praxis

6.2.1 Implikationen für die Wissenschaft

Aus der vorliegenden Arbeit lassen sich die folgenden fünf Implikationen für die Wissenschaft ziehen:

1) Nutzung verhaltensorientierter Aspekte in einer betriebswirtschaftlichen Analyse
Für die Erklärung des Phänomens systematisch verspäteter Projektabbrüche reicht der Erklärungsgehalt eines klassisch-ökonomischen Modells, das auf der Annahme vollständig rationaler Entscheider mit perfekter Voraussicht beruht, nicht aus. Sollen (wie in der vorliegenden Arbeit) die relevanten Ursachen des Phänomens identifiziert und wirksame, zielgerichtete Gegenmaßnahmen abgeleitet werden, ist der Einbezug verhaltensorientierter Aspekte unbedingt notwendig. Durch ihre Aufnahme konnte die Tendenz zu verspäteten Projektabbrüchen nicht nur erklärt werden, sondern auch effektive Maßnahmen gegen die Tendenz zu systematisch verspäteten Projektabbrüchen abgeleitet werden.

Daher soll die Verwendung verhaltensorientierter Ansätze bei der Bearbeitung vergleichbarer Phänomene für folgende Arbeiten explizit empfohlen werden.

2) Nutzung der Methode der abnehmenden Abstraktion
Die Aufnahme psychologischer Erkenntnisse in die ökonomische Analyse wird durch die Tatsache erschwert, dass in der psychologischen Forschung der Fokus hauptsächlich auf der Identifikation einzelner, möglichst gut isolierbarer Effekte, nicht jedoch auf der Erstellung umfassender Modelle liegt. Diese Eigenschaft ist besonders dann von Nachteil, wenn die einzelnen Effekte – wie in dem vorliegenden Fall – einander ausschließende Annahmen treffen und zu widersprüchlichen Aussagen über Wirkungszusammenhänge kommen. In der vorliegenden Arbeit wurde daher mit Hilfe LINDENBERGS Methode der abnehmenden Abstraktion das Modell eines klassisch rationalen Entscheiders zweckmäßig und pragmatisch erweitert, um die einzelnen Effekte in ein konsistentes Modell integrieren und das Phänomen verspäteter Projektabbrüche ausreichend erklären zu können. Dadurch konnten folgende Vorteile realisiert werden:

- Die Anwendung der Methode der abnehmenden Abstraktion macht die verhaltensorientierte Analyse anschlussfähig an klassische ökonomische Analysen, da sie durch Rückgriff auf die ökonomische Theorie als Kerntheorie auf einer etablierten und bewährten Basis aufbaut.

- Durch die schrittweise Ausdifferenzierung kann der Erklärungswert des theoretischen Modells gezielt so lange gesteigert werden, bis sich das Phänomen hinreichend erklären lässt. Das systematische Vorgehen der Methode der abnehmenden Abstraktion zwingt dabei zum Offenlegen aller Annahmen über den Entscheider. Dadurch wird die Analyse zum einen transparent und nachvollziehbar und erlaubt zum anderen das Treffen klarer Aussagen.
- Die vorliegende Arbeit zeigt darüber hinaus, dass durch das Treffen einiger weniger Brückenannahmen eine hinreichende Basis geschaffen werden kann, um die relevanten psychologischen Erklärungsansätze zu integrieren.

Somit ist die Verwendung der Methode der abnehmenden Abstraktion explizit zur Anwendung in solchen Arbeiten zu empfehlen, die sich mit Fragestellungen auseinandersetzen, die sich nicht mit Hilfe klassischer Modelle beantworten lassen.

3) Nutzung des Entscheidungsprozesses als Strukturrahmen

In der vorliegenden Arbeit wurde das prototypische Modell eines sequentiellen Entscheidungsprozesses als Basis für die Ableitung eines Strukturrahmens verwendet. Daraus ergaben sich mehrere Vorteile gegenüber anderen möglichen Strukturierungen[732]:

- Zum ersten ist die Annahme eines solchen sequentiellen Entscheidungsprozesses in der betriebswirtschaftlichen Literatur weit verbreitet und akzeptiert.
- Zum zweiten bietet die sequentielle Abfolge der verschiedenen Schritte eine klare und logische Struktur, in die sich verschiedene Effekte einordnen lassen.
- Zum dritten hat sich gezeigt, dass zuvor als widersprüchlich klassifizierte Erklärungsansätze entlang des Entscheidungsprozesses in eine logische, widerspruchsfreie Abfolge gebracht werden können.

Die Verwendung des Entscheidungsprozesses als Strukturierungshilfe sollte daher in nachfolgenden Arbeiten Anwendung finden, wenn eine Strukturierung mehrerer verhaltensorientierter Effekte notwendig ist.

4) Bedeutung übergreifender Studien

Durch die in der Arbeit geleistete eingehende Betrachtung des Problemfelds der Eskalation und die umfassende Meta-Studie der bisher durchgeführten Arbeiten konnte ein umfassendes Verständnis des Phänomens geschaffen werden. Dies war notwendig, da die Forschung im Bereich der Eskalation zu einem hohen Grad fragmentiert war und es

---

[732] Vgl. z. B. die Strukturierung in soziale, projektbezogene, psychologische und organisatorische Faktoren in Staw/Ross (1987a).

bisher keine zusammenfassende Darstellung der tiefer liegenden Effekte gab. In den meisten Studien wurden nur isolierte Aspekte aufgegriffen und empirisch überprüft. Resultat dieser (bewussten) Fokussierung auf einzelne Effekte ist jedoch eine Fragmentierung der Literatur, die unausweichlich zu einem mangelnden Verständnis über die Zusammenhänge der verschiedenen Effekte führt.

Die vorliegende Arbeit hat durch eine umfassende Meta-Studie das tiefergehende Verständnis geschaffen, das für die Ableitung von Maßnahmen gegen das Phänomen notwendig ist. Da sich auch in anderen Forschungsfeldern im Bereich der verhaltensorientierten Forschung ein vergleichbar fragmentiertes Bild zeigt,[733] sollen andere Autoren ermuntert werden, bestehende Erkenntnisse in umfassende Arbeiten zu integrieren und damit für eine pragmatische Anwendung nutzbar zu machen.

5) Verwendung der experimentellen Methodik

Die Meta-Analyse zeigt, dass ein großer Teil der empirischen Studien auf die Methodik der experimentellen Überprüfung zurückgreift. Diese Methode ist bisher in der deutschen betriebswirtschaftlichen Forschung vergleichsweise unterrepräsentiert. In der vorliegenden Arbeit zeigt sich jedoch, dass diese Methode in anderen Bereichen und Ländern mit einigem Erfolg angewendet wird. Eine verstärkte Nutzung ist daher auch in der deutschen Betriebswirtschaftslehre vorzuschlagen, wenn vergleichbare Fragestellungen beantwortet werden sollen.

6.2.2 Implikationen für die Praxis

Obwohl der Fokus der vorliegenden Arbeit auf der Erarbeitung eines wissenschaftlichen Erkenntnisfortschritts liegt, lassen sich die folgenden sechs Implikationen für die Praxis ableiten:

1) Bedeutung von Verhaltensverzerrungen in der betrieblichen Praxis

In der vorliegenden Arbeit wurde die Tendenz zu verspäteten Projektabbrüchen fehlschlagender Projekte auf die Wirkung verschiedener psychologischer Effekte zurückgeführt. Daraus folgt, dass an diesen psychologischen Effekten angesetzt werden muss, um die Tendenz zu verspäteten Projektabbrüchen verlässlich zu verhindern.

---

[733] Vgl. Birnberg/Shields (1989) für eine überblicksartige Darstellung der Fragmente in der verhaltensorientierten Accounting-Forschung.

Daher ergibt sich die Implikation, in der betrieblichen Praxis stärker als bisher auf das Auftreten von Verhaltensverzerrungen zu achten und die Konsequenzen dieser Entscheidungsfehler in den Fokus der Betrachtung zu rücken.[734]

2) Kritische Überprüfung bestehender F&E-Projektportfolios

Weiterhin folgt aus der Tatsache, dass Projektleiter zu einer systematischen Tendenz zu verspäteten Projektabbrüchen neigen, notwendigerweise die Vermutung, dass ein Teil der derzeit durchgeführten F&E-Projekte nur auf Grund psychologischer Effekte weitergeführt wird und auf Basis einer rationalen Bewertung abgebrochen werden sollte. Daraus ergibt sich die Notwendigkeit, das derzeit bestehende Portfolio an F&E-Projekten kritisch zu sondieren, um diejenigen zu identifizieren, die abgebrochen werden sollten.

Bei der Analyse des derzeitigen Projektportfolios sollten insbesondere die Projekte genauer untersucht werden, bei denen bestimmte Einflussfaktoren vorliegen, die den Projektleiter dazu veranlasst haben könnten, das Projekt trotz negativer ökonomischer Aussichten fortzuführen.[735]

3) Bedeutung der Rolle des Controllers bei der Abbruchsentscheidung

In der betrieblichen Praxis der F&E wird im Allgemeinen implizit angenommen, dass Projektleiter fehlschlagende Projekte selbst rechtzeitig erkennen können und in Folge so früh wie möglich abbrechen.[736] Wie in dieser Arbeit gezeigt wurde, weisen Projektleiter in der F&E jedoch eine systematische Tendenz auf, fehlschlagende Projekte später abzubrechen, als es eine rationale Bewertung empfehlen würde. Dabei können die Schwierigkeiten der Entscheider, die Projekte abzubrechen, nicht allein auf die hohe, der F&E inhärenten Unsicherheit zurückgeführt werden, sondern sind in systematischen Fehlern des Entscheidungsprozesses verankert. Des Weiteren konnte gezeigt werden, dass

---

[734] Diese Erkenntnis unterstreicht die Forderung, dass der Controller verstärkt auf die „menschlichen Eigenschaften" und die möglichen Verhaltensverzerrungen des Projektleiters achten muss (vgl. Weber/Hirsch et al. (2003)).

[735] Sind z. B. Faktoren wie eine geringe Transparenz der Feedback-Information oder eine sehr stark positive Einstellung des Projektleiters gegeben, sollte überprüft werden, ob der Projektleiter evtl. auf Grund von Wahrnehmungsdefiziten existierendes Feedback nicht wahrgenommen hat. Ist jedoch zu vermuten, dass ein Projektleiter unter besonders hohem Druck steht, sein Gesicht zu wahren, z. B., da er eine hohe persönliche Verantwortung für das Projekt übernommen hat oder unter hohem (sozialem oder internem) Druck steht, sollte kritisch durchleuchtet werden, ob der Projektleiter aus der Motivation heraus handelt, sein Selbstbild zu schützen. Sind (absolut oder relativ) hohe Summen in das Projekt investiert worden, muss geprüft werden, ob diese Sunk Costs fälschlicherweise bei der Bewertung berücksichtigt wurden. Dahingegen sollten bei Entscheidern, die zu Optimismus neigen, die Annahmen der Bewertung kritisch zu überprüfen.

[736] So wird in keiner der gängigen betriebswirtschaftlich geprägten Arbeiten zur F&E auf mögliche Verhaltensverzerrungen und deren Konsequenzen für die Projektsteuerung hingewiesen (vgl. Stockbauer (1989); Bürgel/Haller et al. (1996); Brockhoff (1999) oder Hauschildt (2004)).

Controller, die ihre Aufgabe in der Unterstützung und der Sicherung der Rationalität eines Projektleiters sehen, eine wichtige Rolle bei der Sicherstellung einer rationalen, effizienten Projektsteuerung in der F&E übernehmen können.

Der Einsatz von Controllern in der F&E ist daher besonders dann zu empfehlen, wenn davon auszugehen ist, dass dem Unternehmen durch verspätete Abbrüche fehlschlagender Projekte große Verluste entstehen.

4) Bedeutung der Rolle des Controllers als Counterpart

Bei der Identifikation möglicher Maßnahmen, mit denen der Controller das Auftreten der Eskalationstendenz verringern kann, wurde deutlich, dass die reine Lieferung von betriebswirtschaftlicher Information nicht ausreicht, um das Auftreten des Effekts verspäteter Projektabbrüche zu verhindern. Stattdessen muss der Controller aktiv die Rolle des unterstützenden und rationalitätssichernden Counterparts übernehmen. Nur wenn der Controller an den identifizierten Defiziten ansetzt und den Projektleiter bei Projektentscheidungen begleitet, kann er verhindern, dass Projektleiter fehlschlagende Projekte zu spät abbrechen. Unternehmen sollten daher Wert darauf legen, dass Controller ihre Rolle als Rationalitätssicherer interpretieren und versuchen, an den erkannten Defiziten anzusetzen.[737]

5) Wahl der Gegenmaßnahmen

Aus der umfassenden Darstellung der verschiedenen Erklärungsansätze für das Auftreten der Tendenz zu verspäteten Projektabbrüchen ist deutlich geworden, dass mehrere verschiedene, zum Teil unbewusste Effekte wie z. B. Wahrnehmungsdefizite oder Bewertungsfehler zu diesem Phänomen führen können. Diese Erkenntnis muss einen direkten Einfluss auf die gewählten Gegenmaßnahmen haben.

Entgegen der zunächst plausibel erscheinenden Intuition, dass verspätete Projektabbrüche rein auf bewusstes, opportunistisches Fehlverhalten der Projektleiter zurückzuführen und daher durch verbesserte Anreizgestaltung oder die Androhung negativer Konsequenzen zu beheben sind,[738] konnte gezeigt werden, dass umfassende Gegenmaßnahmen notwendig sind, um die Eskalationstendenz zuverlässig zu verhindern. Diese

[737] Die Übernahme der Rolle des aktiven Counterparts schafft auch für den Controller selbst Vorteile. Im Licht der zur Zeit geführten Debatte des Outsourcings ganzer betriebswirtschaftlicher Funktionen im Rahmen der Shared-Service-Diskussion muss der Controller stärker als je zuvor beweisen, dass seine Position im Unternehmen unverzichtbar ist (vgl. Weber (2004)). Durch den Nachweis der Effektivität der Counterpart-Funktion, die eine hohe Kontakthäufigkeit verlangt, kann der Controller überzeugende Argumente für den Erhalt seiner Position in deutschen Unternehmen liefern.

[738] Die Androhung negativer Konsequenzen würde sogar kontraproduktiv wirken, da sie, wie in Kapitel 4.3 gezeigt, den Bedarf nach Self-Justification erhöht.

müssen an allen potentiell möglichen Einflussfaktoren, also z. B. auch an der Wahrnehmung des Entscheiders oder seiner Bewertungsfähigkeit, ansetzen.

6) Bedeutung einer angemessenen Reaktion auf die festgestellte Eskalationstendenz

Bei der Umsetzung der vorgeschlagenen Maßnahmen in der betrieblichen Praxis ist grundsätzlich für den spezifischen Fall eines einzelnen Unternehmens zu überprüfen, ob die Anwendung der Gegenmaßnahmen ökonomisch sinnvoll ist. Dazu muss abgeschätzt werden, wie hoch der potentielle Schaden ist, der auf Grund verspäteter Projektabbrüche entstehen kann, und welche Kosten durch die Bekämpfung der Tendenz entstehen. Dabei müssen sowohl die direkten Kosten (also z. B. die Kosten der Einrichtung einer Controllerstelle) berücksichtigt werden, als auch die indirekten Kosten, die aus potentiellen Nebenwirkungen (z. B. der verringerten Motivation eines Projektleiters durch die Begrenzung seines Entscheidungsfreiraums) entstehen können.

Zudem ist anzumerken, dass der Versuch, die Eskalationstendenz zu verringern, nicht dazu führen sollte, erfolgversprechende Projekte verfrüht abzubrechen.

6.3 Limitationen der vorliegenden Arbeit

Bei einer kritischen Analyse der vorliegenden Arbeit werden die folgenden Limitationen deutlich:

1) Limitationen durch die getroffenen Annahmen
Die Analyse verspäteter Projektabbrüche im Rahmen dieser Dissertation hat das Treffen verschiedener restriktiver Annahmen erfordert.

- Um die verschiedenen Erklärungsansätze in eine logische Abfolge bringen zu können, wurde angenommen, dass der Projektleiter bei der Abbruchsentscheidung eine bewusste Entscheidung trifft und dazu einen sequentiellen Entscheidungsprozess durchläuft. Während diese Annahmen in der betriebswirtschaftlichen Literatur als etabliert und allgemein plausibel erscheinen, gibt es gerade in der psychologischen Literatur etliche Autoren, die der Annahme strukturierter sequentieller Entscheidungsprozesse nur eine geringe deskriptive Validität für das in der Realität vorzufindende Entscheidungsverhalten zusprechen.[739]

  Da jedoch kein alternativer Rahmen vorliegt, mit dem die Erklärungsansätze zueinander in Bezug gebracht werden können, und der hier gewählte Entscheidungsprozess in der ökonomischen Forschung breite Akzeptanz findet, wurde der sequentielle Entscheidungsprozess trotz u. U. nicht vollkommener deskriptiver Exaktheit verwendet.

- Die Strukturierung der einzelnen Effekte in dem Entscheidungsprozess setzt voraus, dass diese von einander isolierbar sind und auch losgelöst voneinander auftreten. Diese Annahme kann insofern kritisiert werden, als dass es grundsätzlich vorstellbar ist, dass es gemeinsame psychologische Grundlagen gibt, die mehreren Effekten zu Grunde liegen. So kann z. B. kritisch hinterfragt werden, ob die positive Einstellung des Projektleiters gegenüber dem fehlschlagenden Projekt, die zu einer selektiven Wahrnehmung führen kann, nicht als eine Folge seines übermäßigen Optimismus angesehen werden kann. In diesem Fall wäre die Annahme der Isolierbarkeit der einzelnen Ansätze eventuell geschwächt.

  Während solche tiefer liegenden Zusammenhänge nicht mit letzter Wahrscheinlichkeit ausgeschlossen werden können, erscheint die Annahme der Isolierbarkeit der Effekte im Rahmen dieser Arbeit jedoch sinnvoll, weil sich die einzelnen Effekte auf unterschiedliche Schritte im Entscheidungsprozess beziehen und sich

[739] Vgl. z. B. Simon (1987), S. 47 ff.

jeweils eigenständiger Mechanismen bedienen, um das Auftreten der Eskalationstendenz zu erklären. Daher soll die Annahme aufrechterhalten werden.[740]

- Weiterhin wurde angenommen, dass Controller die Rolle eines unterstützenden und rationalitätssichernden Counterparts einnehmen. Diese Annahme ist sinnvoll, da Controller sich zu einem großen Prozentteil mit diesem Rollenbild identifizieren.[741] Es sollte jedoch noch einmal darauf hingewiesen werden, dass nicht notwendigerweise alle Controller diesem Idealbild folgen. Die Aussagen über den Controller und die Vorteilhaftigkeit seines Einsatzes in dieser Arbeit gelten nur für diejenigen Controller, die das Rollenverständnis eines rationalitätssichernden Counterparts verfolgen.

2) Fokussierung auf individuelle Entscheidungssituation

Zu Beginn der Arbeit wurde der Fokus auf Entscheidungen einzelner Projektleiter gelegt und infolgedessen nur solche Effekte betrachtet, die beim Entscheiden eines Individuums auftreten. Dadurch wurden sämtliche Effekte ausgeblendet, die bei einer Zusammenarbeit mehrerer Individuen entstehen können.[742] In der Realität kann es jedoch vorkommen, dass Projektabbruchsentscheidungen in Gremien getroffen werden und dabei Gruppeneffekte auftreten können, die in dieser Arbeit nicht analysiert wurden.

Obwohl durch diese Einschränkung einige der in der betrieblichen F&E-Realität potentiell auftretenden Effekte ausgeblendet wurden, erscheint sie für die vorliegende Arbeit auch im Nachhinein aus mehreren Gründen sinnvoll. Zum ersten wurde der individuelle Projektleiter als wichtiges Analyseobjekt identifiziert – insofern war die Fokussierung auf individuelle Effekte angemessen. Zum zweiten war es von großer Bedeutung, zunächst die individuellen Effekte vollständig zu verstehen, bevor die komplexeren Interaktionseffekte in Gruppenentscheidungen sinnvoll betrachtet werden können. Zum dritten war eine Einschränkung notwendig, um den Umfang der Arbeit in einem bearbeitbaren Maßstab zu halten. Daher wurde bewusst die Entscheidung getroffen, individuelle Entscheidungsverzerrungen in der notwendigen Tiefe zu behandeln und Gruppeneffekte vollkommen auszuschließen.

---

[740] Ein weiteres Argument für die Aufrechterhaltung der Annahme der Isolierbarkeit der beschriebenen Effekte ist, dass selbst wenn zwei oder mehrere Effekte auf einer tieferen Ebene miteinander verbunden wären, dies nichts an den Aussagen der Arbeit ändern würde.

[741] Vgl. Weber/Hirsch et al. (2006), S. 31.

[742] Vgl. dazu z. B. Janis (1972).

3) Bewusste Fokussierung auf wesentliche Erklärungsansätze

In der Arbeit wurden nur diejenigen Effekte für das Auftreten verspäteter Projektabbrüche diskutiert, deren Einfluss bereits empirisch belegt wurde. Darüber hinaus sind jedoch weitere Erklärungsansätze denkbar, die das Auftreten der Eskalationstendenz potentiell erklären können.

Dieses Vorgehen erschien für die vorliegende Arbeit angebracht, weil dadurch sichergestellt werden konnte, dass nur relevante Effekte betrachtet wurden. Zudem war die gestellte Aufgabe, also die Erarbeitung eines umfassenden Modells zur Erklärung der Eskalationstendenz und die Ableitung von Gegenmaßnahmen, nur durch die Begrenzung auf die relevanten Effekte möglich, da der Umfang der Dissertation ansonsten deutlich überschritten worden wäre.

4) Fragwürdigkeit der externen Validität experimenteller Arbeiten

Die meisten Belege für das Auftreten der Eskalationstendenz, auf die sich diese Arbeit bezieht, wurden mit Hilfe experimenteller Studien erbracht. Diese Methodik wird in der Eskalationsforschung präferiert verwendet, da sie auf Grund ihrer hohen Abstraktion eine gute Kontrolle der Variablen und damit die genaue Identifikation der Wirkmechanismen erlaubt. Die Ergebnisse experimenteller Arbeiten werden jedoch häufig auf Grund ihrer fragwürdigen externen Validität kritisiert. So wird z. T. der Vorwurf erhoben, dass die untersuchten Effekte nur unter den künstlichen Bedingungen des Experiments auftreten, jedoch keine Aussagekraft für reale Situationen besitzen. Die meisten der zitierten Studien könnten z. B. auch darin kritisiert werden, da sie ihre Aussagen häufig auf Ein-Perioden-Betrachtungen fundieren und daher nicht auf die in der Realität bestimmenden mehrperiodischen Situationen übertragbar sind.

Zwar beruht ein Großteil der Aussagen auf experimentellen Studien, jedoch konnten viele der grundlegenden Effekte auch mit anderen empirischen Methoden nachgewiesen werden, so dass auf eine gute externe Validität der Aussagen geschlossen werden kann.

5) Fokussierung auf Leistungen des Controllers bei der Ableitung der Maßnahmen

Bei der Ableitung der Gegenmaßnahmen wurde eine bewusste Fokussierung auf den Controller vorgenommen. Neben dem Controller können jedoch auch andere Träger im Unternehmen einen Teil der genannten sowie weitere zusätzliche Gegenmaßnahmen übernehmen. Die Fokussierung auf Controller erscheint zwar sinnvoll, da ihnen zum einen explizit die Aufgabe der Rationalitätssicherung zugesprochen wird und sie zum anderen ein breites Spektrum an projektbezogenen Aufgaben übernehmen und F&E-Projekte bereits weitgehend über die ganze Projektlaufzeit begleiten. Dennoch wurde durch die bewusste Fokussierung eine Eingrenzung bei der Identifikation der Gegenmaßnahmen vorgenommen.

6) Fehlen einer eigenen experimentellen Überprüfung

In der Arbeit wurden auf Basis einiger Annahmen und LINDENBERGs Methode der abnehmenden Abstraktion verschiedene psychologische Erklärungsansätze in ein konsistentes Modell integriert. Ausgehend davon wurden mehrere Gegenmaßnahmen entwickelt, die das Entstehen der Eskalationstendenz verhindern sollen. Sowohl die Erklärungsansätze als auch die Gegenmaßnahmen sind einzeln experimentell belegt worden. In der Arbeit wurde keine eigene empirische Überprüfung geleistet. Es wurde weder versucht, das Modell zu überprüfen, noch wurde die Wirksamkeit der kombinierten Gegenmaßnahmen empirisch untersucht. Da alle getroffenen Aussagen jedoch auf anderen experimentellen Belegen beruhen, kann davon ausgegangen werden, dass diese eine hohe Validität besitzen.

6.4 Weiterer Forschungsbedarf

Aus den identifizierten Limitationen der vorliegenden Arbeit kann zukünftiger Forschungsbedarf abgeleitet werden:

1) Erweiterung auf Effekte, die bei Gruppenentscheidungen relevant werden können
Forschungsbedarf ergibt sich zum einen aus der oben festgestellten Limitation auf solche Effekte, die das individuelle Entscheidungsverhalten betreffen. Da jedoch plausibel angenommen werden kann, dass wichtige Projektentscheidungen auch in Gremien, d. h. in Form einer Gruppenentscheidung, durchgeführt werden können, kommt der Betrachtung möglicher Gruppeneffekte in der weiteren Forschung eine wichtige Rolle zu.[743]

Daher sollte in nachfolgenden Arbeiten überprüft werden, ob durch die Erweiterung der Analyse auf Gruppenentscheidungen weitere relevante Erklärungen für das Auftreten der systematischen Tendenz zu verspäteten Projektabbrüchen identifiziert werden können.

2) Identifikation bisher nicht untersuchter Erklärungsansätze und Einflussfaktoren
Darüber hinaus sollte auch die Möglichkeit der Existenz weiterer bisher nicht untersuchter Effekte im Zusammenhang mit der Eskalationstendenz untersucht werden. Es ist zu vermuten, dass die Betrachtung von Heuristiken (wie z. B. Anker- oder Verfügbarkeitsheuristiken),[744] deren Wirkung auf Entscheidungen im Allgemeinen starke Beachtung gefunden hat, deren Einfluss auf die Eskalationstendenz jedoch bisher weder theoretisch diskutiert noch empirisch untersucht worden ist, durchaus auch einen relevanten Beitrag zur Erklärung verspäteter Projektabbrüche leisten kann.[745]

---

[743] Vgl. z. B. Janis (1972).

[744] Vgl. Tversky/Kahneman (1974) für einen frühen Überblick und von Nitzsch (2002) für Beispiele für die große Bedeutung von Heuristiken in der Entscheidungslehre.

[745] Heuristiken beschreiben Abweichungen vom rationalen Bewertungsprozess und werden von Entscheidern genutzt, um Bewertungsaufwand zu sparen (vgl. Gigerenzer/Todd (1999), der den Nutzen der Anwendung von Heuristiken betont). Jedoch können diese zu systematischen Verzerrungen bei der Bewertung führen. Eine Heuristik, die breite Akzeptanz gefunden hat, ist z. B. die Verfügbarkeitsheuristik (vgl. Kahneman/Tversky (1972) und Kahneman/Tversky (1973)). Sie beschreibt das Phänomen, dass Subjekte diejenigen Ereignisse für wahrscheinlicher halten, an die sie sich leicht erinnern können. (Es wird angenommen, dass diese Heuristik auf dem folgenden Umkehrschluss beruht: Da Menschen sich Ereignisse dann gut merken können, wenn sie sich oft wiederholen, schließen sie (unzulässigerweise) im Umkehrschluss, dass Ereignisse, die wir uns gut vorstellen können, auch wahrscheinlich sind. Ereignisse können aber auch dann leicht vorstellbar sein, wenn sie aktuell sind, besonders auffällig oder besonders bedeutend waren – nicht aber häufig vorkommen (vgl. von Nitzsch (2002), S. 14). Im Bereich verspäteter Projektabbrüche könnte argumentiert werden, dass erfolgreiche

Einen Ausblick auf weiteren Forschungsbedarf bieten die Arbeiten, die erste Hinweise auf den Einfluss nationaler Kulturen auf die Eskalationstendenz geben.[746] So weisen z. B. CHOW/HARRISON ET AL. in einem vergleichenden Experiment zwischen Chinesen und Amerikanern große Unterschiede zwischen Subjekten aus verschiedenen Kulturkreisen nach.[747] Ähnliche Effekte können auch KEIL/TAN ET AL. in einem Experiment belegen, in dem Subjekte aus den Niederlanden, Singapur und Finnland untersucht wurden.[748] Diese Arbeiten zeigen ein wichtiges Feld für weiteren Forschungsbedarf auf.

Zukünftige Arbeiten sollten daher Effekten, die sich auf Heuristiken oder die Einflüsse unterschiedlicher nationaler Kulturen beziehen, eine größere Beachtung schenken.

3) Identifikation weiterer Gegenmaßnahmen

Ziel der vorliegenden Arbeit war die Ableitung pragmatischer Gegenmaßnahmen. Zu diesem Zweck orientierte sich die Ableitung stark am Leistungsportfolio des Controllers, wodurch die Auswahl eingrenzt wurde. In nachfolgenden Arbeiten sollte daher z. B. untersucht werden, welche anderen Aufgabenträger wichtige Gegenmaßnahmen übernehmen können und welche weiteren Gegenmaßnahmen sie zur Verhinderung der Eskalationstendenz beitragen können.

4) Durchführung weiterer experimenteller Überprüfungen

Wie oben aufgeführt, wurde bisher keine empirische Überprüfung der Validität der in dieser Arbeit aufgestellten Hypothesen vorgenommen. Um zu belegen, dass die Abfolge der Erklärungsansätze eine deskriptive Relevanz besitzt und die vorgeschlagenen Gegenmaßnahmen tatsächlich einen signifikant eskalationssenkenden Einfluss ausüben, ist eine

---

Produktentwicklungen meist im Unternehmen gefeiert werden, während Fehlschläge still und leise begraben werden. Daher ist anzunehmen, dass die erfolgreiche Beendigung eines Projekts leichter vorstellbar ist und daher für wahrscheinlicher gehalten wird, als sie tatsächlich ist.

[746] Vgl. Keil/Mixon et al. (1995), S. 74 ff. und Chow/Harrison et al. (1997).

[747] Sie lassen 240 Subjekte (120 Chinesen und 120 US-Amerikaner) ein an das Adam&Smith-Experiment angelehntes Fallstudienexperiment (vgl. Staw (1976)) durchführen, in dem sie die Verantwortung und den Frame des Feedbacks variieren. Zwar ist die Wirkung von Verantwortung nur schwach signifikant, jedoch ergeben sich große Unterschiede zwischen Subjekten aus den Kulturen – die chinesischen Teilnehmer scheinen aufgrund ihrer spezifischen kulturellen Prägung wesentlich stärker zu eskalieren als US-Amerikaner. Keil/Mixon et al. zeigen in ihrer Studie, dass Finnen wiederum weniger stark eskalieren als US Amerikaner (vgl. Keil/Mixon et al. (1995), S. 75). Sie stellen daher die Hypothese auf, dass ein direkter Zusammenhang zwischen der allgemeinen Risikoaversion und der Eskalationstendenz besteht.

[748] Vgl. Keil/Tan et al. (2000).

eigene experimentelle Überprüfung vorzunehmen, in der der vorgeschlagene Strukturrahmen und die daraus abgeleiteten Gegenmaßnahmen überprüft werden.[749]

5) Stärkere Verwendung der Methodik der Feldstudien

Eine der oben aufgeführten Limitationen betrifft die starke Nutzung von experimentellen Studien im Bereich der Eskalationsforschung. Es erscheint daher empfehlenswert, in nachfolgenden Arbeiten stärker auch andere Methoden wie z. B. Fall- oder Feldstudien zu nutzen, um dem Vorwurf geringer externer Validität zu begegnen. Ergebnisse experimenteller Studien sollten mit Hilfe von Fall- und Feldstudien belegt werden. Dabei sollten auch gezielt die Vorteile der anderen Methoden genutzt werden. Während z. B. Experimente gut geeignet sind, um generelle Wirkungszusammenhänge nachzuweisen, ist eine Abschätzung der Wirkungsstärke in Feldstudien besser zu realisieren.

---

[749] Erste Vorstudien wurden durchgeführt und deuten auf eine signifikante eskalationssenkende Wirkung der vorgeschlagenen Gegenmaßnahmen hin. Um die sequentielle Abfolge der Erklärungsabfolge zu überprüfen, kann z. B. die Verwendung eines kausal-analytischen Posttest-Befragung verwendet werden (vgl. dazu Hirst/Koonce et al. (2006)).

Literaturverzeichnis

Ahrendt, D. (1971): Forschungs- und Entwicklungsplanung in einem Industrieunternehmen. Deutscher Industrieverlag, Köln.

Albers, S.; Brockhoff, K. und Hauschildt, J. (2001): Technologie- und Innovationsmanagement: Leistungsbilanz des Kieler Graduiertenkollegs. DUV, Wiesbaden.

Arkes, H. R. und Ayton, P. (1999): The Sunk Cost and Concorde Effects: Are Humans Less Rational than Lower Animals? In: Psychological Bulletin, 125. Jahrgang, S. 591-600.

Arkes, H. und Blumer, C. (1985): The Psychology of Sunk Costs. In: Organizational Behavior & Human Decision Processes, 35. Jahrgang, S. 124-140.

Aronson, E. (1968): Dissonance Theory: Progress and Problems. In: Abelson, R.; Aronson, E.; McGuire, W.; Newcomb, T.; Rosenberg, M. und Tannenbaum, P.: Theories of Cognitive Consistency. Rand McNally, Chicago, S. 5-27.

Aronson, E. (1994): Sozialpsychologie. Spektrum, Heidelberg.

Ashford, S. und Cummings, L. (1983): Feedback as an Individual Resource: Personal Strategies of Creating Information. In: Organizational Behavior & Human Decision Processes, 32. Jahrgang, S. 370-398.

Atuahene-Gima, K. und Evangelista, F. (2000): Cross-Functional Influence in New Product Development: An Exploratory Study of Marketing and R&D Perspectives. In: Management Science, 46. Jahrgang, S. 1270-1282.

Augsdorfer, P. (1996): Forbidden Fruit: An Analysis of Bootlegging, Uncertainty and Learning in Corporate R&D. Avebury, Aldershot.

Baker, M.; Ruback, R. und Wurgler, J. (2004): Behavioral Corporate Finance. NBER Working Paper W10863, Cambridge.

Baker, N.; Green, S. und Bean, A. (1986): Why R&D Projects Succeed or Fail. In: Research Management, 29. Jahrgang, S. 29-34.

Balachandra, R. (1984): Critical Signals for Making Go/No Go-Decisions in New Product Development. In: Journal of Product Innovation Management, 2. Jahrgang, S. 92-100.

Balachandra, R. (1989): Early Warning Signals for R&D Projects. Lexington, Lexington.

Balachandra, R. (1994): Bestimmungsfaktoren für den Abbruch von Forschungs- und Entwicklungsprojekten. In: DBW - Die Betriebswirtschaft, 54. Jahrgang, S. 449-461.

Balachandra, R. (1996): A Comparison of R&D Project Termination Factors in Four Industrial Nations. In: IEEE Transactions on Engineering Management, 43. Jahrgang, S. 88-96.

Balachandra, R. und Brockhoff, K. (1995): Are R&D Project Termination Factors Universal? In: Research Technology Management, 38. Jahrgang, S. 31-36.

Balachandra, R. und Raelin, J. (1980): How to Decide When to Abandon a Project. In: Research Management, 23. Jahrgang, S. 24-29.

Balachandra, R.; Brockhoff, K. und Pearson, A. (1996): R&D Project Termination Decisions: Processes, Communication, and Personnel Changes. In: Journal of Product Innovation Management, 13. Jahrgang, S. 245-256.

Bamber, L.; Christensen, T. und Gaver, K. (2000): Do We Really Know What We Think We Know? A Case Study of Seminal Research and its Subsequent Overgeneralization. In: Accounting, Organizations and Society, 25. Jahrgang, S. 103-129.

Bamber, M. (1993): Opportunities in Behavioral Accounting Research. In: Behavioral Research in Accounting, 5. Jahrgang, S. 1-28.

Bamberg, G. und Coenenberg, A. (1992): Betriebswirtschaftliche Entscheidungslehre. Vahlen, München.

Barton, S.; Duchon, D. und Dunegan, K. (1989): An Empirical Test of Staw and Ross' Prescriptions for Management of Escalation of Commitment Behavior. In: Decision Sciences, 20. Jahrgang, S. 532-544.

Bateman, T. und Zeithaml, C. (1989): The Psychological Context of Strategic Decisions: A Model and Convergent Experimental Findings. In: Strategic Management Journal, 10. Jahrgang, S. 59-74.

Bateman, T. und Zeithaml, C. (1989): The Psychological Context of Strategic Decisions: A Test of Relevance to Practitioners. In: Strategic Management Journal, 10. Jahrgang, S. 587-592.

Bazerman, M. (1983): Negotiator Judgment: A Critical Look at the Rationality Assumption. In: American Behavioral Scientist, 27. Jahrgang, S. 211-228.

Bazerman, M. (1984): The Relevance of Kahneman and Tversky's Concept of Framing to Organizational Behavior. In: Journal of Management, 10. Jahrgang, S. 333-343.

Bazerman, M. (1986): Judgment in Managerial Decision Making. 5. Auflage, Wiley&Sons, New York.

Bazerman, M. H. (2004): Do You Know When to Walk Away? In: Negotiation, 12. Jahrgang, S. 3-5.

Bazerman, M.; Beekun, R. und Schoorman, D. (1982): Performance Evaluation in a Dynamic Context: A Laboratory Study of the Impact of a Prior Commitment to the Ratee. In: Journal of Applied Psychology, 67. Jahrgang, S. 873-876.

Bazerman, M.; Giuliano, T. und Appleman, A. (1984): Escalation of Commitment in Individual and Group Decision Making. In: Organizational Behavior & Human Decision Processes, 10. Jahrgang, S. 141-152.

Becker, W. und Benz, K. (1996): Effizienz des Controlling. Bamberger Betriebswirtschaftliche Beiträge 108, Bamberg.

Birnberg, J. und Shields, J. (1989): Three Decades of Behavioral Accounting Research: A Search for Order. In: Behavioral Research in Accounting, 1. Jahrgang, S. 23-54.

Bobocel, D. und Meyer, J. (1994): Escalating Commitment to a Failing Course of Action: Separating the Roles of Choice and Justification. In: Journal of Applied Psychology, 79. Jahrgang, S. 360-363.

Boehmer, E. und Netter, J. (1997): Management Optimism and Corporate Acquisitions: Evidence from Insider Trading. In: Managerial and Decision Economics, 18.Jahrgang, S. 608-623.

Booz Allen Hamilton (1982): New Product Development for the 80s. Booz Allen Hamilton, New York.

Boulding, W.; Morgan, R. und Staelin, R. (1997): Pulling the Plug to Stop the New Product Drain. In: Journal of Marketing Research, 34. Jahrgang, S. 164-173.

Bowen, M. (1987): The Escalation Phenomenon Reconsidered: Decision Dilemmas or Decision Errors? In: Academy of Management Review, 12. Jahrgang, S. 52-66.

Bowman, E. (1982): Risk Seeking by Troubled Firms. In: Sloan Management Review, 23. Jahrgang, S. 33-42.

Bowman, E. (1982): The Risk/Return Paradox Explored. In: European Institute for Advanced Studies in Management, 34. Jahrgang, S. 1-27.

Brealey, R. und Myers, S. (1991): Principles of Corporate Finance. McGraw-Hill, New York.

Brockhoff, K. (1972): Ein Ansatz zur Abschätzung des Forschungserfolges. In: ZfBF - Zeitschrift für betriebswirtschaftliche Forschung, 24. Jahrgang, S. 709-723.

Brockhoff, K. (1989a): Forschung und Entwicklung: Planung und Kontrolle. 2. Auflage, Oldenburg, München.

Brockhoff, K. (1989b): Forschungs- und Entwicklungscontrolling. In: Controlling, 1. Jahrgang, S. 123.

Brockhoff, K. (1989c): Schnittstellen-Management. Schäffer-Poeschel, Stuttgart.

Brockhoff, K. (1990): R&D and Marketing Productivities from Cross-Sectional Data: A Study of German Chemical Corporations. In: R&D Management, 20. Jahrgang, S. 232-237.

Brockhoff, K. (1990): Stärken und Schwächen industrieller Forschung und Entwicklung: Umfrageergebnisse aus der Bundesrepublik Deutschland. C.E. Poeschel, Stuttgart.

Brockhoff, K. (1991): Forschungs- und Entwicklungscontrolling zur Steigerung der Forschungs- und Entwicklungs-Effektivität. In: Controlling, 3. Jahrgang, S. 60-66.

Brockhoff, K. (1994): R&D Project Termination Decisions by Discriminant Analysis: An International Comparison. In: IEEE Transactions on Engineering Management, 41. Jahrgang, S. 245-254.

Brockhoff, K. (1999): Forschung und Entwicklung: Planung und Kontrolle. 4. Auflage, Oldenbourg, München.

Brockhoff, K. (2000): Problems of Evaluating R&D Projects as Real Options. In: Frenkel, M.; Hommel, U. und Rudolf, M.: Risk Management: Challenge and Opportunity, Festschrift für Günter Dufey zum 60. Geburtstag. Springer, Berlin, S. 203-212.

Brockner, J. (1992): The Escalation of Commitment to a Failing Course of Action: Towards Theoretical Progress. In: Academy of Management Review, 17. Jahrgang, S. 39-61.

Brockner, J. und Rubin, J. (1985): Entrapment in Escalating Conflicts: A Social Psychological Analysis. Springer, Berlin.

Brockner, J.; Bazerman, M. und Rubin, J. (1984): Framing and Entrapment. Tufts University. (Zitiert nach Brockner/Rubin (1985).)

Brockner, J.; Houser, R.; Birnbaum, G.; Lloyd, K.; Deitcher, J.; Nathanson, S. und Rubin, J. (1986): Escalation of Commitment to an Ineffective Course of Action: The Effect of Feedback Having Negative Implications for Self-Identity. In: Administrative Science Quarterly, 31. Jahrgang, S. 109-126.

Brockner, J.; Nathanson, S.; Friend, A.; Harbeck, J.; Samuelson, C.; Houser, R.; Bazerman, M. und Rubin, J. (1984): The Role of Modeling Processes in the "Knee Deep in the Big Muddy" Phenomenon. In: Organizational Behavior and Human Performance, 33. Jahrgang, S. 77-99.

Brockner, J.; Rubin, J. und Lang, E. (1981): Face Saving and Entrapment. In: Journal of Experimental Social Psychology, 17. Jahrgang, S. 68-79.

Brockner, J.; Rubin, J.; Fine, J.; Hamilton, T.; Thomas, B. und Turetsky, B. (1982): Factors Affecting Entrapment in Escalating Conflicts: The Importance of Timing. In: Journal of Research in Personality, 61. Jahrgang, S. 247-266.

Brockner, J.; Shaw, M. und Rubin, J. (1979): Factors Affecting Withdrawal From an Escalating Conflict: Quitting Before it's Too Late. In: Journal of Experimental Social Psychology, 15. Jahrgang, S. 492-503.

Brody, R. und Bowman, L. (1997): Prior Commitment and Information Recall. In: Perceptual and Motor Skills, 85. Jahrgang, S. 19-27.

Buell, C. (1967): When to Terminate a Research and Development Project. In: Research Management, 10. Jahrgang, S. 275-284.

Bundesanstalt für Finanzdienstleistungsaufsicht (2002): Mindestanforderungen an das Kreditgeschäft der Kreditinstitute.

Bürgel, H.; Haller, C. und Binder, M. (1996): F&E-Management. Vahlen, Stuttgart.

Cabral-Cardoso, C. und Payne, R. (1996): Instrumental and Supportive Use of Formal Selection Methods in R&D Project Selection. In: IEEE Transactions on Engineering Management, 43. Jahrgang, S. 402-410.

Caldwell, D. und O'Reilly, C. (1982): Response to Failure: The Effects of Choice and Responsibility on Impression Management. In: Academy of Management Journal, 25. Jahrgang, S. 121-136.

Camerer, C. (2003): Behavioral Game Theory. Russel Sage Foundation, New York.

Camerer, C. und Loewenstein, G. (2004): Behavioral Economics: Past, Present and Future. In: Camerer, C.; Loewenstein, G. und Rabin, M.: Advances in Behavioral Finance. Princeton University Press, Princeton, S. 3-52.

Camerer, C. und Weber, R. (1999): The Econometrics and Behavioral Economics of Escalation of Commitment: A Re-Examination of Staw and Hoang's NBA Data. In: Journal of Economic Behavior & Organization, 39. Jahrgang, S. 59-82.

Carver, C. und Scheier, M. (1981): Attention and Self-Regulation: A Control-Theory Approach to Human Behavior. Springer, New York.

CCM (2006): Investitionsplanung und -kontrolle: Eine Benchmarking-Studie. CCM, Vallendar.

Chen, S.-S.; Ho, K.; Ik, K. und Lee, C.-F. (2003): The Valuation of New Product Introduction under Uncertain Competition: A Real Options Approach. In: Lee, C.-F.: Advances in Financial Planning and Forecasting. JAI, Amsterdam, S. 23-43.

Cheng, M.; Schulz, A.; Luckett, P. und Booth, P. (2003): The Effects of Hurdle Rates on the Level of Escalation of Commitment in Capital Budgeting. In: Behavioral Research in Accounting, 15. Jahrgang, S. 63-85.

Chiesa, V. (2001): R&D Strategy and Organization. Imperial College Press, London.

Chow, C.; Harrison, P.; Lindquist, T. und Wu, A. (1997): Escalating Commitment to Unprofitable Projects: Replication and Cross-Cultural Extension. In: Management Accounting Research, 8. Jahrgang, S. 347-361.

Chui, P. (2001): An Experimental Study of the Disposition Effect: Evidence from Macau. In: Journal of Psychology and Financial Markets, 2. Jahrgang, S. 216-222.

Commes, M.-T. und Lienert, R. (1983): Controlling im FuE-Bereich. In: zfo - Zeitschrift Führung + Organisation, 52. Jahrgang, S. 347-354.

Conlon, D. und Leatherwood, M. (1989): Sunk Costs and Financial Decision Making. In: Lee, C.: Advances in Financial Planning and Forecasting. JAI Press, Greenwich, S. 37-61.

Conlon, D. und Wolf, G. (1980): The Moderating Effects of Strategy, Visibility and Involvement on Allocation Behavior: An Extension to Staw's Escalation Paradigm. In: Organizational Behavior & Human Decision Processes, 26. Jahrgang, S. 172-192.

Conlon, E. und Parks, J. (1986): Information Requests in the Context of Escalation. In: Academy of Management Proceedings, 11. Jahrgang, S. 179.

Cooper, A.; Woo, C. und Dunkelberg, W. (1988): Entrepreneurs' Perceived Chances for Success. In: Journal of Business Venturing, 3. Jahrgang, S. 97-108.

Cooper, R. und Kleinschmidt, E. (1990): New Product Success Factors: A Comparison of Kills versus Successes and Failures. In: R&D Management, 20. Jahrgang, S. 47-63.

Cooper, R.; Edgett, S. und Kleinschmidt, E. (2002a): Optimizing the Stage Gate Process: What Best Practice Companies Do (Part I). In: Research Technology Management, 45. Jahrgang, S. 21-27.

Cooper, R.; Edgett, S. und Kleinschmidt, E. (2002b): Optimizing the Stage Gate Process: What Best Practice Companies Do (Part II). In: Research Technology Management, 45. Jahrgang, S. 43-50.

Copeland, T. und Tufano, P. (2004): A Real-World Way to Manage Real Options. In: Harvard Business Review, 82. Jahrgang, S. 90-99.

Copeland, T.; Koller, T. und Murrin, J. (2002): Unternehmenswert. 3. Auflage, Campus, Frankfurt.

Cosier, R. (1981): Dialectic Inquiry in Strategic Planning. In: Academy of Management Review, 6. Jahrgang, S. 643-648.

Crowne, D. und Marlowe, D. (1964): The Approval Motive: Studies in Evaluative Dependence. Greenwood Press, Westport, Connecticut.

Davis, M. und Bobko, P. (1986): Contextual Effects on Escalation Processes in Public Sector Decision Making. In: Organizational Behavior & Human Decision Processes, Jahrgang, S. 121-138.

de Meza, D. und Southey, C. (1996): The Borrower's Curse: Optimism, Finance and Entrepreneurship. In: Economic Journal, 106. Jahrgang, S. 375-386.

Dean, B. (1968): Evaluating, Selecting and Controlling R&D Projects. American Management Association, New York.

Dick, A. und Lord, K. (1998): The Impact of Membership Fees on Consumer Attitude and Choice. In: Psychology & Marketing, 15. Jahrgang, S. 41-58.

Donaldson, G. und Lorsch, J. (1983): Decision Making at the Top: Shaping of Strategic Decisions. Basic Books, New York.

Drummond, H. (1994): Escalation in Organizational Decision Making: A Case of Recruiting an Incompetent Employee. In: Journal of Behavioral Decision Making, 7. Jahrgang, S. 43-55.

Drummond, H. (1995): De-Escalation in Decision Making: A Case of a Disastrous Partnership. In: Journal of Management Studies, 32. Jahrgang, S. 265.

Drummond, H. (1996): Escalation in Decision Making: The Tragedy of Taurus. Oxford University Press, Oxford.

Drury, C. und Tayles, M. (1997): The Misapplication of Capital Budgeting Techniques. In: Management Decision, 35. Jahrgang, S. 86-93.

Duhaime, I. (1981): Influences on the Divestment Decisions of Large Diversified Firms. University Microfilms International, Ann Arbor.

Duhaime, I. und Schwenk, C. (1983): Cognitive Simplification Processes in Acquisition and Divestment Decision-Making. In: Academy of Management Proceedings, 8. Jahrgang, S. 12-16.

Dunn, D. und Wilson, T. (1990): When the Stakes Are High: A Limit to the Illusion-of-Control Effect. In: Social Cognition, 8. Jahrgang, S. 305-323.

Edmondson, A. (1996): Learning From Mistakes Is Easier Said Than Done. In: Journal of Applied Behavior Science, 32. Jahrgang, S. 5-28.

Eilhauer, H.-D. (1993): F&E-Controlling. Gabler, Wiesbaden.

Einhorn, H. und Hogarth, R. (1978): Confidence in Judgment: Persistence of the Illusion of Validity. In: Psychological Review, 85. Jahrgang, S. 395-416.

Ernst, H. (2002): Success Factors of New Product Development: A Review of the Empirical Literature. In: International Journal of Management Reviews, 4. Jahrgang, S. 1-40.

Ernst, H. und Soll, J. (2002): An Integrated Portfolio Approach to Support Market-Oriented R&D Planning. WHU Forschungspapier 86, Vallendar.

Exner-Merkelt, K. und Keinz, P. (2005): Wie effektiv ist Controlling in der Praxis. In: Controlling, 17. Jahrgang, S. 15-21.

Festinger, L. (1954): A Theory of Social Comparison Processes. In: Human Relations, 7. Jahrgang, S. 117-140.

Festinger, L. (1957): A Theory of Cognitive Dissonance. Stanford University Press, Stanford.

Fichman, R.; Keil, M. und Tiwana, A. (2005): Beyond Valuation: "Options Thinking" in IT Project Management. In: California Management Review, 47. Jahrgang, S. 74-96.

Fischhoff, B. (1982): For those Condemned to Study the Past: Heuristics and Biases in Hindsight. In: Kahneman, D.; Slovic, P. und Tversky, A.: Judgment under Uncertainty: Heuristics and Biases. Cambridge University Press, Cambridge, S. 335-351.

Fox, F. und Staw, B. (1979): The Trapped Administrator : Effects of Job Insecurity and Policy Resistance Upon Commitment to a Chosen Course of Action. In: Administrative Science Quarterly, 24. Jahrgang, S. 449-471.

Fox, S. und Hoffman, M. (2002): Escalation Behavior as a Specific Case of Goal-Directed Activity: A Persistence Paradigm. In: Basic & Applied Social Psychology, 24. Jahrgang, S. 273-285.

Fox, S.; Schmida, A. und Yoel Yinon, A. (1995): Escalation Behavior in Domains Related and Unrelated to Decision Makers' Academic Background. In: Journal of Business & Psychology, 10. Jahrgang, S. 245-259.

Franke, G. und Hax, H. (1995): Finanzwirtschaft des Unternehmens und Kapitalmarkt. Berlin.

Freidank, C.-C. und Paetzmann, K. (2003): Beitrag des Controlling im Rahmen der Reformbestrebungen zur Verbesserung der Corporate Governance. In: ZP - Zeitschrift für Planung und Unternehmenssteuerung, 14. Jahrgang, S. 303-325.

Gaes, G.; Kalle, R. und Tedeschi, J. (1978): Impression Management in a Forced Compliance Situation: Two Studies Using the Bogus Pipeline. In: Journal of Experimental Social Psychology, 14. Jahrgang, S. 493-510.

Gaiser, B. (1993): Schnittstellencontrolling bei der Projektentwicklung. Vahlen, München.

Garland, H. (1990): Throwing Good Money After Bad: The Effects of Sunk Costs on the Decision to Escalate Commitment to an Ongoing Project. In: Journal of Applied Psychology, 75. Jahrgang, S. 728-731.

Garland, H. und Newport, S. (1991): Effects of Absolute and Relative Sunk Costs on the Decision to Persist with a Course of Action. In: Organizational Behavior & Human Decision Processes, 48. Jahrgang, S. 55-69.

Gaulhofer, M. (1989): Controlling und menschliches Verhalten: Ein Plädoyer für die Einbeziehung verhaltenswissenschaftlicher Erkenntnisse in die Controlling-Diskussion. In: ZfB - Zeitschrift für Betriebswirtschaft, 59. Jahrgang, S. 141-154.

Gerard, H. und Rabbie, J. (1961): Fear and Social Comparison. In: Journal of Abnormal and Social Psychology, 24. Jahrgang, S. 586-592.

Gerecke, U. (1998): Soziale Ordnung in der modernen Gesellschaft. Mohr-Siebeck, Tübingen.

Gerpott, T. (1999): Strategisches Technologie- und Entwicklungsmanagement. Schäffer-Poeschel, Stuttgart.

Gerrard, M. und Luus, C. (1995): Judgments of Vulnerability to Pregnancy: The Role of Risk Factors and Individual Differences. In: Personality and Social Psychology Bulletin, 21. Jahrgang, S. 85-93.

Gerstenfeld, A. (1976): A Study of Successful Projects, Unsuccessful Projects and Projects in Progress in West Germany. In: IEEE Transactions on Engineering Management, 23. Jahrgang, S. 116-123.

Gervais, S. und Odean, T. (2001): Learning to be Overconfident. In: Review of Financial Studies, 14. Jahrgang, S. 1-27.

Gerwin, D. und Moffat, L. (1997): Withdrawal of Team Autonomy During Concurrent Engineering. In: Management Science, 43. Jahrgang, S. 116-123.

Ghosh, D. (1995): Throwing Good Money After Bad. In: Management Accounting, Jahrgang, S. 51-54.

Ghosh, D. (1997): De-Escalation Strategies: Some Experimental Evidence. In: Behavioral Research in Accounting, 9. Jahrgang, S. 88-112.

Gigerenzer, G. und Todd, P. (1999): Simple Heuristics That Make Us Smart. Oxford University Press, Oxford, 1999.

Glass, G. (1976): Primary, Secondary, and Meta-Analysis of Research. In: Educational Researcher, 5. Jahrgang, S. 3-8.

Glass, G. und Smith, M. (1981): Meta-Analysis in Social Research. McGraw, Beverly-Hills.

Goltz, S. (1992): A sequential learning analysis of decisions in organizations to escalate investments despite continuing costs or losses. In: Journal of Applied Behavior Analysis, 25. Jahrgang, S. 561-574.

Goltz, S. (1993): Examining the Joint Roles of Responsibility and Reinforcement History in Recommitment. In: Decision Sciences, 24. Jahrgang, S. 789-811.

Greenwald, A. (1980): The Totalitarian Ego: Fabrication and Revision of Personal History. In: American Psychologist, 35. Jahrgang, S. 603-618.

Gutenberg, E. (1967): Die Unternehmung als Gegenstand betriebswirtschaftlicher Theorie. Sauer&Auverman, Frankfurt.

Gutenberg, E. (1983): Grundlagen der Betriebswirtschaftslehre. Erster Band: Die Produktion. 24. Auflage, Springer, Berlin.

Hachmeister, D. (2006): Diskontierung unsicherer Zahlungsströme: Methodische Anmerkungen zur Bestimmung risikoangepasster Kapitalkosten. In: ZfCM - Zeitschrift für Controlling und Management, 50. Jahrgang, S. 143-149.

Hall, A. (1982): Great Planning Disasters. Cambridge University Press, Cambridge.

Hammer, R. (1985): Unternehmensplanung. 2. Auflage, Oldenbourg, München.

Hantula, D. und Denicolis Bragger, J. (1999): The Effects of Feedback Equivocality on Escalation of Commitment: An Empirical Investigation of Decision Dilemma Theory. In: Journal of Applied Social Psychology, 29. Jahrgang, S. 424-444.

Harris, P. und Middleson, W. (1994): The Illusion of Control and Optimism about Health: On Being Less at Risk but no more in Control Than Others. In: British Journal of Social Psychology, 33. Jahrgang, S. 369-378.

Harrison, P. und Harrell, A. (1995): Initial Responsibility, Prospective Information, and Managers' Project Evaluation Decisions. In: Advances in Management Accounting, 4. Jahrgang, S. 127-146.

Haunschild, P.; Davis-Blake, A. und Fichman, M. (1994): Managerial Overcommitment in Corporate Acquisition Processes. In: Organization Science, 5. Jahrgang, S. 528-540.

Hauschildt, J. (1991): Zur Messung des Innovationserfolgs. In: ZfB - Zeitschrift für Betriebswirtschaft, 61. Jahrgang, S. 451-478.

Hauschildt, J. (2004): Innovationsmanagement. 3. Auflage, Vahlen, München.

Hauser, J. und Clausing, D. (1988): The House of Quality. In: Harvard Business Review, 66. Jahrgang, S. 63-73.

Hax, H. (1974): Entscheidungsmodelle in der Unternehmung. Reinbek, Hamburg.

Heath, C. (1995): Escalation and De-Escalation of Commitment in Response to Sunk Costs: The Role of Budgeting in Mental Accounting. In: Organizational Behavior & Human Decision Processes, 62. Jahrgang, S. 38-54.

Heaton, J. B. (2002): Managerial Optimism and Corporate Finance. In: Financial Management, 31. Jahrgang, S. 33-45.

Heine, B.-O.; Hirsch, B.; Hufschlag, K.; Lesch, M.; Meyer, M.; Müller, R.; Paefgen, A. und Pieroth, G. (2005): Zur Modellierung ökonomischer Akteure mit begrenzten kognitiven Fähigkeiten: Anleitung zu einer problemspezifischen Ausdifferenzierung des Homo Oeconomicus. WHU Forschungspapier 110, Vallendar.

Heinen, E. (1976): Grundfragen der entscheidungsorientierten Betriebswirtschaftslehre. Wilhelm Goldmann Verlag, München.

Heinen, E. (1982): Einführung in die Betriebswirtschaftslehre. 8. Auflage, Gabler, Wiesbaden.

Heng, C.-S.; Tan, B. und Wei, K.-K. (2003): De-Escalation of Commitment in Software Projects: Who Matters? What Matters? In: Information&Management, 41. Jahrgang, S. 99-110.

Henke, M. (1972): Zum Stoppen von Forschungs- und Entwicklungsprojekten. In: Zeitschrift für die gesamte Staatswissenschaft, 128. Jahrgang, S. 39-64.

Hirsch, B. (2004): Die Controllingausbildung an Universitäten: Empirische Erkenntnisse. In: ZfCM - Zeitschrift für Controlling und Management, 48. Jahrgang, S. 78-80.

Hirst, E.; Koonce, L. und Venkatarman, S. (2006): How Disaggregated Forecasts Enhance the Credibility of Management Earnings Forecasts. University of Texas at Austin, McCombs Business School Working Paper, Austin.

Höffler, F. (2005): Why Humans Care About Sunk Costs While Animals Don't. An Evolutionary Explanation. Max Planck Preprints 17-05, Bonn.

Holzman, R. (1972): To Stop or Not: The Big Research Question. In: ChemTech, 2. Jahrgang, S. 81-89.

Homann, K. und Suchanek, A. (2000): Ökonomik: Eine Einführung. Mohr, Tübingen.

Hommel, U. (2001): Realoptionen in der Unternehmenspraxis: Wert schaffen durch Flexibilität. Springer, Berlin.

Hoorens, V. (1993): Self-Enhancement and Superiority Biases in Social Comparison. In: European Review of Social Psychology, 4. Jahrgang, S. 113-139.

Hoppe, H. (2000): Second-Mover Advantages in the Strategic Adoption of New Technology Under Uncertainty. In: International Journal of Industrial Organization, 18. Jahrgang, S. 315-338.

Hoppe, H. (2001): Second Mover Advantages in Dynamic Quality Competition. In: Journal of Economics and Management Strategy, 10. Jahrgang, S. 419-434.

Horváth, P. (1998): Controlling. 8. Auflage, Vahlen, München.

Horváth, P. (2003): Controlling. 9. Auflage, Vahlen, München.

Hubner, E. (1996): Abbruchsentscheidungen im F&E-Management. Service Fachverlag, Wien.

Hull, J. (2000): Options, Futures & Other Derivatives. 4. Auflage, Prentice-Hall, Englewood Cliffs.

Hummel, S. und Männel, W. (1986): Kostenrechnung 1: Grundlagen, Aufbau und Anwendung. 4. Auflage, Gabler, Wiesbaden.

Hwang, C. und Masud (1979): Multiple Objective Decision Making. Berlin.

Hwang, C. und Yoon, K. (1981): Multiple Attribute Decision Making. Berlin.

Ilgen, D.; Fisher, C. und Taylor, S. (1979): Consequences of Individual Feedback on Behavior in Organizations. In: Journal of Applied Psychology, 64. Jahrgang, S. 349-371.

Janis, I. (1972): Victims of Groupthink: A Psychological Study of Foreign-Policy Decisions and Fiascoes. Houghton Mifflin, Boston.

Jeffrey, C. (1992): The Relation of Judgment, Personal Involvement, and Experience in the Audit of Bank Loans. In: Accounting Review, 67. Jahrgang, S. 802-819.

Jewkes, J.; Sawers, D. und Stillerman, R. (1962): The Sources of Innovation. London.

Jiancheng, G.; Quan, L. und Hui, P. (2002): Making Better Project Termination Decisions. In: Research Technology Management, 45. Jahrgang, S. 13-15.

Johnson, V. E. und Kaplan, S. (1991): Experimental Evidence on the Effects of Accountability on Auditor Judgment. In: Journal of Accounting Research, 27. Jahrgang, S. 59-77.

Jost, P.-J. (2000): Organisation und Motivation: Eine ökonomisch-psychologische Einführung. Gabler, Wiesbaden.

Jost, P.-J. (2001): Die Prinzipal-Agenten-Theorie in der Betriebswirtschaftslehre. Schäffer-Poeschel, Stuttgart.

Juslin, P. (2000): The Overconfidence Phenomenon as a Consequence of Informal Experimenter-Guided Selection of Almanac Items. In: Connolly, T.; Arkes, H. und Hammond, K.: Judgment and Decision Making. 2. Auflage, Cambridge University Press, Cambridge, S. 544-555.

Kadous, K. und Sedor, L. (2004): The Efficacy of Third-Party Consultation in Preventing Managerial Escalation of Commitment: The Role of Mental Representations. In: Contemporary Accounting Research, 21. Jahrgang, S. 55-82.

Kahneman, D. und Lovallo, D. (1993): Timid Choices and Bold Forecasts: A Cognitive Perspective on Risk Taking. In: Management Science, 39. Jahrgang, S. 17-31.

Kahneman, D. und Tversky, A. (1972): Subjective Probability: A Judgment of Representativeness. In: Cognitive Psychology, 3. Jahrgang, S. 430-454.

Kahneman, D. und Tversky, A. (1973): On the Psychology of Prediction. In: Psychological Review, 80. Jahrgang, S. 237-251.

Kahneman, D. und Tversky, A. (1979): Prospect Theory: An Analysis of Decision Under Risk. In: Econometrica, 47. Jahrgang, S. 263-291.

Kahneman, D. und Tversky, A. (2000): Choices, Values and Frames. In: Connolly, T.; Arkes, H. und Hammond, K.: Judgment and Decision Making. 2. Auflage, Cambridge University Press, Cambridge, S. 147-165.

Kanodia, C.; Bushman, R. und Dickhaut, J. (1989): Escalation Errors and the Sunk Cost Effect: An Explanation Based on Reputation and Information Asymmetries. In: Journal of Accounting Research, 27. Jahrgang, S. 59-77.

Katona, G. (1964): Rational Behavior and Economic Behavior. In: Gore, W. und Dyson, J.: The Making of Decisions. Collier-MacMillan, London, S. 51-63.

Kehrmann, T. (2002): Rationalitätssicherung bei hohen Wissensdefiziten. Gabler, Wiesbaden.

Keil, M. (1995): Pulling the Plug: Software Project Management and the Problem of Project Escalation. In: MIS Quarterly, 19. Jahrgang, S. 421-447.

Keil, M. und Mann, J. (1997): The Nature and Extent of IT Project Escalation: Results from a Survey of IS Audit and Control Professionals. In: IS Audit & Control Journal, 1. Jahrgang, S. 40-48.

Keil, M. und Montealegre, R. (2000): Cutting Your Losses: Extricating Your Organization When a Big Project Goes Awry. In: Sloan Management Review, 41. Jahrgang, S. 55-68.

Keil, M. und Robey, D. (1999): Turning Around Troubled Software Projects: An Exploratory Study of the De-Escalation of Commitment to Failing Courses of Action. In: Journal of Management Information Systems, 15. Jahrgang, S. 63-87.

Keil, M.; Mixon, R.; Saarinen, T. und Tuunainen, V. (1995): Understanding Runaway Information Technology Projects: Results from an International Research Program Based on Escalation Theory. In: Journal of Management Information Systems, 11. Jahrgang, S. 65-85.

Keil, M.; Rai, A.; Mann, J. und Zhang, G. (2003): Why Software Projects Escalate: The Importance of Project Management Constructs. In: IEEE Transactions on Engineering Management, 50. Jahrgang, S. 251-261.

Keil, M.; Tan, B.; Wei, K.-K.; Saarinen, T.; Tuunainen, V. und Wassenaar, A. (2000): A Cross-Cultural Study on Escalation of Commitment Behavior in Software Development. In: Management Information Systems Quarterly, 24. Jahrgang, S. 299-326.

Keil, M.; Truex, D. und Mixon, R. (1995): The Effects of Sunk Cost and Project Completion on Information Technology Project Escalation. In: IEEE Transactions on Engineering Management, 42. Jahrgang, S. 372-381.

Keim, G. (1997): Projektleiter in der industriellen Forschung und Entwicklung: Anforderungen und Erfolg. Gabler, Wiesbaden.

Kennedy, J. (1993): Debiasing Audit Judgment with Accountability: A Framework and Experimental Results. In: Journal of Accounting Research, 31. Jahrgang, S. 231-245.

Kern, W. und Schröder, H.-H. (1977): Forschung und Entwicklung in der Unternehmung. Rowohlt, Reinbek.

Kernan, M. und Lord, R. (1989): The Effects of Explicit Goals and Specific Feedback on Escalation Processes. In: Journal of Applied Social Psychology, 19. Jahrgang, S. 1125 -1143.

Kiehling, H. (2001): Börsenpsychologie und Behavioral Finance. Vahlen, München.

Kiesler, C. (1971): The Psychology of Commitment: Experiments Linking Behavior to Belief. Academic Press, New York.

Kiesler, C. und Sakamura, J. (1966): A Test Model for Commitment. In: Journal of Personality and Social Psychology, 3. Jahrgang, S. 349-353.

Kirby, S. und Davis, M. (1998): A Study of Escalating Commitment in Principal-Agent-Relationships: Effects of Monitoring and Personal Responsibility. In: Journal of Applied Psychology, 83. Jahrgang, S. 206-217.

Kirsch, W. (1988): Die Handhabung von Entscheidungsproblemen: Einführung in die Theorie der Entscheidungsprozesse. Verlag Barbara Kirsch, Herrsching.

Knight, P. (1984): Heroism vs. Competence: Competing Explanations for the Effects of Experimenting and Consistent Management. In: Organizational Behavior and Human Performance, 33. Jahrgang, S. 307-322.

Koch, C. (1999): Optionsbasierte Unternehmensbewertung: Realoptionen im Rahmen von Akquisitionen. Gabler, Wiesbaden.

Koriat, A.; Lichtenstein, S. und Fischhoff, B. (1980): Reasons for Confidence. In: Journal of Experimental Psychology: Human Learning and Memory, 6. Jahrgang, S. 107-118.

Kosiol, E. (1979): Kosten- und Leistungsrechnung. Walter de Gruyter, Berlin.

Kosmider, A. (1993): Controlling im Mittelstand. Schäffer-Poeschel, Stuttgart.

Krahnen, J. P. (1991): Sunk Costs und Unternehmensfinanzierung. Gabler, Wiesbaden.

Kreikebaum, H. (1981): Strategische Unternehmensplanung. Kohlhammer, Stuttgart.

Lander, L. und Matheson, D. (1995): Improving the R&D Decision Process. In: Research Technology Management, 38. Jahrgang, S. 40-43.

Lange, E. (1993): Abbruchsentscheidung bei F&E-Projekten. Gabler DUV, Wiesbaden.

Langenbach, W. (2001): Börseneinführungen von Tochtergesellschaften. Gabler DUV, Wiesbaden.

Langer, E. (1983): The Psychology of Control. Sage, London.

Langer, E. J. (1975): The Illusion of Control. In: Journal of Personality and Social Psychology, 32. Jahrgang, S. 311-328.

Laux, H. (2004): Entscheidungstheorie. 6. Auflage, Springer, Berlin.

Leatherwood, M. und Conlon, D. (1988): The Impact of Prospectively Relevant Information on Persistence in a Project Following Setbacks. In: Cardy, R.; Puffer, S. und Newman, J.: Advances in Information Processing in Organizations. JAI Press, Greenwich, S. 207-219.

Leatherwood, M. und Conlon, E. (1987): Diffusibility of Blame: Effects on Persistence in a Project. In: Academy of Management Journal, 30. Jahrgang, S. 836-847.

Lichtenstein, S. und Fischhoff, B. (1977): Do Those Who Know More Also Know More about How Much They Know? The Calibration of Probability Judgments. In: Organizational Behavior and Human Performance, 20. Jahrgang, S. 159-183.

Lichtenstein, S.; Fischhoff, B. und Phillips, L. (1982): Calibration of Probabilities. In: Kahneman, D.; Slovic, P. und Tversky, A.: Judgment under Uncertainty: Heuristics and Biases. Cambridge University Press, Cambridge, S. 306-334.

Liden, R. und Mitchell, T. (1985): Reactions to Feedback: The Role of Attributions. In: Academy of Management Journal, 28. Jahrgang, S. 291-308.

Lindenberg, S. (1985): An Assessment of the New Political Economy: Its Potential for the Social Sciences and for Sociology in Particular. In: Sociological Theory, 3. Jahrgang, S. 88-114.

Lindenberg, S. (1990): Homo Socio-Economicus: The Emergence of a General Model of Man in the Social Sciences. In: Journal of Institutional and Theoretical Economics - Zeitschrift für die gesamte Staatswissenschaft, 146. Jahrgang, S. 727-748.

Lindenberg, S. (1991): Die Methode der abnehmenden Abstraktion. In: Esser, H. und Troitzsch, K.: Modellierung sozialer Prozesse. Informationszentrum Sozialwissenschaften, Bonn, S. 29-78.

Lindenberg, S. (1992): The Method of Decreasing Abstraction. In: Coleman, J. und Fararo, T.: Rational Choice Theory: Advocacy and Critique. Sage, London, S. 3-21.

Linder, S. (2004): Wie (un)zuverlässig sind Investitionsplanungen. In: ZfCM - Zeitschrift für Controlling und Management, Sonderheft 1. Jahrgang, S. 47-57.

Littkemann, J. (1997): Innovationen und Rechnungswesen. Gabler DUV, Wiesbaden.

Loewenstein, G. (2003): Time and Decision: Economic and Psychological Perspectives on Intertemporal Choice. Russel Sage Foundation, New York.

Loomes, G. (1988): Further Evidence of the Impact of Regret and Disappointment in Choice under Uncertainty. In: Economica, 55. Jahrgang, S. 47-52.

Loomes, G. und Sugden, R. (1982): Regret Theory: An Alternative Theory of Rational Choice Under Uncertainty. In: Economic Journal, 92. Jahrgang, S. 805-824.

Lovallo, D. und Kahneman, D. (2003): Delusions of Success: How Optimism Undermines Executives Decisions. In: Harvard Business Review, Jahrgang, S. 56-63.

Luckett, P. und Eggleton, I. (1991): Feedback and Management Accounting: A Review of Research into Behavioral Consequences. In: Accounting, Organizations and Society, 16. Jahrgang, S. 371-394.

Lydon, J. und Zanna, M. (1990): Commitment in the Face of Adversity: A Value Affirmation Approach. In: Journal of Personality and Social Psychology, 58. Jahrgang, S. 1040-1047.

MacCrimmon, K. und Wehrung, D. (1986): Taking Risks. Free Press, New York.

Madauss, B. (1990): Handbuch Projektmanagement. 3. Auflage, C.E. Poeschel, Stuttgart.

Malmendier, U. und Tate, G. (2004): CEO Overconfidence and Corporate Investment. NBER Working Paper w10807, Cambridge.

Mansfield, E. und Wagner, S. (1975): Organizational and Strategic Factors Associated with Probabilities of Success in Industrial R&D. In: Journal of Business, 48. Jahrgang, S. 179-198.

Mansfield, E.; Rapoport, J.; Schnee, J.; Wagner, S. und Hamburger, M. (1971): Research and Innovation in the Modern Corporation. MacMillan, New York.

March, J. und Shapira, Z. (1987): Managerial Perspectives on Risk and Risk Taking. In: Management Science, 33. Jahrgang, S. 1404-1418.

Mason, R. und Mitroff, S. (1981): Challenging Strategic Planning Assumptions. Wiley&Sons, New York.

McCain, B. (1986): Continuing Investment Under Conditions of Failure: A Laboratory Study of Limits to Escalation. In: Journal of Applied Psychology, 71. Jahrgang, S. 280-284.

McCarthy, A.; Schoorman, D. und Cooper, A. (1993): Reinvestment Decisions by Entrepreneurs: Rational Decision Making or Escalation of Commitment. In: Journal of Business Venturing, 8. Jahrgang, S. 9-24.

McGrath, R.; Ferrier, W. und Mendelow, A. (2004): Real Options as Engines of Choice and Heterogenity. In: Academy of Management Review, 29. Jahrgang, S. 86-101.

McNamara, G.; Moon, H. und Bromiley, P. (2002): Banking on Commitment: Intended and Unintended Consequences of an Organization's Attempt to Attenuate Escalation of Commitment. In: Academy of Management Journal, 45. Jahrgang, S. 443-452.

Meckling, W. (1976): Values and the Choice of the Model of the Individual in the Social Sciences. In: Schweizerische Zeitschrift für Volkswirtschaft und Statistik, 112. Jahrgang, S. 545-559.

Menon, H. und Varadarajan, G. (1992): A Model of Marketing Knowledge Use Within Forms. In: Journal of Marketing, 56. Jahrgang, S. 53-71.

Meredith, J. (1988): Project Monitoring for Early Termination. In: Project Management Journal, 19. Jahrgang, S. 31-38.

Meredith, J. und Mantel, S. (1985): Project Management: A Managerial Approach. Wiley&Sons, New York.

Merten, U. und Ryu, S. (1988): Was können Forschung und Entwicklung tatsächlich leisten? In: Harvard Manager, Jahrgang, S. 46-50.

Meyer, M. und Heine, B.-O. (2005): Motivation und Einordnung des Akteursmodells: Überlegungen zur Integration von Anreizen und Kognition in der betriebswirtschaftlichen Forschung. WHU Forschungspapier 105, Vallendar.

Mintzberg, H.; Quinn, J. B. und Voyer, J. (1995): The Strategy Process. Prentice-Hall, Englewood Cliffs.

Mitchell, G. und Hamilton, W. (1988): Managing R&D as a Strategic Option. In: Research Technology Management, 31. Jahrgang, S. 15-22.

Mohe, M. (2004): Stand und Entwicklungstendenzen der empirischen Beratungsforschung. In: DBW, 64. Jahrgang, S. 693-713.

Montealegre, R. und Keil, M. (2000): De-Escalating Information Technology Projects: Lessons from the Denver International Airport. In: MIS Quarterly, 24. Jahrgang, S. 417-430.

Moon, H. (2001): Looking Forward and Back: Integrating Completion and Sunk-Cost Effects Within an Escalation of Commitment Process Decision. In: Journal of Applied Psychology, 83. Jahrgang, S. 104-113.

Moon, H. (2001): The Two Faces of Conscientiousness: Duty and Achievement Striving in Escalation of Commitment Dilemmas. In: Journal of Applied Psychology, 86. Jahrgang, S. 533-540.

Moore, J. und Baker, N. (1969): An Analytical Approach to Scoring Model Design: Application to Research and Development Project Selection. In: IEEE Transactions on Engineering Management, 16. Jahrgang, S. 90-98.

Moser, K.; Wolff, H.-G. und Kraft, A. (2003): Eskalierendes Commitment von Entscheidern: Methodologische Probleme. In: Held, M.; Kubon-Gilke, G. und Sturn, R.: Experimente in der Ökonomik. Jahrbuch Normative und institutionelle Grundfragen der Ökonomik Metropolis, Marburg, S. 241-265.

Müller, D. (1966): Patents, Research and Development, and the Measurement of Inventive Measurement. In: Journal of Industrial Economics, 15. Jahrgang, S. 26-37.

Myers, S. und Sweezy, E. (1978): Why Innovations Fail. In: Technology Review, 80. Jahrgang, S. 40-46.

Nahmias, S. (1997): Production and Operations Analysis. 3. Auflage, Irwin, Chicago.

Nathanson, S.; Brockner, J.; Brenner, D.; Samuelson, C.; Countryman, M.; Lloyd, M. und Rubin, J. (1982): Toward the Reduction of Entrapment. In: Journal of Applied Social Psychology, 12. Jahrgang, S. 193-208.

Newman, M. und Sabherwal, R. (1996): Determinants of Commitment to Information Systems Development: A Longitudinal Investigation. In: Management Information Systems Quarterly, 20. Jahrgang, S. 23-54.

Niedermayr, R. (1994): Entwicklungsstand des Controlling: System, Kontext und Effizienz. DUV, Wiesbaden.

Nisbett, R. und Ross, J. (1980): Human Inference: Strategies and Shortcomings of Social Judgment. Prentice-Hall, Englewood Cliffs.

Northcraft, G. und Neale, M. (1986): Opportunity Costs and the Framing of Resource Allocation Decisions. In: Organizational Behavior & Human Decision Processes, 37. Jahrgang, S. 348-356.

Northcraft, G. und Wolf, G. (1984): Dollars, Sense and Sunk Costs: A Life Cycle Model of Resource Allocation Decisions. In: Academy of Management Journal, 9. Jahrgang, S. 225-234.

Nutt, P. (2002): Why Decisions Fail: Avoiding the Blunders and Traps that Lead to Debacles. Berret-Koehler-Publishers, San Francisco.

OECD (2002): Frascati Manual: Proposed Standard Practice for Surveys on Research and Experimental Development. 6. Auflage, OECD Publications, Paris.

Olin, J. (1973): R&D Management Practices: Chemical Industry in Europe. SRI Europe, Zürich.

Oskamp, S. (1965): Overconfidence in Case Study Judgments. In: Journal of Consulting Psychology, 29. Jahrgang, S. 261-265.

Payne, J.; Bettman, J. und Johnson, E. (1988): Adaptive Strategy Selection in Decision Making. In: Journal of Experimental Psychology, 14. Jahrgang, S. 534-552.

Perillieux, R. (1991): Ziele und Module eines integrierten Technologie- und Innovationsmanagements. In: Hamilton, B. A.: Integriertes Technologie- und Innovationsmanagement. Erich Schmidt, Berlin, S. 23-49.

Peters, T. und Waterman, R. (1982): In Search of Excellence. Harper & Row, New York.

Pfeiffer, W.; Weiß, E. und Asenkerschbaumer, S. (1990): FuE-Projektnachanalyse: Ein Instrument zur Erhöhung der FuE-Effizienz. Eigenverlag, Nürnberg.

Pinto, J. und Slevin, D. (1989): Critical Success Factors in R&D Projects. In: Research Technology Management, 32. Jahrgang, S. 31-35.

Pitt, M. (1990): Crisis Modes of Strategic Transformation: A New Metaphor for Managing Technological Innovation. In: Loveridge, R. und Pitt, M.: Strategic Management of Technological Innovation. S. 253-271.

Porter, M. (1980): Competitive Strategy: Techniques for Analyzing Industries and Competitors. Free Press, New York.

Porter, M. (1986): Competition in Global Industries. Harvard Business School Press, Boston.

Pott, P. (1992): Verlusteskalation und Entscheidungsbindung. DUV, Wiesbaden.

Prendergast, C. und Stole, L. (1996): Impetuous Youngsters and Jaded Old-Timers: Aquiring a Reputation for Learning. In: Journal of Political Economy, 104. Jahrgang, S. 1105-1134.

Pritsch, G. und Weber, J. (2004): Die Bedeutung des Realoptionsansatzes aus Controllingsicht. In: ZfCM - Zeitschrift für Controlling und Management, 48. Jahrgang, S. 72-82.

Pyhrr, P. (1970): Zero-Base-Budgeting. In: Harvard Business Review, 48. Jahrgang, S. 115-126.

Rapoport, A. (1995): Individual Strategies in a Market-Entry Game. In: Group Decision and Negotiation, 4. Jahrgang, S. 117-133.

Rapoport, A.; Seale, D.; Erev, I. und Sundali, J. (1998): Equilibrium Play in Large Group Market Entry Games. In: Management Science, 44. Jahrgang, S. 129-141.

Rappaport, A. (1986): Creating Shareholder Value: The New Standard for Business Performance. Free Press, New York.

Reichmann, T.; Kleinschnittger, U. und Kemper, W. (1988): Empirische Untersuchung zur Funktionsbestimmung des Controlling. In: Reichmann, T.: Controlling-Praxis. Vahlen, München, S. 16-59.

Reinganum, J. (1985): A Two-Stage Model of Research and Development With Endogenous Second Mover Advantages. In: International Journal of Industrial Organization, 3. Jahrgang, S. 275-295

Riebel, P. (1985): Einzelkosten- und Deckungsbeitragsrechnung. Gabler, Wiesbaden.

Riedl, J. (1990): Projekt-Controlling in Forschung und Entwicklung. Springer, Berlin.

Riesenhuber, M. (2006): Die Fehlentscheidung. Gabler DUV, Wiesbaden.

Roberts, G. (1955): Stopping Research Projects. In: Chemical and Engineering News, 33. Jahrgang, S. 2134-2136.

Roberts, K. und Weitzman, M. (1981): Funding Criteria for Research, Development and Exploration Products. In: Econometrica, 49. Jahrgang, S. 1263-1288.

Roll, R. (1986): The Hubris Hypothesis of Corporate Takeovers. In: Journal of Business, 59. Jahrgang, S. 197-216.

Ross, J. und Staw, B. (1986): Expo 86: An Escalation Prototype. In: Administrative Science Quarterly, 31. Jahrgang, S. 274-298.

Ross, J. und Staw, B. (1993): Organizational Escalation and Exit: Lessons from the Shoreham Nuclear Power Plant. In: Academy of Management Journal, 36. Jahrgang, S. 701-732.

Rubin, J. und Brockner, J. (1975): Factors Affecting Entrapment in Waiting Situations: The Rosencrantz and Guildenstern Effect. In: Journal of Personality and Social Psychology, 31. Jahrgang, S. 1054-1063.

Rubin, J. und Samuelson, C. (1980): Effect on Perceived Attractiveness on Entrapment. Working Paper, Tufts University. (Zitiert nach Brockner/Rubin (1985)).

Rubin, J.; Brockner, J.; Small-Weil, S. und Nathanson, S. (1980): Factors Affecting Entry Into Psychological Traps. In: Journal of Conflict Resolution, 24. Jahrgang, S. 405-425.

Rutledge, R. und Harrell, A. (1993): Escalating of Commitment to an Ongoing Project: Responsibility and Framing of Accounting Information:. In: International Journal of Management, 10. Jahrgang, S. 300-313.

Saad, K.; Roussel, P. und Tiby, C. (1991): Das Management der F&E-Strategie. Gabler, Wiesbaden.

Sandt, J. (2004): Management mit Kennzahlen und Kennzahlensystemen. Gabler DUV, Wiesbaden.

Schäffer, U. (2001): Kontrolle als Lernprozess. Gabler DUV, Wiesbaden.

Schäffer, U. und Willauer, B. (2002): Kontrolle, Effektivität der Planung und Erfolg von Geschäftseinheiten: Ergebnisse einer empirischen Erhebung. In: ZP - Zeitschrift für Planung, 13. Jahrgang, S. 73-97.

Schaub, H. (1997): Sunk Costs, Rationalität und ökonomische Theorie. Schäffer-Poeschel, Stuttgart.

Schmelzer, H. (1992): Organisation und Controlling von Produktentwicklungen. Schäffer-Poeschel, Stuttgart.

Schmidt, J. und Calantone, R. (2002): Escalation of Commitment During New Product Development. In: Journal of the Academy of Marketing Science, 30. Jahrgang, S. 103-118.

Schneider, D. (1995): Informations- und Entscheidungstheorie. Oldenbourg, München.

Schoorman, D. (1988): Escalation Bias in Performance Appraisals: An unintended consequence of supervisor participation in Hiring Decisions. In: Journal of Applied Psychology, 73. Jahrgang, S. 58-62.

Schoorman, D. und Holahan, P. (1996): Psychological Antecedents of Escalation Behavior: Effects of Choice, Responsibility, and Decision Consequences. In: Journal of Applied Psychology, 81. Jahrgang, S. 786-794.

Schoorman, D.; Mayer, R.; Douglas, C. und Hetrick, C. (1994): Escalation of Commitment and the Framing Effect: An Empirical Investigation. In: Journal of Applied Social Psychology, 24. Jahrgang, S. 509-528.

Schulz, A. und Cheng, M. (2002): Persistence in Capital Budgeting Reinvestment Decisions and Personal Responsibility Antecedent and Information Asymmetry Moderator: A Note. In: Accounting and Finance, 42. Jahrgang, S. 73-86.

Schweiger, D.; Sandberg, W. und Ragan, J. (1986): Group Approaches for Improving Strategic Decision-Making. In: Academy of Management Journal, 29. Jahrgang, S. 51-71.

Schweitzer, M. und Küpper, H.-U. (1995): Systeme der Kostenrechnung. 6. Auflage, Vahlen, München.

Schwenk, C. (1986): Information, Cognitive Biases, and Commitment to a Course of Action. In: Academy of Management Review, 11. Jahrgang, S. 289-291.

Schwenk, C. (1988): Effects of Devil's Advocacy on Escalating Commitment. In: Human Relations, 41. Jahrgang, S. 769-782.

Secord, P. und Backman, C. (1964): Social Psychology. McGraw-Hill, New York.

Seidenschwarz, W. (1993): Target Costing. Franz Vahlen, München.

Seiler, R. (1965): Improving the Effectiveness of Research and Development. McGraw-Hill, New York.

Seligman, M. (1991): Learned Optimism. Norton, New York.

Sharpe, P. und Keelin, T. (1998): How Smithkline Beecham Makes Better Resource-Allocation Decision. In: Harvard Business Review, 76. Jahrgang, S. 45-57.

Shefrin, H. und Statman, M. (1985): The Disposition to Sell Winners Too Early and Ride Losers Too Long: Theory and Evidence. In: Journal of Finance, 40. Jahrgang, S. 777-790.

Sherif, M. und Cantril, H. (1947): The Psychology of Ego-Involvements. Wiley&Sons, New York.

Shubik, M. (1971): The Dollar Auction Game: A Paradox in Noncooperative Behavior and Escalation. In: Journal of Conflict Resolution, 15. Jahrgang, S. 109-111.

Simon, H. (1955): A Behavioral Model of Rational Choice. In: Quarterly Journal of Economics, 69. Jahrgang, S. 99-118.

Simon, H. (1964): A Behavioral Model of Rational Choice. In: Gore, W. und Dyson, J.: The Making of Decisions. Collier-MacMillan, London, S. 111-127.

Simon, H. (1979): Rational Decision Making in Business Organizations. In: American Economic Review, 69. Jahrgang, S. 493-513.

Simon, H. (1987): Entscheidungsverhalten in Organisationen. Verlag Moderne Industrie, Landsberg am Lech.

Simon, H. (1993): Homo Rationalis: Die Vernunft im menschlichen Leben. Campus Verlag, Frankfurt.

Simon, H. (1979): Information Processing Models of Cognition. In: Annual Review of Psychology, 30. Jahrgang, S. 363-396.

Simonson, I. und Nye, P. (1992): The Effect of Accountability on Susceptibility to Decision Errors. In: Organizational Behavior & Human Decision Processes, 55. Jahrgang, S. 316-446.

Simonson, I. und Staw, B. (1992): Deescalation Strategies: A Comparison of Techniques for Reducing Commitment to Losing Courses of Action. In: Journal of Applied Psychology, 77. Jahrgang, S. 419-426.

Simonson, I. und Tversky, A. (1992): Choice in Context: Tradeoff Contrast and Extremeness Aversion. In: Journal of Marketing Research, 29. Jahrgang, S. 281-295.

Singer, M. und Singer, A. (1985): Is there Always Escalation of Commitment. In: Psychological Reports, 56. Jahrgang, S. 816-818.

Snyder, M. und Swann, W. (1978): Behavioral Confirmation in Social Interaction: From Social Perception to Social Reality. In: Journal of Experimental Social Psychology, 14. Jahrgang, S. 148-162.

Sorg, M. (2006 noch unveröffentlicht): Rationalitätssicherung durch Banken (Arbeitstitel). Dissertationsprojekt, WHU, Vallendar.

Souder, W. (1987): Managing New Product Innovation. Lexington, Lexington.

Spinnler, S. und Huchzermeier, A. (2004): Realoptionen: Eine marktbasierte Bewertungsmethodik für dynamische Investitionsentscheidungen unter Unsicherheit. In: ZfCM - Zeitschrift für Controlling und Management, 48. Jahrgang, S. 66-71.

Staehle, W. (1991): Management: Eine verhaltenswissenschaftliche Perspektive. 6. Auflage, Vahlen, München.

Staehle, W. (1999): Management: Eine verhaltenswissenschaftliche Perspektive. 8. Auflage, Vahlen, München.

Starbuck, W. und Milliken, F. (1988): Challenger: Fine Tuning the Odds Until Something Breaks. In: Journal of Management Studies, 25. Jahrgang, S. 319-340.

Statman, M. und Caldwell, D. (1987): Applying Behavioral Finance to Capital Budgeting: Project Terminations. In: Financial Management, 16. Jahrgang, S. 7-15.

Statman, M. und Sepe, J. (1989): Project Termination Announcements and the Market Value of the Firm. In: Financial Management, 18. Jahrgang, S. 74-83.

Staw, B. (1976): Knee Deep in the Big Muddy: A Study of Escalating Commitment to a Chosen Course of Action. In: Organizational Behavior and Human Performance, 16. Jahrgang, S. 27-44.

Staw, B. (1981): The Escalation of Commitment to a Course of Action. In: Academy of Management Review, 6. Jahrgang, S. 577-587.

Staw, B. und Fox, F. (1977): Escalation: The Determinants of Commitment to a Chosen Course of Action. In: Human Relations, 30. Jahrgang, S. 431-451.

Staw, B. und Hoang, H. (1995): Sunk Costs in the NBA: Why Draft Order Affects Playing Time and Survival in Professional Basketball. In: Administrative Science Quarterly, 40. Jahrgang, S. 474-494.

Staw, B. und Ross, J. (1978): Commitment to a Policy Decision: A Multi-Theoretical Perspective. In: Administrative Science Quarterly, 23. Jahrgang, S. 40-64.

Staw, B. und Ross, J. (1980): Commitment in an Experimenting Society: An Experiment on the Attribution of Leadership From Administrative Scenarios. In: Journal of Applied Psychology, 65. Jahrgang, S. 249-260.

Staw, B. und Ross, J. (1987a): Behavior in Escalation Situations: Antecedents, Prototypes and Solutions. In: Research in Organizational Behavior, 9. Jahrgang, S. 39-78.

Staw, B. und Ross, J. (1987b): Knowing When to Pull the Plug. In: Harvard Business Review, 65. Jahrgang, S. 68-74.

Staw, B.; Barsade, S. und Koput, K. (1997): Escalation at the Credit Window: A Longitudinal Study of Bank Executives' Recognition and Write-Off of Problem Loans. In: Journal of Applied Psychology, 82. Jahrgang, S. 130-142.

Stockbauer, H. (1989): F&E Controlling. Fachverlag der Wirtschaftsuniversität Wien, Wien.

Strickland, L.; Lewici, R. und Katz, A. (1966): Temporal Orientation and Perceived Control as Determinants of Risk Taking. In: Journal of Experimental Social Psychology, 2. Jahrgang, S. 143-151.

Suchanek, A. (1994): Ökonomischer Ansatz und theoretische Integration. Mohr-Siebeck, Tübingen.

Svenson, O. (1981): Are We All Less Risky and More Skillful Than Our Fellow Drivers. In: Acta Psychologica, 47. Jahrgang, S. 143-148.

Svenson, O. (1990): Some Propositions for the Classification of Decision Situations. In: Borcherding, K.; Larichev, O. und Messick, D.: Contemporary Issues in Decision Making. North-Holland, Amsterdam, S. 17-32.

Tadisina, S. (1986): Support Systems for the Termination Decision in R&D Management. In: Project Management Journal, 17. Jahrgang, S. 97-104.

Taylor, S.; Fisher, C. und Ilgen, D. (1984): Individuals' Reaction to Performance Feedback in Organizations: A Control Theory Perspective. In: Rowland, K. und Ferris, G.: Research in Personnel and Human Resources Management. JAI Press, Greenwich, S. 81-125.

Teger, A. (1980): Too Much Invested to Quit. Pergamon Press, Elmsford.

Tetlock, P. (1985): Accountability: The Neglected Social Context of Judgment and Choice. In: Staw, B. und Cummings, L.: Research in Organizational Behavior. JAI Press, Greenwich, S. 197-332.

Tetlock, P. (1992): The Impact of Accountability on Judgment and Choice: Toward a Social Contingency Model. In: Zanna, M.: Advances in Experimental Psychology. Academic Press, San Diego, S. 331-376.

Thaler, R. (1991): Toward A Positive Theory of Consumer Choice. In: Thaler, R.: Quasi-Rational Economics. Russel Sage Foundation, New York, S. 3-24.

Thaler, R. und Johnson, E. (1990): Gambling with the House Money and Trying to Break Even: The Effects of Prior Outcomes on Risky Choice. In: Management Science, 36. Jahrgang, S. 643-660.

Thamhain, H. (1990): Managing Technologically Innovative Team Efforts towards New Product Success. In: Journal of Product Innovation Management, 7. Jahrgang, S. 5-18.

Thoma, W. (1989a): Beurteilung von F&E-Projekten: Möglichkeiten und Grenzen qualitativer Verfahren. In: Controlling, 1. Jahrgang, S. 166-171.

Thoma, W. (1989b): Erfolgsorientierte Beurteilung von F&E-Projekten: Möglichkeiten und Grenzen qualitativer Verfahren. Toeche-Mittler, Darmstadt.

Tjosvold, D. (1985): Implications of Controversy Research for Management. In: Journal of Management, 11. Jahrgang, S. 21-37.

Trigeorgis, L. (1995): Real Options. The MIT Press, Cambridge.

Turner, C. (2001): Accountability Demands and the Nature of the Auditors Evidence Search Strategy: The Influence of Reviewer Preferences and the Nature of the Response. In: Journal of Accounting Research, 39. Jahrgang, S. 683-706.

Tversky, A. und Kahneman, D. (1974): Judgment Under Uncertainty: Heuristics and Biases. In: Science, 185. Jahrgang, S. 1124-1131.

Tversky, A. und Kahneman, D. (1981): The Framing of Decisions and the Psychology of Choice. In: Science, 211. Jahrgang, S. 452-458.

Tversky, A. und Kahneman, D. (1991): Loss Aversion in Riskless Choice: A Reference Dependent Model. In: Quarterly Journal of Economics, 106. Jahrgang, S. 1039-1061.

Uhlmann, L. (1978): Der Innovationsprozess in westeuropäischen Industrieländern. Duncker&Humblot, Berlin.

Urban, G. und Hauser, J. (1993): Design and Marketing of New Products. Prentice-Hall, Englewood Cliffs.

von Landsberg, G. und Mayer, E. (1988): Berufsbild des Controllers. C.E. Poeschel, Stuttgart.

von Neumann, J. und Morgenstern, O. (1947): Theory of Games and Economic Behavior. Princeton University Press, Princeton.

von Nitzsch, R. (2002): Entscheidungslehre. Schäffer-Poeschel, Stuttgart.

Wang, H. und Yang, B. (2001): Fixed and Sunk Costs Revisited. In: Journal of Economic Education, 32. Jahrgang, S. 178-185.

Weber, J. (2002): Was machen Controller wann warum? WHU, Vallendar.

Weber, J. (2004): Editorial Heft 3. In: ZfCM - Zeitschrift für Controlling und Management, 48. Jahrgang, S. 141.

Weber, J. (2004): Einführung in das Controlling. 10. Auflage, Schäffer-Poeschel, Stuttgart.

Weber, J. und Schäffer, U. (1999): Sicherstellung der Rationalität von Führung als Funktion des Controlling. In: Weber, J. und Schäffer, U.: Rationalitätssicherung der Führung. Gabler DUV, Wiesbaden, S. 25-45.

Weber, J. und Zayer, E. (2004): Unexpected Allies in Innovation: An Analysis of the Controller's Contribution to Innovation Processes. In: Albers, S.: Cross-functional Innovation Management. Gabler, Wiesbaden, S. 349-364.

Weber, J.; Bramseman, U.; Heineke, C. und Hirsch, B. (2002): Value Based Management erfolgreich umsetzen. WHU, Vallendar.

Weber, J.; David, U. und Prenzler, C. (2001): Controller Excellence. WHU, Vallendar.

Weber, J.; Hirsch, B.; Linder, S. und Zayer, E. (2003): Verhaltensorientiertes Controlling: Der Mensch im Mittelpunkt. WHU, Vallendar.

Weber, J.; Hirsch, B.; Rambusch, R.; Schlüter, H.; Sill, F. und Spatz, A. (2006): ICV Studie 2006. WHU / ICV, Vallendar / Garching.

Weber, J.; Schäffer, U. und Bauer, M. (2000): Controller und Manager im Team. WHU, Vallendar.

Weber, J.; Schäffer, U. und Prenzler, C. (2001): Zur Charakterisierung und Entwicklung von Controlleraufgaben. In: Zeitschrift für Planung, 12. Jg. Jahrgang, S. 25-46.

Wehrle-Streif, U. (1989): Empirische Untersuchung zur Investitionsrechnung. Köln.

Weinstein, N. (1980): Unrealistic Optimism About Future Life Events. In: Journal of Personality and Social Psychology, 39. Jahrgang, S. 806-820.

Weinstein, N. (1987): Unrealistic Optimism about Susceptibility to Health Problems. In: Journal of Behavioral Medicine, 10. Jahrgang, S. 481-500.

Weinstein, N. (1996): Unrealistic Optimism: Present and Future. In: Journal of Social and Clinical Psychology, 15. Jahrgang, S. 1-8.

Weston, J. F. und Copeland, T. (1992): Managerial Finance. 9. Auflage, Dryden Press, Fort Worth.

Whyte, G. (1986): Escalating Commitment to a Course of Action: A Reinterpretation. In: Academy of Management Review, 11. Jahrgang, S. 311-321.

Whyte, G. (1991): Diffusion of Responsibility: Effects on the Escalation Tendency. In: Journal of Applied Psychology, 76. Jahrgang, S. 408-415.

Williamson, O. (1975): Markets and Hierarchies: Analysis and Anti-Trust Implications. Free Press, New York.

Witte, E. (1973): Organisation für Innovationsentscheidungen: Das Promotoren-Modell. Schwartz, Göttingen.

Wöhe, G. und Döring, U. (2002): Einführung in die allgemeine Betriebswirtschaftslehre. 21. Auflage, Vahlen, München.

Zangemeister, C. (1976): Nutzwertanalyse in der Systemtechnik. 4. Auflage, Wittemann, München.

Ziegler, H. (1982): Immaterielle Leistungen: Eine Herausforderung für Theorie und Praxis. In: ZfBF - Zeitschrift für betriebswirtschaftliche Forschung, 34. Jahrgang, S. 816-825.

Zimbardo, P. und Gerrig, R. (1996): Psychologie. 7. Auflage, Springer, Berlin.

Zintl, R. (1989): Der Homo Oeconomicus: Ausnahmeerscheinung in jeder Situation oder Jedermann in Ausnahmesituationen. In: Analyse & Kritik, 11. Jahrgang, S. 52-69.

Kolibri 360 GmbH
Ferdinand-Jühlke-Straße 7
99095 Erfurt, Deutschland
produktsicherheit@kolibri360.de